Beiträge zu Grundfragen des Rechts

Band 43

Herausgegeben von
Stephan Meder

Stephan Meder (Hg.)

Geschichte und Zukunft des Urheberrechts IV

Mit 2 Abbildungen

V&R unipress

Bibliografische Information der Deutschen Nationalbibliothek
Die Deutsche Nationalbibliothek verzeichnet diese Publikation in der Deutschen
Nationalbibliografie; detaillierte bibliografische Daten sind im Internet über
https://dnb.de abrufbar.

© 2024 Brill | V&R unipress, Robert-Bosch-Breite 10, D-37079 Göttingen, ein Imprint der Brill-Gruppe
(Koninklijke Brill BV, Leiden, Niederlande; Brill USA Inc., Boston MA, USA; Brill Asia Pte Ltd,
Singapore; Brill Deutschland GmbH, Paderborn, Deutschland; Brill Österreich GmbH, Wien,
Österreich)
Koninklijke Brill BV umfasst die Imprints Brill, Brill Nijhoff, Brill Schöningh, Brill Fink, Brill mentis,
Brill Wageningen Academic, Vandenhoeck & Ruprecht, Böhlau und V&R unipress.

Druck und Bindung: CPI books GmbH, Birkstraße 10, D-25917 Leck
Printed in the EU.

Vandenhoeck & Ruprecht Verlage | www.vandenhoeck-ruprecht-verlage.com

ISSN 2198-5405
ISBN 978-3-8471-1714-8

Inhalt

Vorwort   7

Renate Frohne
Conrad Lagus' Abhängigkeit in den Titeln *De plagiariis* und *De falsariis*
seiner *Iuris utriusque Traditio methodica* (1543) von Azo Porcius' (um
1200) und Hostiensis' (13. Jh.) *Summae*. Lagus' Horizont. Kenntnisse und
Arbeitsweise   9

Rainer Nomine
Der Nachdruck des Alt-Märkisch- und Prignitzischen Gesang-Buchs vor
dem preußischen Obertribunal. Oder: Das Druckprivileg als Quelle oder
Schutzmittel des „Verlagsrechts"? 55

Thomas Gergen
Zensur und Aufführungsverbote des durch niederschlesischen Dialekt
geprägten Sozialdramas „Die Weber" von Gerhart Hauptmann 75

Alexander Ihlefeldt
Zum Zweck des Urheberrechts. Friedrich Rösch und das droit moral . . . 99

Stephan Meder
„Von frei zu sozial"? Das NS-Urheberpersönlichkeitsrecht und der „alte
Wahlspruch, daß ‚gemeiner Nutz vor sonderlichem geht'" 117

Yael Prantl
Das NS-Urheberrecht im Spannungsfeld zwischen Individual- und
Allgemeininteresse. Das Reichsgericht als Vermittler im Dritten
Reich 149

Bastiaan D. van der Velden
Danh Võ & Bert Kreuk: The new box of the collector 167

Thomas Rüfner
Aus der Vor- und Frühgeschichte des Computerrechts 187

Ulrich J. Grimm
B2B (Business-to-Business) Licensing of Software-Based Internet
Platforms 209

Christoph Sorge
Urheberrecht im Underground. Erinnerungen an Albrecht Götz von
Olenhusen – 8. November 1935–22. Oktober 2022 mit einer Bibliographie
ausgewählter Schriften 219

Anhang: Bibliographie ausgewählter Schriften von Albrecht Götz von
Olenhusen 235

Autorenverzeichnis 305

Personenregister 307

Sachregister 309

Vorwort

Die hier versammelten Beiträge bringen die Forschungsergebnisse aus dem Arbeitskreis für „Geschichte und Zukunft des Urheberrechts". Sie spannen einen weiten Bogen von der Vergangenheit in die Zukunft und versuchen Antworten auf die folgenden Fragen zu geben: Inwieweit hat der Humanist Conrad Lagus (~1500–1546) seine Vorlesungen über das Plagiat und über die Fälschungen an den mittelalterlichen *Summae* des Azo und Hostiensis ausgerichtet? Kann ein Rechtsstreit über den Nachdruck evangelischer Gesangbücher aus dem 18. Jahrhundert ein neues Licht auf das Verhältnis zwischen Druckprivileg, Verlagsrecht und Urheberrecht werfen? War der Gebrauch des schlesischen Dialekts in Gerhart Hauptmanns Sozialdrama „Die Weber" ein geschicktes Ablenkungsmanöver, um Zensur und Aufführungsverbot zu entgehen? Welche Rolle spielte neben Richard Strauss der Jurist und Musikschaffende Friedrich Rösch (1862–1925) in der Tantiemenbewegung der Komponisten und Musikverleger? Welche Auswirkungen hatte die sog. Rechtserneuerung der NS-Diktatur auf das Verständnis des Urheberpersönlichkeitsrechts? Und auf welche Weise reagierte die Rechtsprechung des Reichsgerichts auf die NS-Vorstellungen über ein ‚sozialgebundenes' Urheberrecht? Wie lässt sich der 2014 als einer der größten Skandale der Kunstszene bezeichnete Rechtsstreit zwischen dem Mäzenaten Bert Kreuk und dem Künstler Danh Võ um die Pflicht zur Werkherstellung einordnen und bewerten? Welche Bedeutung erlangen ein Rentenbescheid aus dem Magnettrommelrechner und ein sog. Problemprogrammierer für die Frühgeschichte des deutschen EDV-Rechts? Mit welchen Schwierigkeiten und rechtlichen Hürden werden Unternehmen bei der Software-Lizenzierung von Internet-Plattformen konfrontiert?

Alle Beiträge machen deutlich, dass der zu allen Zeiten bestehende Interessenkonflikt zwischen Werkschöpfer, Verwerter und Nutzer sowie zwischen Exklusivitäts- und Zugangsinteressen mit vorgefertigten Schablonen nicht zu lösen ist. Mit einem Blick ‚zurück nach vorn' liefern sie Anstöße zum Nachdenken über ein künftiges Urheberrecht.

Mit einem Nachruf erinnert der Band an Albrecht Götz von Olenhusen, der im vorletzten Jahr verstarb. Nicht nur durch zahlreiche Vorträge und Publikationen zum Urheber-, Verlags- und Medienrecht, sondern auch durch seine Expertise auf den Gebieten des Raub- und Nachdrucks hat er den Arbeitskreis eine lange Zeit unterstützt und sehr bereichert.

Hannover, im Juni 2024
Stephan Meder

Renate Frohne

Conrad Lagus' Abhängigkeit in den Titeln *De plagiariis* und *De falsariis* seiner *Iuris utriusque Traditio methodica* (1543) von Azo Porcius' (um 1200) und Hostiensis' (13. Jh.) *Summae.* Lagus' Horizont. Kenntnisse und Arbeitsweise

I. Der Rechtsgelehrte Conrad Lagus und der Frankfurter Verleger Christian Egenolff

Der Begriff *plagiarius*, Entführer und Gedanken-/Bücherdieb, erschien in dem Streit zwischen Lagus (*Protestatio*) und dem Verleger Egenolff (*Defensio*), der 1543 – nicht genehmigt – Lagus' *Traditio* gedruckt und veröffentlicht hatte. In dieser *Traditio* ist fol.119rB ein kurzer Titel *De plagiariis* überschrieben, der folgende längere *De falsariis*; ich übersetze und erkläre zunächst beide Titel unter dem Aspekt ihrer Abhängigkeit von den genannten scholastischen *Summae*.

Lagus war als Jurist ausgebildet und ab 1522 Lehrer, Privatpräzeptor, in Wittenberg, wird aber im Titel des *Argumentum doctrinae iuris* (fol. 1rA) als *Ordinarius Vitebergensis* bezeichnet und seine *Traditio* als *publice praelecta* ausgewiesen; (Bildungsgeschichte S. 262/267; Troje, Lagus S. 155). Diese ist eine für Studienanfänger entworfene Einführung in beide Rechte, vornehmlich das Römische, im stattlichen Umfang von 530 Folioseiten, Resultat jahrelanger Vorarbeiten. Mitschriften der *Dictata* des sich *in statu nascendi* befindenden Werkes waren nur für die vertiefende Nacharbeit und den Eigenbedarf der Lernenden gedacht, fol. 14vC direkt angesprochen: *has et similes quaestiones quisque sua industria sibi adnotabit.* Doch auch damals hatte man nicht alles so ganz unter Kontrolle. Um 1538 erwarb der Frankfurter Verleger Egenolff eine Mitschrift von Lagus' *Dictata*; in seiner *Defensio* beschrieb er den Hergang des Erwerbs:

> ,Doch wie die Sache sich wirklich verhält, werde ich so wahrheitsgetreu als möglich darlegen. Vor mehr oder weniger als fünf Jahren kam ein junger Mann, *adulescens*, zu mir, der sich zum Studieren irgendwann einmal in Wittenberg aufgehalten hatte. Er legte mir von sich aus einen *Codex* über die Rechtslehren zur Ansicht vor und eröffnete mir sogar die Möglichkeit diesen zu kaufen.'

---

* Die verwendeten Zeichen: Fließtexte / übersetzte Passagen aus den Schriften von Azo, Hostiensis, Lagus, Budé und Zasius sind nicht durch, ,...' gekennzeichnet, wohl aber alle Belege

Nach anfänglichem Zögern gab Egenolff dem verkaufstüchtigen jungen Mann nach, legte die ἐπιτομή, Kurzfassung, wie er zu Beginn des Vorwortes sagte, allerdings zunächst beiseite und entschloss sich erst nach angeblich wiederholten Bittbriefen von Studenten um 1539 zum Druck, nachdem er sich zuvor bei Rechtskundigen der Aktualität des Werkes und eines wohl zu erwartenden guten Absatzes vergewissert hatte. Es kam zu einem Briefwechsel zwischen Egenolff und Lagus; dieser verbat sich eine Publikation, da er sein Werk als unvollendet ansah; es sei nicht abschließend ausgearbeitet, und ihm fehlten Zeit und Mittel, um das Werk zeitnah zu vollenden. Zu spät: Egenolff war schon an der Arbeit; 1543 erschien die *Traditio*.

Daraufhin druckte Oporinus 1544 in Basel Lagus' *Protestatio*, in welcher dieser Egenolff als *plagiarius* bezeichnete, ihm eine *actio furti*, eine Diebstahlsklage, androhte und dreierlei tadelte: den unsorgfältigen Satz, Kürzungen, aber auch Hinzufügungen fremder Texte, sowie Veränderungen, Interpolationen: abgesehen von den Schreibfehlern heute kaum zu erkennen, da Lagus keine Beispiele nannte. Mit langatmiger Argumentation bemühte Egenolff sich umgehend den Plagiatsvorwurf zu widerlegen und entschuldigte mit der Einräumung eine fehlerhafte Vorlage erhalten zu haben die formalen Mängel. Aus Lagus' Sicht enthielt die Edition einen entstellten Text seiner *Dictata*, letzlich ehrenrührig, und so schrieb er gegen Ende der *Protestatio*:

> ,Deshalb, was auch immer von Egenolff als das Meine herausgegeben wurde, betrachte ich als Nicht-Herausgegebenes, und was dabei gar nicht von mir stammt, möchte ich als Nicht-Anerkanntes zurückgewiesen wissen.'

II.   Wissenslücken und Ungereimtheiten

Der Student, Aufzeichner von Lagus' *Dictata*, und deren geschäftstüchtiger Vermittler, vorgeblich irgendwann einmal zum Studieren in Wittenberg, sind anonym geblieben. Da der Vermittler sich nicht explizit als Lagus-Schüler ausgab, war er selbst wohl kein Student in dessen Haus, zumal die vorliegende umfangreiche und zum Teil durchaus auch schon ausgearbeitete Fassung der *Dictata* kaum in einer Jahre zurückliegenden Vorlesung von Lagus, also ,vor Zeiten' entstanden ist. Die Druckvorlage, der *Codex* – im Sinn eines Stapels beschriebenen Papiers -, dürfte eine jüngere Mitschrift – von dem Studenten selbst bearbeitet oder eine Fremdbearbeitung durch einen sogenannten Redak-

---

sowie Hervorhebungen durch R. F.; „ ... " Zitate; Fettdruck, Betonung, durch R. F.; (–) Ergänzungen von R. F. in den Fließtexten, [–] verifizierte Quellenangaben und Ergänzungen in den Übersetzungen. Lateinische Begriffe stehen immer in ihrer Grundform. Dig steht für *Digesta*, *Codex* für *Codex Iustinianus*, Inst für *Institutiones*.

tor – gewesen sein, welche den Autorennamen ‚Lagus' dann nur unter Vorbehalt verdient. Es ist keine andere Mitschrift erhalten; Vergleiche sind nicht möglich; Lagus' Autographon, seine Materialsammlung (Bildungsgeschichte, S. 269) und das Egenolff verkaufte Exemplar sind ebenfalls verloren. Somit ist auch nicht bekannt, ob das Egenolff verkaufte Exemplar von einer oder mehreren Händen geschrieben war, welches Aussehen oder welchen Erhaltungszustand es hatte.[1] Anonym sind zudem die Rechtskundigen geblieben, welche der Verleger vor der Drucklegung konsultierte. Keiner dieser Herren arbeitete damals selbst an einer methodischen Einführung in beide Rechte; sie konnten Egenolff aber sicher den Gelehrten lobend benennen, der seit Jahren seine ganze Schaffenskraft dieser Mammutaufgabe widmete. – Gegen Ende seines Vorwortes schrieb Egenolff:

> ‚Es ist nicht meine Absicht, Lobreden auf das vorliegende Buch zu halten, da jeder bei fortschreitender Lektüre den Nutzen und Gewinn selbst leicht erkennen kann. Was also bleibt: Wieder und wieder, geneigtester Leser, möchte ich dich gebeten haben, diesen unseren Fleiß nach Recht und Billigkeit anzuerkennen und die Mühen, die wir uns zu deinem Vorteil aus freien Stücken herbeigerufen haben, ungetrübt gutzuheißen. Lebe wohl.'

III. Lagus' Rückgriffe auf Azo Porcius' *Summa Codicis* und Hostiensis' *Summa aurea*

Ab fol. 117vCD gelten in Lagus' *Traditio* mehrere Titel dem Diebstahl und Vergehen wie Tempelraub, Verführung, Menschenraub, *plagium*. Die Definition des Diebstahls, *furtum*, entnahm Lagus aber nicht den Digesten (Dig 47,2,1 § 3) oder dem *Codex Iustinianus* (6,2,9;10), sondern der *Summa* von Azo Porcius (um 1150 bis 1220), also rund 350 Jahre vor der *Traditio* verfasst:

> ‚Mir, [Lagus], gefällt die Definition Azos, derzufolge das *furtum* eine betrügerische Entwendung/ein An-sich-nehmen, *contrectatio*, einer fremden beweglichen und gegenständlichen Sache ist, gegen den Willen des Eigentümers, um Gewinn zu erzielen, entweder mit der Sache selbst oder ihrem Besitz oder Nutzen; denn diese Definition ist umfassender als jene in den Digesten, [wo *rei alienae mobilis et corporalis* fehlt]…; sie zeigt auch, dass man nur jenem einen Diebstahl vorwerfen kann, der in Täuschungs-

---

1 Auffallend ist, dass die zahlreichen Quellenangaben in Lagus' Text sich beim Verifizieren zumeist als richtig gesetzt erwiesen. Ein mit dem Korrekturlesen Betrauter, der ohnehin den ganzen Text lesen musste, um die Angaben zu bestätigen oder zu korrigieren, hätte aber gleichzeitig die Schreib- und Satzversehen kennzeichnen können, um sie rechtzeitig beheben zu lassen. Mit den wenigen in Lagus' Fließtext eingestreuten griechischen Wörtern hatte der Student/Setzer einige Mühe: auf der letzten Seite steht zum Beispiel am Ende des Textes τέλως anstelle von τέλος. Vielleicht war der Setzer aber auch ein Spaßvogel, der das Nomen τέλος, Ende, im Sinn des deutschen ‚äändlich' zum nicht belegten Adverb τέλως umwandelte.

absicht, *machinatio doli*, handelte ... und nicht versehentlich, *errore ductus*, einen fremden Gegenstand an sich nahm;' [Dig 22,6,2].

Da es schwer vorstellbar ist, wie Lagus 265 Folio-Blätter seiner *Traditio* – vielleicht 250 nach Abzug der Interpolationen – neben der Unterrichtstätigkeit in einer relativ kurzen Zeitspanne (Troje, Lagus S. 155) doch schon so weit ausarbeiten konnte, stellte sich mir die Frage, ob er nicht direkte Vorbilder hatte; und obwohl er in seiner *Protestatio* mit der Unübersichtlichkeit der *Summae* scharf ins Gericht ging, ließ der folgende Satz aufmerken:

,Unter jenen, die schon Überblicke erarbeitet haben, zeichnen sich nach aller Meinung **Azo und Hostiensis aus. Ich bekenne gern und mit großer Dankbarkeit, dass ich in ihren Kommentaren nicht wenig Hilfe gefunden habe.**'

Dieser Satz war für mich Anlass, Azos und Lagus' Titel *De plagiariis* und *De falsis/falsariis* einander gegenüberzustellen und zu vergleichen. Der Kreis der Vorbilder weitet sich dann noch, beachtet man in der *Traditio* fol. 11 rA:

,Es verstößt gegen das Recht und die Verpflichtung zu sorgfältiger Arbeit, wenn man nicht das ganze Gesetz berücksichtigt und nur einen Teil vor sich liegen hat [Dig 1,3,24], zu urteilen oder eine juristische Frage zu beantworten. Das gilt nicht nur von einzelnen Gesetzen, sondern auch von sprachlichen Erscheinungen im Recht, *schemata*, nämlich dass wir sorgfältig ergründen, was in jedem Begriff überall in den Gesetzen festgesetzt ist, bevor wir über irgendeinen Teil etwas aussagen ... Dabei können uns die Anweisungen der Glossen [LexMA; DNP 14 Glossatoren] wunderbar unterstützen, in denen sie uns auf vordergründig widersprüchliche Gesetze hinweisen und diese erläutern, so dass jenen großer Dank gebührt, die solche Glossen zum allgemeinen Nutzen der Studierenden erarbeitet haben.'

Der scholastischen Methode noch eng verbunden, griff Lagus also in manch einem Titel nicht direkt auf das *Corpus iuris civilis* zurück, um dessen Wortlaut dann selbst zu erklären, sondern rezipierte als Grundlage für seine Arbeit Zusammenfassungen, *Summae*, und Gedanken mittelalterlicher Kommentare.[2]

---

2 LexMA und RGG Summen; *Utrumque ius* S. 39; 41 betreffend die *Summa Azonis*; S. 33 Rechtsunterricht im Mittelalter; S. 16ff. Handschriften; LexMA *Corpus iuris civilis* Sp. 273; Sp. 276 die Edition von Haloander (1529–1531); Troje, Crisis S. 5; HistWbPhil Rechtsordnung Sp. 298/9 die Körpermetapher in *Corpus iuris*. Zu diesem Beitrag: Das durch die Gegenüberstellungen Gewonnene – etwa: Lagus übernimmt Azos Text teilweise/weitgehend; kürzt beziehungsweise variiert manchmal – als bezeichnend für die gesamten Ausführungen zu sehen und Lagus als *plagiarius* bloßzustellen, wäre allerdings verfehlt. Die Gegenüberstellungen sind ein Teil des vorliegenden Beitrages; sie waren der Ausgangspunkt für ein zunehmendes Interesse an Lagus' Arbeitsweise, verbunden jeweils mit der Frage, welche Autoren/Werke zitiert werden oder nicht. Die den Kapiteln IV, VII und X angefügten Exkurse mit Passus aus den Werken von Alciatus, Budé und Zasius bilden Kontraste zu den jeweils vorausgegangenen Titeln von Lagus. Diese Exkurse gründen auf anderen Voraussetzungen und damit auch anderen Zielen der sogenannten humanistischen Juristen; die Übertragung bedeutet keine Abwertung von Lagus' *Traditio*; sie rät vielmehr, sein Anliegen einer grundlegenden, über-

IVRIS VTRIVSQVE
TRADITIO METHODICA,

OMNEM OMNIVM TITVLORVM,
TAM PONTIFICII Q_VAM CAESAREI IVRIS MATE⸗
riam & genus, Gloſſarum item & Interpretum abſtruſiora uoca⸗
bula ſcienter & ſummatim explicata:poſtremò & Iudiciarij ordinis
modum,ad Practicam forenſem accommodatum, complectens. Ex ore Do⸗
ctiſsimi uiri Dn. CONRADI LAGI Iureconſulti annotata,
atq̃ in gratiam & ſingularem utilitatem ſtudioſorum,
nunc recens excuſa & ædita.

Cum Gratia & Priuilegio Imperiali.

FRANC. Apud Chr. Egenolphum.

Titelseite der *Editio princeps*; das Datum 1543 steht unter dem τέλως (vgl. Anm. 1). Dem Reprint
ISBN 3-226-03436-7 liegt das Exemplar der Bayerischen Staatsbibliothek München zugrunde. Die
Vignette veranschaulicht den Vers 3 Mose 6,6.

---

sichtlichen und lesbaren Vermittlung des Römischen Rechts und seiner Rezeption anzuerkennen. Mit der einen Folio-Seite betreffend die Vorrechte des Kaisers (253v) öffnet Lagus ein
Fenster zu seinem weiten Horizont. Das sichtbare Umfeld wird durch die ausführlichen
Fußnoten beschrieben und legt auch die von Lagus eingesehenen Quellen vor, die zu verstehen
er bemüht war, um sie in seine Vorlesungen einzubeziehen. XI 3. stellt die von Zasius diskutierte Frage vor, ob alle Referenztexte genannt werden müssen.

IV.   Gegenüberstellungen

IV 1.a.   Azo: *Summa Codicis: De plagiariis:* [vgl. IX 1.c.]

α) Dieser Titel handelt von jedem *plagium*,
d. h. von jedem Stoß/Hieb, *plaga*, bzw. Schmerz,
der von irgendjemandem Eltern bzw. Herren zugefügt wird ...;
[Codex 9,20,16. – Alciatus (*Parerga iuris* I Kap 47) bezieht die *plaga* auf einen
Entführten: [*dolor*], *quo ille afficitur, qui surreptus est*].

β) Man spricht also von einem *plagium*,

β1) wenn jemand einen fremden Menschen bzw. fremden Sklaven
wissentlich verkauft oder aus anderem Grund veräußert;
[Codex 9,20,7; 11; 15; Codex 6,2,6].

β2) Ebenfalls, wenn jemand einen [Freien oder Sklaven]
gefesselt hielt bzw. sich aneignete,
und auch, wenn er einem fremden Sklaven einredete,
doch von seinem Herrn zu fliehen;
[Dig 47,2,36; 48,15,5; 48,15,6 § 2; Codex 9,20,2; 9].

β3) Erst recht begeht dann jener ein *plagium*,
der einen fremden Sklaven oder einen beliebigen Freien
von einer Stadt in eine andere
oder an einen anderen Ort fortschafft; [Codex 9,20,7].

γ) Und deshalb ist [in Gesetzen] von einem Täter die Rede,
der wissentlich, *sciens*, handelt,
weil es bei jenem anders ist, der glaubte, es sei
sein Sklave oder Sohn, den er verkaufte oder fortschaffte,
oder der glaubt, nach dem Willen des Eigentümers zu handeln;
[Dig 48,15,1; 3; 4; 6 § 2; Codex 9,20,7; 14; Kaser S. 131; 142; 205; Mommsen S. 782
Kindesverkauf].

δ) Plac[entinus (um 1135–1192) unterscheidet jedoch [,]
ob er sich wahrscheinlich, *probabiliter*, irrt, oder nicht.
Doch höre ganz gut zu! ... Es genügt nämlich [zu sagen],
dass [der Beschuldigte] keine bewusste Täuschung beging;
denn selbst ein ausgeführtes Vergehen, *culpa*,
darf nicht [automatisch] mit *dolus* verbunden werden;

[Dig 48,8,7; 48,15,3; Codex 9,16,1; 4; 9,20,14; zu *probabiliter* vgl. HS *errare* S. 174 und *probabilis* S. 460; Zasius III 358,12 unterscheidet *error expressus; velatus; tacitus*].

IV 1.b. Lagus: *Traditio methodica: De plagiariis*

α) Zu den Diebstählen, *furta*, gehört auch das *plagium*, die Entführung,
die aber niemals *furtum* genannt werden kann,
da nur Gegenstände als gestohlen gelten.
Bei Kindern und anderen Personen, die unserem Recht folgen,
wird das *plagium ab-ductio*, Weg-führung, genannt; [Dig 47, 2; 48,15,6].

β) Von einem *plagium* bzw. einer *abductio* ist dann die Rede,

β2) wenn jemand fremde Kinder oder Sklaven überredet,
ohne Wissen ihrer Eltern oder Herren zu fliehen ...
[Dig 11,3,1; 47,2,36; Codex 6,2],

β1) oder einen flüchtigen Sklaven oder Freien verkauft,
als gehöre er ihm, obwohl er weiß, dass er ein Fremder ist ...;
[Dig 48,15,6; § 2; Codex 9,20,11].

γ) Bei dieser Art von *furtum* ist es für eine Anklage erforderlich, dass die Tat [wirklich] gegen den Willen und ohne Wissen der Eltern oder Herren erfolgte, nämlich in Schädigungsabsicht, *per dolum*, und nicht aus Unkenntnis bzw. wegen eines Irrtums, *per errorem*, wie es die Gesetze ganz deutlich sagen; [Dig 48,15,6; Codex 9,20).

Auswertung IV 1. γ) und δ)

Der schwer zu verstehende Satz δ) bei Azo wird Lagus bewogen haben, Placentinus zu Codex 9,20,14 nicht zu zitieren:

> ‚Eine Anklage entfällt u.a., {wenn jemand glaubhaft die Meinung vertritt, *putaverit probabiliter*, es sei sein Sklave, obwohl dieser einem anderen gehörte. Ein *bonae fidei possessor* wird nicht belangt} ..., wohl aber, wer bewusst in Täuschungsabsicht handelt, SI SCIENS DOLO MALO FECERIT.‘

Hostiensis (um 1200–1270) ersetzte den { – } Passus durch eine Frage:

> ‚Was gilt aber, wenn der eines *plagium* Beschuldigte aus Unkenntnis handelte, im Glauben, *ignoranter credens*, es gehe um seinen ... Sklaven; dann wird er nicht belangt

...[?]. Dies gemäß Placentinus. Überlege, ob er sich wahrscheinlich irrt ..., *exaudi, si probabiliter errat.* Höre du am besten auf Azo, [der erklärt], es genüge zu sagen, [um die Anklage fallen zu lassen], die Tat sei nicht *dolo malo* erfolgt.'

IV 2. Exkurs

Azo und Lagus nennen am Ende ihrer Titel *De plagiariis* die auf eine Entführung, *plagium*, stehenden Strafen:

Azo:

,Für dieses Delikt wird sowohl eine ,peinliche' wie auch eine Privatstrafe verhängt. Bei der *criminalis poena* wird ein Sklave oder Freigelassener den wilden Tieren vorgeworfen, ein einfacher Freigeborener mit dem Schwert hingerichtet. Ein Vornehmer wird ins Bergwerk verurteilt. Und so gilt immer die Todesstrafe.'

Lagus:

,Für Entführungen gilt immer die Todesstrafe. Es gibt ein staatliches Verfahren, mag es dem Richter auch erlaubt sein, die Strafe je nach dem Delikt zu mildern oder zu verschärfen'; [Dig. 48,15,7; Codex 9,20,7 § 1].[3]

Auswertung IV 2.

Mit ,je nach dem Delikt' bezieht Lagus sich auf Dig 48,15,7 von Hermogenian (Ende 3. Jh.), nennt ihn aber nicht namentlich: ,Wer eines Verbrechens nach der *Lex Fabia* [Codex 9,20,9] schuldig ist, wird je nach dem Delikt gezüchtigt und meistens ins Bergwerk verurteilt.' Ebenfalls von Hermogenian stammt Dig 48,19,42: ,Durch Interpretation der Gesetze sind Strafen eher abzumildern als zu verschärfen.' Der von Lagus oft zitierte Kommentator Baldus schreibt in *Super nono Codicis* [Codex 9,20]:

---

3 In mehreren Titeln ab fol. 118vC betont Lagus das Ermessen der Verantwortlichen und lenkt den Blick mal auf das Delikt, mal den Delinquenten, aber auch auf die Emotion des Urteilenden. Beispiele: fol. 118vC von natürlicher *aequitas* bewegt verfügte der Prätor; fol. 118vCfin auf Tempelraub steht die Todesstrafe; doch ist es dem Magistrat erlaubt, aufgrund der *qualitas* [Dig. 48,13,7] der Person strenger oder milder zu urteilen; fol. 120rA aufgrund der *qualitas* der Fälschung die Strafe mäßigen; [vgl. Dig 50,17,56; 90;168]. Lagus kontrastiert mildern – verschärfen; Dig 48,19 (*De poenis*), 11 war ihm wohl nicht bekannt: ,Der Urteilende muss darauf achten, dass nicht härter oder nachgiebiger geurteilt wird, als es der Fall verlangt. Es ist weder der Ruhm der Strenge noch der Milde anzustreben; das Urteil muss ausgewogen sein. In leichteren Fällen müssen die Richter eher zur Zurückhaltung geneigt sein, in schwereren jedoch die Strenge der Gesetze auf dem Mittelweg des Wohlwollens verfolgen ....' – Fol. 236rB *in dubio pro reo.*

‚Jene, die den Sohn eines anderen entführen, werden zum Bergwerk verurteilt, wenn sie die Tat nicht aus Gewohnheit begehen. Sind sie Wiederholungstäter, Sklaven oder Freigelassene, müssen sie den wilden Tieren vorgeworfen werden. Aus der Formulierung [Codex 9,29,16] geht … hervor, dass *bestiis subjici* **eine besonders schwere Strafe** ist, die *decapitatio* eine geringere; erstere entbehrt auch der Bestattung, letztere nicht.'

IV 3. Exkurs

Andrea Alciatus' Interpretation von Dig 48,19,31 betreffend die zu den Tieren, *ad bestias*, Verurteilten[4]

Alciatus zitiert die Präambel des Gesetzes (*Parerga iuris* II c. 28, Sp. 338):

‚Die zu den Tieren Verurteilten – sagt Paulus [Jurist, um 200] – darf der *Praeses* [Statthalter einer kaiserlichen Provinz] aufgrund der Gunst des Volkes nicht freilassen. Wenn sie jedoch so stark und geschickt sind, dass sie es verdienen dem [stadt]römischen Volk vorgestellt zu werden, muss man vom Kaiser eine Entscheidung erbitten.'

Der folgende Passus gilt älteren Auslegungen, (gerafft): Ältere Interpreten wie Oldradus (Savigny VI S. 49) lasen *consulere* als ‚sich schriftlich an den Kaiser wenden, um die Strafe zu mäßigen.' – Darauf erklärt Alciatus textnah den Wortlaut des Gesetzes:

‚Es ist zu wissen, dass diejenigen, die aufgrund eines Deliktes von den Provinz-Verwaltern *ad bestias* verurteil wurden, in ebendiesen Provinzen den Tieren vorgeworfen und getötet zu werden pflegen, und dass die Statthalter wegen der Gunst des Volkes nichts widerrufen müssen. Wenn sie jedoch so stark und geschickt sind, dass sie bei Veranstaltungen in Rom die Augen der Zuschauer unterhalten können, dann erst ist der Kaiser um eine Entscheidung zu ersuchen, ob er die Verurteilten nach Rom schicken

---

4 Zu den Exkursen IV 3.; VII 2.; X 2.: Lagus entwarf im Rahmen seines Unterrichts eine Einführung in beide Rechte für Studienanfänger. Die namhaften Vertreter der humanistischen Jurisprudenz hatten sich von vielen scholastischen Vorgaben gelöst, die in Lagus' *Traditio* durchaus noch präsent sind. In drei Exkursen werden Abschnitte aus den Erläuterungen zum Römischen Recht von Alciatus (1492–1550, Jurist in Bourges; vgl. Troje, *Graeca* S. 217), Zasius (1461–1535, Stadtschreiber und Professor in Freiburg/B.) und Budé (1468–1540, Bibliothekar, Numismatiker und vielseitiger Philologe in Paris) übertragen: Alciatus (IV 3.) ging es in diesem ausgewählten Passus um die sachrichtige Erklärung von Dig 48,19,31; Zasius analysierte im Hinblick auf einen praktischen Umgang mit dem Gesetz einen pleonastischen Ausdruck in Dig 42,1,33; Budé stellte den Inhalt von Ulpians Satz Dig 1,3,31 *Princeps legibus solutus est* mit *verius … quis dixerit* (fol. 49vH) in Frage. **Lagus vermittelte Gesetzestexte**, umschrieb sie auch, änderte – pointierend – manchmal sogar deren Formulierungen und kommentierte sie mittels scholastischer Glossen und Passus aus den Kommentaren, **interpretierte aber nicht einzelne unter von ihm erkannten neuen Gesichtspunkten in eigenen Exegesen.** Die Juristen Alciatus, Budé und Zasius werden, soweit ich sehe, bei Lagus nicht erwähnt, waren ihm aber wohl bekannt.

lassen will, um sie in römischen *munera* den Tieren vorzuwerfen. **Ich glaube nicht, dass es dabei um Erleichterung der Strafe geht, sondern allein um die Überstellung nach Rom.** Da sie nämlich ohne die Erlaubnis des Kaisers gar nicht in eine andere Provinz gebracht werden dürfen, muss derjenige, der eine Überstellung nach Rom befürwortet, ohnehin den Kaiser um eine Entscheidung bitten, wie am Ende dieses *responsum* zu sehen ist': [‚Dass es aber nicht erlaubt ist, dass Verurteilte aus einer Provinz in eine andere ohne Genehmigung des Kaisers überstellt werden, ist einer Antwort der Kaiser [Septimius] Severus und Antoninus [Caracalla] zu entnehmen.']5

V.   Unter dem Titel Dig 48,10 *De lege Cornelia de falsis* ... werden im einleitenden Satz in betrügerischer Absicht verübte Fälschungen aufgezählt

Urkundenfälschung, Bestechung, Vorteilsnahme, Veruntreuung, Erschleichung, Münzfälschung, Amtsanmaßung, Namensänderung, Kindesunterschiebung.

V 1.a.   Azo: *Ad legem Corneliam de falsis*. Definition

Das *falsum*, die Fälschung, ist eine *immutatio veritatis*,
wie es im *Authenticum* heißt, eine Veränderung der Wahrheit.
Die Fälschung wird deshalb *immutatio* genannt,
weil die Fälscher sich bemühen, das, was wahr ist, zu verändern,
damit das Falsche dem Wahren ähnlich erscheint.
Diese *Lex Cornelia* gilt nur bei einer Fälschung mit betrügerischer Absicht,
sonst nicht.
[Quellenangabe: Novelle 73/*Authenticum* 76 *De instrumentorum cautela et fide*;
Praefatio zum Kontext ‚gefälschte Dokumente'; Dig 48,10,1].

V 1.b.   Hostiensis: *Quid sit falsitas*. Definition

Es ist nichts anderes als eine *immutatio* der Wahrheit,
vorsätzlich/ganz bewusst ausgeführt,
und sie wird nicht ohne Täuschungsabsicht begangen.
Sie wird auch *imitatio* der Wahrheit genannt,
weil die Fälscher sich bemühen, das, was wahr ist, nachzuahmen,

---

5 Zum Gesetz Dig 48,19,31 vgl. Mommsen S. 926 mit Anm. 4: „**diese Form der Exekution ist eine schwere Schärfung.**"

damit das Falsche dem Wahren ähnlich erscheint. So sagt es Azo.
Im *Authenticum* findet man die Schreibweisen *immutatio und imitatio veritatis.*

V 1.c. Lagus: *De falsariis.* Definition; Verifizierung der Quellenangabe

Falsarius ist die Bezeichnung für einen Betrüger, *inpostor,*
der durch eine Nachahmung des Wahren, *imitatio veritatis,*
seinen Vorteil auf Kosten eines anderen Menschen in betrügerischer Absicht
sucht.
Deshalb sagt Kaiser Justinian nämlich im *Authenticum,*
die *falsitas* sei nichts anderes als die Nachahmung des Wahren:
[μηδὲν ἕτερόν ἐστι παραποίησις, εἰ μὴ τῶν ἀληθῶν μίμησις].
Diese Aussage ist im griechischen Text besser durchschaubar,
nämlich wegen des vom Kaiser gewählten Wortes παραποίησις
[etwas neben etwas Gefertigtes]. Ein *crimen falsi* kann nicht
gegen jenen angestrengt werden, der etwas ohne betrügerische Absicht
sine dolo, verübt hat; [Codex 9,22,20; Novelle 73/*Authenticum* 76].

VI 1.a. Azo: Fälschungen von Schriftstücken

Eine Fälschung wird auf mehrere Weisen begangen:
z. B. mit einem Schriftstück, *scriptura,*
ob jemand etwas Falsches schreibt oder Richtiges zerstört,
dass die Sache, d.h. die Wahrheit, nicht erkennbar ist;
womit der Fälscher das Dokument unlesbar gemacht hat.
Das gilt ohne Unterschied für ein Testament
wie für ein anderes Beweismittel, *instrumentum,*
ein öffentliches oder privates,
ob es sich um Urkunden, *tabulae,* handelt, aus Wachs oder Holz
oder um Rechnungsbücher.

VI 1.b. Lagus: Fälschungen von Schriftstücken

Sehr oft wird dieses Verbrechen einer Fälschung begangen
bei Urkunden und öffentlichen Beweismitteln,[6]
oder auch privaten,

---

6 Mit den Begriffen *instrumentum*, Beweismittel, und *tabula*, Schriftstück, befasst Lagus sich in

wie es bei Testaments-Urkunden und Rechnungsbüchern
nicht selten geschieht,
dass nämlich Einiges hinzugesetzt oder zerstört wird,
oder dass auf einem anderen Weg
gegen den Willen des Testators oder derer,
für die es wichtig ist, unversehrte Urkunden zu erhalten, [verstoßen wird].
[Quellenangaben: l. 1. § *qui in rationibus*, & l. *qui Testamentum*, d. h. Dig 48,10,1
§ 4; 48,10,2; & l. *Paulus ff. ad L. Corneliam de falsis*, d. h. Dig 48,10,16 § 1; Lagus hat
diese Angaben von Azo und Hostiensis übernommen; er verweist zusätzlich auf
Codex 9,23 jene betreffend, die in einem Testament für sich etwas hinzuschrei-
ben; Dig 28,4 gilt verschiedenen Eingriffen in Testamente, wird aber von Lagus
nicht genannt].

VII 1.a. Azo: Fälschungen in Wort und Tat. Falschaussagen

1   Ebenso werden Fälschungen im Gesprochenen begangen,
2   z. B. von einem Zeugen, der bewusst Falsches behauptet,
3   oder eine schwankende/schillernde Aussage vorträgt
       [Dig 22,5,2 und 16; Lagus fol. 225vC *suspecti testes*, die sich
       von Freundschaft, Feindschaft, Gewinnsucht leiten lassen],
4   oder von einem Richter,
5   der wissentlich den *Constitutiones* zuwider urteilt; [Dig 48,8,1pr und § 1].
       Fälschungen liegen auch bei jenen vor,
6   die beim Gesagten mit Rat und Tat halfen [Dig 48,10,1 § 1]
7   und z. B. einen Zeugen oder Richter bestachen.
8   Auch, wenn jemand etwas angenommen hat,
9   um kein Zeugnis ablegen zu müssen,
10   oder um einen Zeugen zu unterweisen, [sich so zu verhalten],
11   dass die Wahrheit nicht offenbar wird,
12   oder wenn sich jemand auf falsche Gesetze beruft;
       [Dig 47,13,2; 48,10,1 § 3; 48,10, 33].
13   Doch nicht jeder, der lügt, fällt unter dieses Gesetz;
14   wer aber dem Kaiser oder Statthalter etwas vorlügt
15   oder durch Erschleichung etwas erreicht hat, für den gilt dieses Gesetz.

---

einem eigenen Titel fol. 227rv *De tabulis.* Dieser Titel füllt 5 1/2 Folio-Seiten und diskutiert vor
allem die Sicherheit von Schriften. Dem Titel sind umfangreiche Quellenangaben beigegeben.

VII 1.b. Hostiensis: Falschaussagen

1	Auch mit Gesprochenem wird eine Fälschung begangen;
2	das tut z. B. ein falsch aussagender Zeuge,
4/5	auch ein Richter, der wissentlich ungerecht gegen die *Constitutiones* urteilt;
7/8	dann jener, der einen Zeugen oder Richter besticht,
11	Geld annimmt, um nicht die Wahrheit zu sagen,
10	oder um einen Zeugen eine *lectio prava* zu lehren/ mit einer Falschaussage zu unterstützen; [Mommsen S. 675].
12	Ferner, wenn sich jemand auf falsche Gesetze beruft und die *Compilatio antiqua* nicht nennenswert zu sein scheint; [*Utrumque ius* S. 27. Die Quellenangabe nach *Compilatio* bezieht sich auf Dig 48,10,1.].
13	Doch nicht jeder Lügner fällt unter dieses Gesetz,
14	wohl aber, wer dem Statthalter oder Kaiser etwas vorlügt
15	oder durch Erschleichung etwas erreicht hat.
16	Und deshalb muss auch ein lügnerischer Bittsteller, *precator*, auf das Gewünschte verzichten; [Codex 1,22,5].
17	Und ebenso sind auch jene Richter zu bestrafen, welche die Entlarvung einer Fälschung verhinderten; [Codex 1,22,3].

VII 1.c. Lagus: Falschaussagen

Falschaussagen sind ebenso häufig wie schriftliche Fälschungen. Manchmal bietet sich nämlich unredlichen Menschen, *improbi*, eine gewinnbringende Gelegenheit, *lucrosa occasio*, zu einem solchen Delikt:
vor allem bei Zeugenaussagen [Azo, Zeilen 2–3],
beim Vortragen / Vorlegen falscher Gesetze [Azo, 5; 12]
und bei einer Urteilsfällung [Azo, 5].
Doch es fällt nicht sofort jeder, der eine Lüge ausspricht,
unter dieses Gesetz [Azo, 13],
es sei denn, er wird ertappt werden, das getan zu haben,
um einen Richter zu einem falschen Urteil zu verlocken;
[Azo, 6; 7; 14; Dig 48,10,23; 48,10,29; 48,19,38 § 10].

Auswertung VII 1.b.c.

Hostiensis schließt sich Azos Exzerpt aus Dig 48,19, Codex 9,22 und 24 betreffend Fälschungen eng an. Da er seine Titel jeweils nach den Aspekten *Quid sit [falsitas]; Qualis sit accusatio; Et qualiter puniatur [falsarius]* gliedert, fallen diese sehr umfangreich aus. Lagus betont die Falschaussagen bedingende Grundhaltung der Unredlichkeit bzw. des Eigennutzes und ist sichtlich im Sinne des *Qualiter committatur ...* um eine kurze Darstellung bemüht. Den Begriff der *improbitas* entnahm er Codex 1,22,5 *mentientis improbitas*, die Unredlichkeit des Lügenden; er ergänzt gleich Hostiensis seine von Azo übernommenen Quellenangaben durch den Hinweis *In Decretalibus de crimine falsi* (fol. 120rA); dort steht unter *falsidicus* an erster Stelle:

> ‚Ein Zeuge, der falsche Aussagen macht, ist drei Personen verpflichtet: Zuerst Gott, dessen Macht er verachtet, dann dem Richter, den er durch Lügen täuscht; und schließlich dem Unschuldigen, den er durch sein falsches Zeugnis verletzt. Jeder von beiden ist Angeklagter: Sowohl, wer die Wahrheit verbirgt, wie jener, der eine Lüge sagt; von denen jener sich nicht verraten will, und der besagte [Lügner] anderen zu schaden wünscht.'

VII 2. Exkurs

Ulrich Zasius analysiert einen pleonastischen Ausdruck in Dig 42,1,33 über Falschaussagen von bestochenen Zeugen

(III Sp. 457 *der Commentaria seu Lecturae in titulos tertiae partis pandectarum*): Nun zu unserer Frage. Nimm einmal an, wer ausführt, die mit Geld bestochenen Zeugen hätten Falsches ausgesagt, muss sowohl die Bestechung wie die Falschaussage beweisen. Wenn er aber nur das Eine bewiese, würde er unterliegen, sofern wir Bartolus glauben, dem alle Rechtsgelehrten folgen; [Quellenangabe]. Wenn aber jemand ausführen würde, die Zeugen wären Fälscher/Lügner <u>und</u> wären mit Geld bestochen, würde es genügen, das Eine zu beweisen, was mit Bartolus zur *communis opinio* geworden ist.

Ich glaube auf die Verschiedenheit des Ausdrucks hier nicht achten zu müssen ..., zumal ein Prozessierender auch nicht immer die konventionellen Klagformeln kennt, die heute aufgehoben sind. Und deshalb glaube ich: Mit welcher Formulierung eine Bestechung oder Falschaussage auch immer angeführt wird, es könne genügen, wenn Eines bewiesen würde; ist nämlich die Falschaussage bewiesen, muss nicht auch notwendigerweise die Bestechung bewiesen werden und umgekehrt: Ist die Bestechung bewiesen, wird damit gleichzeitig die

Falschaussage des Zeugen angenommen. Diese meine recht paradoxe Behauptung beruht auf dem Text in Dig 42,1,33:

> ‚Weil Iulius Tarentinus in seinem *Libellus* [in dreigliedriger Aufzählung] erzählt hatte, er sei durch falsche Zeugnisse, die Verschwörung der Gegner, die durch Geld bestochenen Zeugen schier erdrückt worden' [im Text steht, es sei die religiöse Bindung des Richters umgangen/eingeengt/verunsichert worden, *religionem iudicis circumventam esse*], ‚und weil der Kaiser [Hadrian] gleichwohl sein Reskript mit den Worten schloss, der Präses möge den Vorwurf der Bestechung durch Geld prüfen, ohne auch die Falschaussage der Zeugen noch eigens zu erwähnen.' ...

(III S. 457 bei der 3/4; nach weiteren auf Bartolus, Glossen und Placentinus gestützten Argumenten heißt es; gerafft): Bedenke auch, dass es genügt zu sagen, der Zeuge sei bestochen worden; das kann durch Geld, *pretium*, oder Bitten/Absprachen, *preces*, geschehen sein. *Conspirationes* sind ohnehin streng zu ahnden, da sie immer mit Täuschungsabsicht, *dolus malus*, verbunden sind.

VIII 1.a. Azo: Münzfälschungen und Fälschungen von Maßen

Nun zu einer weiteren Fälschung mit einer Tat,
wenn z. B. geprägtes Geld oder ein Maß gefälscht wird.

α) Im Zusammenhang mit geprägtem Geld
wird an jenen [wegen Münzfälschung] ein Exempel statuiert,
die Goldmünzen teils abgeschabt, teils gefärbt
oder [aus anderem Material] trügerisch gestaltet haben.
Freie werden dann den wilden Tieren vorgeworfen,
Sklaven erleiden eine Todesstrafe;
[Dig 48,10,8; Codex 11,11 (10), 3; Mommsen S. 672–674].

β) Auch an jenem wird ein Exempel statuiert,
der dem Gold irgendeinen Mangel zugefügt
oder gefälschte Silbermünzen nachgegossen
bzw. derartiges nicht verhindert hat;
wer Falschgeld aus Zinn oder Blei kaufte oder
in betrügerischer Weise weiterverkaufte;
[Dig 48,10,9pr und § 2].

γ) Wer jedoch Falschgeld geschlagen/geprägt hat,
wenn er es nicht ganz herstellen wollte,

wird mit der Fürsprache begründeter Reue freigesprochen;
[Dig 48,10,19pr; Codex 9,24,2; Mommsen S. 98; HS *paenitentia*].

δ) Für die Fälschung eines Maßes wird der Täter
mit dem Doppelten des Wertes bestraft; zudem wird er ausgewiesen;
[Dig 48,10,32 §1].

ε) Zu den Fälschungsdelikten zählt es auch,
wenn einer Frau ein Kind unterschoben wird.
[Die Möglichkeit der Anklage verjährt nicht]; es können nämlich nur die Eltern
Klage erheben, oder jene, die betroffen sind; niemand aus dem Volk darf eine
publica accusatio erheben; [Dig 48,10,19 § 1; 48,10,30 § 1; Codex 9,22,10].

VIII 1.b. Lagus: Münzfälschungen und Fälschungen von Maßen

Manchmal wird eine Fälschung durch Wertminderung begangen.

α) Wenn z.B. jemand im Umlauf befindliche Münzen abschabt,
färbt bzw. [aus anderem Material] trügerisch gestaltet;
[Dig 48,10,8; Codex 11,11 (10), 2 und 3].

β) Auch wenn jemand als Verkäufer oder Käufer
gültige Maße verfälscht oder verwendet; [Dig 48,10,32],

ε) oder wenn jemand einer Frau ein Kind unterschiebt. – Von einer Münzfälschung ist im Codex 9,24 unter dem Titel *De falsa moneta* die Rede. Sonst gelten
nicht nur jene als Fälscher, die selbst eine der genannten Fälschungen ausgeführt
haben, sondern gerade auch jene, durch deren Hilfe und betrügerische Absicht
solches geschehen konnte; [Dig 48,10,19 und 30; Codex 9,22,10; Novelle 153 von
Justinian; DNP Münzfälschung; *Partus suppositus*; Mommsen S. 672–674].

Auswertung VIII 1.a.b.

Lagus' Text ist kürzer ausgefallen als jener von Azo. Den Gedanken der Wertminderung von Münzen hat Lagus wohl von Hostiensis übernommen, dessen
diminutio er allerdings durch *depravatio* ersetzte, ein Nomen, das sonst eine
Verdrehung, Entstellung, Vermögensverminderung und (CTh 16,6,4 Zeile 15
prava mens) einen Aberglauben bezeichnet. CTh 9,22,1 gilt jenem, der Ränder
von *Solidi*/Goldmünzen abschabt, *qui mensuram circuli exterioris adroserit, ut*

ponderis minuat quantitatem. Von Azo und aus Dig 48,10,8 übernahm Lagus die Verbfolge *radere, tingere, fingere*; Hostiensis schrieb *reficere* und *tingere.*[7]

VIII 2. Exkurs

Zu den Strafen für Fälscher von Maßen, für Münzfälschungen sowie Majestätsverletzungen/Hochverrat heißt es bei Lagus fol. 119vD/120r A:

Fälscher werden mit *deportatio* bestraft [Dig 48,10,1 § 13] und ihr Vermögen wurde eingezogen. Haben sie jedoch ältere und jüngere Erben, wird ihr Vermögen nach neuestem Recht nicht eingezogen; [Novelle 134 von 556 n. Chr., Caput 13 § 2:

> ,Doch damit nicht nur die Körperstrafen wie Verstümmelungen, sondern auch die Geldstrafen maßvoller werden, verfügen Wir, [Kaiser Justinian], dass das Vermögen jener Straftäter, die mit dem Tod oder der Proskription rechnen müssen, im Fall einer Verurteilung nicht Gewinn der Richter oder ihrer Ämter wird und auch nicht nach altem Recht an den *Fiscus* fällt. Haben sie Deszendenten, erhalten diese ihr Vermögen, andernfalls die Aszendenten bis zum dritten Grad.']

Lagus fol. 120rA: Mag diese Strafe der *deportatio* allgemein für alle Fälscher gelten, wird einigen von den Gesetzen doch eine schwerere [Dig 48,19,16 § 9] Strafe auferlegt, wie es einem Richter aber auch erlaubt ist, nach Maßgabe der Fälschung eine geringere Strafe zu verfügen. **Auf Münzfälschung steht der Flammentod. Wer solch eine Fälschung gewagt hat, scheint nämlich auch der Majestätsverletzung/des Hochverrates schuldig zu sein.** So verfährt man bei Münzfälschern also bei weitem strenger als bei den übrigen Fälschern, milder jedoch mit jenen, die ein falsches Maß verwendeten; sie werden zum Doppelten verurteilt und relegiert.[8]

---

7 Hostiensis' Hinweis auf die Beschädigung von Siegeln, *corruptio*, kaiserlicher Beamter übernimmt Lagus nicht. Das *signum adulterinum* (Mommsen S. 671) ist Dig 48,10,30 erwähnt, direkt gefolgt vom Stichwort *partus suppositus*; der *accusatio partus suppositi* gilt Dig 48,10,19 § 1, d. h. nach Dig 48,10,19pr, wo γ) die Möglichkeit eines Freispruches für jenen in Aussicht gestellt ist, der Falschgeld neu stempelte, doch dann Reue bekundete.

8 Worin der Grund für die harte Bestrafung von Münzfälschern zu sehen ist, erklärt Lagus den Studenten nicht. Baldus (*Super nono Codicis*, sc. 9,24) erkennt in falschen Münzlegenden – ohne eine bestimmte Münze zu nennen (Demandt S. 220/1) – eine Schmälerung der kaiserlichen Hoheit, *derogatio maiestatis*. Das *crimen laesae* oder *imminutae maiestatis* kann – je nach dem Umfang der Falschmünzerei/dem ,Goldrausch' – ein Untergraben der staatlichen/kaiserlichen Münzhoheit, *nostrae monetae* (Codex 9,24,2) bedeuten. Münzfälschung verstößt zudem gegen das Bildnisrecht des Kaisers (Demandt S. 226). CTh 9,23,1pr wird eine Münzfälschung als Sakrileg definiert, das ebenfalls mit dem Tod bestraft wird (Lagus fol. 118v), und gemäß CTh 9,38,7 von 384 werden Münzdiebe und -fälscher von einer Amnestie ausge-

Auf Münzfälschung steht der Flammentod. Lagus bezieht sich auf Codex 9,24 (*De falsa moneta*), 2; der erste Teil dieses Gesetzes droht jenen, die mit falschen Legierungen Münzen nachgießen, den Verlust ihres Vermögens an; die Begründung wird in einem Angriff auf die Münzhoheit des Staates gesehen. Im zweiten Teil wird dieser Gedanke weitergeführt:

> ‚Eine Verletzung der staatlichen Münzhoheit ist ein *crimen maiestatis*. Für Ankläger ist eine Belohnung ausgesetzt. Wer auch immer als Fälscher von Goldmünzen, *solidi*, aufgefunden bzw. von irgendjemandem bekannt gemacht wird, soll sofort – unter Ausschluss jeglicher Verzögerung – dem Verbrennen [Plural] durch Flammen übergeben werden.'

Dieses Gesetz von Konstantin aus dem Jahr 326 behielt seine Gültigkeit; es wurde 343 von Constantius II. wiederholt (CTh 9,21,3).

Welche Titel/Gesetze beziehen sich auf welche Vergehen? CTh 9,14 versammelt Gesetze zur Bestrafung von Mördern/Banditen unter dem Titel *Ad legem Corneliam de sicariis*; aus CTh 9,14 wurde das 3. Gesetz von 397 von Arkadius und Honorius als Nr. 5 in den *Codex Iustinianus* 9,8 *Ad legem Iuliam maiestatis* übernommen; Lagus referiert es fol 121vC:

> ‚Mit dem Tod werden all jene bestraft, die mit einer Tat oder einem Plan den Staat verrieten oder das durch ihre *factiones* versucht haben. Denn bei diesem Verbrechen wird auch der **Versuch, conatus,** bestraft. Die Ahndung betrifft zudem die Söhne des Täters'; [weitere Einzelheiten].

Zu dem vielbesagenden Text Codex 9,8,5 werden die Zeitereignisse – Reichsteilung; Völkerwanderung; Gotenzüge durch Griechenland – beigetragen haben; der ganze Gesetzestext:

> ‚Jeder, der mit privaten, auch nicht-römischen, bewaffneten Gefolgsleuten [Demandt S. 255ff.] sich einer verbrecherischen *factio*, Gruppierung, anschließt und im Rahmen eines Aufnahme-Rituals vereidigt wird, auch <u>an die Ermordung ranghoher Beamter</u>, die zu Unserem geheimen Kronrat gehören [DNP *Consistorium*], sowie von Senatoren, die Teil Unseres *Corpus* sind [Demandt S. 275ff.], und schließlich irgendeines Beliebigen, der Uns dient, <u>denkt</u>, <u>*quisquis ... de nece ... cogitarit*</u> – **die Gesetze wollten nämlich, dass die *voluntas sceleris*, der Wille zu einem Verbrechen, mit derselben Härte bestraft wird wie dessen Ausführung** –, soll als des Majestätsverbrechens Angeklagter/Schuldiger durch das Schwert **hingerichtet werden.** – Das ganze Vermögen fällt an Unsere Staatskasse. **Die Söhne der Täter, denen Wir in besonderer kaiserlicher Milde das Leben zugestehen** – jene müssten gleich ihren Vätern sterben, in denen Beispiele

---

schlossen wegen ihrer *atrox cupiditas*, d.h. ihrer besonders schwerwiegenden Gier. – Mommsen (S. 674) sieht die Strafen für Münzfälscher in der Anmaßung magistratischer Befugnisse, verbunden mit *dolus malus*, begründet. – Die Bestimmungen sind nicht frei von den Emotionen der Gesetzgeber.

des väterlichen, d. h. ihres Erblassers, Verbrechens befürchtet werden … –, sollen von allen Erbrechten ausgeschlossen werden, (gerafft:) zeitlebens darbend und verarmt, im Schmutz lebend, [Menschen], denen der Tod einen Trost und das Leben eine Todesstrafe bedeutet.'

An Lagus' Referat fällt auf:

Lagus spricht allgemein von *poena capitis*; Codex 9,8,5pr *maiestatis reus gladio feriatur*;

1) Lagus ersetzt *quisquis … de nece … cogitarit* durch *in hoc crimine etiam conatus punitur*;

2) den Relativsatz „denen Wir in besonderer Milde" lässt Lagus aus; er verstand ihn wohl als Floskel, die nicht zum Inhalt des Gesetzes gehört; die Aufzählung der Straf-Weiterführungen resumiert er, geht aber auf Codex 9,8,5 § 7 nicht ein:

> ‚Wenn jemand zu Beginn seines Eintrittes in eine *factio*, getrieben vom Bemühen um echtes Lob, die *factio* preisgibt, wird er mit Lohn und Ehre von Uns beschenkt werden. Wer aber schon mitgemacht hat, *qui usus fuerit*, dann aber, wenn auch spät, unbekannte Geheimpläne offenlegt, wird nur der Gnade des Freispruches gewürdigt.'

3) Den eingeschobenen und zurückblickenden Satz ‚**die Gesetze /Rechtsgrundsätze,** *iura*, **wollten nämlich usw.**' lässt Lagus aus und kürzt die Aufzählung derer, auf welche die Strafe für den *factiosus* ausgedehnt wird; (Mommsen S. 594).

4) Dass bei einem Majestätsverbrechen auch der Versuch/die vorbereitende Handlung bestraft wird, ist bei Lagus dreimal hervorgehoben; (1. S. 26, Codex 9,8,5). Auf jene, die den Staat zu gefährden versuchen, (fol. 121vC), geht Lagus fol. 122rA betreffend Mörder/Banditen, *sicarii*, eigens ein; (Inst 4,18,4). Damit sind alle gemeint, die *data opera et cum dolo*, also vernunftgesteuert, *animo occidendi*, in Tötungsabsicht, Anlass zu einem Mord gaben oder selbst zu Mördern wurden. Fol. 122rA (Zeile 13 unter *De sicariis*) wiederholt Lagus seine Formulierung von fol. 121vC (Zeile 8 unter *De crimine laesae maiestatis*): ‚Denn bei diesem Verbrechen wird der Versuch bestraft' – mit der Begründung: – ‚auch wenn daraus kein Ergebnis folgte, ein *sicarius* also überführt wurde, in Tötungsabsicht Waffen getragen und auf einen anderen Menschen gerichtet zu haben'; [Dig 48,8,1pr; Codex 9,16,1 § 1 und 9,16,6(7)]. Und gleich anschließend (Zeile 15): ‚Bei Übeltätern/Verbrechern, *malefici*, wird der Versuch betrachtet, nicht der Ausgang'; Lagus' Quellenangabe 1. *divus* [*Hadrianus* fehlt] *ff. Ad legem Corneliam de sicariis* gilt Dig 48,8,14; seine Formulierung ist Zitat eines von Callistratus vermittelten Reskriptes von Kaiser Hadrian – als solches aber von Lagus nicht angesprochen; seine Begründung lautet: ‚Die Strenge der Gesetze scheint darauf zu beruhen, weil das, was aus freiem Entschluss über die Ermordung eines Menschen gedacht wird, *ultro cogitatur*, ja nicht nicht-frevelhaft, *non nefarium*, sein kann'; [Dig 48,19,38].– Mit Codex 9,8,5 ersetzten die Kaiser

Arkadius und Honorius Dig 2,2,1 § 2 von Ulpian: ‚Was schadete der Versuch, wenn das Verbrechen kein Ergebnis zeitigte?' und Dig 48,19,20 und 26 von Paulus und Callistratus, eine Strafe dürfe nicht auf die Kinder/Erben/Verwandten übergehen.

Die genauen/begrenzten Inhalte der Titel wurden von Lagus nicht *expressis verbis* angesprochen. In Sinn des fol. 2rA (S. 17, Fn. 4) Gewünschten hätte sich ihm hier eine relativ einfache Möglichkeit geboten, den Studierenden und späteren Lesern ob der überschaubaren Zahl der Titel betreffend Münzverbrechen und Hochverrat im Rahmen der eigenen historischen Kenntnisse eine komplexe *imago iuris* (fol. 1vDfin) vor Augen zu führen; fol. 24 rB liest man jedoch, die Studierenden müssten nicht gleich alle Einzelheiten kennen, sondern nur so im Großen und Ganzen, παχυμερώτερον; nach Ulpian Dig 15,1,7 § 2.

Von dem Gesetz Codex 9,8,5 von 397 ist bei Budé (fol. 221E *ex titulo, Ad legem Iuliam maiestatis*) als *lex illa cantissima Honorii & Arcadii* die Rede, sinngemäß ‚von jenem vielbesungenen/verschrieenen Gesetz'; diesem Passus ist fol 221EF der Hinweis auf Codex 9,47 (*De poenis*), 22 aus dem Jahr 399, ebenfalls von Arkadius und Honorius, zu entnehmen (CTh 9,40,18). **Dieses Gesetz verkündet die Rücknahme von Codex 9,8,5;** es war Lagus nicht bekannt (?):

> ‚Wir verordnen, dass die Strafe dort ist, wo auch die Schädigung ist. Verwandte, Bekannte, Vertraute schließen wir von einer Schikane aus, d. h. alle, die mit dem Verbrechen nichts gemeinsam haben. Verwandtschaft bzw. Freundschaft erlauben keine strafrechtliche Verfolgung. **Vergehen haften an denen, die sie ausführen, und die Furcht darf nicht weiter um sich greifen.** Dies soll allen Richtern bekannt gemacht werden.'[9]

Ein früher Benutzer der *Editio princeps* (1543) von Lagus' *Traditio* (vgl. S. 10) hat fol. 121vC alle Zeilen des Passus *in hoc crimine etiam conatus punitur* als bedenkenswert unterstrichen:

---

9 2 Könige 14,6 nach *Deuteronomium* 24,16 und Hesekiel 14,12 enthalten die Botschaft von der persönlichen Verantwortung eines jeden Menschen; vgl. Hesekiel 18 Verse 13; 17; 20; 30: Kommentar der Jerusalemer Bibel zu Hesekiel 14,6 Sp. 1210.

IX 1.a. Azo: Falscher Gebrauch

Dieses Vergehen unterscheidet sich von den anderen dadurch,
weil es nichts mit der Nutzung gefälschter Schriften zu tun hat; [Codex 9,22,8].

α) Solch ein *falsum usu* begehen z. B. Soldaten:
wenn sich einer nämlich als Soldat ausgab
oder falsche Abzeichen oder ein falsches Diplom [aus]nutzte,
d. h. wer trotz eines bestimmten Ortsverbotes
[für den Weg in den Urlaub] eine Abkürzung nahm,
ist je nach der Schwere des Vergehens sehr hart zu strafen;
[Dig 48,10,27 § 2; Codex 12,42; DNP und HS s. v. *commeatus*].

β) Auch für andere gilt die *Lex Cornelia de falsis*, z. B.
jene, die ein Testament versteckten, beseitigten oder raubten,
zerstörten, verschmierten, unterschoben, entsiegelten,
ein falsches Zeugnis schrieben, [dieses] signierten,
dolo malo, in betrügerischer Absicht, verlasen
oder *dolo malo* das veranlassten; [Dig 48,10,2; 16].

γ) Auch jene betrifft die *Lex Cornelia*, die Edikte entstellten [Dig 48,10,25; 32],

γ1) gleich anderen, die eine Sache an zwei Personen verkauften;
sie werden auf Zeit verbannt, behalten aber Hab und Gut.
Das gilt auch für jene, die einen Richter bestachen; [Dig 48,10,1 § 2 fin
und 48,10,21:

> ‚Wer zwei Personen ein und dieselbe Sache als Ganzes mit zwei verschiedenen Verträgen
> verkauft hat, wird mit der Strafe nach dem Gesetz *De falsis* bestraft; das hat auch Kaiser
> Hadrian verfügt. Dem wird hinzugefügt, ‚auch wer einen Richter besticht'. Doch sie
> werden recht nachgiebig bestraft, dass sie für einige Zeit verbannt werden, Hab und Gut
> ihnen aber nicht genommen wird.']

γ2) Wer jedoch eine Sache an zwei Personen verpfändete,
fällt nicht unter diese Anklage;
sein Betrug gilt als *stellionatus*; [Dig 47,20,3; Codex 9,34,1;3. – Mommsen S. 680].

δ) Zu verantworten hat sich [schließlich] auch,
wer bei ihm hinterlegte Dokumente
dem Gegner des Depositors zur Einsicht gab;
[Dig 48,10,1 § 6; 48,19,38 § 9; ausführlich Lagus fol. 96vD *De deposito*].

IX 1.b. Lagus: Falscher Gebrauch

α) Als Fälscher gilt ebenfalls,
wer bewusst falsche Dokumente, Zeugen oder Münzen nutzt,

δ) oder bei ihm hinterlegte echte Dokumente
dem Gegner des Depositors zur Einsicht mitteilte.

β) Denn auch das betrügerische Erschleichen eines Gegenstandes
gilt als Fälschung, auch wenn die Sache durch den Nutzer nicht beeinträchtigt
wird;
und deshalb beurteilen die Gesetze auch den als Fälscher,

γ1) der eine Sache mit verschiedenen Verträgen
an zwei Personen verkaufte. – [Codex 9,21 hier eingeschoben].
Sonst muss sich wegen einer Fälschung verantworten,
wer auch immer eine rechtliche Lage vorgelogen hat, um anderen zu imponieren.

α) Zum Beispiel, wenn sich jemand als Soldat ausgibt
und ein falsches Diplom benutzt, um sicher hin und her gehen zu können;
[Dig 48,10,27 § 2].

ε) Und so wird auch jener wegen einer Fälschung bestraft,
der seinen Namen ändert, um andere zu betrügen; [Codex 9,25].

Auswertung IX 1.a.b.

An dieser Stelle gehen die Ausführungen auseinander. Auffallend ist Lagus'
Übernahme von Azos Aufzählung verschiedener Fälschungen in anderer Rei-
henfolge; ein Grund ist nicht zu erkennen. Savigny schreibt betreffend Contro-
versen der Glossatoren (V S. 226):

> „... aus den Vorreden folgt sogar, dass ein absichtliches Plagiat zum Grund liegt, indem
> sich einer die Arbeit des anderen aneignen und den Diebstahl durch die völlig verän-
> derte Ordnung verstecken wollte."

Im Einleitungssatz von *De furto* ist Azo genannt (vgl. S. 11). Den Studierenden
wurde aber nicht gesagt – jedenfalls erscheint solch ein Hinweis nicht in den
Dictata –, dass auch die folgenden Titel *De plagiariis* und *De falsariis* weitgehend
auf Azos *Summa* beruhen. Dieser Hinweis kann aber beiläufig mit Gesprächen
im ‚Haus Lagus' nachgetragen sein. Sein Fehlen ist vielleicht auch der Hast und

Unaufmerksamkeit der Setzer zur Last zu legen oder den von Lagus in seiner *Protestatio* gerügten Veränderungen seiner *Dictata* durch ‚Unbekannt'.

IX 1.c. Der lateinische Text Azos: nach der *Summa Codicis* 9,20 und 9,22;
         p. 240v/241r Ausgabe Lyon 1539.

IV 1.a. Diebstahl und Entführung

α) Supra de plagio, id est, de homicidio,
quod parentibus et liberis infertur.
Nunc de omni plagio, id est, plaga vel dolore,
quod parentibus vel dominis a quolibet infertur, tractat ...
β) Et certe ipsa [lex de plagiariis] locum habet,
β1) cum quis liberum hominem, vel servum alienum
sciens, vendit, vel ex alia causa alienat.
β2) Item si quis vinctum habuerit, vel celaverit.
Item qui servo alieno suasit
ut a domino fugiat.
β3) Multo magis ille tenetur,
qui servum alienum, vel quemlibet hominem liberum
exportaverit de civitate in civitaten,
vel quem alium locum.
γ) Ideo autem dicitur de sciente:
quia secus in eo, qui putavit suum servum, vel filium eum,
quem vendidit, vel exportaverit,
vel qui putat se domini voluntate id agere.
δ) Distinguit tamen Plac[entinus]
an probabiliter erret, an non.
Sed subaudi, maxime. ... Satis est enim quod non commisit dolum:
nam etiam lata culpa non debet comparari dolo.

V 1.a. Definition des *falsum*

Est autem falsum immutatio veritatis.
Et dicitur immutatio eo
quod falsatores student mutare ea, quae vera sunt:
ut falsa videantur verisimilia.
Locum habet haec lex Cornelia de fal[so] commisso dolo.

VI 1.a. Fälschungen von Schriftstücken

Et committitur falsum pluribus modis:
puta scriptura,
sive quis scribat falsum, sive deleat verum:
ut res, id est, rei veritas, non appareat,
et ita fecit inlegibile instrumentum.
Non distinguo sit testamentum,
vel aliud instrumentum,
publicum, vel privatum:
vel utrum sint tabulae cereae, vel ligneae, vel rationes.

VII 1.a. Falschaussagen

Item committitur dicto,
ut in teste falsum scienter asserente,
vel varium testimonium ferente,
et iudice scienter contra constitutiones falsum iudicante,
et qui ad praedicta consilium et opem praestiterunt,
et si iudicem, vel testem corruperunt.
Item qui aliquid accepit,
ne ferat testimonium, velut instruat testes,
et ita non aperiatur veritas,
vel qui falsis legibus utitur in allegando:
Non autem quilibet qui mentitur, hac lege tenetur.
Si autem quis mentitur principi, vel praesidi,
vel per obreptionem aliquid obtinuerit, hac lege tenetur.

VIII 1.a. Münzfälschungen

α) Item committitur falsum facto: ut in moneta et mensura:
Et ponitur exemplum in moneta de iis,
qui nummos aureos partim raserunt, partim tinxerunt,
vel finxerunt:
et tunc liberi subjiciuntur bestiis,
servi damnantur ultimo supplicio.
β) Item etiam ponitur exemplum de eo,
qui in auro vitii quid addiderit,
vel argenteos nummos adulterinos conflagraverit:
vel eorum tale quid non prohibuerit:
vel nummos stanneos seu plumbeos emerit vendideritve dolo malo.

γ) Qui tamen falsam monetam percusserit,
si in totum formare noluerit,
suffragio iustae poenitentiae absolvitur.
δ) Pro mensura autem falsa imponitur poena delinquenti
in duplum.
Insuper et relegatur, ut ibidem dicitur.
ε) Sed et facto committitur falsum in supposito partu,
de quo privata et perpetua est accusatio.
Nam de eo soli accusant parentes, vel hi, ad quos ea res pertinet:
non quilibet ex populo, ut publicam accusationem intendat.

IX 1.a. Falscher Gebrauch

Item committitur falsum usu. Et differt hoc ab aliis:
quia hic se liberat abstinendo se ab usu falsae scripturae.
α) Milites etiam usu incidunt in falsum.
Nam qui se pro milite gessit,
vel illicitis insignibus usus est, vel falso diplomate,
id est, interdicto certi loci, itinere breviori vias commeavit,
pro admissi qualitate gravissime puniendus est.
β) Sunt et alii, qui incidunt in legem Corneliam de falsis,
ut qui testamentum celaverint, amoverint, vel rapuerint,
deleverint, interleverint, subiecerint, resignaverint,
scripserint falsum testimonium, signaverint,
recitaverint dolo malo, vel dolo malo curaverint ea fieri.
γ) Item et ii, qui corruperunt edicta, tenentur hac lege.
γ1) Item et in eis, qui duobus rem insolidum vendiderunt;
ad tempus relegantur, nec bona illis auferuntur.
Sicut et in eis, qui iudicem corruperunt.
γ2) Ille autem qui obligavit rem duobus insolidum,
non tenetur hac speciali accusatione; sed crimine stellionatus.
δ) Item hac lege tenentur,
qui instrumenta apud se deposita
praestiterint adversariis deponentis.

IX 1.d. Lagus' lateinischer Text über Fälscher

VI 1.b. Fälschungen von Schriftstücken

Saepissime autem hoc crimen committitur
in tabulis & instrumentis publicis, aut privatis,
ut in testamentorum tabulis & rationibus non raro evenit,
ut quaedam ascribantur aut deleantur,
aut alia quadam via contra voluntatem testatoris,
aut eorum, quorum interest tabulas integras accipere.

VII 1.c. Falschaussagen

Nec minus frequenter falsum dicitur quam scribitur,
nam & eius delicti multa & lucrosa est occasio improbis,
praesertim in dicendo testimonio,
& in allegationibus falsarum legum, ferendisque sententiis.
Non tamen statim incidit in hoc crimen, qui mendacium dicit, nisi id ad per-
trahendum iudicem, ut perperam de causa pronuntiaret, fecisse deprehendetur.

VIII 1.b. Münzfälschungen und Fälschungen von Maßen

Nonnumquam ipsarum rerum depravatione falsum committitur,
α) videlicet, si quis publicam monetam radat, tingat vel fingat,
β) aut mensuras publicas vendendo vel [emendo]
non probatas habeat illisque utatur,
ε) aut partum mulieri supponat.
Et de falsariis monetae publicae agitur in titulo in C[odice] de falsa moneta.
Ceterum non illi tantum indicantur falsarii, qui ipsi tale quid, cuiusmodi exempla
iam recensuimus, fecerunt: verumetiam illi, quorum subministratione, aut dolo
tale quid factum est.

IX 1.b. Falscher Gebrauch

α) Item falsarius habetur, qui falsis instrumentis,
aut testibus, aut nummis sciens utitur,
δ) aut qui proba instrumenta apud se deposita
communicaverit adversario deponentis.
β) Nam & fraudulenta captatio facti pro falsa habetur,
etiamsi res per illum non corrumpatur,
unde et illum iudicant falsarium,

γ1) qui eandem rem duobus in solidum diversis contractibus vendidit.
Alias tamen falsi reus agitur,
quicumque conditionem mentitus est, ad imponendum aliis,
α) ut si quis pro milite se gerat, & falso diplomate utatur,
ut tuto commeare possit.
ε) Sicut & ille meretur poenam falsi,
qui nomen in alterius fraudem mutat.

X 1. Exkurs

Über die Vorrechte der kaiserlichen Majestät:
Beispiel eines abgerundeten Titels in Lagus' *Traditio* betreffend Dig 1,3,31
Princeps legibus solutus est

(Fol. 253v): Was, vor anderen Vollmachten, dem Kaiser ausdrücklich rechtlich
erlaubt ist, glaube ich als Erstes unter dem Aspekt der Privilegien aufsuchen zu
müssen, die in das *Corpus Iuris* eingefügt sind [Dig 1,4; Codex 1,14], weil das zur
Geltung des Festgelegten und der Auslegung solcher Privilegien gehört. Weiß
nämlich jemand nicht, was ihm vom Verleiher eines bestimmten Privilegs erlaubt
ist, kann er auch nicht sicher sagen, wie weit dessen Geltung reicht. Die vor-
nehmliche Vollmacht des Herrschers ist es also, dass er allein das allgemeine
Gesetz, das bei allen Völkern [seines Reiches] Geltung haben soll, erlassen und
dieses Gesetz dann auch selbst auslegen kann. Das ist damit zu erklären, weil das
römische Volk seine Macht auf die Herrscher übertragen hat.[10] Eine Vorstellung
von dieser Machtübertragung kann die Kaiserwahl geben, die von den deutschen
Fürsten gemäß der *Bulla aurea* [LexMA] Kaiser Karls IV. durchgeführt wird.
    Wegen der Übertragung der Macht vom Volk auf die Herrscher sagt Ulpian
[Dig 1,3,31; Inst 1,2,6], der Kaiser sei gelöst; [*legibus*, von den Gesetzen, steht
nicht in Lagus' Text]. Mit diesem Wort wollte er nämlich bedeuten, dass die
Kaiser den Konstitutionen des römischen Volkes nicht so verpflichtet waren,
dass sie in einer alle betreffenden Notlage [die Gesetze] nicht hätten ändern oder

---

10 Codex 1,14,12 § 5 *Tam conditor quam interpres legum solus imperator iuste existimabitur*;
    [Dig 28,6,43pr; 1,2,2 § 1 und 49]. – Lagus' Quellenangabe Dig. 1,2,2 § 3 bezieht sich auf die
    römische Frühzeit nach der Vertreibung der Könige 510 v. Chr.; der das historische Ereignis
    ansprechende Satz verwendet in *exactis regibus* das Perfekt Passiv, fortgesetzt durch duratives
    coepit uti. Dig 1,4,1 wird die Machtübertragung iterativ/präsentisch verstanden: ‚Was vom
    Kaiser vorgeschrieben ist, hat Gesetzeskraft, da das Volk durch die *lex regia* [Demandt S. 214;
    DNP 14 Herrscher, Sp. 369 2.5. *Lex Regia*] ihm und auf ihn alle … Macht überträgt.' Codex
    1,14,9 (Valentianus und Marcianus) ‚War in Gesetzen vielleicht etwas undeutlicher formu-
    liert, muss es durch eine kaiserliche Auslegung geöffnet werden; eine Unserer Menschlichkeit
    nicht anstehende Härte ist zu berichtigen'; [Codex 1,14,12 § 1].

durch andere ersetzen können. An vielen Stellen des *Authenticum* zeigt sich, dass sie das auch getan haben. Baldus [*Commentaria in primum – nonum Codicis librum*; Codex 1,19,7] möchte, dass allein der Kaiser die Vollmacht hat, durch sein Reskript etwas zu erlauben, das dem bisherigen Recht widerspricht, allerdings mit einer Klausel ,sofern solch [ein Gesetz] niemanden beeinträchtigt'; [Codex 1,19,7; Dig 1,4,2; 2,14,16; Demandt S. 214 betreffend diese Klausel; Lagus' folgender Satz schließt direkt an]: Obwohl die Macht also in einzigartiger Weise allein den Kaisern anvertraut ist [Inst 1,2,6][11], müssen diese sich aber nach dem Beispiel guter Kaiser davor hüten, ihre Macht nicht zum Verderben irgendjemandes zu missbrauchen[12], allzu nachgiebig oder allzu streng zu sein – mehr als recht und billig – bei der Bewahrung der allgemeinen Gesetze. Beides ist nämlich für die Staaten gefährlich.

Fronto [2. Jh.] soll gesagt haben, es sei übel, wenn jener herrsche, unter dem niemandem etwas erlaubt sei, jedoch noch viel schlimmer, unter dem Kaiser zu leben, unter dem am meisten erlaubt sei. – Daher müssen die Kaiser sich dessen bewusst sein, dass die Autorität des Reiches letztlich von derjenigen der Gesetze abhängt – o würdige Stimme! [Codex 1,14,4] –, und dass sie sich eingestehen müssen, auch ihre Autorität werde verletzt, wenn sie ohne ernsthaften Grund etwas gegen die Gesetze erlauben; [Codex 1,14,5; das Fronto-Zitat dürfte einer Anthologie entnommen sein].

Diese Macht ist den Kaisern nämlich zur Heilung[13] anvertraut, damit es in einem Notfall jenen nicht an Hilfe fehlt, welche die kaiserliche Güte erflehen,

---

11 Lagus begründet die Machtübertragung fol. 38vD im Titel *De mutatione Imperii Romani:* ,Die gewalttätige Machtausübung [in Rom zur Zeit der späten Republik] konnte nicht von Dauer sein. Als nach der Ermordung Caesars das Heer – aus Begünstigung und Furcht – die Macht Augustus, gleichsam dem Erben Caesars, zufallen ließ ..., beschränkte dieser [A.] seine Macht so' [gekürzt: dass die Rechte des Volkes und Senates erhalten blieben]. ,Unter diesem Caesar [A.] begann Rom zum ersten Mal eine wirkliche Monarchie zu sein.'

12 Demandt S. 213 f.; Mommsen z. B. S. 262 mit Anm. 1; S. 265; S. 278. Dig 32,23: ,Vermächtnisse aus einem unvollständigen Testament zu beanspruchen ziemt dem Herrscher nicht. Für eine so große Majestät gehört es sich, die Gesetze zu achten, von denen er selbst gelöst zu sein scheint.'

13 Codex 5,4,23pr: ,Das Eigentliche des kaiserlichen Wohlwollens sehen Wir [Kaiser Justinian] darin, zu jeder Zeit nach dem Wohl der Untertanen zu suchen und für Heilung zu sorgen ... Auf diese Weise glauben Wir Gottes Wohlwollen ..., soweit Uns das möglich ist, nachzuahmen.' Lagus fol.20vC (gerafft): Die kaiserliche Gnade verdankt sich einem *impetus divinus* – [Lagus verweist auf Platon: Gesetze 711d, wo von göttlicher Liebe, ἔρως θεῖος, die Rede ist] – und beruht nicht auf Ungestüm und menschlichem Kunstgriff, sondern darauf, dass Gott die Menschen mit seinem Wort aufnimmt und trägt. Fol. 86rA bejaht Lagus die Frage, ob Christen zivilrechtliche Verträge schließen dürfen, mit dem Satz *Salomon testatur labia regum in constituendo iure divinitus regi. prov. 16.* In dieser freien/eigenwilligen/rhetorisch geprägten Umformulierung von Sprüche/*Proverbia* 16,10, hebräischen Versen, welche die Übersetzer vor keine leichte Aufgabe stellten – in der Fassung der *Vulgata: divinatio in labiis regis, in iudicio non errabit os eius*, d. h. Gottesentscheid [liegt] auf den Lippen des Königs; bei

gegen die Strenge der geschriebenen Gesetze. Es kann ja die Situation eintreten, dass die *aequitas* dazu rät, wegen der Umstände das strenge Recht zu mildern; [z. B. in Dig 23,2,57a]. ... Damit ist anzunehmen, dass die Herrscher in bürgerlichen Konstitutionen [Dig 1,4,1 § 2] die Macht haben, nicht jedoch in jenen, die das göttliche Recht oder das Naturrecht [Anm. 14] betreffen. Und darauf beruht dann auch jenes Vorrecht der Kaiser, in dem ihnen zugestanden ist, eine *res iudicata* aufzuheben oder einen Einspruch nicht zu dulden; [Dig 1,5,25; 42,1,1; Codex 7,52 ist die Geltung einer *res iudicata* gefordert; das Privileg eine *res iudicata* ‚einreißen' zu können, hat also besonderes Gewicht]. Das ist so zu verstehen, dass die Kaiser ohne Beachtung der juristischen Gepflogenheiten Entscheidungen treffen können, indem sie Urteile für ungültig erklären oder [ihrerseits] Einsprüche erheben; sie können aber nicht verhindern, dass die Parteien ihre Anliegen in ihrer, [der Kaiser], Gegenwart verteidigen; die Beachtung der juristischen Regeln gehört zum *ius civile*, die Verteidigung, *defensio/exceptio*, zum Naturrecht.[14] In einem ihn angehenden zivilen Rechtsfall hat der Kaiser die Macht, diesen selbst zu prüfen und darüber zu befinden; *[iux[ta] Barth[olum] in l[ege] proxime ff. [in Digestis] de his quae in testa[mento] delentur].*[15] Die Begründung dieses Privilegs kann so umschrieben werden, dass der

---

einem Urteil: nicht irren wird sein Mund -, führt Lagus den Gedanken des Gottesgnadentums auf ein von Salomon stammendes Wort zurück (Jerusalemer Bibel S. 861): dass die Lippen/Worte des Königs – Lagus: der Könige – durch göttliche Eingebung regiert werden und zwar – im Zentrum des Satzes – beim Fest-/Einsetzen des Rechts, sc. des **Corpus iuris**, das damit den Königen als ‚auf die Zunge gelegt' verstanden ist. Lagus hat den Vers *Proverbia* 16,10 aus der Welt des Alten Orients (hebr. *msq* Los-/Gottesentscheid; vgl. arab. *qismet*, Schicksal) sowie der altgriechischen (LXX *manteion*) und römischen Mantik (*divinatio*) gelöst und in die Zeit der Ausarbeitung des für alle Zeit geltend gedachten *Corpus iuris* verlegt; (HistWbPhil Zitat, Sp. 1347 mit Anm. 56 zum Zitat und dessen Interpretation).

14 Unter dem Naturrecht versteht Lagus (fol. 2vCfin) das verminderte Rechtsempfinden der Menschen nach dem Sündenfall; unter dem Titel *Quomodo ex natura ius oriatur* umschreibt er das *ius naturale* als *affectio sui conservandi*, dann als *impetus, quo impellimur ad studium et curam nostri nostrorumque*, d. h. als Ansporn, der uns treibt, für uns und die Unsrigen Mühe und Fürsorge walten zu lassen. Da er fol. 254 A *defensio [est] iuris naturalis* mit keiner Quellenangabe verbindet, dürfte er an seine eigene Umschreibung denken oder an die singuläre Verbindung *exceptio ... nec ab aequitate abhorrens* in Dig 50,17,66, d. h. eine von der *aequitas naturalis* nicht abweichende Verteidigung; (DK1P *Exceptiones*; das LexMA nennt s. v. *Exceptiones* mittelalterlichen ‚Einreden' gewidmete Schriften). Fol. 243vCin ist zu lesen: ‚Einem guten *Princeps* muss die Freiheit der Untertanen ein Anliegen sein. Sie besteht darin, *ut aequis legibus ius illis dicatur.'* Lagus formulierte den Satz wohl nach Codex 3,1,8, und 3,1,14 § 2: ‚[Die Richter] werden wissen, dass sie andere nicht mehr richten, als sie selbst gerichtet werden'; vgl. auch Inst 1,3,1; Kaser S. 61].

15 Bartolus de Saxoferrato (1314–1357): *Opera omnia* (Basel 1588–1589). – Eine gesuchte Stelle ist in den acht Großfolianten aufgrund der Seitenüberschriften und *Indices* (*loci communes*) leicht zu finden. Das mit *proxime* beginnende Gesetz steht Dig 28,4,3. Lagus hat in einer früheren Ausgabe die – der S. 324 in Band III zu Dig 28,4,3 und S. 211 in Band IV zu Codex 2,10un entsprechenden – Seiten gelesen und ihnen die referierten Gedanken entnommen. Dig 28,4,3 war Lagus wohl bekannt. In diesem markanten Gesetz wird der Verlauf einer Ver-

Kaiser keinen über ihm stehenden [irdischen] Richter kennt, und dass er im höchsten Grade die Vollmacht hat, sowohl nach den Akten wie nach seinem Gewissen zu urteilen; [Codex 2,10un; Demandt S. 224]. Ordnet der Kaiser jedoch gegen sein Gewissen[16] und die Gesetze der Natur etwas an, sind wir nicht gehalten diesem zu gehorchen bzw. zu folgen.[17] An diese Gesetze ist der Kaiser nämlich selbst gebunden und gezwungen, Gott als seinen Richter und sein Gewissen als seinen Zeugen gegen sich zu ertragen, und trotz der Fülle seiner Macht kann er diese nicht zum Präjudiz gegen seine Untertanen missbrauchen.[18]

---

handlung vor dem Kaiser [Marcus Aurelius im Jahr 166; vgl. Dig 34,9,12] geschildert. Gegen Ende heißt es: ‚Der Kaiser verlangte von allen Anwesenden sich zurückzuziehen. Nachdem er reiflich überlegt hatte, *cum deliberasset,* ließ er die Wartenden wieder herbeirufen und sagte: Der gegenwärtige Fall scheint eine besonders menschliche Auslegung zuzulassen.' Obwohl das Gesetz Dig 28,4,3 selbstredend ist, konsultierte Lagus den Bartolus-Kommentar; dessen verdichtete Formulierung: ‚Und wenn der Kaiser – oder ein anderer – keinen höheren [Richter] kennt und in eigenen Belangen richtet, muss er dem Recht der Gerichtsstätte seines Gewissens, *ius fori conscientiae,* folgen, nicht jedoch der Strenge des allgemeinen Rechts ...; in diesem Fall ist zu bedenken, dass Gott selbst [einst] richten wird.' Die Wendung vom *forum conscientiae* dürfte Bartolus seinerseits Thomas von Aquin entlehnt haben; (HistWbPhil Gesetz Sp. 483). Zu *rex, qui superiorem non recognoscit,* vgl. LexMA Staat A. III. Sp. 2155 zu mittelalterlichen Staatstheorien und Parömien (etwas, das sich neben dem allgemeinen Weg, *oimos,* befindet), wie z. B. *rex in regno suo [!] est imperator sui.*

16 Die Bedeutungsfülle des Begriffs ‚Gewissen' diskutiert Lagus nicht; hier gleicht es einem Zeugen, den man neben Gott scheuen soll; ThWbNT VII S. 912 zur juridischen Funktion des Gewissens bei Philon von Alexandreia; TRE Gewissen S. 223 Zeilen 30 und 45 das Gewissen in seiner Bindung an Gott bei Luther.

17 Hist.WbPhil Gehorsam, Sp. 148 3.; 149 betreffend den Vorrang des Gewissens vor Befehlen des Vorgesetzten; Sp. 150 5; Demandt S. 213/214. – Lagus nennt mit *Bald[us] cir[ca] Authen[ticam] habita C[odex] ne filius ...* [4,13] als Quelle dieser Gedanken. Dem ist abzulesen, dass Lagus eine frühe Textausgabe vorlag, in der die *Authentica habita* (LexMA) an Codex 4,13 angefügt war; (Savigny III S. 261/2; 522; 531). Im Zusammenhang mit der Hierarchie an der Universität heißt es in Baldus' Kommentar (Savigny III S. 170/1) *si unus est principalior altero, illum debet habere iudicem,* d. h. wenn einer hervorragender ist als ein anderer, muss er diesen als Richter haben. In dem zur Zeit des Nika-Aufstandes (532) an Kaiser Justinian gerichteten Fürstenspiegel des Agapetos Diakonos heißt es c. 35: ‚Wisse, dass du nur dann sicher regierst, wenn du über freiwillig gehorchende [Untertanen] gebietest.' – Die *Editio princeps* erschien 1509 mit einer lateinischen Übersetzung, rasch gefolgt von weiteren Ausgaben; (R. F. Diss Tübingen 1984/5; LexMA Fürstenspiegel, bes. Sp. 1054; 1056).

18 Codex 6,51un § 14a: ‚Wir, [der Kaiser], achten in kaiserlicher Weise, *imperialiter,* auf den Nutzen/das Wohl als das Wesentliche für Unsere Untertanen.' – Dig 2,2 *Quod quisque iuris in alterum statuerit, ut ipse eodem iure utatur.* Lagus beschreibt fol 38rB die Monarchie als die beste Staatsform: ‚Die Monarchie ist unter allen anderen Staatsformen besonders gelobt, so sehr, dass einige klug folgerten, wie es nur eine die Welt erleuchtende Sonne gebe, so sei es auch nützlich, dass einer die Weltherrschaft ausübe. Das bestätigt ja auch die Erfahrung vieler, dass es vor allem in Zeiten der Gefahr und Zwietracht unter den Mächten nützlich sei, die *summa imperii* einem zu übertragen'; [HistWbPhil Vernunft, Sp. 799 c)]. – Die Vorstellung von Gott als einem über dem Kaiser stehenden Richter impliziert nicht, dass Lagus sich Gott konkret als Richter vorstellte; fol. 7rBfin heißt es: ‚Jede Vorstellung von Gott, *imaginatio dei,* oder von Seinem Willen, ohne [Stütze durch] oder gegen Gottes Wort, ist Idolatrie, Götzenverehrung. Diese *ratio* duldet keine in menschlichen Erörterungen entworfene Aus-

Auswertung X 1.

Der Darstellung ist nicht zu entnehmen, auf welche Kaiser sich die von Lagus angeführten Gesetze beziehen; sie wirken zeitlos (Rexroth S. 55); der Kenner der Materie weiß, dass Dig 1,4 von Ulpian (um 200) und Codex 1,14 aus der Gesetzgebung von Theodosius und Justinian stammen. Der Titel ist bedacht gegliedert; er nennt das Privileg der Kaiser a) Gesetze zu erlassen und b) auszulegen; es folgt die Begründung: die *translatio* der Macht vom Volk auf die Herrscher. Das Privileg erlaubt dem Kaiser auch a1) Gesetze des geltenden Rechts zu ändern, und zwar a2) vor allem zum Wohle der Untertanen. Der Kaiser ist c) höchster Richter; er ist aber auch Diener Gottes und richtet c1) nach dem Gesetz umd c2) nach seinem Gewissen.

Lagus verzichtet darauf, die Rechtsposition des Kaisers mit heterogenen Beispielen z. B. aus Suetons Kaiser-Viten oder der *Historia Augusta* zu belegen und zu illustrieren und vermeidet damit eine ahistorische Darstellung. Den Gesetzen Dig 1,4 und Codex 1,14 sowie deren textnaher Rezeption in den scholastischen Kommentaren von Baldus und Bartolus folgend entwirft er relativ frei, seine Referenztexte paraphrasierend (vgl. TRE Erasmus von Rotterdam S. 10 3.10.), das Bild eines allmächtigen, aber nicht selbstherrlichen Kaisers.

X 2. Exkurs

Guillaume Budé und Ulrich Zasius interpretieren in ihren Werken ebenfalls den Satz Ulpians Dig 1,3,31 *Princeps legibus solutus est*

(Budé fol. 48vJ der *Annotationes in Pandectas*; Übertragung gerafft): Im dritten Buch seiner *Politica* scheint mir Aristoteles eine bedenkenswerte Begründung für dieses Wort Ulpians zu geben: Der *Princeps* ist der Urheber, der alle Dinge mit Vernunft und einem Ziel vor Augen einsichtsvoll auszuführen pflegt, selbst jene, die aufgrund ihrer Natur den Eindruck erwecken, nicht zu bewältigen zu sein. Fol. 49rD gilt einer von allen Regeln gelösten, absoluten Herrschaft: *et nunc reges nostri sunt, qui omnia in potestate habent …; nutu etiam suo omnia quatientes*, d. h. solch eine Herrschaft üben jetzt unsere Könige aus, die allmächtig sind und allein durch ihr Nicken alles erschüttern. (Fol. 49vH) Wahrheitsgemäßer könnte man sagen, die Herrscher seien in ihrer Fürsorge für das Wohl der Menschen

---

nahme. Das gilt auch von allen [noch so] glänzenden menschlichen Anstrengungen, die diesseits von Gottes Wort unternommen werden … So sündigen beide: Wer sich Gottes Willen selbst zurechtlegt oder von menschlichem Rat geleitet/verleitet Gottes Wort zuwiderhandelt'; [Hinweis auf Johannes 1; 1 Könige 15, d. h. 1 Samuel 15,35 in der *Vulgata*-Ausgabe].

Diener Gottes, dergestalt, dass sie die von Gott gegebenen Güter den Menschen zuteilen und bewahren. Alle Güter des Himmels und der Erde, [Sonnenschein; Regen; alles Leben], trügen keine Frucht, gäbe es kein Gesetz, keine Gerechtigkeit, keine Herrscher. Die Gerechtigkeit ist das Ziel des Gesetzes, das Gesetz, *officium*, Verpflichtung, des Herrschers. Das entspricht auch dem Wort von Paulus im Römer-Brief [13,1 *non est enim potestas nisi a Deo; quae autem sunt, a Deo ordinatae sunt*]: *O digna vox. Cod. de legibus*; [Codex 1,14,4]. Wer wird also der Herrscher des Herrschers sein? Doch wohl das Gesetz, der König von allen Sterblichen und Unsterblichen; fol. 50rA: Nicht das in den Büchern oder auf Tafeln festgehaltene Gesetz, sondern die innere *animata ratio*, die den Herrscher immer begleitet und beschützt.[19]

Texte wie derjenige von Lagus über kaiserliche Vorrechte und von Budé u. a. über die Pflichten der Mächtigen kamen einem Interesse der Zeit entgegen. Auch in Zasius' Werken (bes. in I betreffend die ersten Bücher der Digesten und in VI *Consilia*) finden sich Passus, die denjenigen von Lagus nahestehen und a) die Fürsten davor warnen, ihre Macht zu missbrauchen und b) sich direkt mit Ulpians Satz *Princeps legibus solutus est* befassen; (Wiedergaben gerafft):

I Sp. 295, 24: Insgesamt wird der Princeps nichts zulassen, was sich der *ratio* und *aequitas* widersetzt, wie es sehr elegant im Text ‚würdige Stimme' steht [Codex 1,14,4]. Mag ein Herrscher in seiner Machtfülle auch nicht an die Gesetze gebunden sein, so darf er diese Macht doch nicht missbrauchen.

I Sp. 21: Fragst du, wie die Wohltaten eines Herrschers zu verstehen sind: Sie dürfen diese nicht zu einem Präjudiz gegen jemanden verwenden.

VI Sp. 215,141: Die Wahrheit muss im Munde/auf den Lippen der Herrscher beständiger sein als in den Worten anderer.

VI Sp. 414,25: Klauseln haben keine Gültigkeit, wenn sie das Recht anderer verletzen. Das göttliche und das Naturrecht entwaffnen diese Klauseln.

I Sp. 393,4,12 und 16 der *Commentaria seu Lecturae In ff. vetus*, d.h. Dig 1,3,31 *Princeps legibus solutus est*:

‚Mag der Herrscher auch gelöst, d.h. nicht an die Gesetze gebunden sein, ist er doch [z.B.] an einen Vertrag gebunden, den er mit Untertanen geschlossen hat.' – [Der Satz enthält vielleich eine Anspielung auf die *iniqua Leonina societas* (Aesop; Dig 17,2,29), in der dem einen Partner der ganze Gewinn zufällt, während der andere, der Esel, leer ausgeht und noch gefressen wird; vgl. Lagus fol. 108vB, wo die Fabel nacherzählt wird]. ‚Weil wir also in unserem Gesetz den Herrscher von allen [Gesetzen] gelöst haben, auch vom positiven Gesetz, frage ich, ob der Herrscher auch gegen die Gesetze handeln kann.

---

19 Der Budé-Text gründet auf Gedanken von Aristoteles (Politik IV; Nikomachische Ethik V), Plutarch, Polemon, Pindar, Paulus. – H. Haag: Bibellexikon, 1968, s.v. König; TRE Guillaume Budé (1468–1540); DNP 14 Herrscher, Sp. 375 Herkunft, Ableitung und Bedeutung des Begriffs *lex animata*.

[Im kanonischen Recht ist das dem Papst zugestanden]. Dieser Anspruch hat mir aber nie gefallen, aus vielen Gründen ..., vor allem, *quia iura sunt divinitus per ora principum promulgata, ut dicunt patres in decretis,* d.h. weil die Rechte mit Gottes Eingebung durch die Worte der Herrscher allgemein bekannt gemacht sind, wie es die Väter in den Dekretalen sagen.

Und so ist meine Annahme sicher richtig, dass einige Rechte aus bestimmten Gründen teilweise aufgehoben werden können, oder dass man gegen sie Nachsicht walten lassen kann, was ja täglich geschieht, nämlich durch die Klausel *Non obstante.* Mag der Herrscher also von den Gesetzen gelöst sein, ist er doch nicht von der Gerechtigkeit gelöst, die jedem das Seine zuteilt; [Inst 1,1,1pr]. Darum bedarf er umso mehr der Gerechtigkeit [Baldus], je höher die Erhabenheit seiner Hoheit ist; denn grausam ist eine Gerechtigkeit, die Waffen hat!'

Auswertung X 2.

Lagus' Formulierungen in seinem Titel über die Vorrechte eines Herrschers stehen einigen Sätzen von Zasius – hier unterstrichen – auffallend nahe; das kann mit dem Thema Dig 1,3,31 zu erklären sein. Auf das Adverb *divinitus* – ist besonders hinzuweisen. Zasius findet hier – ohne auf *Proverbia* 16,10 (vgl. Lagus fol 86rA; S. 40) zu verweisen – einen Satzbau, welcher *divinitus* zentral zwischen *iura – promulgata* stellt; damit erhält dann auch die kaiserliche Bekanntmachung /Verordnung zwischen *divinitus* und *promulgata,* also die Übermittlung durch die *Principes,* ihre zentrale Position. Lagus betont den Zeitbezug mit dem zentralen *in constituendo iure* in der Satzmitte; (S. 36). Während die Worte *iura – promulgata* die Gesetzgebung als abgeschlossen sehen, drücken das Gerundivum *in constituendo iure* und der Präsens-Infinitiv *regi* bei Lagus etwas Zeitloses aus. – Als Vorlage für seine Übertragung nennt Zasius die Dekretalen, die Lagus natürlich auch bekannt waren; er zitiert sie z.B. VII 1.c. betreffend Falschaussagen; er kann, wie Zasius, das Adverb *divinitus* den Dekretalen entnommen haben – ohne Quellenangabe; bleibt auf einen weiteren Unterschied zu verweisen: Zasius' Zeile ist Objekt in einer Aussage der Dekretalen, Lagus beruft sich auf ein Zeugnis Salomons (*Proverbia* 16,1 und 13!). – Ob des großen Interesses des 16. Jahrhunderts an Werken zu dem weiten Thema der Fürstentugenden mit zahlreichen Publikationen ist nicht auszuschließen, dass man weiteren Textstellen begegnet, die das hier betreffend Lagus Vorgestellte wieder relativieren und in einem neu gesehenen Umfeld erscheinen lassen. Vielleicht verrät sich hier auch Lagus' Kenntnis der einen oder anderen Zasius-Seite!?

XI 1. Zusammenfassung

Lagus' Horizont. Kenntnisse und Arbeitsweise. In seinem die *Traditio* einlei-
tenden *Consilium* (fol. 2rA) vergleicht Lagus die Gesetze des *Corpus Iuris* mit
μονογράμματα, d. h. aus den ersten Strichen bestehenden Umrissen, die in der
Ausführung dann gegebenenfalls einer Interpretation oder gar Korrektur (Dig
50,17,141) bedürfen (Dig 1,3,11), in der Strafgesetzgebung vielleicht einer Mil-
derung oder Verschärfung (Dig 1,3,18: 50, 17,56; 90), gehe es doch darum, dass ihr
Hervorgehen auseinander sichtbar wird, *quo aliae [leges] ex aliis oriuntur ac
variant.* Und:

> ‚Wenn einem Gesetz die *ratio* nicht beigegeben ist, existiert es nur aufgrund der Au-
> torität des Gesetzgebers, wie man ja auch der Geschichte nur nach der Maßgabe der
> *fides* der Quellen Glauben schenkt. … Gesetze sind somit nichts anderes als Ratschläge,
> Ausdruck einer bestimmten Zeit, denn, wie das Sprichwort sagt, wird der spätere Tag
> zum Lehrer des früheren‘; [Dig 1,3,25–28].

> Im Interesse seiner Zielgruppe, der Studienanfänger, schreibt Lagus fol. 133vD: ‚Die
> *ratio* der Methode verlangt, dass wir ein gewisses allgemeines Bild … für die Lernenden
> vorzeichnen …, um dann die einzelnen Gesetze näher kennen zu lernen.‘ Den Einzel-
> gesetzen gilt der Passus fol. 12vCD: ‚Die *ratio* eines Interpreten gilt wohl erst dann als
> sicher, wenn keine andere und sicherere vorgelegt werden kann;‘ [fol. 24rB Der Kö-
> nigsweg ist erst zu verlassen, wenn man sich lange auf ihm aufgehalten hat].

Das letzte Gesetz der *Institutiones* 4,18,12 verwendet für ein erstes Kennenlernen
die Ausdrücke etwas ‚vorsichtig mit den Fingerspitzen berühren‘ und ‚mit dem
Zeigefinger hinweisen.‘ Lagus dürfte μονογράμματα aus Nonius: *Compendiosa
doctrina* (4. Jh.) entnommen haben; (LSh; *Editio princeps* Venedig 1513).

Lagus war belesen und kenntnisreich. Neben den juristischen Arbeiten – dem
Corpus iuris und dessen Rezeption vom 12. Jahrhundert bis in die Zeit um 1500
(Jason de Mayno; vgl. S. 43) – war ihm manch ein Werk der antiken lateinischen
und griechischen Literatur vertraut(?)/bekannt. Viele seiner genannten und
ausgeschriebenen Referenz-Texte stammen allerdings aus zweiter Hand: sowohl
die scholastischen mit ihrer noch ungebrochenen Tradition wie die literarischen
Exzerpte und Trouvaillen aus diversen nicht genannten Anthologien; (HistWb-
Phil Zitat, Sp. 1346/7 betr. Zitat-Sammlungen, *verba communia*).
Verifiziert man die von Lagus angesprochenen Vorlagen, wird aber deutlich,
dass er sie nachgelesen, bedacht und gelegentlich formal leicht, inhaltlich sogar
signifikant verändert hat (*loc. cit.* Sp. 1348). Diese Auseinandersetzung mit einem
originalen Text vermittelte Lagus den Studierenden aber nicht, ließ sie also an
seinen Gedankenschritten nicht teilnehmen; das Wort ‚ich‘ verwendete er ohnehin selten. Ob er vorerst Zurückgehaltenes später einmal in eigenen Aufsätzen

verwerten wollte? Dies hätte allerdings gar nicht dem Ideal eines Lehrers entsprochen; (vgl. Rexroth S. 126; zum ‚ich' S. 277; RGG Erasmus, Sp. 1383 II. ein
Autor muss sein *verum* vor Missbrauch bewahren).

Lagus griff auf scholastische Werke zurück u. a. von:
Accursius (13. Jh.), z. B. fol.16rA;
Andrea di Isernia (13./14. Jh.), fol. 16rA;
Angelus Aretinus/de Gambilionibus (15. Jh.), fol. 12vC;
Alexander de Tartagnis/Imola (15. Jh.), fol. 251rAfin;
Azo Porcius (12./13. Jh.), passim;
Baldus de Ubaldis (14. Jh.), fol. 15vD;
Bartolus de Saxoferrato (14. Jh.), passim;
Cynus/Cino di Pistoia (14. Jh.), fol. 5vC; 262rB;
Dynus/Dino di Rossonis (13./14. Jh.), fol. 10rA;
Hostiensis/Henricus de Segusio (13. Jh.), passim;
Placentinus (12. Jh.); vgl. S. 15;
Panormitanus/Nicolaus de Tudeschis (14./15. Jh.), passim;
Iason de Mayno (1435–1519: „Schlußstein der alten Zeit" (LexMA nach Savigny,
d. h. VI S. 353). Jason wird von Lagus nur wenige Male zitiert, z. B. fol. 250vD zu
Dig 45,1,113 und – mit Lob bedacht – fol. 243vDfin:

> ‚Die Gründe dafür, dass ein Richter als suspekt gelten kann, sind Feindschaften, die
> Annahme von Geschenken, δωροδοχία[20], ‚Beziehungen' zwischen dem Richter und
> einem Gegner … Darüber (d. h. zu Codex 3,1,16 und 18) spricht niemand ausführlicher
> als Jason. Und deshalb müssen die Studierenden sich hüten, die Ablehnung eines
> verdächtigen Richters mit einem Vorbehalt gegen einen inkompetenten Richter zu
> vermengen!'

So möchte man fast an eine geistige ‚Wahlverwandtschaft' zwischen dem Jün-
geren, Lagus († 1546), und dem Älteren, Jason († 1519), denken, liest man Savignys Charakteristik Jasons in Band VI, S. 352: Jasons Schüler Alciatus bemerkte, Jason habe, „indem er zuerst durch seine Klugheit und Ordnung die
höchst verworrenen und zerstreuten Meynungen der Schriftsteller zugänglich
machte", den Zustand der Rechtswissenschaft gehoben; S. 353: Jason strebte
dahin, „die Ausbeute der Vorgänger und Zeitgenossen in seinen Schriften zu

---

20 Fol. 243v als δοροδιωχεῖα falsch gesetzt. – Die Bestechlichkeit von Richtern ist bei Budé Thema
auf fol. 195E-H. Er bezeichnet sie als schmutzig, charakterisiert als δωροδόχοι und durch
δωροδοχία, was Lagus übernommen hat. Sein Lob Jasons gilt dessen Aufzählung von zehn
causae, welche die Ablehnung eines Richters nahelegen; diese Liste erscheint auch bei Zasius
(IV Sp. 72, 12–74,21). Lagus bricht die Aufzählung fol. 243vD nach *inimicitiae* und *neces-
situdo* ab: *et his similes*, gefolgt von einem Hinweis auf Glossen.

concentrieren …", und auch S. 353: Man wirft ihm vor, „dass er sich gerne fremde Arbeiten aneignete."

Lagus scheint keine Autoren der humanistischen Jurisprudenz *in extenso* **verwertet zu haben.** Er nennt keine zeitgenössischen Autoren, nennt aber auch keine aus der Renaissance und dem Humanismus stammenden Werke, z. B. von Petrarca, Valla, Poliziano, Pico della Mirandola, Erasmus: Autoren, die durchaus an rechtlichen und gesellschaftlichen Themen interessiert waren (vgl. Troje, Crisis, Kap. 2.1) *Iuris consulti philologi*), erwähnt übrigens auch keine fortschrittlichen juristischen Textausgaben, z. B. von Haloander (Troje, Crisis), und spricht die ‚ethische Unterweisung' (Rexroth – S. 289; 295) der Gesetze sowie der *studia humanitatis* seiner Zeit selten explizit an; nach Dig 1,1,1 § 1 von Ulpian sind die Juristen, ‚die man *sacerdotes* nennen könnte', ohnehin mit der *vera philosophia, non simulata*, befasst.[21]

Lagus zitiert aus dem Alten und Neuen Testament, wenn eines ihrer Worte zu einem Rechtssatz passt. Er **verweist aber auf keine zeitgenössische theologische Literatur**, obwohl er z. B. fol. 38v im Titel über die Gütergemeinschaft auf radikal-reformatorische Strömungen anspielt und fol. 20vC unter dem Titel *De iure personarum* den Begriff des Glaubens in seinem Unterschied zur *libertas politica* (1 Konrinther 7,22; 9,1; Galater 3,28) interpretiert.

Besonders auffällig ist, dass Lagus sich auch auf keine scholastischen Theologen/Philosophen beruft. Doch selbst, wenn direkte Hinweise nicht zu finden sind – z. B. auf Ockham; Thomas von Aquin -, sind deren Gedanken an manch einer

---

21 Zum Menschenbild und der ‚ethischen Unterweisung' vgl. fol. 19rA: ‚Wie die Geschichte primär in der Darstellung der Ereignisse besteht, so werden [im Folgenden] Vorschriften vorgestellt, welche die römischen Gesetze in strittigen Fragen als Recht beachtet sehen wollen. Aus keinem anderen Grund werden diesen Rechtsvorschriften manchmal die Rechtsgründe angefügt, als weil zwischen [historischen] Darstellungen ja auch manchmal ganz beiläufig allgemeine Überlegungen eingestreut werden. … So wird z. B. in Codex 3,27,1 aus dem Jahr 391 erlaubt, dass jeder einen Plünderer seiner Felder – ohne einen Richterspruch – töten kann. Beiläufig wird die Begründung gegeben, es sei besser, rechtzeitig etwas zu verhindern, als nach dem Verbrechen Vergeltung zu üben. Damit bezieht sich das Gesetz auf unser aller Wissen um unsere gemeinsame Natur, *communis naturae notio*, dass, was ein jeder zur Selbstverteidigung unternimmt, für rechtmäßig erachtet wird.' Fol. 20rB (zu Galater 3,28; Wiedergabe gerafft): Wenn es unter Christen weder Freie noch Sklaven gibt … und göttliches Recht auch außerhalb der Bibel zu finden ist (fol. 3rBin), weil Gott allen Menschen ein Bild Seiner Gerechtigkeit eingemeißelt hat, dann sind alle Gesetze für göttlich zu halten, welche die Vernunft normaler Menschen gutheißt, und deren Anwendung sie vorschreibt. Fol. 191r bezieht Lagus sich auf die Verse 2 Paral. 19 (d. h. *Liber Paralipomenon/Verba dierum/* 2 Chronik 19, 6–7; vgl. 1 Korinther 6,4–6): Weil *die iudicia publica* Gottes Urteile sind, kann die Arbeit als Jurist eines Christen nicht unwürdig sein.

Stelle der *Traditio* präsent, zum Beispiel fol. 1rBfin. Dort spricht Lagus (mit Nennung Azos; ohne genaue Stellenangabe) das Gebot der *leges legum* an, nämlich (fol. 6rB) Ciceros auf das XII-Tafel-Gesetz zurückgehenden Satz *Salus populi suprema lex esto*, geltend – so Lagus – nur unter dem Eindruck einer *necessitas naturalis* oder *civilis*, d.h. einer Ausnahmesituation, in der das *ius strictum*, ἀκριβοδίκαιον, gilt, nicht die *naturalis aequitas*, ἐπιείκεια (ohne Hinweis auf Aristoteles: Nikomachische Ethik V Kap. 14), anders gesagt, das *ius privatum*, *quod principaliter ad singularem utilitatem pertinet*. Diesen Sätzen ist abzulesen, dass Lagus – ohne seine Referenztexte anzusprechen – an die in der scholastischen Philosophie viel diskutierte Frage denkt, ob das *bonum commune* (LexMA) über dem individuellen Wohl steht oder umgekehrt.

Lagus zitiert lateinische und griechische Texte, die er wohl auch im Original verstand: Aristoteles, Boethius, Cicero, Gellius, Homer, Horaz, Ovid; aus der lateinisch schreibenden Patristik nur Augustin. Die Werke der antiken Geschichtsschreibung waren mit dem Ende der Antike vielfach in Vergessenheit geraten und wurden erst im 15. Jh. wieder entdeckt und belebt. Lagus kannte Lexika, Florilegien und Kompendien. Zahlen- und umfangmäßig sind die literarischen Zitate sparsamer ausgefallen als jene der scholastischen Gelehrsamkeit.

Lagus kannte wohl nur wenige/keine (?) Werke aus der byzantinischen Zeit: griechische profane Arbeiten und Werke der Patristik vor der Zeit und aus der Zeit Justinians (527–565) – z.B. Prokop; Agapetos (vgl. S. 38); Chrysostomos; Johannes Philoponos -, die sich vehement in die Politik und Tagesfragen einmischten und mit sozialen Themen nicht nur in ihren Predigten auseinandersetzten. Mit den die Exzerpte aus den scholastischen Kommentaren ergänzenden Emblemen aus Werken von z.B. Cicero und Gellius (um 200) begab sich Lagus in die Nähe der vor-justinianischen Jurisprudenz, auch wenn ihm noch keine Textausgaben übersichtlich aus den Digesten herausgeschälter Gesetze, z.B. von Ulpian, zur Verfügung standen. Gleichwohl sah und zeigte er, dass das Recht als Kind seiner Zeit mit dem römischen Gedankengut verbunden war bzw. daraus hervorging (LexMA Humanismus, Sp. 188; 195; vgl. Inst 1,2,8; Zasius I Sp. 353); in seiner knappen Formulierung (fol. 21rB):

> ‚Einige Gesetze sind Exzerpte mitten aus den Abhandlungen oder Streitgesprächen der Rechtsgelehrten …; manchmal schreiben sie aus ihrer Beratung heraus und der Gelegenheit der Umstände.'

Die *Traditio* ist eine systematische Sammlung von sehr gut vorbereiteten und **didaktisch durchdachten Vorlesungen** des Dozenten Lagus und – in anderer Wortbedeutung – eine Überlieferung/Weitergabe; und für die der Scholastik

verpflichteten Passus galt die Regel „Schülerwissen bildete Lehrerwissen maß-
stabsgetreu ab" (Rexroth S. 55; 126; Zasius verweist wiederholt auf die den
Lehrern gebührende *reverentia*; Register in Band VII) – für Lagus offenbar noch
nach rund 300 Jahren. Man mag die vorgestellten Titel *De plagiariis* und *De
falsariis* als Kopien aus Azos und Hostiensis' *Summae* einfach abtun, aber das
gehörte eben zum *métier*. Plagiate sind die beiden Titel gleich vielen anderen
nicht. Ein *furtum* geht von einer *machinatio doli* aus, eine Entführung, *abductio/
plagium*, geschieht *per dolum*, der Fälscher arbeitet *sciens per dolum*. Stammen
die kurzen Titel fol. 117r bis 125v aus einer frühen Arbeitsphase des Autors, sind
sie wohl nur als Memogramme im Hinblick auf eine spätere und auch vielsei-
tigere Ausführung zu werten. Das lapidare *Haec de furtis sufficiant*, d. h. das mag
über Diebstähle [vorerst mal] genügen, am Ende des Titels *De plagiariis*
(fol. 119vC) verrät immerhin so viel, dass Lagus der Auflistung diverser Be-
trugsdelikte in der Zeit des Entwurfes der *Traditio* eine geringere Bedeutung
zumaß als den mit fol. 125 beginnenden großen Abschnitten. Die facettenrei-
cheren Titel stammen vermutlich aus späteren Arbeitsphasen, was dann auch
eine Erklärung dafür sein kann, dass die *Traditio* bis zum Ende des 16. Jahrhunderts gefragt war und mehrmals nachgedruckt wurde; das mag zudem dem
präzisen Sprachgebrauch verdankt sein; Lagus selbst sprach vom Einfachen und
Eigentlichen:

> ‚Wie die Natur in allen Dingen die Einfachheit [LexMA Einfachheit Gottes; Natur und
> Gnade Sp. 1049 *desiderium naturale*] liebt, so wird auch in der Sprache das Eigentliche,
> *proprietas*, als eine Dienerin des Einfachen höher bewertet als das Uneigentliche, *im-
> proprietas*, und/oder eine bildliche Ausdrucksweise, die nicht zur Erhellung des Themas
> beitragen, sondern beliebig/willkürlich/einfach gesucht sind. Geht es [bei einer Unsi-
> cherheit] jedoch um die eigentliche Wortbedeutung, *propria significatio*, um den Sinn
> eines Gesetzes zu entfalten, dann ist jene Bezeichnung zu wählen, welche die Aussage zu
> mildern scheint.'[22]

In der vorliegenden Form macht die *Traditio* einem interessierten Leser die
Arbeit aber nicht leicht. Da das Werk unvollendet ist, sind die Aussagen selten
durch Querverweise miteinander vernetzt; unabgestimmte Sehweisen sind nicht
als solche angesprochen, und so vermittelt das Buch auch ein Bild der Welt mit

---

22 Lagus bezieht sich u. a. auf Dig 1,3,17 und 18, die Gesetze zu kennen, bedeute nicht, nur
   ihre Worte zu kennen, sondern auch ihre Kraft und Macht; ihr eigentlicher Wille bestehe in
   ihrer Milde, dem göttlichen Auftrag der *benignitas*. – Ohne dass Lagus seine Studenten darauf
   hingewiesen hätte: Seiner Wortwahl *proprietas* und *propria significatio* ist zu entnehmen,
   dass er in diesem Passus fol. 11rB an die Terminologie von Porphyrius und/oder dessen
   Übersetzung durch Boethius dachte. Derzufolge konstituiert das *proprium* einen Inhalt – in
   diesem Kontext die Milde –, der als Bezeichnung einer wesentlichen Qualität notwendig zu
   einem Subjekt gehört; (HistWbPhil *proprium*, Sp. 1526 Zeile 14; *Aristoteles Latinus* I 6–7
   Categoriarum supplementa, Porphyrii Isagoge, Translatio Boethii, ed. I. Minio-Paluello,
   Brüssel-Paris 1966, S. 20).

ihren Widersprüchen. Wie gesagt: Die bereichernden und gerade die kurzen bzw. etwas mageren Titel belebenden Aussagen findet der suchende (!) Leser in den ‚moderneren' Titeln. Ein Beispiel zu VII 1.a.b.c. betreffend Bestechungen; fol. 120vCD *De captatoribus munerum*, d. h. von Leuten, die auf Geld erpicht sind:

> ‚Und deshalb unterwerfen die römischen Gesetze sowohl den Angeklagten wie den Ankläger der Strafe wegen Erschleichung, die das Haus des Richters betreten, um ihn zu beeinflussen … Jene, die öffentlich ihre Hilfe anbieten, um irgendein Amt zu erhalten, können nicht angeklagt werden, sofern feststeht, dass sie es [wirklich] in hilfreicher Absicht tun. … Wer sich bestechen lässt – egal, in welcher Position –, den wollen die Gesetze keineswegs straflos lassen. … Wenn ein Richter ein käufliches Urteil fällt oder einem Straftäter – *accepta pecunia* – die schwere Strafe erlässt, wird er gezwungen, den vierfachen Betrag der öffentlichen Kasse zu überweisen, oder er wird der Strafe unterworfen, die ein Richter nach Prüfung des Falles verfügen würde. Solche Delinquenten zählen jedenfalls zu den Fälschern, weil sie im Interesse des eigenen Vorteils die öffentliche Autorität missbrauchen.'

Der einleitende Satz ist Dig 48,14un § 4 entnommen: ‚Ein Angeklagter oder Ankläger, der das Haus eines Richters betritt, ist schuldig im Rahmen des Gesetzes wegen Bestechung und wird zu hundert *aurei* verurteilt'; zudem verweist Lagus auf Dig 26,7,54; 50,121pr; damit erweist sich der kurze Titel fol. 120vCD als die in eine gut lesbare und stimmige Form gebrachte Collage von mehreren genannten, aber nicht *ad verbum* übernommenen, Referenztexten.

Lagus hatte zwei Gesichter. Mit der Weitergabe scholastischen Wissens bei der Kommentierung der unter seinen Titeln vorgestellten Gesetze war er konservativ – schließlich las er in den alten Schriften ja Zeitloses und Allgemeingültiges. In der Offenheit für ein sich in/mit der Zeit wandelndes Recht war ihm die humanistische Jurisprudenz nicht ganz fremd. Die eigene Stellung – genau diese beiden Seiten – innerhalb der Jurisprudenz beschreibt Lagus fol. 21rB:

> ‚Wir folgen dem Rat derer, welche die ganze Rechtsmaterie in Titel gliederten, um an Orten von Entscheidungen und für Richter die Möglichkeit zu schaffen, das Recht kennenzulernen. Insgesamt geht es in diesem Titel *De iure personarum* aber darum, zu zeigen, dass Freiheit nicht eine Möglichkeit für jedermann ist, zu tun, was ihm beliebt, und keine Anarchie, sondern dass sie von bestimmten Gesetzen erfüllt ist, dergestalt, dass die heute sogenannten Freien … gleichwohl römischen Gesetzen unterworfen sind.'

XI 2. Quellenangaben. Lagus' Bücherschätze

In allen Titeln stehen die Quellenangaben vor oder nach den jeweiligen Gedankenschritten. Oft ist *prima fronte* nicht ersichtlich, ob es sich bei den Belegen
um memorierte, paraphrasierte oder wörtlich zitierte – vielleicht auch umfor-
mulierte bzw. rhetorisch stilisierte – Angaben handelt. Auch ist deren genauer
Umfang nicht immer zu erkennen. Singulär erscheint der geheimnisvolle Hinweis auf einen *Anonymus: quidam ex philosophis* (fol. 33rB), der die Freunde der
Herrscher mit wertlosen Spielsteinen verglich, die vom Stärkeren auf dem Tisch
hinauf und hinab geschoben werden können.

  Auf 12 Folio-Seiten (fol. 243v; 244v–249v) diskutiert Lagus die Themen ‚Ablehnung eines suspekten Richters/Beamten‘, *ad declinandum iniusta iudicum
imperia*, und Berufungen, *Appellationes*, wissend, dass Untertanen in diverse
Schwierigkeiten verwickelt werden, wenn sie mit Höhergestellten streiten müssen (fol. 244rAfin), ‚ein Balanceakt über das sprichwörtlich ausgespannte Seil.‘
Allein zur Abfassung von fol. 243 ff. müssen in Lagus' Haus die folgenden – zum
Teil mehrbändigen – Textausgaben zur Verfügung gestanden haben: *Corpus iuris
civilis*; *Corpus iuris canonici*; Glossen, vermutlich die *Glossa ordinaria* von Ac-
cursius; *Authenticum*; *Liber Extra*; *Clementinae*; *Decretum Gratiani*; Neues
Testament; Werke von Panormitanus, Hostiensis und Iason de Mayno; fol.249v
sind die der Nacharbeit der Studierenden anempfohlenen Gesetze aufgelistet.
Nicht genannt ist die gegen die Korruption ranghoher kaiserlicher Beamter/
Richter 535 von Justinian verfasste 17. Novelle *De mandatis principum;* (zu Lagus'
Bücherschätzen vgl. HistWbPhil Rezeption, Sp. 999 6.).

  Mit viel Akribie und profundem Sachverständnis für alle nur erdenklichen
Aspekte und Argumente sowie mit deren Abwägung im Fall kontroverser Positionen war Lagus fol. 243, bes. 244vff., wie in anderen anspruchsvollen Titeln
bemüht einen stimmigen Beitrag zu erarbeiten. Die zur Erläuterung der unter
einem bestimmten Titel versammelten Gesetze durch jeweils aus der scholastischen Literatur sowie aus sinnverwandten profanen Werken von Lagus exzer-
pierten Interpretamente sind zum einen auf das Bewahren des noch Autorita-
tiven ausgerichtet, zum anderen einem *Humanum* zugewandt, das als ‚wesentlich‘ an die jungen Leute weiterzugeben war.

**Der bei Cicero (*Ad familiares* 2,8,1) in der negativen Bedeutung ‚Ausplünde-
rung‘ belegte Begriff der *compilatio* ist ungeeignet, um Lagus' Arbeit zu beschreiben. Die *Traditio*, eine Einführung in beide Rechte, ist eine Vorstellung
der Quellen (*Corpus iuris*) und deren Rezeption vom 12. Jahrhundert (Placentinus) bis fast (Jason de Mayno) in die eigene Zeit.** Die genauen Quellenangaben

belegen Lagus' sorgfältige Arbeitsweise.[23] Sind sie sparsam gesetzt, bedeutet das nicht, dass Lagus etwas verschweigt; irgendwo noch Vermisstes wird/kann an anderer Stelle zu finden sein. Hinter manch einem Gedankengang ist eine von Lagus nicht genannte Anregung zu erkennen/vermuten, und das Allgemeinwissen der Zeit mit allen gedanklichen ‚Anverwandlungen' ist nicht zu unterschätzen (HistWbPhil Zitat, Sp. 1346).

Welche Aspekte der *Traditio* man auch betrachtet und wertet: Das Werk ist unvollendet, und für eine Einführung in beide Rechte musste der Dozent das jugendliche Alter seiner Studenten berücksichtigen – etwa 16 Jahre; nach dem Besuch der Lateinschule; (Bildungsgeschichte S. 199) – und Inhalt und Gehalt der vorzustellenden Gesetze in verständlicher, eingängiger und ansprechender Form vermitteln.

XI 3. *Addendum*

Zasius diskutiert die Frage, ob Autoren und Referenztexte immer angeführt werden müssen, *num autores semper allegandi* **(I Sp. 306)**

Asconius nennt die römischen Quästoren *quaesitores*; sie untersuchten Kapitalverbrechen und sorgten für die Bestrafung ... Im übrigen ist dieser ganze, den Aufgaben der Quästoren gewidmete, Abschnitt aus Fenestella entnommen – der Name wurde aber verschwiegen –, etwas, das sich der Rechtsgelehrte auch andernorts oft herausnimmt. **Dessen Schlussfolgerung ist also, dass der Autor nicht immer genannt werden muss.***

Der Passus wirkt enigmatisch. Eine erste Erklärung bietet I Sp. 34 mit einer ähnlichen Formulierung zu den Aufgaben der Quästoren; dann heißt es bei Zasius ‚Das ganze Gesetz ist aus L. Fenestella *De candidatis principis* entnommen; Budaeus [Guillaume Budé] ist hier anderer Meinung.' Dem ist zu entnehmen: Mit L. Fenestella ist ein Sekretär von Papst Eugen IV. (Anfang 15. Jh.) gemeint; er verfasste ein Werk *De magistratibus*, auf dessen Abschnitt *De candidatis principis* Budé zurückgriff; (Römische Literaturgeschichte II S. 596). Die

---

23 Solange kein vollständiges Wörterbuch, *dictionarius iuris* (fol.2rB) vorlag, konnte das *Corpus iuris civilis* textimmanent nur auf der Basis der in den scholastischen Summen und Kommentaren gespeicherten Assoziationen und eigenen Wissens erklärt werden. Mit den Referenztexten übernahm Lagus auch jeweils deren Quellenangaben. Immerhin ist der *Traditio* ein *Index Titulorum & tractandorum* vorangestellt, der es, gleich den an den Rändern aus dem Fließtext wiederholten Hauptbegriffen den Lesern ermöglichte, zu bestimmten Fragen doch noch weitere Aussagen zu finden. Der *Linguae Latinae Thesaurus* war 1543 abgeschlossen, der *Thesaurus Graecae Linguae* 1572; (Pfeiffer S. 136 ff.). Zu den frühen Textausgaben vgl. LexMA *Corpus Iuris Civilis*, Sp. 276 zur Ausgabe von L. Torelli 1553 mit Registern; Troje, Crisis S. 76 ff. – Die Editionen des 16. Jahrhunderts sind jetzt online.

‚andere Meinung' (s. o.) ist bei Budé fol. 21FG zu *quaestores parricidii* nachzulesen: *Sic docet Festus,* (ein Grammatiker) …

Im Anschluss an* kommentiert Zasius das Vexierbild und referiert zunächst einen bekannten Satz aus Plinius' (d. Ä.*) Historia naturalis,* der die Motivation eines Textdiebes in dessen Charakter – einer Unselbständigkeit und Erfolglosigkeit – begründet sieht: Plinius bezeichne [einen Rezipienten] als *benignus,* jemandem gewogen, und *plenus ingenui pudoris,* erfüllt von angeborenem Ehrgefühl, der zugebe, wem er etwas verdanke; umgekehrt jedoch jenen als Schuldner mit einer kein Glück bringenden Sinnesart, *infelix ingenium,* der lieber bei einem Diebstahl ertappt werden als das Darlehen zurückzahlen wolle, da das Kapital ja oft mit den Zinsen wächst. ‚Das glauben wir [Zasius], gehe vonstatten, wenn eine *doctrina* [HistWbPhil Rechtsdogmatik, Sp. 269 zu Zasius], Lehre/Wissenschaft, entweder das Lob der Erfindung verdiene oder eine Geltung, *autoritas,* fordere.'

Die Begründung für eine fehlende Quellenangabe könne grundsätzlich in einer Nachlässigkeit zu sehen sein, dann im Wunsch des Rezipienten sich selbst zu profilieren, aber auch in der Vorstellung der Zeit, das Maß der Autorität werde durch das Alter – *vetustas; antiquus; maiores* – festgelegt [HistWbPhil Autorität, Sp. 725], d. h. zitierwürdig sei nur eine altehrwürdige Autorität.

> Zasius argumentiert: ‚Übrigens, wo Worte/Schriften anderer überliefert wurden, nicht, weil sie eine bestimmte Meinung vertraten, sondern weil sie in sich stimmig/evident sind [*mere positiva*; I Sp. 80,13 und 14], auch [wie z. B. Sprichwörter] anonym weitergegeben waren, oder schließlich die Hauptsache des von ihnen Behandelten es verbietet ausgegossen zu werden, **da vertrete ich die Meinung, können die Namen der Autoren ausgelassen werden. Dennoch überlassen wir das Ganze,** [d. h. die Frage, ob/wann ein Referenztext zu zitieren ist], **dem Gutachten/freien Ermessen der Vernunft,** *rectae rationis arbitrium* [HistWbPhil *Ratio*; *Recta ratio*; *regula*; Zasius VI Sp. 51,34; Lagus fol, 15vD/16rA] **und dem Maßstab der Bescheidenheit,** *modestiae regula* **– möge nur die Ehrsucht fernbleiben, die Prahlerei fernbleiben! –, nicht einer Vorschrift des Gesetzes.'**

Bei den von Zasius gewählten Begriffen ist zu beachten [zur *auctoritas* vgl. Zasius I Sp. 600,2; Sp. 631,10; II Sp. 189,6; Budé fol. 151BD; 195C]: *Ratio* und *modestia* erinnern an Gedanken von Erasmus von Rotterdam, das Rationale und das Sittliche fielen nahezu zusammen (TRE Erasmus, S. 4 Zeile 42). Natürlich wusste Zasius auch um jedermanns Gefährdung durch die *passiones* (I Sp. 361,1 *dispositiones*); deshalb der Wunsch, der Ehrgeiz und die Prahlerei möchten doch bitte fernbleiben!, auch ein wohlbekannter Gedanke des 16. Jahrhunderts, Thema in Prudentius' *Psychomachia* (um 405), mit dem Zasius seinem Wunsch nach einem Sieg der Demut über den Hochmut Ausdruck verleiht. Der Abschnitt unter der Rubrik, ‚ob Autoren immer angeführt werden müssen', schließt mit Zasius' persönlicher Meinung (HistWbPhil Autorität, Sp. 726 5.d) und den impliziten. –

nicht ausdrücklichen – Hinweisen auf Erasmus und Prudentius. Die verbreitete Regel, nur Autoritäten namentlich zu zitieren, wurde im 16. Jahrhundert allerdings unterschiedlich gehandhabt. Zasius zitierte u. a. Aristoteles, Chrysostomos, Sokrates; Cicero; Angelus Aretinus, Beatus Rhenanus, Erasmus, Pico della Mirandola, Poggio, Lorenzo Valla; Budé; Luther. – In seinen Scholien zur *Chorographia* von Pomponius Mela schreibt der St. Galler Humanist und Reformator Joachim von Watt/Vadianus (1522):

> „Zum Schutz der Wahrheit habe ich nun ohne Unterschied die neuesten und zugleich die ältesten Autoren in diesen unseren Scholien zitiert und damit einen anderen Weg beschritten als jene, die ... dermaßen auf die abgeschlossene Vergangenheit gaffen, dass sie keinem der Jüngeren einen Platz auf ihren Seiten gönnen: offenbar in der Annahme, ... in den Werken [der Alten] würde doch schon das Allerneueste vorliegen, da sie veröffentlichten, was durch vielfältige Lektüre und ... Erfahrung gewonnen war"; (aus: R. Frohne: Das Welt- und Menschenbild des St. Galler Humanisten ... Vadianus; 2010, S. 148).

Von einer *actio furti* seitens eines seiner Texte von einem Plagiator Bestohlenen ist bei Zasius nicht die Rede. ‚Wo kein Kläger [Grimm 2) a)] ist, da ist kein Richter.' – Die von Zasius (I Sp. 306) vorgetragenen Gedanken sind mein Zufallsfund; meines Wissens wurde dieser kurze Abschnitt in Beiträgen zur Geschichte des Urheberrechts bislang nicht vorgestelllt. Er stand zu seiner Zeit aber vermutlich nicht isoliert da und erklärt auch, warum Lagus die Herkunft autoritativer Texte benennt, bei *verba communia* und zeitnahen/-genössischen Texten jedoch darauf verzichtet, Übernahmen von Budé und Zasius also nicht belegt und auch nach paraphrasierenden Passus meistens keine näheren Angaben macht. Sein *prima fronte* uneinheitlicher Umgang mit Belegen erweist sich nun als differenzierter und recht konsequent ausgeführt. – Lagus' *Traditio* sollte wohl ein Lebenswerk werden. Im Alter von 46 Jahren starb er an den Folgen der bei einem Verkehrsunfall erlittenen Verletzungen.

XIII. Abkürzungen. Literatur

1.   Römisches Recht; scholastische und humanistische Werke

Alciatus	Andrea Alciatus (1492–1550): Opera omnia. In quatuor tomos legitime digesta ... Basel 1582. – In St. Gallen in der Kantonsbibliothek Vadiana eingesehen.
Azo	Azo Porcius (um 1150–1220): Summa super Codice et Institutis. Speyer (P. Drach; LexMA) 1482. – Inkunabel 171 in der Stiftsbibliothek St. Gallen eingesehen.

Azo	Azo Porcius: Summa super Cod. Instit. ... et Nov. per Hier. Gigantem. Lyon 1539. – Exemplar der Bayer. Staatsbibliothek, München; online.
Baldus	Baldus de Ubaldis (um 1327–1400): Super VII, VIII, et IX. codicis, commentaria ... cumque indice ... Lyon 1539; online.
Bartolus	Bartolus de Saxoferrato (1314–1357): Opera omnia. Basel (Officina Episcopiana) 1588–1589; 8 Großfolianten. – In St. Gallen in der Kantonsbibliothek Vadiana eingesehen.
Bibel	Neue Jerusalemer Bibel. Einheitsübersetzung mit dem Kommentar der Jerusalemer Bibel ... Freiburg/ B. (Herder) 2000; 11. Auflage, Sonderausgabe.
Budé	Guillaume Budé (1469–1540): Annotationes priores (1508) et posteriores (1526) ... in Pandectas. Paris 1556; Reprint durch Forgotten Books 2017; ISBN 978-0-331-62028-3; PIBN 10975017.
Corpus Iuris	Corpus iuris civilis, sog. kleine Ausgabe; vgl. Toje, Crisis S. 7 mit Anm. 10. Zur Textkenntnis von Placentinus, Azo und Hostiensis vgl. LexMA Corpus iuris civilis Sp. 273 II.; 274 III.; Sp. 275 [3] betr. die Authentica habita; 275/6 betr. frühe Drucke. Die Werke der namhaften scholastischen Autoren sind in Utrumque ius (s. u.) verzeichnet und besprochen, die Römischen Juristen, ihre Werke und deren Rezeption in den Bänden III, IV 1, IV 2 der Römischen Literaturgeschichte von Schanz/Hosius sowie in den neuen Bänden IV, V, VI 1, VI 2 der Lateinischen Literatur der Antike von Herzog/Schmid.
CTh	Theodosiani Libri XVI cum Constitutionibus Sirmondianis. Ed. adsumpto Apparatu P. Kruegeri; Th. Mommsen. Voluminis I Pars posterior. Textus cum Apparatu. 1904; ND 1971.
Decretales	Decretalium domini pap[a]e Gregorii noni libellus accurata diligentia emendatus; summoque studio elaboratus; cum multiplicibus tabulis et repertoriis ad materias quascumque diligenter inveniendas aptissimis. Lyon, bei Nikolaus de Benedictis 1508. – In der Stiftsbibliothek St. Gallen eingesehen.
Hostiensis	Hostiensis/Henricus de Segusio (um 1200–1270): Summa aurea. Venedig apud B. Iuntam 1570. – Exemplar der Università di Pavia, online.
Lagus	Conrad Lagus (um 1500–1546): Iuris utriusque traditio methodica. Frankfurt/Main, durch Christian Egenolff, 1543. – Exemplar der Bayerischen Staatsbibliothek München, online. ISBN 3-226-03436-7 verkleinerter Nachdruck.
Placentinus	aus Piacenza; Name unbekannt (um 1135–1192); In Codicis D. N. Iustiniani ... ex repetita praelectione libros IX. ... Accessit praeterea Index ... Mainz 1536; online.
Zasius	Ulrich Zasius (1461–1535); Opera omnia (7 Bände, Register in Bd. 7). ND (Scientia, Aalen 1965) der Ausgabe Lyon (Gryphius) 1550.

2.   Nachschlagewerke. Wörterbücher

(Von bekannten und leicht verfügbaren Werken ist nur der Titel genannt.)

Byzanz	DNP, Der Neue Pauly, Supplemente 11: Byzanz. Historisch- kulturwissenschaftliches Handbuch, hg. von F. Daim. Stuttgart 2016.
DKlP	Der Kleine Pauly. Lexikon der Antike. 5 Bände.
Demandt	A. Demandt: Die Spätantike. Römische Geschichte von Diocletian bis Iustinian. 284–565 n. Chr. München 1989.
DNP	Der Neue Pauly. Enzyklopädie der Antike; Bände 1–12/2; 13–15/3 Rezeptions- und Wissenschaftsgeschichte.
Friedländer	L. Friedländer: Darstellungen aus der Sittengeschichte Roms. Leipzig 1922; ND 1971 (11).
Grimm	Deutsches Wörterbuch von Jakob und Wilhelm Grimm. I 1854; XVI 1954.
HS	H. Heumann, E. Seckel: Handlexikon zu den Quellen des römischen Rechts. 1907; ND 1971 (11).
HistWbPhil	Historisches Wörterbuch der Philosophie. 1–12; Bd. 13 Register.
Hunger	H. Hunger: Reich der Neuen Mitte. Der christliche Geist der byzantinischen Literatur. Graz 1965.
Hunger I; II	Die hochsprachliche profane Literatur der Byzantiner. I enthält u. a. Philosophie. München 1978. II enthält u. a. Philologie; Rechtsliteratur. München 1978.
Kaser II	M. Kaser: Das römische Privatrecht. II Die nachklassischen Entwicklungen. München 1975 (2).
LexMA	Lexikon des Mittelalters.
LSc	Liddel, Scott: Lexikon Griechisch-Englisch; Oxford.
LSh	Lewis, Short: Lexikon Latein-Englisch; Oxford.
Meier	M. Meier: Geschichte der Völkerwanderung. Europa, Asien und Afrika von 3. bis zum 8. Jahrhundert n. Chr. München 2020 (7).
Mommsen	Th. Mommsen: Römisches Strafrecht. 1899; ND 1961.
Pfeiffer	R. Pfeiffer: Die klassische Philologie von Petrarca bis Mommsen. München 1982.
Pieler	P. E. Pieler: Byzantinische Rechtsliteratur; in: Hunger II.
Rexroth	F. Rexroth: Fröhliche Scholastik. Die Wissenschaftsrevolution des Mittelalters. München 2019 (2).
Savigny	F. C. von Savigny: Geschichte des Römischen Rechts im Mittelalter. 7 Bände ND der 2. Ausgabe (1834–1851) 1991; jetzt auch bei Forgotten Books; ISBN 978-0-259-36734-5; PIBN 10663297.
ThWbNT	Theologisches Handwörterbuch zum Neuen Testament. Hg. G. Kittel.
TRE	Theologische Realenzyklopädie. Bände 1–35; Studienausgabe 1993.
Troje, Crisis	H. E. Troje: Crisis Digestorum. Studien zur Historia Pandectarum. Frankfurt/M. 2011.
Troje, Graeca	H. E. Troje: Graeca leguntur. Köln, Wien 1971.

Troje, Lagus   H. E. Troje: Conrad Lagus (um 1500–1546) und die europäische Rechts-
                    wissenschaft. (Vortrag) Universität Wittenberg 2001.
Troje, Rezeption   H. E. Troje: Conrad Lagus (um 1500–1546). Zur Rezeption der Loci-
                    Methode in der Jurisprudenz. In H. Scheible (Hg.): Melanchthon in
                    seinen Schülern. 1997, S. 255–283.
Utrumque Ius   E. J. H. Schrage, H. Dondorp: Utrumque ius. Eine Einführung in das
                    Studium der Quellen des mittelalterlichen gelehrten Rechts. Berlin 1992.

Rainer Nomine

Der Nachdruck des Alt-Märkisch- und Prignitzischen Gesang-Buchs vor dem preußischen Obertribunal. Oder: Das Druckprivileg als Quelle oder Schutzmittel des „Verlagsrechts"?

I.

Im 17. und 18. Jahrhundert ließ sich in Brandenburg–Preußen mit dem Druck religiöser Literatur, vor allem aber mit der Ausgabe evangelischer Gesangbücher, gutes Geld verdienen.[1] Kein Wunder, dass auch der frömmste und die Vorgaben der weltlichen und geistlichen Obrigkeit[2] penibel beobachtende Verleger und/ oder Autor bzw. Einrichter solcher Kirchenbücher nicht gefeit war gegen den ungenehmigten Wiederabdruck seiner Opera – wie seinerzeit jeder Inhaber einer geistigen Leistung. Auf dem Territorium der Hohenzollern gab es aber, wie in ganz Deutschland, zunächst kein allgemeines Reichs- oder Landesgesetz, welches das einträgliche, gemeinhin als Nachdruck bezeichnete Treiben der (Schmutz-) Konkurrenz wirksam behindert hätte. Auch das subsidiär geltende *Gemeine Recht* half nicht.[3] Dem um den Lohn seiner Mühe besorgten Verleger, seltener dem gemeinhin hinter den Verleger zurücktretenden Autor, blieb auch auf dem Herrschaftsgebiet des brandenburgischen Kurfürsten, ab 1701 des preußischen Königs, zunächst nur übrig, in einem mehr oder minder geordneten Verfahren beim Landesherrn wegen der Gewährung eines ausschließlichen *Druckprivilegs* vorstellig zu werden, also gewöhnlich *unterthänigst* und auf dem Gnadenwege um eine Einzelfallregelung nachzusuchen;[4] jedenfalls bis zum Jahr 1794, als das

---

1 R. *Schmidt*, Dt. Buchhändler, Bd. 6 (1908), 1008, erwähnt dies beiläufig in seiner Lebensbeschreibung des Begründers der Vossischen Buchhandlung in Berlin, *Johann Rüdiger*.

2 Zum brandenburg-preuß. Kirchenregiment etwa *Landwehr*, Kirchenpolitik 1894, 241 ff.

3 Nach *Goltdammer*, Verlagsrecht, in: Goltdammers Archiv (GA), Bd. 15 (1867), 110, existierten in Brandenburg-Preußen (ab 1701 Königreich Preußen) keine einschlägigen „Provinzial- noch allgemeine Preußische Gesetze", die den Wiederabdruck durch Dritte untersagt hätten. Entsprechendes galt für das „gemeine Reichsrecht und … dessen besondere Auffassung in der Preußischen … Rechtsübung". Namentlich das geschriebene Reichsrecht habe sich in „tiefes Schweigen" gehüllt. Dazu auch *Wadle*, Privilegienschutz, in: Geistiges Eigentum (GE) 1996, 145. Zum Begriff des Gemeinen Rechts etwa *Daniel*, Gemeines Recht 2003, 17.

4 Zum Begriff des (Druck-)Privilegs *Gergen*, Nachdruckprivilegienpraxis 2007, 24. Dessen Rechtsnatur war (schon) seinerzeit umstritten; *Wadle*, Vor- oder Frühgeschichte?, in: GE 1996,

preußische Allgemeine Landrecht (ALR) erstmals einen gesetzlichen Schutz zumindest des vom Autor abgeleiteten „Verlagseigentums" verordnete.[5] Ab 1837 regelte dann das nicht mehr am Verleger, sondern am Urheber ausgerichtete *Gesetz zum Schutze des Eigenthums an Werken der Wissenschaft und Kunst gegen Nachdruck und Nachbildung*[6] die Rechte (auch) an der gedruckten geistigen Leistung.

> Die Schutzfrist des preußischen Urheberrechtsgesetzes betrug (jetzt nur noch für den Urheber und dessen Erben) 30 Jahre post mortem auctoris, für Altrechte endete sie allerdings bedingungslos im Jahr 1867. Das (Straf-)Gesetz sah auch Schadensersatzansprüche vor und verlangte die Errichtung von Sachverständigen-Vereinen, die im Gerichtsverfahren gehört werden sollten; entgegenstehende Vorschriften des ALR wurden außer Kraft gesetzt.[7] 1844 stellte eine *Verordnung vom 5. Juli 1844* auch klar, unter welchen Bedingungen und wie lange die Rechte an Werken längst verstorbener Urheber fortbestehen sollten.[8]

Damit bestand endgültig – zumindest für die preußischen Landeskinder – keine Notwendigkeit mehr, den Schutz gegen den Nachdruck mithilfe einer Einzelfallregelung zu suchen.[9]

Die genauere Einordnung der erwähnten Druckprivilegien, die in allen deutschen Landen sowie auf Reichs- und später auch auf Ebene des deutschen Bundes wohl vornehmlich den Verlegern, aber auch zahlreichen Autoren erteilt wurden, ist Gegenstand einer jahrzehntealten rechtsgeschichtlichen Diskussion, die sich im Grunde um den *urheberrechtlichen* Regelungsgehalt, also den eigentlichen Rechtscharakter dieser Gestattungen dreht(e). Eine bedeutende An-

---

119; *ders.*, Preuß. Privilegien für Werke der Musik, in: GE II 2003, 185. Zur Frühgeschichte des Nachdruckschutzes *Gieseke*, Vom Privileg zum Urheberrecht 1995; eingehend auch *Andersch*, Die Diskussion über den Büchernachdruck 2018, 26, mit zahlreichen weiteren Nachweisen. AaO, 27, auch ein Überblick über die Rechtsgrundlage, den Inhalt und das (gewöhnliche) Verfahren zur Erteilung von Druckprivilegien. Dem Schriftverkehr in den eingesehenen Akten ist im übrigen zu entnehmen, dass auch das Kammergericht über erteilte Privilegien in Kenntnis gesetzt wurde. Ausführlich zur brandenburg-preuß. Verwaltung des 17. und 18. Jahrhunderts *Hausherr*, Verwaltungseinheit und Ressorttrennung 1953; *Raumer*, Das kngl. Preuß. General=Direktorium, in: Historisches Taschenbuch 1836, 397.

5 Die verlagsrechtlichen Vorschriften des ALR bei *Eisenlohr*, Slg. I 1856, 51, und im Anhang. Das ALR gewährte ein potentiell ‚ewiges Verlagsrecht'; dazu *Vogel*, Urheberrechtsgeschichte 1978, Sp. 97; *Jänisch*, Geistiges Eigentum 2002, 49; *Heymann*, Begrenzung, in: Sitzungsberichte preuß. Akademie der Wissenschaften 1927, 81; *Nomine*, Vestigia, UFITA 2007 (II), 484; *ders.*, Nicolaische BH gegen Becker, in: *Meder* (Hg.), Geschichte und Zukunft des Urheberrechts III 2022, 35.

6 Abgedruckt bei *Eisenlohr*, Slg. I 1856, 54 ff. und auszugsweise im Anhang.

7 Grundlegend zum UrhG vom 11.6.1837 *Wadle*, Preuß. UrheberrechtsG, GE I 1996, 167. Siehe auch *Nomine*, Sachverständigen-Verein 2000, 26.

8 *Preuß. Gesetzes-Slg. 1844*, 26 und auszugsweise im Anhang.

9 Auch nach Erlass des ALR wurden in Preußen noch Druckprivilegien verliehen, etwa zugunsten im Inland (nach-)gedruckter ausländischer Werke.

sicht sieht – verkürzt gesagt und jedenfalls, was noch das 17. und beginnende 18. Jahrhundert angeht – die Druckprivilegien als bloße *Gnadenakte der Obrigkeit*, welche ein zuvor nicht existentes Recht am *Druck*-Werk erst begründeten. Nach anderer Meinung ‚verbriefte‘ das Privileg lediglich ein schon bestehendes, gegebenenfalls auf den Verleger übergegangenes (Urheber-)Recht und diente nur dessen leichterer Durchsetzung, weshalb die Erteilung eigentlich nicht im Ermessen des Landesherrn stand.[10]

Hier ist nicht der Ort, den Streit und seine Bedeutung für die (Urheber-) Rechtsgeschichte erneut auszubreiten und um weitere Argumente zu bereichern. Wie so häufig ist es aber möglich, die Meinung des preußischen Obertribunals zu diesem Problem mitzuteilen, dessen vereinigte Strafsenate sich noch 1867 mit einem späten Nachdruck des so genannten *Altmärkisch-Priegnitzische(n) Gesangbuchs* zu befassen hatten, das schon Anfang des 18. Jahrhunderts mit einem (Verleger-)Druckprivileg versehen worden war. Interessant ist der damals entschiedene Fall auch deshalb, weil das höchste preußische Gericht nicht nur die Frage beantwortete, wie das ursprüngliche *Verlagsrecht* in die Welt getreten war, sondern auch dessen Fortdauer unter der Herrschaft von zwei der Konzeption nach völlig unterschiedlichen Gesetzen behandelte. Der überaus langwierige Rechtsstreit gab daneben Anlass, zahlreiche (hier allerdings nicht näher interessierende) prozessuale Fragen zu klären, namentlich die nach der Zuständigkeit des Strafrichters – der Nachdruck war ein „Vergehen" – auch für die eigentlich vor die Zivilgerichte gehörende Frage einer Vernichtung/Konfiskation des *corpus delicti* und einer etwaig zu leistenden Entschädigung, insbesondere nach dem Tod des eigentlichen Täters.[11]

Die folgende, aus Platzgründen allenfalls kursorische Darstellung des Falles berücksichtigt auch die im Geheimen Staatsarchiv zu Berlin Preußischer Kulturbesitz (GStA) dazu lagernden Akten – jedenfalls, soweit sie noch auffindbar waren.[12] Unter Berücksichtigung der dort dokumentierten Vorgänge um die Erteilung des hier gegenständlichen Druckprivilegs vom 30. Juni 1731, das nach mehrfacher Verlängerung im Jahr 1783 und damit vor dem Inkrafttreten des ALR ausgelaufen war, entschied das Obertribunal am 28. Januar 1867[13] im Sinne der

---

10 Zu diesem Streit etwa *Wadle*, Vor- oder Frühgeschichte, GE I 1996, 119. Siehe auch *Andersch*, Diskussion 2018, 46.

11 Zu dem hier geschilderten Strafverfahren gegen Baensch bereits *Nomine*, SV-Verein 2001, 432 sowie *Goltdammer*, Verlagsrecht, GA, Bd. 15 (1867), 110.

12 Hinweise auf die Existenz solcher Akten gibt etwa *Schapper*, Zur Geschichte des Altmärkisch=Prignitzischen Gesangbuchs, ZS des Vereins f. Kirchengeschichte in der Provinz Sachsen, Jg. 12 (1915), 50.

13 *Decker u. a.* (Hg.), Entscheidungen des Königlichen Geheimen Ober-Tribunals, 5. Folge, Bd. 7 (1867), Nr. 48.

zweiten, oben skizzierten Ansicht. Das Präjudiz Nr. 310 des Senats für Strafsachen lautete nämlich:

> „Die vor Einführung des Allgemeinen Landrechts in den damaligen Preußischen Staaten vorhandenen, seinen Voraussetzungen entsprechenden, obwohl durch Privilegien nicht geschützten, Verlagsrechte sind unter der Herrschaft des gedachten Gesetzbuches des Schutzes desselben gegen Dritte in Ansehung des Nachdruckes theilhaft geworden.“

II.

1.

Bis zur Wende zum 17. Jahrhundert sangen die (evangelischen) Kirchgänger der Vor- und Altmark auf Niederdeutsch; danach erklang zwar auch hochdeutsches Liedgut, über viele Jahre allerdings beschränkt auf eine überschaubare Anzahl von Texten, die gewöhnlich auswendig gelernt waren und ohne Nutzung eines offiziell eingeführten Gesangbuchs angestimmt wurden.[14] Dieser von den märkischen Pastoren durchaus beklagte Zustand änderte sich erst, nachdem im Jahr 1640 der Berliner Kantor an der Nikolaikirche, *Johannes Crüger* (1598–1662), die Liedersammlung *Newes vollkömliches Gesangbuch Augspurgischer Confession* veröffentlicht hatte, die ab 1647 unter dem Titel *Praxis Pietatis Melica*[15] in der Berliner Offizin von *Christoph Runge* (1619–1681) und nach dessen Tod von *Johann Lorentz* (gest. 1733) gedruckt wurde und ausweislich des Titelkupfers mit „Churf. Brand. Freyheit“ – also mit einem (später mehrfach verlängerten) Druckprivileg zugunsten des Verlegers – versehen war.[16] Das Werk, das bis Mitte des 18. Jahrhunderts fast 50 Auflagen erreichte, wurde zu einem der wichtigsten Gesangbücher des 17. Jahrhunderts, beförderte auch den aufkommenden Pietismus.[17] Viele der Texte sind noch heute vertraut, die meisten Lieder von *Paul Gerhardt* (1607–1676 in Lübben) dort zum ersten Mal abgedruckt. Der zuletzt 1000 Seiten (im Wortsinne) starke Wälzer fand nach und nach auch in der Altmark Verbreitung. So auch das ebenfalls berühmt gewordene Gesangbuch des

---

14 Vgl. *Schulze*, Denkschrift, das *Altmärkisch-Prignitzsche Gesangbuch* betreffend 1884, 4 f.; eine Anzahl der Kirchenbesucher konnte wohl auch schlicht nicht lesen. Das evangelische Kirchenlied geht auf *Martin Luther* selbst zurück; so *Dietz*, Restauration 1903, 1.

15 Praxis Pietatis Melica, Das ist: Übung der Gottseeligkeit In Christlichen und Trostreichen Gesängen; …. Nebst Johann Habermanns vermehrtem Gebet=Buche.

16 Vgl. *Mahlke*, „Runge, Christoph“, NDB 22 (2005), 262. *Ders.*, „Rüdiger, Michael“, NDB 22 (2005), 215, erwähnt, dass *Lorenz* ab 1706 auch groß im Berliner Zeitungsgschäft war.

17 So *NN.*, Praxis Pietatis Melica. Edition, https://www.francke-halle.de/de/johann-cruegers-pra xis-pietatis-melica, 8.1.2024. Eingehend *Bachmann*, Zur Geschichte der Berliner Gesangbücher 1856, 87.

Berliner Propstes und Pietisten *Johann Porst,* das 1708 zunächst anonym erschien und ab 1713 unter dem Titel *Geistliche liebliche Lieder* von dem haupt-
städtischen Drucker *Josua David Schatz* verlegt wurde.[18] Anfang des 18. Jahrhunderts waren in der Altmark auch andere, weniger bedeutende Sammlungen
im Gebrauch, vornehmlich aber Gesangbücher aus Berlin.[19] Ein 1698 von dem
Altmärker *Augustus Günther Bartge* herausgegebenes, 436 Lieder umfassendes
Räuch Opffer der geistlichen Priester blieb wohl erfolglos.[20] Dieser ungeordnete
Zustand missfiel der örtlichen geistlichen Obrigkeit, insbesondere aber dem
(lutherischen) General-Superintendenten *Erasmus Meurer* (1668–1740) in Stendal, der seit 1708 die Kirchenaufsicht über die Altmark und Prignitz führte.[21]

2.

Deshalb traf es sich gut, dass in der nur 50 km entfernten Altstadt Salzwedel ein
um 1717 aus Sachsen eingewanderter Buchdrucker arbeitete, der seine anfangs
eher kümmerlichen Geschäfte durch den Selbstverlag religiöser Literatur an-
kurbeln wollte. *Christian Schuster*[22] kam so auf die Idee, ein einheitliches Gesangbuch für den gesamten Sprengel der General-Superintendentur herauszugeben und wandte sich bereits ein Jahr nach Einrichtung der Druckerei an
Friedrich Wilhelm I. (reg. 1713–1740) mit der Bitte um Erteilung eines entsprechenden Privilegs, das der preußische König aber mit Reskript vom 1. Oktober
1718 erst einmal verweigerte. Vorrangig sei der Buchdrucker Lorentz „privile-
giret", und zwar sowohl über das Crügersche als auch „über andere Gesangbücher"; Schuster werde anheimgegeben, sich mit diesem Konkurrenten „in der
Güte zu setzen".[23] Das hinderte den Neuverleger aber nicht daran, ab 1720 – mit
Genehmigung des Stadtrats und Unterstützung der örtlichen Geistlichkeit –

---

18 Der ebenfalls über ein Druckprivileg verfügte, das (wohl) im Januar 1713 und „auf aller-
    gnädigsten Special=Befehl Sr. Königlichen Majestät" erteilt worden war.

19 *Schulze,* DS 1884, 6.

20 Vgl. *Schapper,* Geschichte, 60; Siehe auch *Koch,* Altmärkische Kirchenliederdichter 1924, 2,
    der mitteilt, dass die Gründe des Scheiterns „nicht im Buche selber lagen".

21 *Schulze,* DS 1884, 6, spricht von „schweren Nothständen, welche aus dem Nebeneinander-
    gebrauch verschiedener Sammlungen in dicht benachbarten Gemeinden" herrschten. Die
    Kirchenobrigkeit in einem Land mit unterschiedlichen evangelischen Konfessionen hatte
    wohl von jeher ein Interesse an der Kontrolle der (zunächst privat veranstalteten) Gesang-
    bücher, die, so *Wackernagel,* Das deutsche Kirchenlied 1841, XIX, die Entwicklung der
    Glaubenslehre repräsentierende „Bekenntnisschriften des Geschmacks" seien.

22 Vgl. *Bekmann,* Historische Beschreibung, 2. Bd. 1753, Kap. III, Sp. 69.

23 *Schulze,* DS, 1884, 7. Interessanterweise scheint diese Überlegung bei der (erfolgreichen)
    Privilegierung des Berliner Verlegers Schatz wegen des *Porstschen Gesangbuchs* noch keine
    Rolle gespielt zu haben.

wenigstens für Salzwedel ein Gesangbuch mit Gebetbüchlein zu drucken[24] und nach anderer Darstellung (auch) ein für die ganze Altmark bestimmtes Liederbuch herauszugeben.[25]

Ende 1726 versuchte *Schuster* erneut, ein Privileg für seine Unternehmung zu erhalten. Die Lehenskanzlei in Berlin quittierte die Anfrage – nach einer ersten Bewertung bereits erteilter, möglicherweise konkurrierender Privilegien sowie Anhörung der altmärkischen Städte, ob sie „ius contradicendi hätten" – zunächst mit dem Bemerken, dass „solches keine sonderliche Schwierigkeiten machen dürffe", allerdings die Ausstattung des geplanten Werks noch näher zu beschreiben und mitzuteilen sei, ob der Verleger nicht doch den aus dem 16. Jahrhundert stammenden *Lobwasser* (das vermutlich erste ‚reformierte' Gesangbuch) mit abdrucken „wolle". Das allerdings rief den in Berlin gut vernetzten und um Stellungnahme gebetenen Johann Lorentz auf den Plan, der behauptete, das *Altmärkische Gesangbuch* stelle einen Nachdruck (auch) des bei ihm verlegten und „vorlängst privilegierten" *Crügerischen Gesangbuchs* dar. Unter dem 18. April 1727 bat er deshalb, „mich bei meinem Privilegio wider allen Eintrag, und in specie wider … Schusteren nachdrücklichst zu schützen." In der Folge ignorierte der König die ursprünglich positive Zwischenmitteilung an den Drucker aus Salzwedel – aus welchen Gründen auch immer – und ließ mittels „Decretum" vom 27. September 1727 mitteilen:

> „Seine Königl. Maj. befehlen dem Buchdrucker Christian Schuster hiermit in Gnaden und ernstlich … dem Supplicanten in seinem über das Krügerische und andere Gesangbücher erhaltene Privilegio auf keine Weise zu beeinträchtigen oder der in solchem Privilegio gesetzten Straffe und anderer nachdrückl. Ahndung zu gewärtigen."[26]

Nach einer weiteren Eingabe von Lorentz, der nun behauptete, der „ohne Spezialpermission" erfolgte Nachdruck sei weit gediehen,[27] drohte der König unter dem 15.11.1727, kurzen (Verwaltungs-)Prozess zu machen, wenn nicht der Druck binnen vierzehn Tagen eingestellt werde:

> „Wir befehlen Dir darauff allen Ernstes und bey 100 Thalern fiscalischer Straffe auch Confiscation aller Exemplari Dich des Druckens derer im Supplicato enthaltenen Gesang Bücher gänzlich zu enthalten …".[28]

Ein Privileg jedenfalls gewährte er nicht. Schuster stellte zwar den Druck ein, gab aber ansonsten nicht auf. Noch am 1. Dezember 1727 appellierte der „allerun-

---

24 *Enders*, Die Altmark, 2. A. 2016, 911.
25 *Schapper*, Geschichte, 50, 63; *Koch*, Kirchenliederdichter 1924, 2.
26 Beide Schreiben in: *Acta betr. Privilegien und Nachdrucke. 1724–1732*, unfoliert; Geh. StA PK, Rep. IX F 3 Fasc. 5.
27 *Acta betr. Privilegien und Nachdrucke. 1724–1732*, unfoliert; abgedruckt bei *Schapper*, Geschichte, 63.
28 *Acta betr. Privilegien*, unfoliert.

terthänigste Knecht" an die „bekannte Clemence und königl: Gnade", nur um erneut und im einzelnen darzulegen, warum ein Privileg für ein genuin märkisches, vor Ort ausdrücklich gewünschtes Gesangbuch nicht in die Rechte anderer (Berliner) Verleger eingreife, der Druck deshalb auch nicht den Tatbestand der Lorentz erteilten Gestattung verwirkliche. Der Konkurrent wolle nur verhindern, dass – wie von der Obrigkeit eigentlich gewünscht – auch „in der Altmark eine tüchtige Druckerei angerichtet werden möge". Die Art der Zusammenstellung der Lieder im geplanten märkischen Gesangbuch unterscheide sich grundlegend von der in der *Praxis pietatis*, nachdem

> „das Krügersche auch sehr mutiliret sey, so dass 800 Gesänge, darunter gute und gebräuchliche, herausgeworfen und andere hineingesetzt, daher keine Edition mit der andern übereinstimmen, wodurch die Leute in der Andacht und umb ihr Geld gebracht würden."

Zum anderen bestehe das durchaus bekannte Privileg

> „über Krügers Gesang Buch … nur darin, daß dasselbe in keiner Edition soll nachgedruckt werden, daß er aber über alle anderen Gesangs Bücher ein Privileg: habe, so daß außer dem Krügerschen Gesang Buche Kein anderes von jemandem als nur allein von ihm solte gedrucket werden, ist gantz ungegründet, indem die vielen Gesang Bücher, die täglich gedrucket werden, in dero anderen Provintzien … und in Berlin, wo selbst der Buchbinder Schatz eines drucken laßen, dieselben widersprechen; daß Lorenz daher kein Privileg: über alle anderen haben kann; dass er aber über die Alte Mark ein Privilegium habe, hatt er noch nie dargethan, kann es auch in Ewigkeit nicht beweißen.".[29]

Am 16. Dezember teilte die kurmärkische Kriegs- und Domänenkammer in einem umfangreichen Gutachten mit, die Einführung eines altmärkischen Gesangbuchs sei aus praktischen Gründen wünschenswert, die Herausgabe könne auch der „Subsistenz" des in Brandenburg hochwillkommenen, ehemals sächsischen Buchdruckers Schuster dienen, schließlich fordere Lorentz aus bloßer Missgunst, das ihm erteilte Privileg „ultra tenorem zu extendiren".[30] Das aber widerspreche dem „gemeinen Recht, nach welchem „privilegia stricte zu interpretiren" seien. Ähnlich positiv äußerte sich am 28. Oktober 1728 der Generalfiskal *Wilhelm Duhram* (1658–1735),[31] schließlich auch die Kurmärkische Kriegs- und Domainenkammer.[32] Trotz weiteren Lorentzschen Störfeuers forderte zuletzt sogar das Generaldirektorium am 13. November 1728 die Ausfertigung des

---

29 *Acta betr. Privilegien*, unfoliert; *Schapper*, Geschichte, 64 ff.
30 *Acta betr. Privilegien*, unfoliert; *Schapper*, Geschichte, 67 f.
31 *Duhram* war ein preußischer Geheimer Rat, Generalfiskal und Bürgermeister.
32 *Schapper*, Geschichte, 68.

erbetenen Privilegs (durch den Direktor der Lehenskanzlei, Freiherr von Plo-tho[33]), die Christian Schuster aber nicht mehr erlebte.

Den Lohn der Mühe erntete *Johann Heinrich Heller* aus Gotha, der Nachfolger Christian Schusters als Ehemann und Geschäftsführer der Druckerei. Am 30. Juni 1731 erhielt er folgendes Privileg:

> „Wir Friedrich Wilhelm, von Gottes Gnaden, König in Preußen etc. etc. Urkunden und
> bekennen hiermit: Demnach Uns Johann Heinrich Heller, Buchdrucker zu Saltzwedel,
> allerunterthänigst zu vernehmen gegeben, daß er des allda verstorbenen Buchdruckers
> Christian Schusters Druckerey übernehmen und solche in noch bessern Stand setzen
> wolle, als sie zuvor gewesen, dies aber zu bewerkstelligen uns allerunterthänigst gebeten,
> ihm das bereits von seinem Vorfahr, Christian Schuster, über ein Alt-Märkisches und
> Prignitzisches Gesang-Buch gesuchte Privilegium zu ertheilen; Wir auch seinem aller-
> unterthänigsten Suchen in Gnaden deferiret und statt gegeben haben: Als privilegiren
> Wir hiermit und krafft dieses gedachten Buchdrucker zu Salzwedel, Johann Heinrich
> Heller, nebst seinen Erben und Erbnehmern, dergestalt und also, daß ihnen einzig und
> allein vorgemeldtes Alt-Märkisch-Prignitzisches Gesang-Buch frey und ungehindert zu
> drucken, zu verlegen und debitiren erlaubet seyn, dagegen sich niemand unterstehen
> soll, dasselbe, wie es von dortiger Geistlichkeit revidiret und apporbiret seyn wird, in
> den nächsten zehen Jahren nachzudrucken, noch zu verlegen, weniger die etwa außer
> Unserem Gebiete nachgedruckten Exemplaria in Unsere Lande einzuführen und darin
> zu verkauffen, oder auf andere Art zu distrahiren, bey Confiscation aller Exemplarien
> und Hundert Thlr. Fiscalischer Straffe jedoch daß dadurch keinem in Unseren Landen
> über andere Gesangbücher vorhin Priviligirten auf keinerley Weise präjudiciret werde.
> Wir und Unsere Nachkommen wollen auch mehrgemeldten Johann Heinrich Heller
> und seine Erben bey diesem ertheilten Privilegio solche Zeit über allergnädigst schützen
> und erhalten; Gestalt Wir dann Unsern Kriegs- und Domainen-Cammern, Regierungen,
> auch allen, so Unsert wegen Gerichte üben und verwalten, allergnädigst anbefehlen,
> solches an Unser Statt gleichfalls zu thun, und über dieses Privilegium gebührend zu
> halten, auch die dawider handelnden mit vorerwehnter Straffe unnachbleiblich anzu-
> sehen. Dahingegen soll Impetrant nebst seinen Erben bey Verlust dieses Privilegii
> schuldig gehalten seyn, vorgemeldtes Gesang-Buch fleißig corrigiren, auf zierlichste
> drucken und gut weiß Papier dazu nehmen, auch die gewöhnliche Exemplaria beym
> Lehns-Archiv und der Königlichen Bibliothek einliefern zu lassen."[34]

---

33 Direktor von 1727–1731; *Acta Borussica*, Die Behördenorganisation, Bd. IV 1908, 798.
34 Abgedruckt bei *Schapper*, Geschichte, 69. Anfang des 17. Jhd. kostete ein Privileg 5 Reichs-taler, die an die „General=Charge=Cassa" (seinerzeit in Cölln an der Spree) zu zahlen waren; eine entsprechende Quittung in: *Acta betreffend gedruckte und dedierte Bücher-Privilegien*, GStA, Rep. 9, F. 2. b., Fasc. 14, Bl. 105.

3.

Sogleich machte sich eine (nur aus Geistlichen bestehende und aus Berlin ausdrücklich damit beauftragte) Kommission unter Leitung des erwähnten Stendaler General-Superintendenten Meurer an die (Neu-)Erarbeitung des nun privilegierten märkischen Gesangbuchs, das auch 1734 erschien. Der etwas monströse Langtitel lautete:

„Alt-Märkisch- und Prignitzisches Neu-eingerichtetes Gesang=Buch, Darinnen sowol die ältesten des sel. D. Lutheri und anderer erleuchteten GOttes-Männer, Als auch einige Neue Geistreiche Gesänge befindlich, zum Gebrauch der Kirchen, bey dem öffentlichen Gottes=Dienst, besonders in der alten Mark und Prignitz eingerichtet / Mit allem Fleiß und guter Ordnung zusammen getragen, und mit einem Gebet=Büchlein, samt den gewöhnl. Collecten, wie auch Sechsfachem Register versehen, Mit Königlichem Preußischen Allergnädigstem Privilegio. Nebst einer Vorrede von D. Jo. Christoph Meurers, Gen. Superintendentens der Alten Marck und Prignitz."

Die erste Ausgabe im üblichen Schmaloktav enthielt nach einer Vorrede Meurers 771 Liedtexte nebst einem Anhang von 11 weiteren Liedern und einem ebenfalls beigebundenen Gebetbuch.[35] Die überaus erfolgreiche Sammlung wurde in der Folge in den unterschiedlichsten Formaten gedruckt und schwoll durch Erweiterung des je nach Zeitgeist auch inhaltlich veränderten Liedanhangs immer weiter an.[36] Bereits 1780 gab die Druckerei Schuster eine so bezeichnete „10. Auflage" heraus, die 936 Lieder enthielt. Die elfte Auflage von 1784 erschien mit einem neuen Anhang und in „ganz anderer Gestalt" und stand am Anfang einer neuen Serie. 1812 allerdings gab es eine verkürzte Ausgabe, in der 370 eher volkstümliche Lieder (von bis dahin schon 1128 Texten) als vorgeblich ‚veraltet' weggelassen waren. Der seinerzeit unternommene Versuch, das Gesangbuch auszudünnen (wohl um Druckkosten zu sparen), scheiterte jedoch kläglich, eine neue Auflage von 1818 zeigte wieder die alte Gestalt.

---

35 Die Lieder Luthers und seiner Zeitgenossen sowie die von Paul Gerhard bildeten den Grundstock des Buches. Eine eingehende Beschreibung und Einordnung der zahlreichen weiteren Liedtexte (die alles andere als unumstritten waren) bei *Schapper*, Geschichte, 71, der auch akribisch untersucht, ob das Werk anderen in der Altmark verbreiteten Gesangbüchern ähnelte (!). Für das *Crügerische Gesangbuch* verneint er eine „Abhängigkeit", für den (ebenfalls privilegierten) *Porst* allerdings sieht er eine „auffallende Anlehnung", bezeichnet aber das *altmärkische Gesangbuch* als „im großen und ganzen selbständig". Dazu auch *Koch*, Kirchenliederdichter 1924, 6.

36 Die folgende Darstellung folgt *Schapper*, Geschichte, 78. Eine Übersicht zuletzt bei *NN*, 250 Jahre altmärkisch-priegnitzisches Gesangbuch, Chronik der Gemeinde Jübar, https://www.juebar.eu (10.1.2024). Das bis 1915 über 50 Mal aufgelegte altmärkische Gesangbuch zählte auch zu einem der meistverbreiteten Gesangbüchern in der preuß. Provinz Sachsen.

1842 erschien eine Ausgabe (von mindestens vier verschiedenen) unter dem Titel „siebente sorgfältig revidierte und mit ganz neuer Schrift gedruckte Auflage", die über 1100 Liedtexte enthielt. 1861 wurde das Gebetbuch um einen neuen Anhang „von guten alten und neuen Liedern ... nicht unwesentlich bereichert", 1881 stieg die Zahl der Gesänge auf sage und schreibe 1225, ohne dass die (quantitative) Entwicklung damit vollständig zu einem Ende gekommen wäre; bis 1915 jedenfalls erschienen über fünfzig Auflagen.

Hilfreich war dabei, dass das erste, wie üblich auf zehn Jahre befristete Druckprivileg nach seinem Ablauf mehrfach verlängert und – mit ausführlicher Begründung und einigen Nebenbestimmungen versehen – am 12. Januar 1773 „auf Sr. Königl: Majestät allergnädigsten Special-Befehl *renovirt*" wurde; es dauerte nun bis zum 12. Januar 1783.[37] Hilfreich war zunächst auch, dass jetzt auch in Berlin die (kirchenpolitischen) Vorteile gesehen wurden, die ein einheitliches, von der altmärkischen Geistlichkeit zusammengestelltes und kontrolliertes Gesangbuch bot. Entsprechend erging schon am 2. November 1758 eine Anweisung des Königs, der einigen doch widerspenstigen Gemeinden den von der Witwe Schuster gerügten Gebrauch anderer Sammlungen verbot.[38]

Diese aufkommende zentrale ‚Bewirtschaftung' des Gesangbuchwesens in Preußen hatte aber auch ihre Kehrseite: Als sich kirchenpolitisch der Wind drehte und von hoher Warte (unter anderem) über die Einführung eines allgemeinen, insgesamt neueren Ansprüchen genügenden Gesangbuchs nachgedacht wurde, spürte die Buchdruckerei erste Grenzen der Privilegierung. So wurde ein schon kurz nach der Erneuerung des Privilegs angebrachtes Gesuch um eine „geschärfte Verordnung, daß [das] privilegirte Gesang=Buch ... auch in der Stadt Osterburg eingeführet werden möge" brüsk und mit dem kurzen Bemerken zurückgewiesen, „daß, ... ein Privilegium zum Druck eines Buches auf nichts weiter als die Untersagung des Nachdrucks gehe, keineswegs aber einen Befehl des allgemeinen Gebrauchs in sich fasst".[39]

Am 31. Dezember 1779 schließlich erhielt – wohl auf „Anregung Friedrichs des Großen" der Berliner Verleger *Gottlieb August Mylius*[40] ein auf fünfzig Jahre (!) ausgelegtes Privileg „über den Druck und Verlag des eingeführten neuen Gesangbuches in der Chur= und der Neumark" unter dem Titel *Gesangbuch zum*

---

37 Erneuertes Privileg in *Akte „Vota der geistl. Depart., Vol. 2"*, GStA Rep. 47, Nr. 20, Vol. 2 (1781) Bl. 72f.

38 Anweisung vom 2. November 1758; vgl. *Schulze, DS* 1884, 17.

39 Gesuch vom 4.6.1773 in „*Acta betr. die nachgesuchte Ertheilung resp. Erneuerung von Privilegien zum Druck geistlicher und Schul=Bücher"*, GStA, HA I, Rep. 9 AV, F2 b, Fasc. 19 (1768–1806), Bl. 18f. Antwortschreiben vom 17.6.1773 ebenda, Bl. 19.

40 *Mylius* war wohl schon vor 1780 in Berlin aktiv; so ein Hinweis bei *Doris Reimer*, Passion & Kalkül 1999, 43.

gottesdienstlichen Gebrauch in den Königl. Preußischen Landen.[41] Die Begünstigung dieser von zahlreichen „Koryphäen der Aufklärung" bearbeiteten, rationalistisch geprägten Sammlung trieb *Johann Christoph Germanus Schuster*, der (möglicherweise zu Recht) eine Beeinträchtigung des zwischenzeitlich ererbten Verlagsrechts und eine Schmälerung des Verdienstes befürchtete, zu mehreren Immediat-Eingaben an den preußischen König, die im Ergebnis aber erfolglos blieben. Ohne positives Resultat blieben schließlich auch die Bemühungen um die Verlängerung/Erneuerung des eigenen, 1783 ausgelaufenen Privilegs, die Schuster ohnehin und möglicherweise irrtümlich nicht rechtzeitig beantragt hatte. Dazu kam ein langwieriges Verfahren vor dem Berliner Geistlichen Departement um die Ausstattung einer (zunächst unverändert) geplanten Neuausgabe. Am 13. August 1806 jedenfalls verfügte Friedrich Wilhelm III. (reg. 1797– 1840) sogar, er lasse „für jetzt den unveränderlichen Abdruck des erwähnten Gesangbuchs mit dem bisherigen inhibiren, dass Ihr ein erneuertes Privilegium nur auf das in Arbeit begriffene verbesserte Gesangbuch erhalten könnt".[42]

III.

1819 nun gab auch die Magdeburger Firma *Struwe,* später *Baensch,* das altmärkische Gesangbuch heraus. Vertrieben wurde der mit dem Originalwerk weitgehend identische Nachdruck über die Firma *G. Kloß* aus Salzwedel; zahlreiche (Neu-)Auflagen folgten über die Jahre, ohne dass der jeweilige Inhaber oder die jeweilige Inhaberin der Druckerei Schuster das Einverständnis dazu erteilt hätten. Ab 1828 war die Liedsammlung auch bei *Franzen und Grolle* in Stendal zu haben – sogar im besseren Druck, aber ohne das sonst angehängte Gebetbuch, zum Teil auch ohne die Vorrede. Es ist unklar, ob und wie Schuster gegen den Vertrieb dieser ersten ‚echten' Nachdrucke vorgegangen ist.[43]

Als *Robert Baensch* (1829–1863) jedoch 1859 einen Wiederabdruck der bereits erwähnten – 1842 noch von *August Schuster* besorgten – „siebenten Auflage" des Original-Gesangbuchs herausbrachte (wie zuvor auch unter dem provokanten Titel *Altmärkisches und Prignitzisches neu eingerichtetes Gesangbuch. Salzwedel, zu haben bei G. Kloß, 1859),* erstattete die Witwe August Schuster Strafanzeige. Das Kreisgericht Magdeburg, welches nach den Vorschriften des Urheberrechtsgesetzes von 1837 (§ 10) und den geltenden Prozessordnungen auch über die Frage einer etwaigen Entschädigung der Geschädigten bzw. einer Beschlag-

---

41 *Koch,* Geschichte des Kirchenlieds, 6. Bd. 1869, 240, schreibt, in dem Gebetbuch befänden sich „bloß 180 Kernlieder, die aber ganz in modernisirender Weise" verändert worden seien". Ein Abdruck des Privilegs in Akte *GStA HA I, Rep. 47, Nr. 20, Vol. 2 (1781),* Bl. 82 a.

42 Schreiben in Akte *GStA, HA I, Rep. 9 AV F 2 b, Fasc.19 (1768–1806).*

43 Vgl. *Schapper,* Geschichte, 79.

nahme zu entscheiden hatte, legte gemäß § 17 das inkriminierte Werk dem (Berliner) *Königlich Preußischen Literarischen Sachverständigen-Verein*[44] vor, der die Gesangbücher gegeneinander las und unter dem 26. November 1861 sein pflichtgemäßes Gutachten erstatte. Das mit ausgezeichneten Kennern des preußischen Urheberrechts besetzte Gremium stellte – soweit erkennbar – eine „rein mechanische" Übereinstimmung mit dem Original, also einen „Nachdruck" fest.[45] Der Strafrichter sprach gleichwohl Robert Baensch am 9. März 1862 frei, weil jedenfalls das „beanspruchte Verlagsrecht" lange erloschen, das abgedruckte Werk mithin gemeinfrei sei.[46] Gegen dieses erstinstanzliche Urteil legte die Staatsanwaltschaft Rechtsmittel zum Magdeburger Appellationsgericht ein, das aber, nach dem zwischenzeitlichen Tod des Angeklagten im Juni 1863, die Appellation am 19. November 1863 einfach für erledigt erklärte und den Erlass eines (weiteren) Erkenntnisses ablehnte, weil

> „nach dem ... Tod des Angeschuldigten auf Strafe ... nicht mehr erkannt werden könne, die Konfiskation und die Entschädigung, auf welche nach §. 10. des Gesetzes ... neben der Strafe gegen den Nachdruck erkannt werden solle, nur Nebenpunkte ... des Straf=Erkenntnisses seien ...".[47]

Das Obertribunal „vernichtete" dieses Erkenntnis im Oktober 1864 und verwies die Sache zurück: Die Frage der Entschädigung eines geistigen Eigentümers sei im Strafverfahren zu klären, woran auch der Tod eines Angeklagten nichts ändere. Eine weitere Entscheidung des Appellationsgerichtes Magdeburg, die aus tatsächlichen Gründen das Vorliegen eines Nachdrucks verneinte, wurde höchstrichterlich im Dezember 1865 kassiert, auch ein drittes Erkenntnis fand keine Gnade, weswegen der Rechtstreit an das Appellationsgericht Halberstadt verwiesen wurde. Das erkannte aber nach weiterer Beweisaufnahme wiederum auf Freispruch, weil das zu Beginn des Originaldrucks herrschende gemeine Recht „kein durch Gesetz oder besonderen Rechtsgrundsatz geschütztes Recht" des Schriftstellers gekannt habe, seine literarischen Erzeugnisse „ausschließlich bekannt zu machen", ein Nachdruckschutz mithin nur durch Privileg zu erlangen gewesen wäre. Der deshalb Heller/Schuster (nur) auf diesem Wege zuge-

---

44 Zur Geschichte dieses Vereins, seiner Funktion und Arbeitsweise, aber auch zu dem von Gerichten im Nachdrucksprozess jedenfalls der Jahre ab 1837 bis 1870 zu beachtenden preußischen Prozessrecht ausführlich *Nomine*, SV-Verein 2001. Dort, 432, auch eine ausführliche Schilderung des hier dargestellten Falles m.w.Nw.

45 Mit Gutachten vom 26.9.1861, das allerdings eine der wenigen nicht im Druck veröffentlichten Expertisen des Vereins darstellt; dazu *Nomine*, SV-Verein, 432. Das Ergebnis ist aber in der *Magdeburgischen Zeitung vom 26.5.1864* erwähnt, die den Fall schildert.

46 Vgl. §§ 5, 6 UrhG v. 1837, § 1 VO von 1844. Der Staatsanwalt hatte die Verurteilung zur Zahlung einer Geldbuße von 50 und einer „Entschädigungs-Summe" von 25 Reichstalern sowie Konfiskation der noch vorhandenen Nachdrucke beantragt.

47 Der Staatsanwalt hatte zuvor die geforderte Entschädigungssumme auf 1920 Reichstaler erhöht.

kommene Schutz habe aber weder bei Einführung des ALR noch des Gesetzes von 1837 (fort-)bestanden. Selbst aber die Annahme genuiner (Urheber-)Rechte der Schriftsteller auch zu Zeiten des gemeinen Rechts führten zu keinem anderen Ergebnis, weil Heller bzw. Christian Schuster gerade nach der damaligen Rechtsordnung nicht als die eigentlichen Autoren des Gesangbuchs anzusehen seien, das ja die örtliche Geistlichkeit erstellt habe.

Insbesondere diese Ansicht wertete das OT, an das die Sache erneut gelangt war, als „rechtsirrthümlich", hob durch die bereits erwähnte, am 28. Januar 1867 ergangene Plenarentscheidung auch das Urteil des Appellationsgerichts zu Halberstadt auf und verurteilte die Erben nach Baensch dem Grunde nach zur Entschädigung und Konfiskation. Das Gericht ging dabei davon aus, dass auch die durch das ALR aufgestellten Voraussetzungen (Th. I, Tit. 11. §§ 1016, 1020, 1029 und 1030), aber auch die entsprechenden Bedingungen des Gesetzes von 1837 erfüllt seien, weil die Schustersche Buchhandlung gemäß den §§ 1029 ff. ALR, §§ 5, 6 des preußischen Urheberrechtsgesetzes über ein – vom Autor abgeleitetes – zum Zeitpunkt des Nachdrucks (1859) noch fortbestehendes Verlagsrecht verfügt habe.

Die Entscheidungsgründe erweisen sich als kleine *Tour d'Horizon* der (Urheber-)Rechtsgeschichte:

> „Der erste und präjudicielle Freisprechungsgrund des Appellations-Richters besteht in der Behauptung, daß das gemeine Recht, unter dessen Herrschaft das Schuster'sche Gesangbuch ursprünglich erschienen sei, kein durch Gesetz oder besonderen Rechtsgrundsatz geschütztes Recht des Schriftstellers gekannt habe, seine literarischen Erzeugnisse ausschließlich bekannt zu machen, oder bekannt machen zu lassen. Ein Schutz gegen Nachdruck habe hiernach unter der Herrschaft des gemeinen Rechts nur durch Privilegien erlangt werden können, und da nun das Schuster'sche Privilegium im Jahre 1783 erloschen sei, so habe das sich hierauf allein gründende Recht der Schuster'schen Erben weder zur Zeit der Einführung des Preußischen Allgem. Landrechts und noch weniger beim Erscheinen das Gesetzes vom 11. Juni 1837 mehr bestanden, ... Dieser Ausführung kann in ihrem ganzen Umfange nicht beigetreten werden, sie muß vielmehr als eine rechtsirrthümliche bezeichnet werden.
>
> Richtig ist es, daß so lange das Römische Reich deutscher Nation bestanden, ein Reichsgesetz zum Schutze von Autor- oder Verlagsrechten gegen Nachdruck nicht zu Stande gekommen ist, trotzdem, daß noch die Wahlcapitulationen der beiden letzen römisch-deutschen Kaiser ... ein solches in Aussicht gestellt hatten.[48] Es liegt auch in der Natur der Sache, daß, weil von einem Nachdruck ... erst seit Erfindung der Buchdruckerkunst die Rede sein konnte, man in den Quellen des gemeinen Rechts, die zum Theil der Hauptsache nach älter sind, Bestimmungen hierüber nicht suchen konnte. Nichtsdesto weniger hatte das practische Bedürfniß, insbesondere der ausgedehnte Betrieb des deutschen Buchhandels, ... und die Nothwendigkeit, die Rechte des

---

48 Dazu etwa *St. Meyer*, Bemühungen um ein Reichsgesetz 2004.

Verlegers aus einem Rechte des Schriftstellers herzuleiten, zuerst zur Ausbildung eines Rechtsverhältnisses zwischen Buchhändlern und Schriftstellern durch Abschließung von sogenannten Verlagsverträgen geführt, die demnach auch von den Lehrern des gemeinen Rechtes erwähnt und … behandelt worden. …

Hätte es nun auch wirklich zum Schutze solcher Verträge gegen die Eingriffe dritter Personen durch Nachdruck kein anderes Mittel, als die Nachsuchung von Privilegien gegeben, so konnten doch schon an und für sich die etwaigen, aus diesen Verträgen fließenden Rechte durch Nachdrucks-Privilegien nicht geschaffen, sondern nur sicher gestellt werden, sodann deutet aber auch das Allgem. Landrecht selbst darauf hin, daß es vorher entstandene und durch Privilegien nicht geschützte Verlagsrechte als solche anerkennen und ihnen denjenigen Schutz habe angedeihen lassen wollen, dessen sie bisher ermangelt haben möchten. … Es berechtigt also die Fassung dieser Paragraphen zu der Annahme, daß sich dieselben nicht etwa bloß auf künftige, erst nach Maaßgabe der §§. 996. ff. Thl. I: Tit. 11. zu begründende, sondern auch auf ältere, als schon bestehend gedachte Verlagsrechte beziehen sollen und den Zweck gehabt haben, diesen für die Zukunft auch ohne Privilegien einen Schutz gegen Nachdruck angedeihen zu lassen.

Abgesehen hiervon kann es aber auch nicht als ein unbestrittener Grundsatz des gemeinen Rechtes, wie es bis zum Erscheinen des Allgem. Landrechts in den preußisch-brandenburgischen Landen gegolten, anerkannt werden, daß Verlagsrechte auf keine andere Weise, als durch Special-Privilegien gegen Nachdruck geschützt werden könnten, der letztere mithin etwas gesetzlich Erlaubtes gewesen sei. Denn so gewiß es ist, daß dieses von vielen Seiten behauptet und der Nachdruck bis auf die neuesten gegen denselben erlassenen Gesetze des vormaligen deutschen Bundes vertheidigt worden ist, so gewiß ist es, daß von anderen Seiten das Gegentheil stattgefunden hat. Beispielsweise ist, wenn gleich allerdings nicht ohne Widerspruch, versucht worden, den Nachdruck unter die Strafvorschriften über Falsum, Injuria u.s.w. zu bringen, …; (Vergl. von Quistorp's Lehre des deutschen und peinlichen Rechtes, Rostock und Leipzig 1794, … Wächter's Lehrbuch des Römisch-Deutschen Strafrechtes, Stuttgart 1826, …; Pütter, Der Büchernachdruck, Göttingen 1774. …). … In gleicher Weise hat die Leipziger Juristenfacultät vor 1706 ein Gutachten abgegeben, daß ein Buch, so entweder der Autor selbsten verleget, oder ein Buchführer (Buchhändler) von demselben erkauft, derselben wahres Eigenthum sei …. Ganz in ähnlicher Weise hat die Wittenberger Juristenfacultät 1722 respondirt und den Verleger auch ohne Privilegium berechtigt erachtet, Anderen den Nachdruck des vom Autor erkauften Buches zu verwehren, sowie von den Interessenten des Nachdruckes Ersatz des verursachten Schadens zu fordern. … Diese Zeugnisse gegen die rechtliche Zulässigkeit des Nachdruckes unter der Herrschaft des gemeinen Rechtes … beweisen gegenüber den allerdings nicht minder zahlreichen Aussprüchen für den Nachdruck, mindestens soviel, daß die Frage über die Wirkungen des Verlags-Vertrags gegen dritte Personen und über die Verfolgbarkeit des Nachdruckes auch in Fällen, wo Privilegien gegen denselben nicht vorhanden oder schon erloschen waren, bis zum Erscheinen des Allgemeinen Landrechts mindestens controvers war. Ist dem aber so, so muß der Entscheidung des vorliegenden Falles der §. IX. des Publicationspatentes zum Allgemeinen Landrecht vom 5. Februar 1794 zum Grunde gelegt werden, welcher wörtlich dahin lautet: ‚In so fern jedoch nach der Publication des

Landrechtes aus einer Handlung oder Begebenheit Prozesse entstehen, und die damals vorhandenen, auf den vorliegenden Fall anzuwendenden Gesetze dunkel und zweifelhaft sind, …; so soll derjenigen Meinung, welche mit den Vorschriften des Landrechtes übereinstimmt, oder derselben am nächsten kommt, der Vorzug gegeben werden.' … Ist hiernach die gemeinrechtliche Controverse in der Materie von Verlagsrecht und Büchernachdruck für den vorliegenden Fall nach den Vorschriften des Allgemeinen Landrechts in den §§. 996 ff. Thl. I. Tit. 11. und §§. 1294 ff. Thl. II. Tit. 20. zu entscheiden, so unterliegt es keinem Zweifel, dass, wenn die Schuster'sche Buchhandlung ursprünglich ein Verlagsrecht auf das Altmärkisch-Priegnitzische Gesangbuch gehabt hat, dasselbe durch den bloßen Ablauf des dafür ertheilten Privilegiums im Jahre 1783 nicht erloschen, vielmehr als ein bei Publication des Allgemeinen Landrechts noch bestehendes den Schutz desselben erlangt hat.

2. Nun behauptet zwar der Appellationsrichter eventuell, daß … die Schuster'sche Verlagshandlung doch [kein] … Autorrecht erworben habe, weil …die … eigentliche individuelle geistige Arbeit von Anderen für ihn unternommen worden sei, ohne daß von einer Uebertragung des … Autorenrechtes auf H.[49] die Rede sein könne. … Daß das Allgemeine Landrecht … in solchen Fällen dem Buchhändler vom Anfang an das Autorrecht zuspreche, könne nicht entscheiden, weil jedenfalls diese Vorschrift dem gemeinen Rechte fremd gewesen sei. Allein auch dieser Ansicht kann nicht beigepflichtet werden. Denn daß die angezogenen Bestimmungen des Allgemeinen Landrechts keine ganz neuen gewesen seien, vielmehr in den gangbarsten Anschauungen des damaligen Rechtszustandes ihre Quelle gehabt haben, könnten schon die lange vor dem Erscheinen des Allgemeinen Landrechts von Buchhändlern mit Hülfe von einzelnen Schriftstellern herausgegebenen Zeitschriften und anderen Sammelwerke beweisen. … Ist hiernach also der Schriftsteller, der nach einer von einem Buchhändler angegebenen Idee für diesen ein Werk abfaßt, nur der Gehülfe, so folgt schon nach gemeinem Sprachgebrauche, daß der Buchhändler als der Autor anzusehen ist, folglich auch das aus dem Autorrechte fließende Verlagsrecht hat. … Wie nun hieraus hervorgeht, daß dieses Rechtsverhältniß dem gemeinen Rechte keineswegs fremd war, so kann auch die Entstehungsgeschichte der einschlagenden §§. 1021. 1022. Thl. I. Tit. 11. des A. L. R. zur Bestätigung dieser Ansicht dienen ….

3. Hiernächst wendet der Appellationsrichter ein, dass, wenn die Schuster'sche Buchhandlung auch des durch das Allgem. Landrecht gewährten Schutzes … theilhaftig geworden sein sollte, derselbe doch nicht bis zum Erscheinen des Gesetzes vom 11. Juni 1837 fortgedauert habe. Denn nach den §§. 996.ff. Thl. I. Tit. 11. des A. L. R. werde als Grund des Verlagsrechtes ein zwischen dem Verfasser und dem Buchhändler geschlossener Vertrag vorausgesetzt und das auf diese Weise erworbene Recht dauere nur so lange fort, als

a. der Verfasser noch existire, oder das Recht neue Ausgaben zu veranstalten seinen Erben vorbehalten (§§. 1020. 1029.), oder

---

49 Gemeint ist Heller, der *Urverleger.*

b. dem Buchhändler das Recht neue Ausgaben zu veranstalten ausdrücklich übertragen habe (§§. 1016. 1029.), endlich

c. im Falle des Erlöschens der ursprünglichen Verlagsbuchhandlung nur noch so lange, als Kinder ersten Grades des ursprünglichen Verfassers vorhanden seien. (§. 1030.)

Da nun keiner dieser drei Fälle beim Erscheinen des Gesetzes vom 11. Juni 1837 erweislich noch vorgelegen habe, so sei jedenfalls damals das Schuster'sche Verlagsrecht an dem fraglichen Gesangbuche bereits erloschen gewesen.

Allein diese ganze Argumentation fällt von selbst, wenn, wie gezeigt worden, die Schuster'sche Buchhandlung ihr Verlagsrecht auf das fragliche Gesangbuch nicht auf einen mit dem Autor geschlossenen Vertrag, sondern auf das eigene Autorrecht ihrer früheren Inhaber stützt, ... In einem solchen Falle kann nach §. 1029. nur angenommen werden, daß das ursprünglich vom Buchhändler erworbene Verlagsrecht so lange dauert, als die Buchhandlung desselben noch vorhanden ist, ... Da nun die Schuster'sche Buchhandlung nicht nur beim Erscheinen des Gesetzes vom 11. Juni 1837., sondern auch zu der Zeit, wo der Nachdruck des Angeklagten erschien, noch existirt hat, so muß ihr unbedenklich der Schutz jenes Gesetzes zu Gute kommen. ...

4. Endlich erörtert der Appellationsrichter noch die Frage, ob eventuell nicht das Verlagsrecht der Schuster'schen Verlagshandlung zu Salzwedel durch die Zwischengesetzgebung des vormaligen Königreiches Westphalen, welcher die Altmark und die Stadt Salzwedel unterworfen gewesen, aufgehoben worden sei. Er neigt sich für die Bejahung dieser Frage, weil ... die in den Westphälischen Gesetzbülletins enthaltenen verschiedenen Nachdrucks-Privilegien darthäten, daß es einen anderen wirksamen Schutz gegen Nachdruck, als durch Privilegien nicht gegeben habe. Auch diese Argumentation findet ihre Widerlegung schon in dem ... Umstande, daß die Privilegien nicht zur Begründung, sondern nur zum (besseren) Schutze schon anderweit begründeter Verlagsrechte gedient haben, um den Verleger, wie die Leipziger Juristenfacultät sagt, gegen etwaige Nachdrucker ‚paratam executionem' zu verschaffen, weshalb dergleichen Privilegien dann auch in Preußen noch während der Jahre 1826.–1842., ... also lange nachdem das Allg. Landrecht dem Verlagsrechte schon einen gesetzlichen Schutz gewährt hatte, noch verliehen worden sind. ...".[50]

---

50 Die nun endgültig entschiedene Rechtsfrage um die Bedeutung eines landesherrlichen Druckprivilegs war bereits Gegenstand eines ebenfalls durch alle Instanzen geführten Prozesses um den Nachdruck des *Bollhagenschen Gesangbuchs* von 1736. Zu diesem – ebenfalls vom Lit. SV-Verein begleiteten – Strafprozess wider Graßmann ausführlich *Nomine*, SV-Verein 2001, 217, sowie schon *Goltdammer*, Nachdruck an einer Gemeingut gewordenen Schrift, GA, 7. Bd. 1859, 460.

IV.

Das eigentliche Verfahren war damit noch nicht zu Ende: Aufgrund der höchstrichterlichen Entscheidung, dass auch die Höhe der Entschädigung im Strafprozess zu bestimmen sei,[51] kam es zu einer weiteren Anklage, die erstinstanzlich mit der Verurteilung der Baenschen Erben zur Zahlung eines Schadenersatzes von (nur) 50 Reichstalern endete.[52] Gegen dieses Urteil appellierte einzig die Witwe Schuster, die Staatsanwaltschaft verzichtete auf die Einlegung eines Rechtsmittels. Das Appellationsgericht hielt die Berufung für unzulässig, da nach neuerem Prozessrecht der Geschädigte nicht mehr Verfahrensbeteiligter sei; das Obertribunal hob die Entscheidung aber mit Erkenntnis vom 19. Dezember 1867 auf. Das Appellationsgericht in Magdeburg, an das die Sache verwiesen wurde, fragte den Literarischen Sachverständigen-Verein nun nach der Höhe der Entschädigung, die die Erben nach Baensch „wegen der von ihrem Erblasser im Jahre 1859 veranstalteten Ausgabe des Altmärkisch=Prignitz'schen Gesangbuchs zu leisten" hätten. Das Gremium gab die Aufgabe zunächst unerledigt zurück und verlangte weitere Aufklärung im Tatsächlichen; (erst) danach erstatte es am 4. November 1870 ein wohl abschließendes Gutachten.[53]

Zwischenzeitlich versuchte das Königliche Konsistorium zu Magdeburg, die Fa. Schuster zur Herausgabe einer moderner gestalteten Neuauflage des Gesangbuchs zu bewegen, da nämlich ein lang gehegter Wunsch einiger Kreissynoden darauf ging, dass der Druck des (vom Grundsatz her privat herausgegebenen) Gebetbuchs „unter Aufsicht einer von den Kreissynoden der Altmark zu erwählenden Kommission gestellt werde". In diesem Zusammenhang kam sogar die Frage auf, ob ein solches Begehren nicht schon auf das ursprünglich erteilte Privileg gestützt werden könne, das bekanntermaßen den „Impetranten nebst seinen Erben [für] schuldig" hielt, das Gesangbuch stets „fleißig [zu] corrigiren". Im Oktober 1871 suchte deshalb *Oberpfarrer Wolf* aus Osterburg die Witwe Schuster bei deren Schwiegersohn in Ahlhum auf, zu dem sie sich zurückgezogen hatte. Nach der Jahre zurückliegenden Schließung der eigentlichen Druckerei in Salzwedel wurde das Gesangbuch zuletzt in Lüchow gedruckt. Die Angelegenheit endete wie das Hornberger Schießen: Die Witwe ließ nun über ihren Sohn mitteilen, die „amtliche" Revision des Gesangbuchs sei (sogar auf eigene Kosten) bereits 1867 beantragt worden, ausgerechnet das Konsistorium zu Magdeburg habe seinerzeit aber „kein Bedürfnis zu einer Revision resp. Änderung" gesehen. Der möglicherweise erste, kirchlich autorisierte „Revisionsver-

---

51 Was gegenüber der ebenfalls möglichen Zivilklage prozessualen Vorteile mit sich brachte.
52 Hierzu *Nomine*, SV-Verein, 453 u. 457.
53 Ein leidiges Problem in Nachdruck-Prozessen unter der Herrschaft des UrhG von 1837 war, dass der Sachverständigen-Verein immer wieder versuchte, die Prozessleitung zu übernehmen; *Nomine*, SV-Verein, 187.

such" des märkischen Gesangbuchs kam damit zu einem eher unrühmlichen Ende.[54]

Ob die Witwe Schuster das Ende der geschilderten Prozesse noch erlebt hat, ist unbekannt, wie deren genaues Ergebnis. Das Ende der (eigentlichen) Druckerei jedenfalls spielte keine Rolle: 1870 gab es ein weiteres Strafverfahren wider die Erben nach Baensch wegen des Nachdrucks einer Ausgabe des märkischen Gesangbuchs von 1857;[55] noch 1879 soll ein Prozess vor dem OLG Leipzig anhängig gewesen sein.[56] Nach der 1915 veröffentlichten Meinung des bekanntesten Historiographen des Altmärkisch-Priegnizischen Gesangbuchs, des Möringer Pastors *Karl Theodor Schapper* (1849–1932) habe es damit sechzig Jahre gedauert, bis das Ziel erreicht gewesen sei, „sich … das alleinige Recht des Druckes durch Prozesse (zu) erstreiten". Immerhin dienten die Verfahren auch der einer Mehrung (rechts-)geschichtlicher Erkenntnis.

Anhang

Patent wegen Publikation des neuen allgemeinen Landrechts für die Preußischen Staaten, vom 5. Februar 1794:

IX.
Doch sind ältere dunkle Gesetze nach den Grundsätzen des neuen Landrechts auszudeuten.

In sofern jedoch nach der Publikation des Landrechts aus einer ältern Handlung oder Begebenheit Prozesse entstehen, und die damals vorhandenen auf den vorliegenden Fall anzuwendenden Gesetze dunkel und zweifelhaft sind; also, daß bisher über den Sinn und die Anwendbarkeit derselben verschiedene Meinungen in den Gerichtshöfen statt gefunden haben, so soll derjenigen Meinung, welche mit den Vorschriften des Landrechts übereinstimmt, oder derselben am nächsten kommt, der Vorzug gegeben werden.

---

54 *Schapper*, Geschichte, 86.
55 Dazu *Nomine*, SV-Verein, 456. Der Untersuchungsrichter des Stadt- und KreisG Magdeburg fragte den SV-Verein am 26.3.1870, ob bestimmte Baensche Druckwerke aus den Jahren 1860/61 Nachdrucke des Schusterschen Gesangbuchs (Ausgabe 1857/58) bzw. Drucke aus 1865 Nachdrucke entsprechender Ausgaben von 1858 seien; dazu Acta: *Die wegen Büchernachdrucks eingeleiteten Untersuchungen und die dieserhalb eingeforderten Gutachten. V. Jan. 1865-Dez 1872;* GStA PK, HA I, Rep. 76, V e, Sekt. 1, Generalia, Abt. 15, Nr. 104, Bd. 4.
56 Vermutlich war dort ein Nachdrucker aus Sachsen verklagt. Ob die wohl (auch) nach sächsischem Recht zu beurteilende Frage nach dem (Fort-)Bestand eines brandenburg-preuß. Privilegs ähnlich beantwortet worden ist, wie in Berlin, sei dahin gestellt. Die dazu wohl in Leipzig oder Dresden lagernden Akten konnten (noch) nicht eingesehen werden. Ein bekannter Fall, der sowohl vor preußischen als auch vor sächsischen Gerichten verhandelt worden ist, zuletzt bei *Nomine*, Schelling gegen Paulus, in: *Gergen* (Hg.), Vom Reichshofrat zur Reichsfilmkammer 2019, 141.

ALR von 1794, Teil1, Tit. 11:

§ 996 Das Verlagsrecht besteht in der Befugniß, eine Schrift durch den Druck zu vervielfältigen und ... ausschließend abzusetzen.

§ 998 In der Regel erlangt der Buchhändler das Verlagsrecht nur durch einen mit dem
Verfasser darüber abgeschlossenen schriftlichen Vertrag.

§ 1011 Wenn ein neuer unveränderter Abdruck einer Schrift in ebendemselben Formate
veranlaßt wird, so heißt solches eine neue Auflage.

§ 1012 Wenn aber eine Schrift in verändertem Formate, oder mit Veränderungen im
Inhalte, von Neuem gedruckt wird, so wird solches eine neue Ausgabe genannt.

§ 1013 Ist im Verlagsvertrage die Zahl der Exemplare der ersten Auflage nicht bestimmt, so
steht es dem Verleger frei, auch ohne ausdrückliche Einwilligung des Verfassers, neue
Auflagen zu veranstalten.

§ 1014 Ist aber die Zahl bestimmt, so muß der Verleger, wenn er eine neue Auflage machen
will, sich darüber mit dem Schriftsteller oder dessen Erben, anderweit abfinden.

§ 1016 Hingegen erstreckt sich das Verlagsrecht in der Regel, ... nur auf die erste Ausgabe
des Werks ....

§ 1017 Der erste Verleger kann also niemals eine neue Ausgabe machen, ohne mit dem
Schriftsteller einen neuen Vertrag darüber geschlossen zu haben.

§ 1018 Dagegen kann auch der Schriftsteller keine neue Ausgabe veranstalten, so lange der
erste Verleger die von ihm ... veranstalteten Auflagen noch nicht abgesetzt hat.

§ 1020 Das Recht des Verfassers, daß ohne seine Zuziehung keine neue Ausgabe veran-
staltet werden darf, geht, wenn nicht ein anderes ausdrücklich und schriftlich verabredet
worden, auf seine Erben nicht über.

§ 1024 Niemand darf ohne Einwilligung des Verfassers und seines Verlegers, einzelne
gedruckte Schriften in ganze Sammlungen aufnehmen oder Auszüge davon besonders
drucken lassen.

§ 1029 Wenn keine Buchhandlung, welche auf die neue Ausgabe eines Buches ein Verlagsrecht hat, mehr vorhanden, und auch das Recht des Schriftstellers nach § 1020 erloschen ist, so steht jedem frei, eine neue Ausgabe des Werkes zu veranstalten.

§ 1030 Sind jedoch in diesem Falle noch Kinder ... vorhanden, so muß der neue Verleger
wegen der ... neuen Ausgabe, mit diesen sich abfinden.

§ 1031 Uebrigens gilt zwischen diesem neuen Verleger und dem Schriftsteller, welcher diese
neue Ausgabe besorgt, alles das, was bei neuen Werken verordnet ist.

§ 1032 Auch der Nachdruck solcher Ausgaben ist unter eben den Umständen unerlaubt,
unter welchen der Nachdruck eines neuen Werkes nach obigen Vorschriften nicht stattfindet.

§ 1034 Wer Bücher ... nachdruckt, muß den rechtmäßigen Verleger entschädigen.

Thl. II. Tit. 20:

§ 1294 Bücher, auf welche ein Königlicher Unterthan das Verlagsrecht hat, soll niemand
nachdrucken.

Gesetz zum Schutz des Eigenthums an Werken der Wissenschaft und Kunst vom 11. Juni 1837:

§ 1 Das Recht, eine … Schrift, … von neuem abdrucken … zu lassen, steht nur dem Autor derselben … zu ….

§ 5 Der Schutz des gegenwärtigen Gesetzes gegen Nachdruck … soll dem Autor einer Schrift … während seines Lebens zukommen.

§ 6 Auch die Erben des Autors sollen denselben Schutz noch dreißig Jahre lang nach dem Tode ihres Erblassers genießen, … . Nach Ablauf dieser dreißig Jahre hört der Schutz dieses Gesetzes auf.

§ 9 Das ausschließende Recht zur … Verbreitung von Schriften, …, kann, … durch eine hierauf gerichtete Vereinbarung, auf Andere übertragen werden.

§ 10 Wer das den Autoren zustehende ausschließliche Recht dadurch beeinträchtigt, dass er ohne deren Genemigung von demselben Gebrauch macht, ist den Beeinträchtigten vollständig zu entschädigen verpflichtet und hat, außer der Konfiscation der noch vorräthigen Exemplare, eine Geldbuße von fünfzig bis 1000 Thalern verwirkt.

§ 17 Scheint es dem Richter zweifelhaft, ob eine Druckschrift als Nachdruck … zu betrachten, oder wird der Betrag der Entschädigung bestritten, so hat der Richter das Gutachten eines aus Sachverständigen gebildeten Vereins einzuholen.

§ 35 Das gegenwärtige Gesetz soll auch zu Gunsten aller bereits gedruckten Schriften … in Anwendung kommen.

§ 37 Alle diesem Gesetze entgegenstehende oder von ihm abweichende frühere Vorschriften treten außer Kraft.

Preußische VO von 1844 (Preuß. Gesetzessammlung 1844, 261):

§ 1 Der Schutz des [G. vom 11. Juni 1837] soll auch für diejenigen vor Publication desselben im Inlande erschienenen Schriften … stattfinden, welche durch die damals gültigen Gesetze gegen Nachdruck noch geschützt waren.

§ 2 Dieser Schutz dauert, wenn der Autor … bei Publication des Gesetzes … noch am Leben war, während seiner Lebenszeit und noch 30 Jahre nach seinem Tode, in allen andern Fällen 30 Jahre von Publication jenes Gesetzes an.

§ 3 Mit dem Ablaufe der … bestimmten Frist hört in Ansehung der vor Publication des Gesetzes … erschienenen Schriften … jedes ausschließliche Recht zur Vervielfältigung derselben auf.

Thomas Gergen

Zensur und Aufführungsverbote des durch niederschlesischen Dialekt geprägten Sozialdramas „Die Weber" von Gerhart Hauptmann

In seiner Würdigung der Verdienste von Wilhelm König für die Mundarten pointiert Peter Pabisch[1]: „Die gesamte moderne Dialektliteratur konzentriert sich auf gesellschaftliche Erkenntnisse, lässt soziale Klassen in ihrer Sprachaufmachung und ihren Sprachmodellen auftreten, wie schon für Hoch- und Dialektsprache bei Gerhart und Carl Hauptmann in deren Sozialdramen. Damit rücken alle modernen Mundartautoren die Dialektsprache gleichberechtigt neben die Hochsprache, selbst wenn sie nur dialektal schreiben."[2]

Dieser Gedanke führte dazu, das in der Literaturwissenschaft hinlänglich behandelte Sozialdrama „Die Weber" von Gerhart Hauptmann aufzugreifen, welches mich bereits zu Schulzeiten in Deutsch- wie Geschichtsunterricht beschäftigt hatte, was Auftreten und Wertigkeit des niederschlesischen Dialekts[3] in einem geschlossenen Sozialverband (Weberzunft) anbelangt, welcher mit Unternehmertum und Obrigkeit kommunizieren musste. Dialekt als Umgehung der damals sehr einschneidenden Zensurmaßnahmen und Aufführungsverbote, welche Gerichte zu kontrollieren hatten? Anders gesagt stellt sich die bislang noch nicht in dieser Form aufgeworfene These: Gerade die den schlesischen Dialekt sprechenden, aufständischen Weber sollten keine „Bühne" bekommen, die Autorfreiheit resp. Kunstfreiheit wurde per Zensur eingeschränkt. Konnte der Gebrauch des Dialekts Maßnahmen vielleicht mildern oder provozierte er stattdessen die Obrigkeit?

---

1 Peter Pabisch, Wilhelm König und vierzig Jahre Zeitschrift schwädds, in: schwädds – Zeitschrift für Mundart 34/2020, S. 18–27 (24). Die Zeitschrift wird für die Mundartgesellschaft Württemberg e.V. in Reutlingen herausgegeben.
2 Zur Dialektliteratur ausführlich: Peter Pabisch, Geschichte der deutschsprachigen Dialektliteratur seit der Mitte des 18. Jahrhunderts. In sechs Bänden, Berlin 2019 sowie bereits Fernand Hoffmann/Josef Berlinger, Die neue deutsche Mundartdichtung. Tendenzen und Autoren – dargestellt am Beispiel der Lyrik, Hildesheim/New York, 1978.
3 Wilhelm Menzel, Mundart und Mundartdichtung in Schlesien (Silesia, Band 10), München 1972, S. 74–75 zu Gerhart Hauptmann, allgemein zur schlesischen Mundartdichtung bis S. 158; Rafał Biskup, Medialekt. Dialekt als Identitäts- und Kulturmedium: Schlesien 1830–1945, Leipziger Universitätsverlag, 2022, S. 190–213.

I.   Entstehung und Inhalt

Gerhart Hauptmann[4] wurde 1862 in Obersalzbrunn in Schlesien geboren, 1946 verstarb er in seiner Heimat Schlesien, in Agnetendorf. Neben „Die Weber" gehören zu Hauptmanns Repertoire: Der Biberpelz, Fuhrmann Henschel, Die Ratten, Rose Bernd, Vor Sonnenaufgang, Vor Sonnenuntergang, Der rote Hahn, Die Tochter der Kathedrale, Gabriel Schillings Flucht, Winterballade, Einsame Menschen. Carl Zuckmayer[5] urteilte über ihn: „Gerhart Hauptmanns Werk gehört als gesamte Erscheinung für das heutige Deutschland durchaus zu gegenwärtigen, in vollem Sinne lebendigen, also immer noch modernen und gleichzeitig zu seiner klassischen Literatur, deren Rang in der Geschichte und Ästhetik unverrückbar feststeht."[6]

Hauptmann hielt sich mit seinem naturalistischen Drama „Die Weber" streng an den historischen Hintergrund. 1793 war der erste Weberaufstand bereits niedergeschlagen worden. Die Not verschärfte sich seit 1807 aus bekannten Gründen: Kontinentalsperre, Emanzipation der spanischen Kolonien in Südamerika, Grenzsperre Russlands gegen Preußen, aber auch infolge der bisher noch nicht gewährten Gewerbefreiheit. Die inländischen Weber waren gegenüber der ausländischen Leinen-Industrie konkurrenzunfähig. Zwar erholte sich Preußen in den 1830er Jahren, die gute Konjunktur erfasste indes Schlesien nicht. Auch der Zollverein, der Absatzerleichterungen brachte, führte in erster Linie zur Steigerung der Marktanteile der englischen Weberei. Ende 1843/Anfang 1844 steigerte sich das Elend beim Webervolk dermaßen, dass die Differenzen zwischen Webern und Fabrikanten unüberwindbar schienen. Im Juni 1844 kam es zur Zerstörung des Eigentums des Fabrikanten Zwanziger, den Hauptmann als „Dreißiger" auftreten lässt. Dem Aufstand vermochte allein das Militär ein Ende zu bereiten.

Eingedenk dieses Wissens von Seiten der eigenen Familie, denn der Großvater hatte noch am Webstuhl gesessen, plante Gerhart Hauptmann schon im Herbst 1888 ein „Weber"-Drama. In der ersten Druckausgabe folgte eine Widmung an

---

4 Siehe die Biographie von Peter Sprengel, Gerhart Hauptmann. Bürgerlichkeit und großer Traum, München 2012 oder bei Eberhard Hilscher, Gerhart Hauptmann: Leben und Werk, Berlin 1996. Oder bereits: Kurt Lothar Tank, Gerhart Hauptmann in Selbstzeugnissen und Bilddokumenten, Reinbek bei Hamburg, 1959 bzw. die Dissertation von Hans Jürgen Geerdts, Gerhart Hauptmann. „Die Weber", Jena 1952. Fachbibliothekarisch erwähnungswürdig die Bibliothek der Stiftung Gerhart-Hauptmann-Haus, Deutsch-osteuropäisches Forum in Düsseldorf. Siehe https://www.g-h-h.de/bibliothek/bibliothek [05.09.2022].

5 1896–1977, siehe ausführlich Anja Tschierschke/Irmgard Zündorf, Biografie Carl Zuckmayer, in: LeMO-Biografien, Lebendiges Museum Online, Stiftung Haus der Geschichte der Bundesrepublik Deutschland, http://www.hdg.de/lemo/biografie/carl-zuckmayer.html [05.09. 2022].

6 Siehe Ullstein Theater-Texte, Ullstein Buch 4975–4981.

den Vater resp. eine Hommage an den besagten Großvater: „Wenn ich Dir, lieber Vater, dieses Drama zuschreibe, so geschieht es aus Gefühlen heraus, die Du kennst und die an dieser Stelle zu zerlegen keine Nötigung besteht. Deine Erzählung vom Großvater, der in jungen Jahren ein armer Weber, wie die Geschilderten hinterm Webstuhl gesessen, ist der Keim meiner Dichtung geworden, die, ob sie nun lebenskräftig oder morsch im Innern sein mag, doch das Beste ist, was ‚ein armer Mann wie Hamlet‘ zu geben hat."[7]

Der Beginn einer ersten Niederschrift folgte im November 1890, worauf im Frühjahr 1891 zwei Reisen ins Webergebiet folgten, um verschiedene Schauplätze zu besichtigen und sogar schon zu Ende desselben Jahres die Dialektfassung „De Waber" abzuschließen, welche von Seiten des Berliner Polizeipräsidiums am 20. Februar 1892 zensiert wurde. Schon am darauffolgenden 2. März beendete Hauptmann die zweite, dem Hochdeutschen angenäherte Fassung. Einen Tag später wurde „De Waber" zur öffentlichen Aufführung vom Polizeipräsidenten untersagt. Die hochdeutsche „Die Weber" legte Hauptmann für Kürzungen am 22. Dezember 1892 vor; gleichwohl schlug ein neues Aufführungsverbot am 4. Januar 1893 ein mit der Kritik „einige brutale bzw. unanständige Worte" sowie den Vers des Weberliedes betreffend. Schon am 14. Januar 1893 klagte Hauptmann beim Berliner Bezirksausschuss, am 26. Februar 1893 war der Tag der Uraufführung der „Weber". Eine Weiterverbreitung fand ihr jähes Ende mit der Bestätigung des Polizeiverbotes am 14. März 1893. Eine sich anschließende Klage gegen das Polizeiverbot führte zur Aufhebung des Verbots von den „Webern" nur für das Deutsche Theater. Das Breslauer Lobe-Theater klagte gleichfalls und durfte das Stück am 1. Oktober 1894 bringen. Erst nach der Jahrhundertwende, genau am 6. November 1901, gab das Königlich Sächsische Oberlandesgericht „Die Weber" endgültig frei.

Fassen wir die Inhalte der fünf Akte rasch zusammen.

Im 1. Akt des Dramas geht es um arme Weber, die im Haus des Fabrikanten Dreißiger ihre Ware abgeben. Sie klagen über ihre schlechten Arbeitsbedingungen, Not und in Sonderheit über die niedrigen Löhne. Der Expedient Pfeifer weist einige Weber zurecht, weil die Qualität der Ware nicht seinen Wünschen entspricht. Verschiedene Webersleute bitten Pfeifer vergeblich um Vorschüsse, da sie mit den „Hungerlöhnen" nur Not leiden könnten. Anschließend kommt es zu Auseinandersetzungen zwischen Pfeifer und Weber Bäcker, in die Dreißiger selbst eingreift. Ein kleiner Junge bricht sodann zusammen, der wegen seines Hungers kraftlos geworden ist. Nach einer Weile spricht Dreißiger zu allen Webern, weil er sie beruhigen und ihnen sagen möchte, dass man nicht weit

---

7 Zitat aus dem Kapitel: Entstehung und Aufnahme der „Weber", in: Königs Erläuterungen und Materialien (Band 189) zu Gerhart Hauptmann, Die Weber, neu bearbeitet und ergänzt von Reiner Poppe, 14. Aufl., Hollfeld/Ofr. 1982, S. 19–20.

komme, sofern man sich wie Bäcker verhalte. Der Fabrikant entweicht ins Kontor, und der Expedient setzt seine Arbeit einfach fort.

Der 2. Akt spielt in der Stube des Häuslers Ansorge und zeigt erneut die Not, aber auch die sich steigernde Wut der Weber gegenüber den Fabrikanten auf. Mutter Baumert und ihre beiden Töchter sitzen an den Webstühlen und warten auf den Vater, den alten Baumert. Nachdem Ansorge kurz eingetreten ist, kommt Frau Heinrich in die Stube, um über ihre Not zu Hause zu klagen und zu betteln. Anschließend tritt Moritz Jäger, ein Reservist, ein und berichtet über seine Tätigkeiten beim Militär. Es folgt ein ausführliches Gespräch aller über das Elend der Webersleute, die Hungerlöhne und den Reichtum der Fabrikanten. Jäger liest den Text des „Dreißicherliedes" vor, aus dem der Hass und der Rachedurst der Weber gegen die Fabrikanten deutlich hervorgehen.

Den 3. Akt legt Hauptmann in die Schankstube des Scholzes Wenzel in Peterswaldau, wo Zorn und Rachgier gegenüber den Fabrikanten gleichermaßen kochen. Ein Berliner Reisender und der Tischlermeister Wiegand, der neben seinen Tischlerarbeiten obendrein Särge anfertigt, unterhalten sich über die ungewöhnlich hohen Ausgaben, die die Weber trotz ihres Elends für Begräbnisse aus Ehrfurcht vor dem Tode ausgeben. Anschließend kommend zunächst der Lumpensammler Hornig, dann Ansorge und der alte Baumert in die Wirtsstube. Ein Streit eskaliert zwischen Hornig und Wiegand, weil Hornig dem Tischler vorwirft, dass er sich an der Misere der Weber bereichere. Neue Gäste treten ein, und es entwickelt sich ein Gespräch über die Notlage der Weber, die durch zu hohe Mieten und Frontage zugunsten der Fabrikanten und der adligen Grundherren ausgebeutet würden. Draußen ertönt das „Dreißigerlied". Der alte Schmied Wittig gesellt sich hinzu und steigert die Erregung der Weber, mit Gewalt gegen die Missstände vorzugehen, genauso wie das Volk in der erfolgreichen Französischen Revolution. Wittig führt ein Wortgefecht mit dem Gendarm Kutsche, in dem er diesem vorwirft, ein Denunziant zu sein, der ihn bei den Fabrikanten der Aufsässigkeit bezichtige. Kutsche droht mit Gefängnis, falls die Weber, die inzwischen das Weberlied in vollem Chor singen, nicht damit aufhören sollten. Ungeachtet der Worte Kutsches erheben sie sich, um die Schankstube zu verlassen und auf der Straße ihre Verse weiterzusingen. Die Bewegung hin zum Weberaufstand ist augenscheinlich nicht mehr aufzuhalten.

Die luxuriös eingerichtete Wohnung des Fabrikanten Dreißiger in Peterswaldau bildet den Ort für den 4. Akt des Dramas, welcher aufzeigt, wie die Webersleute dort gewaltsam einbrechen, um sich an Dreißiger und Pfeifer zu rächen. In Dreißigers Wohnung befinden sich Pastor Kittelhaus, seine Gattin und der Hauslehrer Weinhold. Nach einem Gespräch zwischen dem Pastor und Weinhold über die Not der Weber und den Standpunkt der Pfarrer bzw. der Amtskirche, kommt Dreißiger und beklagt sich über de Frechheit und die Anmaßung der Weber mit dem Lied vom Blutgericht. Anschließend treten der

Polizeiverwalter und Gendarm Kutsche mit Jäger ein, den Dreißiger als Hauptschreier und Friedensstörer hat festnehmen lassen. Jäger reagiert mit einer vollkommenen Heiterkeit und wird abgeführt. Draußen fordert hingegen eine Menge junger und alter Weber Jägers Freilassung. Expedient Pfeifer stürzt herein und meldet, dass es ernst werde. Kittelhaus will im Vertrauen auf seine geistliche Würde versuchen, auf die Menge beschwichtigend einzusprechen, scheitert aber und wird in den Bach geworfen. Die Menge fordert schließlich Pfeifer heraus. Aus Angst vor dem Hass der Weber flüchten die noch Anwesenden mit Dreißigers Kutsche. Im Parterre klirren Fensterscheiben, die die draußen protestierende Menge einwirft. Dann brechen einige Weber sogar in die Wohnung ein, gefolgt von Wittig, Bäcker und dem inzwischen befreiten Jäger, mit dem Ziel, Dreißiger und Pfeifer aufzuhängen und damit ihre Wut zu befriedigen.

Der 5. und letzte Akt führt in das Weberstübchen des alten Hilse und zeigt naturalistisch den Weberaufstand. Der alte Hilse, seine Frau, sein Sohn und seine Schwiegertochter sind bei der Arbeit in ihrer Stube. Nach kurzer Zeit betritt Hornig den Raum, um der Familie die Neuigkeiten über die Verjagung der Dreißigers und das Plündern und Zerstören des Dreißigerhauses zu erzählen. In Reichenbach läuten die Glocken Sturm und der hinzu gekommene Chirurgus Schmidt berichtet von 1500 Webern, die sich zu einem Aufstand zusammengefunden haben, um auch gegen Dittrichen[8] vorzugehen. Nach einer Weile betreten Bäcker und einige mit Stangen bewaffnete junge Weber das Zimmer des alten Hilse, um die Anwesenden zur Revolution anzustacheln. Der alte Hilse indes stellt sich gegen ein solches Vorgehen, zumal die Weber auch vom Militär verfolgt werden. Sie verschwinden. Man hört von draußen das Gedonner der Gewehre. Der alte Hilse wird schließlich erschossen, weil er die Warnungen ignoriert, vor dem Fenster wegzugehen. Seine Weigerung bildet den Höhepunkt des gesamten Dramas: „Ich nich! Und wenn ihr alle vollens drehnig wird! […] Hie hat mich mei himmlischer Vater hergesetzt. Gell, Mutter? Hie bleiben m'r sitzen und tun, was mer schuldig sein, und wenn d'r ganze Schnee verbrennt […]"[9]

---

8 Der wirkliche Name des Fabrikanten in Langenbielau, der als erster mechanische Webstühle aufstellte, lautete Dierig. Vgl. dazu aus dem Kapitel: Sachliche und sprachliche Erläuterungen, e) Mundartliche Wendungen, in: Königs Erläuterungen und Materialien (Band 189) zu Gerhart Hauptmann, Die Weber, neu bearbeitet und ergänzt von Reiner Poppe, 14. Aufl., Hollfeld/ Ofr. 1982, S. 53.

9 Hans M. Wolff, Der alte Hilse, in: Hans Joachim Schrimpf (Hg.), Gerhart Hauptmann. Wege der Forschung, Band 207, Darmstadt 1976, S. 250–259.

II.   Dialekt und Hochsprache in den Personencharakteristiken

Sprecher von Hochsprache und Dialektsprecher sollen in diesem Abschnitt beschrieben werden. Sie werden durch ihre Sprachenwahl aus dem Kollektiv herausgelöst: einerseits aus dem Unternehmertum und der Geistlichkeit, andererseits aus der Weberzunft sowie anderen Dorfbewohnern wie Handwerker (Schmied) und Militärangehörigen. Die niederschlesische Mundart verbindet die Lager, aus denen wesentliche Personen in ihren Charakteren beleuchtet werden.

1.   Hochdeutsches Lager bei den Darstellern

Fabrikant Dreißiger weist ständig auf die schwierige wirtschaftliche Lage der Unternehmer und sein Unternehmerrisiko hin[10]. Der Hass der Weber gegen ihn gründet nicht auf Neid[11], sondern in seiner Person und seinem Verhalten, das ihn zeigt als scheinheiligen, brutalen, rücksichtslosen, unsozialen Ausbeuter, der zur eigenen Gewinnmaximierung die Weber unter dem Existenzminimum arbeiten lässt[12].

Der evangelische Pfarrer Joseph Kittelhaus wird als ein kleines, freundliches Männchen dargestellt, womit Gerhart Hauptmann offenbar die Kleinheit dieser Person und deren Bedeutungslosigkeit als Mensch und Charakter aufzeigen will. Kittelhaus betreut die Peterswaldauer Kirchengemeinde und ist wieder einmal mit seiner Frau bei dem reichen Fabrikanten Dreißiger eingeladen. Gemütlich plaudernd und rauchend betritt er mit dem Kandidaten Weinhold das Vorzimmer. Die beiden Akademiker unterhalten sich über die Not der Weber und den Standpunkt der Pfarrer hierzu. In dieser Konversation stellt sich Kittelhaus als einen wahrhaftigen und vorbildlichen Geistlichen dar, indem er bekennt: „Seelsorger, werde kein Wanstsorger! Predige dein reines Gotteswort..." In Wirklichkeit kann Kittelhaus diese Worte nur aufsagen, sie aber nicht in die Tat umsetzen oder gar nach ihnen leben. Damit wird deutlich, dass der Pastor einen heuchlerischen Charakter besitz und ein Wanstsorger im übelsten Sinne ist, denn auch er ist an der bitteren Armut der Weber beteiligt, weil er sie bei den Begräbnissen ihrer Angehörigen durch umfängliche Offertorien ausnimmt und so an ihnen verdient. Der Tischler und Sargmacher Wiegand unterstreicht dies: „...

---

10 Gerhart Hauptmann, Die Weber. Vollständiger Text des Schauspiels, Dokumentation von Hans Schwab-Felisch (Hg.), Dichtung und Wirklichkeit, Frankfurt a. M./Berlin/Wien, 1984, S. 16 und 51.
11 Die Weber, S. 26–27.
12 Die Weber, S. 16.

An so'nem großen Begräbnisfest, da hat die hohe Geistlichkeit ihre scheene Iebervorteilung…"[13]

Völlig ignorant bringt er für das Erscheinen und Protestieren der Weber vor dem Haus des Fabrikanten keinerlei Verständnis auf; im Gegenteil, er bezeichnet ihr Vorhaben als Unfug und wirft ihnen vor, sie träten Gottes Gesetz mit Füßen[14]. Dass die Weber aus nachvollziehbaren Gründen handeln und gegen die Fabrikanten vorgehen möchten, weil sie von diesen nicht ausgebeutet werden wollten, möchte Kittelhaus nicht wahrhaben, denn dies spräche gegen Dreißiger, dessen Arbeit und Verhalten er als wohlwollende Humanität bezeichnet[15]. Statt das Unrecht anzuprangern, verhält sich Kittelhaus gegenüber dem Unternehmer opportunistisch, wodurch er sich Vorteile verspricht. Denn Dreißiger lädt des Öfteren ein und lässt den Pastor und seine Frau an seinem Tisch sitzen, womit Dreißiger zeigen möchte, wie stark seine Treue zur Kirche ist[16]. Sogar mit Bibelstellen vermag der Pastor Dreißigers Reichtum zu verteidigen, denn dieser Reichtum sei Gott gewollt. Reiche stünden in der Welt über den Armen, die sich wiederum den Reichen fügen sollten. Nach seiner Meinung müsse die arme Weberbevölkerung ihr Leben so verbringen und dürfe gegen das Gesellschaftssystem nicht vorgehen: „… laß den sorgen, der den Vögeln ihr Bett und ihr Futter bereitet hat…"[17] Als die draußen rebellierende Menge anfängt, immer noch mehr Randale zu machen, fasst Kittelhaus den Entschluss, zu den Webern hinauszugehen, um mit ihnen ernstlich zu reden. Auf seinem geistlichen Amt aufbauend hofft er auf den Respekt seines geistlichen Amtes, wird jedoch verprügelt und misshandelt, was Dreißigers Bemerkung bezeugt: „…Eine Gemeine, die ihren Seelsorger mißhandelt, pfui Teufel!…" Darin wird wohl ein Zeichen zu erblicken sein, dass das Volk Kittelhaus nicht mehr annimmt und weiß, dass dieser die Weber betrügt, sein Amt mithin allein benutzt, um in den Genuss von Vorteilen zu kommen und um sich bei den Reichen einzuschmeicheln[18]. Hauptmann stellt Kittelhaus als jemand dar, der an seiner Gemeinde kein Interesse hat. Kritik am Verhalten der Amtskirche wird ebenfalls laut. Kittelhaus sei „einer unter vielen" Pfarrern, die sich damals lieber auf die Seite der Reichen begaben, anstatt echte Seelsorge- bzw. Gemeindearbeit zu leisten. Kittelhaus ist darauf erpicht, Einnahmen aus den Sakramenten zu erzielen. Sinn seiner Amtsführung ist, den Armen beizubringen, dass Macht und Geld auch Gottes Wille ist und dass kein Seelsorger, sondern der typische Funktionär, der sich hinter seinem geistlichen Amt versteht.

---

13 Die Weber, S. 44–45, letztes Zitat, S. 32.
14 Die Weber, S. 46.
15 Die Weber, S. 51.
16 Die Weber, gesamter 4. Akt.
17 Die Weber, S. 45.
18 Die Weber, S. 49–52.

2.   Dialektsprecher

Der alte Baumert erscheint in allen 5 Akten: im 1. Akt als Weber, welcher seine
Ware bei Dreißiger abgibt, im 2. Akt als Familienoberhaupt, der vom Weberlied
gepackt wird und Rachegefühle entfaltet. Der 3. Akt zeigt ihn als Wirtshausbe-
sucher, der sich über die Ausbeutung der Weber unterhält. Im 4. Akt begegnet
Baumert als Eindringling in Dreißigers Haus mit revolutionären Gedanken und
einer umstürzlerischen Gesinnung, die er im 5. Akt als Mitglied der Webergruppe
in Taten umsetzt, um Dittrichens Haus zu demolieren sowie den alten Hilse
vergebens von einer „neuen Zeit", der Weberfreiheit, zu überzeugen.

Wie andere Weber lebt er, ausgebeutet durch die Obrigkeit, in Armut und
Hunger[19]. Um nicht zu verhungern, schlachtet er seinen Hund ab[20]. Tiefe Ver-
zweiflung, Resignation[21] ja sogar Selbstmordgedanken treten bei ihm auf,
wenngleich die Hoffnung auf staatliche Reformen noch nicht versiegt ist[22]. Doch
die Obrigkeit hat versagt: „Hier hilft kein Bitten und kein Flehn!"[23] Durch das
Weberlied bahnt sich eine Verhaltensänderung an; eine Veränderung der sozialen Lage kann nunmehr allein durch Gewalt herbeigeführt werden[24]. So wird
Baumert zum fanatischen Aufrührer, der keine Rücksicht mehr kennt[25]. Indes
vermag er sich im Augenblick des Handelns nicht gänzlich von der Vergangenheit zu lösen: „…ich bin no immer derselbigte…"[26] Zwei Seelen schlummern also
noch in seiner Brust. Die Anwendung des Dialekts zeigt gleichermaßen die
Zwiegespaltenheit resp. Dialektik von Geist und Handlung beim alten Baumert.

So wie Baumert ist auch der alte Ansorge Dialektsprecher.

Der alte Ansorge ist ein alter Weber mit hünenhaftem Knochenbau, dessen
Kopf- und Barthaar stark verwildert aussehen[27]. Er erscheint zunächst phleg-
matisch, denn er gibt sich schwerfällig, unbeholfen, an seine Umwelt angepasst, ja
sogar resigniert. Das wird besonders deutlich an den immer wiederkehrenden
stereotypen Äußerungen: „Nu ja ja – Nu nee nee" sowie an der Stelle, als er von
den Fabrikanten erzählt, die den Webern ihren letzten Bissen Brot stehlen und
keine Gebote und Strafen kennen. Allerdings vermag er seine eigene Situation
richtig einzuschätzen, weil er weiß, wie es um ihn und sein Haus steht. Er sagt
nämlich, dass er seine Zinsen nicht mehr aufbringen könne und fragt Jäger, ob

---

19 Die Weber, S. 11.
20 Die Weber, S. 36.
21 Die Weber, S. 15
22 Die Weber, S. 25.
23 Die Weber, S. 29.
24 Die Weber, S. 43 und 69.
25 Die Weber, S. 55.
26 Die Weber, S. 39.
27 Die Weber, S. 19.

der Bauer ihm sein Haus wegnehmen dürfe[28]. Darüber hinaus ist ihm bewusst, wie die Fabrikanten und Grundherrn die Weber im Allgemeinen ausnutzen; dies resultiert aus: „'s is halt so: was uns d'r Fabrikante iebrich läßt, das holt uns d'r Edelmann vollens aus d'r Tasche."[29]

Er reagiert, nachdem ihm Jäger das „Blutgericht" bekannt gemacht hat, vollkommen anders. Durch diese Aussagen im „Blutgericht" erkennt Ansorge, dass die Fabrikanten an seinem Elend schuld sind, woraufhin er cholerisch und aufbrausend reagiert. Wutentbrannt gibt er seinen Sinneswandel zu verstehen: „Und das muß anderscher wern, sprech ich, jetzt uf der Stelle. Mir leiden's nimehr! Mir leiden's nimehr, mag kommen, was will".[30] Sowie später eindrücklich: „Mir is jetzt schonn egal, 's kommt aso oder aso."[31]

Gleichwohl ist der alte Ansorge auch der alten Ordnung verhaftet. Nachdem er in Dreißigers Haus eingedrungen ist, verschlingen ihn die Selbstzweifel und er muss sich vor sich selbst rechtfertigen. Im starke Unsicherheit aufweisenden Selbstgespräch befragt er sich, ob er nun mit den anderen Eindringlingen Dreißigers Wohnungseinrichtung demolieren soll oder nicht: „Was macht a hier? Wo is a hier, Ansorge? Is a verrukt gewor'n…?" Trotz dieser Selbstkritik und den tiefen Zweifeln schließt er sich den anderen an, weil ihm urplötzlich der Zusammenhang mit seinem eigenen Hause klar wird, das er wegen der zu hohen Haussteuer sicherlich bald verlieren wird, sodass er gefasster als vorher, aber noch zu sich selbst spricht: „Nimmst du m'r mei Häusl, nehm ich d'r dei Häusl."[32]

Der Dialektsprecher Ansorge nimmt in Hauptmanns Drama eine wichtige Stellung ein, denn der Leser sieht den Sinneswandel und das Aufkommen revolutionärer Gedanken. Dass der Autor uns hineinhorchen lässt, erreicht er am besten durch die in niederschlesischer Mundart ausgedrückten Überlegungen zu Ansorges Handlungsmotiven. Der Sinneswandel bezeugt ebenfalls eine Dialektik, welche am besten via Dialekt vor Augen geführt wird.

Moritz Jäger steht zwischen Obrigkeit und Volk, dessen Dialekt er nicht vergessen hat und noch spricht. Selbst kein Weber, scheint er der geeignete Mann zu sein, die Sache der Weber in die Hand zu nehmen. Sein großspuriges Reden lässt darauf schließen, dass er es in seiner Soldatenzeit zu etwas gebracht hat; allerdings ist er im Dorf als Tunichtgut bekannt. Der alte Baumert fasst zusammen: „… der lacht uns alle aus; der bringt Kleeder mite wie a Ferscht und an silbere Zylinderuhre und obendruf noch zehn Taler baar Geld."[33] Der Soldat erzählt den Webern triumphierend, wie er sich beim Militär durch Willfährigkeit und Un-

---

28 Die Weber, S. 25.
29 Die Weber, S. 36.
30 Die Weber, S. 28 und 29.
31 Die Weber, S. 40.
32 Die Weber, S. 56.
33 Die Weber, S. 22.

terwürfigkeit heraufgedient hat und wie er es verstand, seine Vorgesetzten durch Eifer und Dienstfertigkeit für sich zu gewinnen[34]. Vom alten Baumert erntet Jäger Beifall und Zustimmung: „Moritz, du bist unser Mann. Du kannst lesen und schreiben. Du weeßt's, wie's um de Weberei bestellt is. Du hast a Herze fer de arme Weberbevelkerung. Du sollt'st unsere Sache amal in de Hand nehmen dahier."[35] Dass sich der Soldat angeberisch verhält, bezeugt seine Rede im Gasthaus Welzel, als er protzenhaft zum Ausdruck bringt: „Gleich zwee Quart, Welzel! Ich zahl's... Wenn mir sonst wollten, da kennten mir Scheps trinken und Kaffee lappern bis morgen frieh, aso gutt wie a Reisender."[36]

In das Haus des Fabrikanten Dreißiger wird Moritz Jäger geführt, weil die Polizei ihn als Hauptsänger des „Blutgerichts" bei den Färberarbeitern gefasst hat. Auf Fragen reagiert er mit einer vollkommenen Heiterkeit und Dreistigkeit, obwohl Pastor Kittelhaus und seine Gattin zugegen sind[37]. Respektlos spuckt der Gefangene sogar auf den Boden und beleidigt mit seiner Anmaßung die Gattin des Dreißiger[38]. Nach der Abführung wird der Reservist von den Webern befreit und kehrt mit anderen in das Haus des Fabrikanten zurück mit dem Ziel, seine Rache an Dreißiger auszulassen[39]. Als die Weber Dittrichens Fabrik zerstören, ist der Soldat mit von der Partie. Im Haus des alten Hilse steht er nicht nur auf der aufständischen Seite, sondern will diese anführen: „Wer tutt sich hier firchten vor a paar lumpichten Pickelhauben? Ich wer' euch kommandieren. Ich bin beim Kommiß gewest. Ich kenne den Schwindel."[40] Den alten Baumert und Ansorge stachelt Moritz Jäger zu Rebellen an, weil diese einsehen, dass staatliche Reformen nicht mehr helfen. Letztlich schlägt aber das Militär den Aufstand nieder, eine staatliche Autorität, der Moritz Jäger als Soldat diente und noch als Reservist angehört.

Obschon der alte Wittig nicht eindeutig auf Weberseite steht, die er verachtet, will er Veränderung durch Revolution. Wittig will sich im Gasthaus nicht „zu solchen Goten" setzen: „Was haben die Weber fer eine Speis? Sauerkraut und Läusefleisch." Er befürwortet radikales Verhalten gegen die Obrigkeit und trägt entscheidend zur Radikalisierung des Aufstandes bei[41]. Als Schmied sieht er sich der Handwerker- bzw. Mittelschicht zugehörig. Gegenüber den Webern äußert er sich abwertend, verachtet sie, weil sie nicht gegen das ihnen zugefügte Unrecht

---

34 Die Weber, S. 24.
35 Die Weber, S. 27.
36 Die Weber, S. 38.
37 Die Weber, S. 48.
38 Die Weber, S. 49–50.
39 Die Weber, S. 55.
40 Die Weber, S. 68.
41 Die Weber, S. 65.

rebellieren[42]. Wittig zielt aber ab auf den Umsturz der gesellschaftlichen Verhältnisse à la Französische Revolution mit einer Entmachtung der Fabrikanten: „Is's etwa ei Frankreich im guden gangen? Hat etwa d'r Robspier a Reichen de Patschel gestreechelt? Da hieß's bloß: … Immer nuf uf de Giljotine!"[43] Damit wird er zum eigentlichen Helden und Revolutionär des Stückes. Wittig führt die Weber als Anführer an, als sie in Dreißigers Haus eindringen, den Wittig aufhängen möchte: „Druf! Wer de kee Hundsfott sein will, hurra!"[44]

3.   Hauptmann und sein niederschlesischer Dialekt

Dialektik bei den Personen spiegeln sich im Gebrauch des niederschlesischen Dialekts am besten wider. Diese Deutlichkeit der Zuspitzung von Positionen könnte die eigentliche Ursache dafür gewesen sein, das Drama zu verbieten und mit Zensurauflagen zu sanktionieren. Denn der Autor bedient sich des Dialekts ursprünglich in „De Waber" zur Gänze und in „Die Weber" als bewusste Abgrenzung zur Obrigkeit und dem feindlichen Unternehmertum. Lassen wir Hauptmann selbst zu Wort kommen: „Ich konnte ‚Die Weber', ich konnte das Bauerndrama (‚Vor Sonnenuntergang', das ursprünglich ‚Der Sämann' heißen sollte) schreiben, denn ich beherrschte den Volksdialekt. Ich würde ihn also, war mein Beschluß, in die Literatur einführen. Dabei dachte ich nicht an sogenannte Heimatkunst oder Dichtung, die den Dialekt als Kuriosum benutzt und meistens von oben herab humoristisch auswertet, sondern dieser Volkston war mir die natur- und kunstgegebene, dem Hochdeutsch ebenbürtige Ausdrucksform, durch die das große Drama, die Tragödie ebenso wie durch Verse Goethes oder Schillers Gestalt gewinnen konnte. Ich wollte dem Dialekt seine Würde zurückgeben."[45]

Über das Verleihen der Würde hinaus birgt der Dialekt Sprengkraft wider den Obrigkeitsstaat. Dies zeigt die Charakteristik der Mitwirkenden und die Abgrenzung zu denjenigen, die allein die Hochsprache verwenden. Die Bedenken der Zensurbehörde richteten sich gegen „die geradezu zum Klassenhaß aufreizende Schilderung des Charakters des Fabrikanten im Gegensatz zu denjenigen der Handwerker im 1. und 4. Akt, die Deklamation des Weberliedes im 2. und am Ende des 3. Aktes, die Plünderung bei Dreißiger im 4. Akt und die Schilderung des Aufstandes im 4. und 5. Akt". Die kraftvolle Schilderung des Dramas, die zu

---

42 Die Weber, S. 39.
43 Die Weber, S. 19.
44 Die Weber, S. 68/9.
45 Zitat aus dem Kapitel: Entstehung und Aufnahme der „Weber", in: Königs Erläuterungen und Materialien (Band 189) zu Gerhart Hauptmann, Die Weber, neu bearbeitet und ergänzt von Reiner Poppe, 14. Aufl., Hollfeld/Ofr. 1982, S. 18.

Demonstrationen anstiften konnte, wurde mit großer Sorge gesehen. Die Behörde hatte Furcht vor allzu großer Volkstümlichkeit, deren Vertrautheit und anstachelnden Solidarität, die Hauptmann in Sonderheit mittels Dialektes vermitteln wollte und konnte.[46] Diese Besonderheit unterstreicht Paul Rilla, der folgendermaßen zu Hauptmann präzisiert: „… Seine Stärke war seine echte Volkstümlichkeit. Er hatte eine echte und ursprüngliche Beziehung zum Volk. Er sprach die Sprache des Volkes, die Sprache der ‚kleinen Leute', der Bauern und Handwerker seiner schlesischen Heimat. Und aus dieser Sprache gingen Gestalten hervor, die nicht in ihrer provinziellen Sonderart steckenblieben, sondern als innige deutsche Volksgestalten zum unversehrbaren Besitz unseres Volkes wurden …"[47]

III. Verbot und Zensur des Dramas: Rechtsentwicklung und Anwendung bei „Die Weber"

Verschaffen wir uns einen Überblick über die Rechtsgrundlagen der Beteiligten bei Zensur und Verbot der Aufführung, also über Behörden und Gerichte.

1. Presserecht im 19. Jahrhundert

Schon mit Gesetz vom 11. Juni 1837 hatte Preußen das modernste Urhebergesetz der Zeit geschaffen; Zensur und Nachdruckschutz fielen fortan auseinander[48]. Im Grundrechtekatalog der Paulskirchenverfassung vom 28. März 1849 figurierten Pressefreiheit und Urheberrecht eindeutig; Art. IV § 143 gewährt Meinungs- und Pressefreiheit. Die Kompetenz für den Erlass eines Preßgesetzes lag beim Reich:

---

46 Hans Schwab-Felisch, „Die Weber" – Ein Spiegel des 19. Jahrhunderts, in: Die Weber, S. 73–113, hier S. 93.

47 Paul Rilla, Zum Werke Gerhart Hauptmanns (1955), in: Hans Joachim Schrimpf (Hg.), Gerhart Hauptmann. Wege der Forschung, Band 207, Darmstadt 1976, S. 182–193.

48 Elmar Wadle, Das Junktim zwischen Zensur und Nachdruckschutz und dessen Aufhebung im Jahre 1834. In: Helmut Reinalter (Hg.), Die Anfänge des Liberalismus und der Demokratie in Deutschland und Österreich 1830–1848/9, Frankfurt a.M. 2002, S. 229–249; Ders., Kontrolle und Schutz. Presserecht des 19. Jahrhunderts im Spannungsfeld von öffentlichem Recht und Privatrecht. In: Ders. (Hg.), Beiträge zur Geschichte des Urheberrechts. Etappen auf einem langen Weg, Berlin 2012, S. 49–71, S. 61–65. Zur Entwicklung im Vormärz: Gergen, Zwischen Betriebswirtschaft und Aufklärung – Der Zweibrücker Verleger Georg Ritter und das „demokratische Experiment". In: Gabriele B. Clemens/Bärbel Holtz (Hg.), Vormärzliche Verleger zwischen Zensur, Buchmarkt und Lesepublikum (Wissenschaftliche Tagung der Siebenpfeiffer-Stiftung am 15. und 16. Oktober 2021 in Kirkel/Saar), 2023, S. 85–100.

„Jeder Deutsche hat das Recht, durch Wort, Schrift, Druck und bildliche Darstellung seine Meinung frei zu äußern. Die Preßfreiheit darf unter keinen Umständen und in keiner Weise durch vorbeugende Maßregeln, namentlich Censur, Concessionen, Sicherheitsbestellungen[49], Saats-Auflage, Beschränkungen der Druckereien oder des Buchhandels, Postverote oder andere Hemmungen des freien Verkehrs beschränkt, suspendiert oder aufgehoben werden. Über Preßvergehen, welche von Amts wegen verfolgt werden, wird durch Schwurgerichte geurtheilt. Ein Preßgesetz wird vom Reiche erlassen werden."

Obwohl gescheitert, war der Grundrechtekatalog in den Folgejahren nicht ohne Nachhall, zumindest als politische Leitlinien bei der Ausformung neuen Rechts anerkannt. Der Beschluss der Bundesversammlung über „Bestimmungen zur Verhinderung des Mißbrauchs der Presse"[50] vom 6. Juli 1854 führte indes Formen der mittelbaren Kontrolle als allgemein zugelassen ein, ja sogar als für alle Bundesstaaten verbindlich vorgeschrieben[51]. Im Reich gab es vor allem zum auslaufenden 19. Jahrhundert herbe Freiheitseinschränkungen zum Nachteil von Presse[52] und Schriftstellern, die für die Bühne Stücke schrieben. Davon war Gerhart Hauptmann betroffen.

2.   Polizeirecht

Eine für uns belangreiche Ministerialverfügung vom 16. März 1820, die nicht aufgehoben wurde lautete: „[...] daß künftig auf keinem öffentlichen Theater (die für Königliche Rechnung administrirten ausgenommen) irgend ein gedrucktes oder ungedrucktes Trauer-, Schau-, Lust- oder Singspiel ohne vorläufige Erlaubniß des Königlichen Regierungspräsidii oder derjenigen Personen, welche dasselbe mit diesem Geschäft beauftragt wird, aufgeführt werden."[53]

---

49 = Kautionen.

50 BV-Protokolle 1854 § 213 (hier bes. S. 919–924). Dazu vgl. Richard Kohnen, Pressepolitik des Deutschen Bundes. Methoden staatlicher Pressepolitik nach der Revolution von 1848, Tübingen 1995 (Studien und Texte zur Sozialgeschichte der Literatur, Band 50).

51 Erst das Reichspressegesetz vom 7. Mai 1874 brachte gewisse Fortschritte, indem es manche der in den Einzelstaaten noch geltenden Einschränkungen beseitigte, wie Kautionen, Konzessionen, Stempelsteuern, Entzug des Postzugangs. Im Zuge des Kulturkampfes und der Sozialistengesetze wurden Eingriffe ins Pressewesen wieder alltäglich, siehe Wadle, Kontrolle und Schutz, S. 70–71. Neuerdings dazu lesenswert Hermann Joseph Hiery, Das Sozialistengesetz (Kapitel 10), aus: Deutschland als Kaiserreich. Der Staat Bismarcks. Ein Überblick, Wiesbaden 2021, S. 276–342.

52 Gergen, Der „Courrier du Grand-Duché de Luxembourg" (1844–1868) und die Pressezensur im Großherzogtum seit 1834, in: Stephan Meder (Hg.), Geschichte und Zukunft des Urheberrechts III, Göttingen 2022 (Beiträge zu Grundfragen des Rechts, Bd. 40), S. 61–80.

53 Zitiert nach Heinrich Hubert Houben, Der ewige Zensor. Längs- und Querschnitte durch die Geschichte der Buch- und Theaterzensur, Berlin 1926, Repr. Nachdruck Königstein/Taunus

Ende des 19. Jahrhunderts galt die Meinungsfreiheit, zudem waren die Sozialistengesetze aufgehoben. Die Theaterzensur war spezialgesetzlich nicht reglementiert und „bildete einen Ausfluß der allgemeinen Rechtsstellung der Polizei“[54]. In einem Vortrag vor der „Juristischen Gesellschaft“ 1907 erklärte Paul Felisch das Theater als „unter Festlegung des Grundsatzes der Gewerbefreiheit in die Reihe der genehmigungspflichtigen Gewerbe verwiesen“.[55]

Zwar war die Theater-Vorzensur nach der Revolution von 1848 abgeschafft, doch nahm in der liberalen Ära die Polizei immer mehr Anstoß an Äußerungen, die sich als nachteilig für die Öffentlichkeit empfand. Theaterzensur war Ländersache. Eine Verfügung des Preußischen Innenministeriums vom 25. September 1848 präzisierte den Revolutionsgedanken ebenfalls in nachstehender Art und Weise: die „sogenannte Theaterzensur ist überall, wo sie noch stattfinden sollte, abzuschaffen und die polizeiliche Überwachung öffentlicher und deklamatorischer Darstellungen nur darauf zu beschränken, daß gegen etwaige Übertretungen der Strafgesetze durch oder bei dergleichen Darstellungen im gesetzlichen Wege eingeschritten wird.“ Ob, wie Schwab-Felisch meint, diese „Verordnung“ in Vergessenheit geraten sei[56], darf bezweifelt werden. Im Gegenteil: Sie war bekannt und wurde deshalb ins Polizeirecht verlagert. Der Berliner Polizeipräsident Carl Ludwig Friedrich von Hinckeldey (1805–1856)[57] re-

1978, S. 102; zur Zeit vor der 1848er Revolution siehe: Wolfram Siemann, Normenwandel auf dem Weg zur ‚modernen‘ Zensur: Zwischen ‚Aufklärungspolizei‘, Literaturkritik und politischer Repression (1789–1848), in: John A. McCarthy/Werner von der Ohe (Hg.), Zensur und Kultur. Zwischen Weimarer Klassik und Weimarer Republik mit einem Ausblick bis heute, Tübingen 1995 (Studien und Texte zur Sozialgeschichte der Literatur, Band 51), S. 63–86.

54 Paul Dienstag, Öffentliches Theater- und Lichtspiel-Polizeirecht, in: Paul Dienstag/Alexander Elster (Hg.) Handbuch des deutschen Theater-, Film-, Musik- und Artisten-Rechts, Berlin 1932.

55 Zitiert bei Schwab-Felisch, „Die Weber“, S. 93.

56 Schwab-Felisch, „Die Weber“, S. 95.

57 Von Hinckeldey übernahm am 18.11.1848 das Berliner Polizeipräsidium, die dem Innenministerium unmittelbar unterstellte Regierungsbehörde für den engeren und weiteren Berliner Polizeibezirk. In dieser Funktion erwarb er sich große Verdienste um die Einführung moderner großstädtischer Einrichtungen, während die kommunalen Selbstverwaltungsorgane sich noch nicht zu weitsichtigen Entschlüssen aufraffen konnten. Die sogenannte Schutzmannschaft der Märztage wurde in eine straff-militärisch organisierte Polizeitruppe umorganisiert (1848/49), die Berufsfeuerwehr aufgestellt (1851), die Lebensmittelversorgung im Interesse der arbeitenden Bevölkerung dirigistisch vom Polizeipräsidium aus überwacht, der Bau der Bewässerung (1852 folgende) begonnen; Volksküchen, Gesindeherbergen, Bade- und Waschanstalten entstanden, und das Anschlagwesen wurde in eine dauerhafte Ordnung gebracht (Litfaßsäulen). Überhaupt hat von Hinckeldey in seiner verhältnismäßig kurzen Amtszeit zahlreiche Probleme gelöst, die unmittelbar vor der Märzrevolution die Bevölkerung belasteten und belästigten und die zum Ausbruch der Unruhen nicht unwesentlich beigetragen haben. Gleichzeitig hat er aber auch die sicherheitspolizeiliche Aufsicht über alle Schichten der Bevölkerung im Auftrage des Königs verschärft; Demokraten und „Verdächtige“ wurden ohne richterliche Kontrolle aus Berlin ausgewiesen. Die Polizeiverordnung

kurrierte auf die Uraufgabe der Polizei, nämlich für Ruhe und Ordnung zu sorgen, und zwar in seiner Polizeiverordnung vom 10. Juli 1851 („Verordnung über öffentliche Lustbarkeit"), die die Praxis der Theaterzensur in Preußen bis zum Ende des Kaiserreiches bestimmen sollte, ja sogar von anderen Bundesstaaten rezipiert wurde. Auf diese Allgemeinformel zurückzugreifen resultierte aus dem Fehlen einer höher- bzw. gleichrangigen Rechtsnorm. Denn weder Reichs- noch Landesverfassungen noch das Reichspreßgesetz (in Kraft zum 1. Juli 1874) oder Landespressegesetze normierten die Rechtslage. Die preußische Verfassung gewährte die Grundfreiheiten der Versammlung und der freien Vereinigung in ihren Artikeln 28 und 29.

Die Polizeiverordnung sollte diese beiden Garantien einschränken dürfen, wobei das Allgemeine Landrecht für die Preußischen Staaten (ALR von 1794) und das Gesetz über die Polizeiverwaltung noch über der Polizeiverordnung standen. § 10 des ALR 2. Teil, 17. Titel, Abschnitt 1 verpflichtete die Polizei dazu, „die nötigen Anstalten zur Erhaltung der öffentlichen Ruhe, Sicherheit und Ordnung und zur Abwehr der dem Publico oder einzelnen Mitgliedern desselben bevorstehenden Gefahr zu treffen". Darüber hinaus ermächtigte § 6d des Gesetzes über die Polizeiverwaltung vom 11. März 1850, „Bestimmungen zur Sicherheit der Ordnung und Gesetzlichkeit bei dem öffentlichen Zusammensein einer größeren Anzahl von Personen zu treffen".

3.   Anmeldeverfahren vor Theateraufführungen

Theateraufführungen qualifizierte von Hinckeldey als „öffentliche Lustbarkeiten", welche gemäß seiner Verordnung im Vorfeld einer polizeilichen Genehmigung bedurften. Um darüber entscheiden zu können, verlangte die Polizei Entscheidungsgrundlagen, für die die Antragsteller darlegungs- und beweispflichtig: Vorzensur durch die Hintertür vermag diese Rechtsfindung gut zu umschreiben.[58]

---

führte die Zensur durch die Hintertür wieder ein. Siehe zur Vita ausführlich: Gerd Heinrich, in: Neue Deutsche Biographie 9 (1972), S. 175–176 = NDB online https://www.deutsche-bio graphie.de/sfz32428.html [05.09.2022]; Wolfram Siemann, Von der offenen zur mittelbaren Kontrolle. Der Wandel in der deutschen Preßgesetzgebung und Zensurpraxis des 19. Jahrhunderts, in: Herbert G. Göpfert/Erdmann Weyrauch (Hg.), „Unmoralisch an sich …" Zensur im 18. und 19. Jahrhundert, Wiesbaden 1988 (Wolfenbütteler Schriften zur Geschichte des Buchwesens, Band 13), S. 293–308.

58 Dieter Breuer spricht von einem „formaljuristischen Trick", in: Geschichte der literarischen Zensur in Deutschland, Heidelberg 1982, S. 185; vgl. darüber hinaus für die Theaterzensur in Bayern Michael Meyer, Theaterzensur in München 1900–1918. Geschichte und Entwicklung der polizeilichen Zensur und des Theaterzensurbeirates unter besonderer Berücksichtigung Frank Wedekinds, München 1982 (Miscellanea Bavarica Monacensia, Band 111), S. 55 sowie

Theaterunternehmer mussten sich unterdessen bereits vor der Konzessions-
vergabe mit der „Zensur" für den Theaterbetrieb gemäß der Hinckeldey-Ver-
ordnung einverstanden erklären. Gemäß § 32 der Reichsgewerbeordnung be-
durfte ein Schauspielunternehmer einer Konzession: Zu diesem Zwecke musste
er eine umfängliche Überprüfung über sich ergehen lassen, wenn er erreichen
wollte, dass ihm „die Zuverlässigkeit insbesondere in sittlicher, artistischer und
finanzieller Hinsicht" attestiert werden sollte.

Die „Freien Bühnen" der Naturalisten wurden insbesondere dadurch behindert, dass ihnen versagt wurde, die Stücke nicht öffentlich aufzuführen. So hieß
es in der Verordnung: „Die von Vereinen zur Erheiterung ihrer Mitglieder veranstalteten Theatervorstellungen sind öffentlich, wenn die Teilnahme an denselben auch anderen Personen als Mitgliedern des Vereins gestattet wird, oder
wenn die Vorstellung in einem auch für Nichtmitglieder des Vereins zugänglichen Lokale stattfindet."

Auch dann musste das Theateraufführungs-Anmeldeverfahren laufen: Der
Theaterunternehmer musste vierzehn Tage vor der geplanten Aufführung unter
genauer Angabe des Aufführungsdatums beim Polizeipräsidium einen schriftlichen Antrag stellen. Die Anlage zum Antrag umfasste dabei das vorgesehene
Stück oder Gedicht, bei musikalischen Darbietungen das Textbuch, bei mimi-
schen oder plastischen Darstellungen eine genaue Beschreibung des Gegenstandes, jeweils in zwei gleichlautenden Exemplaren. Die Prüfung des Polizeipräsidiums befasste sich mit sicherheits-, sitten-, ordnungs- oder gewerbepoli-
zeilichen Inhalten. Bedenken, die zur Ablehnung führten, bedurften keiner
Begründung, wenngleich dem negativ beschiedenen Antragsteller der Rechtsweg
offenstand. Im Falle der Genehmigung waren bei der öffentlichen Vorstellung
exakt die erlaubten Inhalte einzuhalten. Kein Darsteller durfte in Wort oder
Handlung vom Inhalt des polizeilich bewilligten Exemplars abweichen. Jede
Aufführung musste für jeden Ort grundsätzlich neu beantragt, geprüft und genehmigt werden.

Auskunftpflichten traf die Theaterunternehmer obendrein: Schon bei der
Generalprobe wie bei der Aufführung musste Polizeipräsenz geduldet werden.
Speziell zur Aufführung gebot § 12 der Polizeiverordnung als Pflicht: „Störung
der Ruhe und Ordnung während der Vorstellung zu verhindern, das Ansehen der
Gesetze dem Publikum wie den Darstellern gegenüber aufrecht zu erhalten und

---

das Kapitel Theaterzensur von Wolfram Siemann mit Andreas Graf, Verbote, Normierungen
und Normierungsversuche, in: Geschichte des Deutschen Buchhandels im 19. und 20. Jahrhundert. Das Kaiserreich 1870–1918, Teil 1. Im Auftrag des Börsenvereins des Deutschen
Buchhandels, herausgegeben von der Historische Kommission, von Georg Jäger in Verbindung mit Dieter Langewiesche und Wolfram Siemann, Frankfurt a. M. 2001, S. 113–117.

jede Abweichung von den Bedingungen, unter welchen die polizeiliche Erlaubnis erteilt ist, zu verhüten."[59]

Wie oben angedeutet, stand der Rechtsweg offen. In der Tat entwickelten sich die Verwaltungsgerichte zu einer echten Korrekturinstanz der Polizeipräsidien. Die Gerichte orientierten sich sicherlich an dem Kaiserwort Wilhelms II. (1859–1941), welches hieß „Eine Kunst, die sich über die von Mir bezeichneten Gesetze und Schranken hinwegsetzt, ist keine Kunst mehr." Und mehr noch in spätabsolutistisch-paternalistischem Staatsverständnis: „Die Kunst soll mithelfen, erzieherisch auf das Volk einzuwirken, sie soll auch den unteren Ständen nach harter Mühe und Arbeit die Möglichkeit geben, sich an den Idealen wieder aufzurichten [...], sich an dem Schönen zu erfreuen und sich aus ihren sonstigen Gedankenkreisen heraus- und emporzuarbeiten." Der Kaiser betonte vor dem Personal der Königlichen Theater in Berlin 1898, dass insbesondere das Theater bei der „Erhaltung der höchsten geistigen Güter unseres herrlichen deutschen Vaterlandes" beitragen sollten „zur Bildung des Geistes und Charakters und zur Veredlung der sittlichen Anschauungen."[60] Die Politik der schönen, wahren, guten, lebensveredelnden konformen Kunst, die von Adel und weiten Bürgerkreisen getragen wurde, später sogar in „Sittlichkeitsvereinen" sowie die sie absichernde literarische Zensur nebst Theateraufführungsverboten förderte wiederum das Zusammengehörigkeitsgefühl der Autorenschaft. 1889 kam es zur Gründung des „Vereins Freie Bühne", einer Art Theaterbesucherring mit literaturkritischer Programmkommission, die unter dem Vorsitz von Otto Brahm für ihre Mitglieder die Aufführung „moderner" Bühnenstücke in geschlossenen Räumen bestellte, um der oben genannten Einschränkung seitens der Polizeiverordnung zu entgehen. Die Aufführung von Gerhart Hauptmanns „Vor Sonnenuntergang" am 20. Oktober 1899 wäre ohne diese Opportunität unmöglich gewesen.[61]

---

59 Zitiert bei Houben, Der ewige Zensor, S. 112.

60 Anton Oskar Klaußmann (Hg.), Kaiserreden. Reden und Erlasse, Briefe und Telegramme Kaiser Wilhelms des Zweiten. Ein Charakterbild des Deutschen Kaisers, Leipzig 1902, S. 313–314 (Rede vom 18.12.1901); Breuer, Geschichte der literarischen Zensur, S. 189. Grundlegend dazu: Hans Schwerte, Deutsche Literatur im Wilhelminischen Zeitalter, in: Wirkendes Wort 14 (1964), S. 254–270. Zur „Lex Heinze" und die Strafbewehrung unzüchtiger Schriften, Abbildungen oder Darstellungen (§§ 184, 184a Reichsstrafgesetzbuch) sei erwähnt: R.J.V. Lenman, Art, Society, and the Law in Wilhelmine Germany: the Lex Heinze, in: Oxford German Studies 8 (1973/74), S. 86–113, hier S. 88; Adam von Nagorski, Die Strafbestimmungen gegen die unzüchtigen Schriften in geschichtlicher Darstellung, Diss. jur., Heidelberg 1910, S. 72–73.

61 Helmut Schanze, Theater – Politik – Literatur. Zur Gründungskonstellation einer „Freien Bühne" zu Berlin 1889, in: Hans-Peter Bayerdörfer/Karl Otto Conrady/Helmut Schanze (Hg.), Literatur und Theater im Wilhelminischen Zeitalter, Tübingen 1978, S. 275–291; Gerhard Schulz, Naturalismus und Zensur, in: Helmut Scheuer (Hg.), Naturalismus. Bürgerliche

4.   Aufführungsverbote: Polizeibehörden *vs.* Preußisches OVG

Die Angst, bei öffentlichen Aufführungen den Beginn eines Umsturzes der gegenwärtigen Verfassung erleben zu müssen, ging bei den Regierenden und der Polizei stets um. Gerade diese politischen Gründe führten dazu, dass „Die Weber", die 1892 im Druck erschienen und von der Nachzensur unbehelligt geblieben waren, in der Theateraufführung verboten wurden. Das Zensurverfahren zog sich zunächst bis zur endgültigen Freigabe zur öffentlichen Aufführung mehr als zweieinhalb Jahre hin.[62]

Die Schauspielleitung des „Deutschen Theaters" in Berlin hatte zunächst mit Datum vom 20.2.1892 die Dialektfassung des Stückes beim Polizeipräsidium zur Freigabe eingereicht, welche schon bald, d.h. am 3.3.1892 innerhalb der 14-Tages-Frist, verboten wurde. Hauptmann erarbeitete die hochdeutsche Fassung, welche immerhin noch viele Dialekt geprägte Stellen enthielt bzw. enthält, gleichwohl am 22.12.1892 sowie deren Aufführung am 4.1.1893 verboten wurden. Der Gang zum Verwaltungsgericht einige Tage später, hier dem Berliner Bezirksausschuss, erreichte zwar noch nicht die Wende, weil es das Verbot am 14.3.1893 bestätigte. Das Preußische Oberverwaltungsgericht indes kassierte das Urteil des Bezirksausschusses und gab am 2.10.1893 unter Aufhebung des polizeilichen Verbotes die Aufführung im „Deutschen Theater" frei. Selbige Entscheidung fällte das Preußische OVG für eine Aufführung in Breslau am 2.7.1894. Hauptmann obsiegte im Ergebnis dank der obersten Verwaltungsjudikatur in Preußen, also in Berlin wie in Breslau[63].

Bemerkenswert ist, dass das Preußische OVG kein Wort zur Kunst verliert, wahrscheinlich um die Vorgaben des Kaisers und preußischen Königs hinsichtlich des Kunstbegriffs nicht in Frage zu stellen. Im „Deutschen Theater" gebe es keine „wirklich drohende, nahe Gefahr", da dieses wegen der teuren Plätze durchweg von Mitgliedern derjenigen Gesellschaftskreise besucht werde, die „nicht zu Gewalttätigkeiten oder anderweitiger Störung der öffentlichen Ordnung geneigt" seien. Damit düpierte das Königlich Preußische OVG weder König noch Kaiser (Personalunion), noch die um wilhelminische Sittlichkeit bemühte Bürgerschaft. Genauso wie die Polizeibehörden den „Trick" der Vorzensur-Umgehung anwandten, trat auch das OVG trickreich auf: Es attribuierte den Theaterbesuchern eine Kritikfähigkeit und Theater-Kompetenz, weswegen die Besucher selbst die Urteiler sein sollten und über Misserfolg oder Erfolg des Stückes entscheiden durften. Sitten- und ordnungspolizeilich war die Auffüh-

---

Dichtung und soziales Engagement, Stuttgart 1974, S. 93–121; vgl. immer noch Roy Chadwell Cowen, Der Naturalismus. Kommentar zu einer Epoche, München 1973.

62 Breuer, Geschichte der literarischen Zensur, S. 191–192.

63 Abdruck der beiden Entscheidungen des OVG bei Schwab-Felisch, S. 243–254.

rung nicht zu beanstanden, da keine Aufwiegelung von Bevölkerungskreisen als Gefahr bestand. Denn die umstürzlerischen Menschen waren bei den öffentlichen Aufführungen des sozialkritischen Dramas am 25.9.1894 in Berlin und am 1.10.1894 in Breslau erst gar nicht zugegen.

Der Kaiser sanktionierte unterdessen auf seine Weise die Aufführung und mittelbar die Entscheidung „seines" OVG, welches „Im Namen des Königs" urteilte: Wegen der „demoralisierenden Tendenz" des Stückes ließ er die Hofloge im Deutschen Theater kündigen, tadelte sogar den Präsidenten des OVG und schickte zu einer Debatte des preußischen Abgeordnetenhauses über die Akte „Hauptmann" den preußischen Innenminister Ernst Matthias von Köller[64] vor, der die Polizeibehörden in ihrer Verbotspraxis bestärkte, verbunden mit Hoffnung und Drohung, dass „in nicht zu langer Zeit" die OVG-Rechtsprechung anders ausfallen werde; die zentrale Botschaft gegen die „Schmutz- und Schund-Literatur" lautete wie folgt:

> „Wie lange sollen wir denn noch zusehen, daß in der schimpflichsten Weise alle die heiligsten Güter der Nation, die auch dem Volke wirklich noch heilig sind, herabgewürdigt und in den Schmutz gezogen werden?
>
> (Lebhafter Beifall rechts und im Centrum.)
>
> Noch ist es Zeit, noch haben wir die Macht hinter uns, noch haben wir die Gewalt, und zwar gebaut und basirt auf dem gesunden Sinn des Volkes, was noch nicht vergiftet und verworfen ist, und so lange wir, die Regierung, die Gewalt hinter uns haben, so lange werden wir sie benutzen; sonst würden wir unsere Schuldigkeit nicht thun […]"

In Auseinandersetzung mit dem linksliberalen Abgeordneten (National-Liberale Partei, Deutsch-Freisinnige), dem Journalisten Heinrich Edwin Rickert (1833–1902), verteidigte und präzisierte der preußische Minister des Innern wie folgt seine Sicht der Rolle des OVG, das der Jurist bemerkenswerterweise als „unabhängige Behörde" bezeichnet:

> „Sehr geschickt hat der Herr Abgeordnete Rickert -was ihm ja eigen ist, ich kenne das von früher her- die ganze Sache in einem Hut durcheinander geschüttelt, dann das herausgezogen, was ihm für seine Deduktionen gerade in dem Augenblick paßte, und gesagt, ich hätte das Urteil des Oberverwaltungsgerichts in dem betreffenden Falle kritisirt. Herr Abgeordneter Rickert, ich habe vorhin schon ausgeführt, daß das absolut nicht der Fall ist, […] Ich habe bei meinen ersten Ausführungen sowohl, wie bei meinen zweiten Ausführungen gesagt, es handle sich in dem Erkenntniß um einzelne Fälle, wo Verfügungen der Polizeibehörden unter Berücksichtigung der lokalen Verhältnisse aufgehoben worden sind […] und es fällt mir nicht ein und ist mir nicht eingefallen, an jenen Gründen Kritik zu üben, welche das Oberverwaltungsgericht ausgesprochen hat, als es in Breslau sowohl wie in Berlin die Aufführung der Weber genehmigte. Ich habe

---

64 Ernst Matthias von Köller (1841–1928), siehe: https://kulturstiftung.org/biographien/koller-ernst-matthias-von-2 [05.09.2022].

im Gegentheil gleich gesagt: die Gründe sind lokaler Natur, daß ich hoffe, daß, wenn die Frage noch einmal zur Entscheidung des Oberverwaltungsgerichts kommen würde, das Oberverwaltungsgericht, nachdem man nun gesehen hat, welchen Erfolg und welche Resultate jene Aufführung gehabt hat, die Verbote aufrecht erhalten würde. Das ist eine Hoffnung, die ich ausspreche, das ist keine Kritik an dem bisherigen Erkenntniß; aber es ist mein gutes Recht, daß ich von sämmtlichen mir unterstellten Behörden verlange, auch wenn in einem einzelnen Falle das Oberverwaltungsgericht so erkannt hat, doch in jedem einmal von neuem wieder vorkommenden Falle kritisch zu prüfen, ob sie derartige Stücke zur Aufführung bringen lassen dürfen oder nicht. (Sehr richtig! Rechts.)"

In Richtung ihm unterstellter Polizeibehörden gibt von Köller die Weisung aus: „Das ist keine Kritik, wie der Herr Abgeordnete Rickert beliebte auszuführen, eines Erkenntnisses eines Oberverwaltungsgerichts, sondern eine Direktive für die mir unterstellten Polizeibehörden. Und wenn Herr Rickert sagte, ich sollte auch den Schein vermeiden, als ob das Oberverwaltungsgericht abhängig wäre, so bedarf es, glaube ich, einer bezüglichen Erklärung absolut nicht; denn jeder Mensch im Lande, der überhaupt etwas vom Oberverwaltungsgericht gehört hat, weiß, daß das eine unabhängige Behörde *(sic!)* ist, und wenn Herr Rickert das hier so öffentlich und mit Emphase wiederholt ausspricht, so spricht er das aus, was schließlich jeder Mensch weiß, und wozu keine Veranlassung vorliegt, das hier von Neuem auszusprechen […]"[65]

Das Jahr 1895 kennt eine Pressefehde über Sinn und Unsinn der bereits erwähnten staatlichen Einflussnahme auf die Kunst. Die Vossische Zeitung[66] in ihrer Ausgabe vom 6. Juni 1895 fragt, „ob die Polizei befugt sein soll, der dra-

---

65 Schwab-Felisch, Die Weber, S. 231 sowie S. 239–240. Dort „Das Parlament und die ‚Weber'", aus dem Protokoll der Sitzung vom 21. Februar 1895 des Preußischen Abgeordnetenhauses. Siehe zur Vita von Rickert: Andreas Thier, „Rickert, Heinrich", in: Neue Deutsche Biographie 21 (2003), S. 549–550 [Online-Version]; URL: https://www.deutsche-biographie.de/pnd1165 30707.html#ndbcontent [06.09.2022]. Zum Streben nach Sittlichkeit und Hebung der Moral, vgl. Georg Jäger, Der Kampf gegen Schmutz und Schund. Die Reaktion der Gebildeten auf die Unterhaltungsindustrie, in: Archiv für Geschichte des Buchwesens (= AGB) 31 (1988), S. 163–191.

66 Der Zeitungsname geht zurück auf den Buchhändler Christian Friedrich Voß und dessen gleichnamigen Sohn, die das ererbte Blatt von 1751 bis 1795 besaßen. Damals gab es zwei Zeitungen in Berlin. Sie wurden wie allgemein üblich und ungeachtet der Titel nach ihren Eigentümern benannt. So hieß die eine ‚Vossische Zeitung', die andere ‚Spenersche Zeitung'; der Volksmund sprach kurz von „Tante Voß" und „Onkel Spener". Der umgangssprachlich geprägte Name ‚Vossische Zeitung' blieb auch unter den Vossischen Erben an dem Blatt haften, bis der vertraute Begriff schließlich zwischen 1910 und 1911 zum Haupttitel der Zeitung aufrückte. Bis dahin hatte sie den 1785 geprägten Titel ‚Königlich privilegirte Berlinische Zeitung von Staats- und gelehrten Sachen' getragen. Die Vorläufer der ‚Vossischen Zeitung', deren letzte Nummer am 31. März 1934 erschien, lassen sich bis 1617 zu den Wochenblättern zurückverfolgen. Zur ältesten Berliner Zeitung, seit 1617 bis 1934, vgl. statt vieler Klaus Bender: Die Vossische Zeitung. In: Heinz-Dietrich Fischer (Hg.): Deutsche Zeitungen des 17. bis 20. Jahrhunderts. Dokumentation, Pullach 1972, Nachdruck Berlin/Boston 2017, S. 25–40 (Publizistik-historische Beiträge 2).

matischen Dichtung unserer Zeit die Richtung vorzuschreiben, in der sie sich in Zukunft bewegen soll, und ob die geläuterten Kunstanschauungen, die der Herr Minister v. Köller [...] an den Tag gelegt hat [...], fortan in Preußen den amtlichen Stempel tragen sollen." Auch der Deutsche Reichstag beschäftigte sich mit den „anarchistischen Ideen" in Hauptmanns „Die Weber". Ein Resultat der Verbotskampagne ist die Aufmerksamkeit und Bühnenerfolg bei der Zuhörerschaft in Berlin, dann in anderen Theatern Preußens und Schlesiens. Hamburg, Bremen, Frankfurt, Nürnberg, München, Leipzig, Hannover waren ebenfalls zunächst verboten, dann vielfach nach langwierigen Rechtstreitigkeiten letztlich erlaubt.[67]

Lassen wir zum Abschluss den Prozessvertreter Hauptmanns, Richard Grelling (1853–1929), sprechen. Der Sozialdemokrat Grelling war nicht nur Anwalt, sondern von 1892–1899 im „Berliner Vorstand" der Deutschen Friedensgesellschaft deren Geschäftsführer. In der Schweiz veröffentlichte er die Schrift „J'accuse" im Jahre 1915, die in Deutschland verboten wurde. 1924 folgte das in Wiesbaden verlegte Opus „Die Kriegsschuld des deutschen Generalstabs".[68]

Grelling schrieb in „Das Magazin für Litteratur" folgendes zum gewonnenen Prozess vor dem OVG:

> „Jedes Verbot eines Stückes drängt dasselbe also geradezu den freien Bühnen zu und vergrößert die Gefahr, welche es beseitigen will.
> Die Theater-Zensur ist somit nicht allein verwerflich, sondern auch nutzlos.
> Und darum – ceterum censeo: eine gesunde und kräftige Fortentwicklung des deutschen Dramas ist nur nach Aufhebung der Theater-Zensur möglich, die um so dringender nötig wird, je größer der Raum ist, den die dramatische Produktion in unserem litterarischen Schaffen einzunehmen verspricht. Wie die Zeitungen vielfach die Bücher verdrängt haben, so wird das knappe Drama in unserer schnell lebenden Zeit mehr und mehr an die Stelle der dickleibigen Romane treten. Die Freiheit des Theaters bedeutet also die Freiheit der Litteratur überhaupt."

Diese Erkenntnis verbindet er schließlich mit folgendem Wunsch an die Gerichtsbarkeit als Retterin der Aufführungsfreiheit im Kampf gegen die Polizeibehörden, welche mit ihrer Polizeiverfügung weit hinter der Paulskirchenverfassung von 1849 zurückblieben:

> „Möge das Oberverwaltungsgericht noch so dankenswerte Entscheidungen treffen, so lange die Theater-Zensur als rechtgiltig anerkannt wird, bleibt die Krankheit bestehen und man kurirt vergeblich an den Symptomen herum."[69]

---

67 Breuer, Geschichte der literarischen Zensur, S. 193.
68 Dieter Riesenberger, Friedensbewegung (Von den Anfängen bis zum Zweiten Weltkrieg), in: Historisches Lexikon Bayerns, http://www.historisches-lexikon-bayerns.de/Lexikon/Friedensbewegung (Von den Anfängen bis zum Zweiten Weltkrieg) [05.09.2022].
69 Berlin Nr. 41 vom 14. Oktober 1893 „Glossen zum Weberprozeß", ebenfalls abgedruckt bei Schwab-Felisch, S. 254–261, hier S. 260–261.

IV.   Ergebnisse

Unsere Erkenntnisse können folgendermaßen festgehalten werden.

(1) Der Beitrag will germanistische (also literaturwissenschaftliche) wie rechtshistorische Forschung zusammenführen, indem er auf die Sprach- und Dialektwahl achtet, denn selbst die so genannte „hochdeutsche" Ausgabe von „Die Weber" enthält sehr viele Dialektstellen, die Hauptmann gekonnt und gezielt in seinem Hauptwerk des dramatischen Naturalismus einsetzt, das bereits vielfach Gegenstand der literarischen Kritik und ästhetischer Untersuchungen gewesen ist[70].

(2) Zensur wie vor allem Theateraufführungsverbote von „Die Weber" behinderten anfangs die Verbreitung der sozialkritischen Inhalte des Dramas und die Botschaft Gerhart Hauptmanns, der im Stück sicherlich auch Kindheitserinnerungen verarbeitet und damit Großvater wie Vater ein Denkmal setzt. Dafür steht der Gebrauch des Dialekts als Hommage an seine Vorfahren.

(3) Polizeibehörden legten das Merkmal der Sicherheit und Ordnung weit aus, um Verbote zu legitimieren, die aus keiner Verfassung noch aus einem Polizeigesetz flossen, um Theateraufführungen zu verhindern. Die seit 1848 abgeschaffte Vorzensur wurde dadurch durch die Hintertür erreicht, dass die Polizeibehörden die jeweilige Einzelaufführung erst dann in einem von ihnen vorgeschriebenen Format erlaubten, sobald alle Inhalte ordnungs- wie sittenpolizeilich untersucht und freigegeben wurden. Selbst bei den Aufführungen konnte im Falle von Abweichungen polizeilich eingeschritten werden. Mit dieser Praxis fielen die Behörden weit hinter die Grundrechte der Paulskirchenverfassung von 1849 zurück.

(4) Mit „Die Weber" und der in der Ur- wie hochdeutschen Fassung vorhandenen Dialektprägung erreichte Hauptmann die Zuspitzung zwischen Obrigkeit und dem ihr sittlich verbundenen Bürgertum (Unternehmer) wie dem Klerikerstand (protestantische Geistlichkeit) einerseits (Hochdeutsch) und der Dialekt sprechenden, sich auflehnenden Arbeiterschaft (Weber und Angehörige, Dorfgemeinschaft) andererseits was wir in Inhalt und Personencharakteristik gezeigt haben: eine „dialektische Dialektik", ja Spaltung der Bevölkerung in die Gegensatzpaare: Oberschicht / Unterschicht, Unternehmertum und Obrigkeit / Arbeiterschaft / Weber-Proletariat, Reich / Arm, konservativ / revolutionär, rechts / links, im Hinblick auf die kaiserlichen Sittlichkeitsvereine sogar die Gegensätze lebensveredelnd resp. sittlich / unsittlich, derb, ja undankbar dem wilhelminischen Kaisertum ge-

---

70 Schwab-Felisch, „Die Weber" – Ein Spiegel des 19. Jahrhunderts, in: Die Weber, S. 73–113, hier S. 106.

genüber, das es sich sogar geradezu monopolistisch und deutungshoheitlich verbat, dass andere als der Kaiser determinieren, was Kunst beinhalten und ausmachen sollte.

Alexander Ihlefeldt

Zum Zweck des Urheberrechts. Friedrich Rösch und das droit moral

Wer von den Anfängen des Urheberpersönlichkeitsrechts in Deutschland spricht, nimmt gern die reichsgerichtlichen Entscheidungen aus den ersten beiden Jahrzehnten des 19. Jahrhunderts und die korrespondierende Literatur als Ausgangspunkt für seine Betrachtungen. Dieser Ansatz verdient insofern Zustimmung, als dass in diesem Jahrzehnt die persönlichkeitsrechtlichen Diskussionen im Allgemeinen und die Frage nach der Existenz eines Urheberpersönlichkeitsrechts im Speziellen erheblich an Bedeutung gewannen.

Nichtsdestotrotz gab es bereits zuvor Ansätze, die in die Richtung der beginnenden Auseinandersetzung mit dem Urheberpersönlichkeitsrecht weisen. Die Rede ist von den Schriften und Stellungnahmen der Genossenschaft Deutscher Komponisten und der Genossenschaft Deutscher Tonsetzer. Diese wurden maßgeblich von dem Juristen und Musikschaffenden Friedrich Rösch verfasst und sollen auch die Grundlage für die Betrachtung der Frage bilden, welchem Zweck das Urheberrecht dienen soll. Gerade das Urheberrecht steht unter dem häufigen Verdacht, vorrangig den wirtschaftlichen Interessen der Marktakteure zu unterliegen.[1] Die ideellen Facetten dieses Rechtsgebiets werden dabei als geradezu orchideehafte Ausprägung wahrgenommen. Inwieweit dieser Haltung bereits anhand einiger Veröffentlichungen der sogenannten Tantiemenbewegung[2] entgegengetreten werden kann, soll im Folgenden untersucht werden.

---

1 Bereits Alexander Elster, Das Persönlichkeitsrecht im geistig-gewerblichen Rechtsschutz, GRUR 1927, S. 431–438, 433, kam am Ende der 1920er Jahre zu einem ähnlichen Schluss.
2 Als Tantiemenbewegung wird der ab dem Ende des 19. Jahrhunderts als verstärkt wahrgenommene Kampf Musikschaffender für eine Stärkung ihrer materieller Rechte an ihren Werkschöpfungen bezeichnet. Dieser mündete in Gründungen von einschlägigen Vereinen zur Interessenswahrnehmung und Verwertungsgesellschaften. Näher hierzu siehe Schmidt, Die Anfänge der musikalischen Tantiemenbewegung in Deutschland, Berlin 2005, S. 525–527.

I.   Richard Strauss und Friedrich Rösch

Die Person Friedrich Rösch und sein Werk erfuhren in der juristischen Forschung bislang nur wenig Aufmerksamkeit.[3] Die Verdienste um die Verbesserung
der urheberrechtlichen Stellung Werkschaffender werden insbesondere dem
Komponisten Richard Strauss zugeschrieben. Es gilt als das Ergebnis seiner
Bemühungen, für ein neues rechtliches und wirtschaftliches Rollenverständnis
von Urhebern gesorgt zu haben.

Noch im 19. Jahrhundert war in Deutschland der Gedanke schwach entwickelt,
Komponisten am Erlös der Aufführungen ihrer Werke zu beteiligen. Erst zur
Wende vom 19. zum 20. Jahrhundert gab es erste Bestrebungen, musikalische
Aufführungsrechte kollektiv zu verwerten. Um die Stellung der Musikschaffen-
den in der Gesellschaft zu stärken, gründete Richard Strauss gemeinsam mit
Hans Sommer und Friedrich Rösch Anfang 1903 die Genossenschaft Deutscher
Tonsetzer (GDT) und bald danach die erste Verwertungsgesellschaft für Mu-
sikwerke in Deutschland – die Anstalt für musikalisches Aufführungsrecht
(AFMA).

Obwohl durch seine Herkunft finanziell unabhängig, setzte sich Strauss dafür
ein, dass Komponisten von ihrer Arbeit leben können. Dies war in seiner Zeit
keinesfalls selbstverständlich. Er forderte unter anderem, dass ein Komponist bei
jeder Aufführung seiner Musik an den Einnahmen beteiligt werden müsse. Dabei
ging er davon aus, dass das Komponieren ein bürgerlicher Beruf sei und dementsprechend die Höhe seiner Entlohnung mit der Arbeit eines Juristen oder
Mediziners vergleichbar sein müsse. Diese Ansicht widersprach der bisherigen
Rolle des Künstlers in der Gesellschaft. Strauss hatte sich deshalb gegen den
Vorwurf zu wehren, er sei besonders geschäftstüchtig und geldgierig, eine Ansicht, die sich bis in die heutige Zeit gehalten hat.[4] Viele Komponisten, wie unter
anderem auch Richard Strauss, störten sich beispielsweise daran, dass sie, wenn
sie ein Werk komponiert und an einen Verlag verkauft hatten, keine Rechte mehr
bei ihnen als Urheber zurückblieben. Den Urhebern war es zudem verwehrt,
musikalischen Zitate aus ihren Werken in weitere Werke einzuarbeiten, sobald
sie die Nutzungsrechte daran Dritten eingeräumt hatten.

---

3 Als prägende Ausnahme hiervon dürfen der Beitrag von Manuela Schmidt, Friedrich Rösch –
   ein Vorkämpfer für die Rechte der Komponisten. Eine Hommage zum 80. Todestag, Richard
   Strauss-Blätter (55), S. 71–89; sowie deren Monografie, Die Anfänge der musikalischen Tantiemenbewegung in Deutschland (Fn. 2), gelten. Von Jürgen May, Kunst als Ware und Waffe.
   Richard Strauss' Vertragsstreit mit dem Verlag Bote und Bock und das „Liederjahr" 1918, in:
   Internationalen Richard Strauss-Gesellschaft (Hg.), Richard Strauss-Jahrbuch 2018, Wien
   2020, S. 9–38, 22, wird er als geradezu „schattenhafte Figur" skizziert.
4 Näher zu den Hintergründen siehe Meder, Richard Strauss versus Luigi Denza: Der Kampf um
   das Urheberrecht an dem Lied funiculì, funiculà, in: ders. (Hg.), Geschichte und Zukunft des
   Urheberrechts II, Göttingen 2020, S. 123–134, 131–133.

Insbesondere wird gerade die Genossenschaft Deutscher Tonsetzer in der rechtswissenschaftlichen Literatur vornehmlich mit Richard Strauss' Wirken in Verbindung gebracht. Weniger bekannt ist hingegen, dass Strauss nicht allein für die Interessen der Musikschaffenden eintrat, sondern in einem Triumvirat mit Hans Sommer und Friedrich Rösch agierte. Einen wesentlichen Meilenstein auf dem Weg, die oben genannten Ziele der wirtschaftlichen Verbesserung Musikschaffender zu erreichen, bildete zunächst die Gründung der Genossenschaft Deutscher Komponisten im Jahre 1898.[5] Deren Zweck sollte darin bestehen, „eine wirksame, genossenschaftliche Wahrnehmung aller musikalischen Urheberrechte und der damit verbundenen Standesinteressen deutscher Komponisten" durchzusetzen.[6] Diese Vereinigung wurde im Jahre 1903 dann in Genossenschaft Deutscher Tonsetzer umbenannt.[7] Durch die Genossenschaft Deutscher Tonsetzer wurde in demselben Jahr auch die eingangs bereits erwähnte Anstalt für musikalisches Aufführungsrecht (AFMA) als Verwertungsgesellschaft gegründet. Dabei handelt es sich um eine Vorläufergesellschaft der heutigen Gesellschaft für musikalische Aufführungs- und mechanische Vervielfältigungsrechte (GEMA). Die Formulierung rechtlich relevanter Inhalte beispielsweise in Form von Denkschriften, Petitionen und anderweitigen Veröffentlichungen durch die vorgenannten Institutionen gehen weitgehend auf Friedrich Rösch zurück. So heißt es mittlerweile in der einschlägigen Strauss-Literatur:

> „Der Jurist und Dirigent Rösch gehörte seit den 1890er Jahren zu Strauss' Mitstreitern in Sachen Urheberrecht und zu den Mitbegründern der GDT. Strauss schätzte seinen scharfen Verstand und sein strategisches Geschick".[8]

Über Röschs Leben und Wirken sind nur wenige Fakten bekannt und wurden bislang nur vereinzelt wissenschaftlich aufgearbeitet.

---

5 Näher zu den Einzelheiten der Gründungsphase siehe Schmidt, Die Anfänge der musikalischen Tantiemenbewegung in Deutschland (Fn. 2), S. 205–207.

6 Schmidt, Die Anfänge der musikalischen Tantiemenbewegung in Deutschland (Fn. 2), S. 206, mit Verweis auf die Verhandlungsschrift der Generalversammlung Deutscher Komponisten vom 27. Juni 1899, BArch R 3001/6352, Bl. 247, S. 10.

7 Näher zu diesem Vorgang siehe Schmidt, Die Anfänge der musikalischen Tantiemenbewegung in Deutschland (Fn. 2), S. 437. Durch die Genossenschaft Deutscher Tonsetzer wurde in demselben Jahr auch als Verwertungsgesellschaft die Anstalt für musikalisches Aufführungsrecht (AFMA) gegründet. Dabei handelt es sich also um eine Vorläufergesellschaft der GEMA.

8 May, Kunst als Ware und Waffe. Richard Strauss' Vertragsstreit mit dem Verlag Bote und Bock und das „Liederjahr" 1918, in: Internationalen Richard Strauss-Gesellschaft (Hg.), Richard Strauss-Jahrbuch 2018 (Fn. 3), S. 9–38, 21.

II.   Leben und Wirken Friedrich Röschs

Friedrich Rösch lebte von 1862 bis 1925. Laut Manuela Schmidt habe der aus
Memmingen stammende Rösch in München Rechtswissenschaft studiert, sich
dann zunächst ganz der Musik zugewandt, um als Dirigent tätig zu werden.
Spuren hinterließ Rösch jedoch vor allem als Jurist. Die Bekannt- und Freund-
schaft mit Strauss schloss Rösch wohl bereits zu Jugendzeiten. Denn Strauss
charakterisiert ihn in einem Spätwerk:

> Rösch im Gymnasium 2 Klassen vor mir war ein Vorzugsschüler u. wurde fürs Uni-
> versitätsstudium in Maximilianeum aufgenommen. Er studierte Jus u. Musik, hatte ein
> hübsches Talent zur Composition [...]. Er hatte Dirigiertalent, in Conzerten zu Pe-
> tersburg durch großmütige Unterstützung seiner Frau Marie Ritter [...] bestens be-
> währt. R. hatte meine ersten Bemühungen auf dem Gymnasium schon teilnehmend
> verfolgt, sich in den Jahren 1883–89 immer näher an mich angeschlossen u. bildete mit
> Alexander Ritter das Trio [...], das allabendlich von 6 bis 7 Uhr in der Weinstube von
> Leibenfrost [...] in edlem Gedankenaustausch den Lehrern des Lisztianers Ritter
> lauschte [...].[9]

Spätestens ab dem Wechsel hin zum 20. Jahrhundert widmete Rösch seine gesamte Lebens- und Schaffenskraft der Tantiemenbewegung und dem Aufbau
einer Verwertungsgesellschaft zur Verwertung der Rechte an Werken zugunsten
der Urheber.[10] Bereits bei der Etablierung der Genossenschaft Deutscher Komponisten machte er sich in mehrfacher Hinsicht verdient um die Belange der
Werkschaffenden. So strukturierte er zunächst die von Strauss und Sommer ge-
sammelten Forderungen Musikschaffender und destillierte die entsprechenden
juristischen Ableitungen. Ähnlich der Stellung eines Syndikus' in einem modernen Unternehmen prüfte Rösch zudem die Satzungen anderer einschlägiger
Interessenvereinigungen und machte sich um die gesamten Rechtsangelegen-
heiten der Genossenschaft verdient. Beispielsweise regelte er auch den rechtlich
relevanten Schriftverkehr. So kam er bezüglich des Allgemeinen Deutschen
Musikvereins, einer parallel zur Genossenschaft Deutscher Tonsetzer existierenden Institution, zu dem Ergebnis, dass dieser schon aufgrund seiner Satzung
rechtlich nicht der Lage sei, die ökonomischen Probleme der Werkschaffenden

---

9 Zitat wiedergegeben bei May, Kunst als Ware und Waffe. Richard Strauss' Vertragsstreit mit
   dem Verlag Bote & Boch und das „Liederjahr" 1918, in: Internationale Richard Strauss-
   Gesellschaft (Hg.), Richard Strauss-Jahrbuch 2018 (Fn. 3), S. 9–37, 22 mit Verweis auf Strauss,
   Späte Aufzeichnungen, Mainz 2017, S. 135. Siehe zu Röschs Jugend- und Studienjahren auch
   Schmidt, Friedrich Rösch – ein Vorkämpfer für die Rechte der Komponisten. Eine Hommage
   zum 80. Todestag (Fn. 2), S. 72.
10 Musikalisch trat Rösch, soweit rekonstruierbar, zuletzt im Jahre 1897 hervor, als er die Schrift
   „Musik-ästhetische Streitfragen. Streiflichter und Schlagschatten zu den Ausgewählten
   Schriften von Hans Bülow. Ein kritischer Waffengang" im Leipziger Kommissions-Verlag von
   Friedrich Hofmeister veröffentlichte.

erfolgsversprechend zu vertreten.[11] Daneben tat sich Rösch auch als Vermittler zwischen den teilweise stark divergierenden Ansichten der Mitglieder der Genossenschaft hervor. Des Weiteren führte er als organisatorischer Leiter durch die genossenschaftlichen Versammlungen.[12] Er blieb bis zu seinem Tod im Jahre 1925 Geschäftsführer der Genossenschaft Tonsetzer und war somit bis zu seinem Lebensende einer der maßgebenden Gestalter der genossenschaftlichen Aktivitäten.

1.   Röschs Positionen zur Unterstützung der Forderungen der Tantiemenbewegung

Röschs wesentliches juristisches Vermächtnis besteht in der juristischen Ausformulierung der Ziele und Reformvorhaben Richard Strauss' und Hans Sommers. Hierzu stimmte er sich laufend mit den beiden Vorgenannten ab.[13] Das Kernziel bestand darin, Künstlern und insbesondere Musikschaffenden die Grundlagen dafür zu schaffen, dass sie von den Einkünften aus ihren Werken leben konnten.[14] In diesem Ziel sieht Rösch auch einen übergeordneten sozialpolitischen und gesellschaftlichen Zweck. Er führt in der Denkschrift der Genossenschaft Deutscher Komponisten zum Gesetzesentwurf des Bundesrats über ein neues Urhebergesetz dazu Folgendes aus:

---

11 Näher hierzu siehe Schmidt, Die Anfänge der musikalischen Tantiemenbewegung in Deutschland (Fn. 2), S. 225–236.

12 Daneben betätigte er sich offensichtlich auch als Gutachter. Denn in der Entscheidung des OLG Dresden, GRUR 1909, S. 332–337, 333, heißt es: „Die Beklagte bringt hierzu ein schriftliches Gutachten des Tondichters und Kapellmeisters Fr. Rösch in Berlin vom 6. November 1903, das sie überreicht […]." In diesem Rechtsstreit zwischen den Verlegern F.E.C. Leuckart und Lauterbach & Kuhn ging es im Kern um Fragen des Rechtsverhältnisses zwischen Verleger und Musikschaffenden sowie des Melodienschutzes. Im Hintergrund steht auch hier Richard Strauss, dessen Verleger Franz Ernst Christoph Leuckart gewesen war. Denn gestritten wurde unter anderem um die Rechtmäßigkeit der Verwendung von musikalischen Elementen aus dem Strausschen Werk „Ein Heldenleben" durch den Komponisten Heinrich Noren, der durch Lauterbach & Kuhn verlegt wurde. Näher zu dieser Entscheidung siehe Meder, Richard Strauss versus Luigi Denza: Der Kampf um das Urheberrecht an dem Lied funiculì, funiculà, in: ders. (Hg.), Geschichte und Zukunft des Urheberrechts II, Göttingen 2020, S. 123–134, 125–127.

13 Schmidt, Die Anfänge der musikalischen Tantiemenbewegung in Deutschland (Fn. 2), S. 588.

14 So heißt es auch in der Schrift „Abänderungsvorschläge zu den Entwürfen eines Gesetzes betreffend das Urheberrecht an Werken der Literatur und der Tonkunst sowie über das Verlagsrecht. Einem hohen Reichstag in größter Ehrerbietung unterbreitet von der Genossenschaft Deutscher Komponisten", BArch R 3001/6544, Bl. 16, S. 4: „Unter Bezugnahme auf die näheren Ausführungen der erwähnten Denkschrift können wir uns hier darauf beschränken, festzustellen, daß auch von den heutzutage lebenden deutschen Tonsetzern kaum ein einziger in der Lage ist, sich aus dem Ertrag seiner Werke eine gesicherte Existenz zu gründen."

„Denn wenn man uns von gewisser Seite entgegenhält, daß jeder weitergehende Schutz des Urheberrechtes ‚mit den allgemeinen Kulturinteressen des Volkes nicht vereinbar‘ sei, so ist doch wohl die Frage berechtigt: ist es vom Standpunkte ehrlicher Anerkennung des Kulturwertes deutscher Kunst sozialpolitisch irgendwie zu rechtfertigen, daß diese Kunst eine Anzahl von Geschäftsleuten auskömmlich, zum Theil sehr reichlich ernährt, während eben diese nämlich Kunst einzig und allein ihren Schöpfern nicht die genügende Subsistenz gewährt? Ist es angesichts des unter Umständen völlig mühelosen Verdienstes, den die geschäftliche Ausbeutung der Kunst einbringt, nicht eine schreiende Ungerechtigkeit, daß unsere Tondichter gezwungen sind, durch beschwerliche, das freie Phantasieschaffen lähmende und die produktive Kraft frühzeitig aufreibende Nebenthätigkeit ein kärgliches Brot zu verdienen?“[15]

Dabei ist ihm bewusst, dass die geltende Rechtslage und die seitens des Gesetzgebers vorgestellten Reformen die materielle Seite des Urheberrechts in den Blick nehmen:

„Diese ganze Entwicklung unseres Verlagswesens, wie sie sich seit dem Absterben des Handschriftenzeitalters mit einer gewissen elementaren Notwendigkeit allmählich verzogen hat, muß zu der fatalistischen Erkenntnis führen, daß jede Erweiterung des Urheberschutzes in Bezug auf das Recht der Vervielfältigung und Verbreitung in erster Linie viel weniger den Autoren selbst, als immer wieder nur den gewerblichen Unternehmern zu gute kommen wird.“[16]

Auch das Ziel eines umfassenden Schutzes von Autoren gegen Nachdruck nimmt Rösch in den Blick:

„Der Schutz des Komponisten gegen Nachdruck seiner Werke ist vorbehaltlos, allgemein und uneingeschränkt; der Schutz gegen unberechtigte Aufführung ist – soweit nicht dramatisch-musikalische Werke in Betracht kommen – erheblich eingeschränkt, d.h. von der Bedingung eines ausdrücklichen Vorbehalts abhängig. Infolge dieser ungleichen gesetzlichen Behandlung läßt sich zwar das musikalische Verlagsrecht an sich zweckentsprechend verwerten; der im Aufführungsrecht liegende wirtschaftliche Wert dagegen kann bei den bestehenden Verhältnissen nicht erschlossen und daher tatsächlich gar nicht existent werden.“[17]

Die aus Röschs Sicht geradezu einer Handlungsunfähigkeit gleichkommende Situation der Tonsetzer schildert er so:

---

15 Denkschrift zu dem vom Reichsjustizamte ausgearbeiteten Entwurf eines Gesetzes betreffend das Urheberrecht an Werken der Literatur und der Tonkunst. Einem hohen Bundesrate in größter Ehrerbietung unterbreitet von der Genossenschaft Deutscher Komponisten, Berlin 1899, BArch 3001/6371, S. 9.

16 Denkschrift zu dem vom Reichsjustizamte ausgearbeiteten Entwurf eines Gesetzes betreffend das Urheberrecht an Werken der Literatur und der Tonkunst (Fn. 15), S. 26.

17 Denkschrift zu dem vom Reichsjustizamte ausgearbeiteten Entwurf eines Gesetzes betreffend das Urheberrecht an Werken der Literatur und der Tonkunst (Fn. 15), S. 26.

„Der Komponist persönlich ist nämlich fast niemals in der Lage, der Vorschrift des Gesetzes nachzukommen und den formalen Vorbehalt seinem Werke auszudrucken. Denn muß er der Drucklegung halber sein Werk in Verlag, und somit aus der Hand geben, so hat er als der wirtschaftlich Ohnmächtige keinerlei Möglichkeit, den Verleger zur Erfüllung dieser formalen Vorschrift zu zwingen [...] Somit wurde der Komponist durch die gesetzliche Vorschrift des Aufführungsvorbehaltes und das Uebergewicht der Verleger in die unentrinnbare Zwangslage versetzt, die Verwertung seiner Aufführungsrechte überhaupt ganz fallen zu lassen."[18]

Insgesamt kommt Rösch zu folgendem Schluss:

„Soll jedoch der so dringend wünschenswerthe, ja unentbehrliche Schutz des geistigen Eigenthums den deutschen Tonsetzern nicht nur gütig zugedacht, sondern wirklich auch durch das Gesetz selbst gewährleistet werden, so wird der Gesetzgeber – wie längst schon z.B. auf dem Gebiete der Gewerbeordnung und der Arbeitsschutzgesetze – endlich auch auf dem Gebiete des Urheberrechtes sich der Aufgabe nicht länger verschliessen können, dass die Verwerthung der geistigen Arbeit dem schrankenlos freien Spiel der Kräfte, d.h. dem ungleichen Kampf zwischen einer wirthschaftlich ohnmächtigen Partei entzogen werden müsse, wenn anders die dem Urheberrecht überhaupt zu Grunde liegende Idee – dem geistigen Arbeiter seinen Lohn zu sichern – nicht vielmehr immer wieder zu einer weiteren rücksichtslosen Ausbeutung der Geistesarbeit durch das gewerbliche Unternehmerthum führen soll."[19]

Rechtsvergleichend resümiert Rösch mit Bezug auf vergleichbare ausländische urheberrechtliche Gesetzgebungen:

„Nach vorstehenden Ausführungen müssen wir die betrübende Thatsache feststellen, daß der Entwurf seinen Zweck, das deutsche Urheberrecht der internationalen Entwicklung und der modernen Rechtsanschauung anzupassen und den Urheberrechtsschutz zu verstärken, nicht nur nicht erfüllt, sondern daß er einen Rechtslage schafft, welche gegenüber der internationalen und ausländischen Gesetzgebung und gegenüber dem bisherigen Rechtszustande einen wesentlichen Rückschritt darstellt und die Interessen der musikalischen Urheber auf das empfindlichste benachteiligt."[20]

Röschs Themenschwerpunkte lagen also in der Verbesserung der wirtschaftlichen Stellung des Werkurhebers. Im Detail ging es ihm dabei um die gesetzliche Normierung eines umfassenden Aufführungsrechts zugunsten der Werkschaffenden, um die Einschränkung von Möglichkeiten des Nachdrucks ohne Zustimmung des Autors und um Fragen der urheberrechtlichen Schutzdauer. In

---

18 Denkschrift zu dem vom Reichsjustizamte ausgearbeiteten Entwurf eines Gesetzes betreffend das Urheberrecht an Werken der Literatur und der Tonkunst (Fn. 15), S. 27.

19 Denkschrift zu dem vom Reichsjustizamte ausgearbeiteten Entwurf eines Gesetzes betreffend das Urheberrecht an Werken der Literatur und der Tonkunst (Fn. 15), S. 54.

20 An den hohen Bundesrat. Betreff: Entwurf eines Gesetzes über das Urheberrecht, 13.03. 1901, BArch 3001/6354, Bl. 251, S. 3.

Rösch wird daher der inhaltliche Treiber und Stratege des Triumvirats um Strauss und Sommer gesehen.[21]

III. Urhebergesetzgebung in Deutschland am Ende des 19. Jahrhunderts

1. Der Weg zu einem einheitlichen Urheberrecht

Die späte politische Einigung Deutschlands in Form der Gründung des Kaiserreichs im Jahre 1871 sorgte auch auf dem Gebiet des Urheberrechts für einen langen Zeitraum partikularrechtlicher Gesetzgebung. Dies leistete zum Beispiel dem illegalen Nachdruck urheberrechtlich geschützter Werke Vorschub.[22] Als eines der fortgeschrittensten einschlägigen zeitgenössischen Gesetze gilt das bayerische „Gesetz zum Schutze der Urheberrechte an literarischen Erzeugnissen und Werken der Kunst" aus dem Jahre 1865, das den Terminus „Urheberrecht" zum ersten Mal determinierte.

Als erste reichseinheitliche Gesetzgebung auf dem Gebiet des Urheberrechts trat dann im Jahre 1871 das Gesetz betreffend das Urheberrecht an Schriftwerken, Abbildungen, musikalischen Kompositionen und dramatischen Werken in Kraft. Dieses wurde im Jahre 1901 durch das Gesetz betreffend das Urheberrecht an Werken der bildenden Künste und der Photographie (KUG) und das Gesetz betreffend das Urheberrecht an Werken der Literatur und der Tonkunst (LUG) abgelöst.

In einem engen Zusammenhang mit der Frage nach der gesetzlichen Normierung eines Urheberpersönlichkeitsrechts steht die Unterscheidung von monistischer und dualistischer Theorie. Bei der monistischen Theorie handelt es sich um eine Rechtsansicht, die darauf abzielt, das Verhältnis zwischen dem Urheberrecht und anderen Rechtsgebieten zu vereinheitlichen. Im Kontext des Urheberrechts bezieht sich der Monismus darauf, dass das Urheberrecht als ein einheitliches System betrachtet wird, das keine Trennung zwischen materiellen und immateriellen Aspekten der geistigen Schöpfungen vornimmt. Nach deren Anhängern soll sich im Urheberrecht eine untrennbare Einheit zwischen dem Werk und den Rechten des Urhebers widerspiegeln. Im Gegensatz dazu steht die dualistische Theorie. Diese zielt darauf ab, zwischen dem materiellen Werk und den immateriellen Urheberrechten zu unterscheiden. Im dualistischen Ansatz wird das Werk als etwas Materielles betrachtet, das physisch wahrgenommen

---

21 Schmidt, Die Anfänge der musikalischen Tantiemenbewegung in Deutschland (Fn. 2), S. 587.
22 Näher dazu Zabel-Wasmuth, Die Dogmatik des § 108 Abs. 1 Nr. 5 UrhG, Baden-Baden 2017, S. 19.

werden kann, wie beispielsweise ein Buch, Gemälde, Musikstück oder Film. Die Urheberrechte hingegen sind immaterielle Rechte, die dem Urheber oder den Rechteinhabern das Recht verleihen, das Werk zu reproduzieren, zu verbreiten, abzuwandeln, öffentlich aufzuführen oder öffentlich zu präsentieren. Die dualistische Theorie betont also die Trennung zwischen dem Werk selbst und den damit verbundenen Rechten. Dies ermöglicht es, das Werk als etwas Materielles zu betrachten, das unabhängig von den Rechten des Urhebers existiert. So kann beispielsweise ein physisches Buch als eigenständiges Objekt betrachtet werden, das durch das Urheberrecht geschützt ist, das dem Autor bestimmte Rechte und Ansprüche einräumt.[23]

Dem deutschen Urheberrecht liegt die monistische Theorie zugrunde, wonach jedes Einzelrecht persönlichkeitsrechtliche und vermögensrechtliche Interessen schützt, nur in jeweils unterschiedlich starker Betonung.[24] Demnach sind im deutschen Urheberrechtsschutz die persönlichkeitsrechtlichen und vermögensrechtlichen Ebenen miteinander verbunden. Nach dem deutschen Ansatz ist das Urheberpersönlichkeitsrecht zudem selbst nicht übertragbar, sondern lediglich die Nutzungsrechte.[25] Dieser Ansatz fußt auf dem Grundsatz, dass selbst bei einer weitreichenden Einräumung von Nutzungsrechten zugunsten Dritter immer ein persönlichkeitsrechtlicher Kern beim Urheber verbleibt.

2. Das Urheberpersönlichkeitsrecht im Spiegel der deutschen Rechtsgeschichte

Unter dem Begriff des Urheberpersönlichkeitsrechts wird eine zusammenfassende Bezeichnung für jene Befugnisse des Urhebers an seinem Werk verstanden, die außerhalb des vermögensrechtlichen Bereichs liegen. Bei dem Urheberpersönlichkeitsrecht handelt es sich also um eine Rechtsfigur, die den Schutz der

---

23 Näher hierzu Rehbinder/Peukert, Urheberrecht, 18. A., München 2018, S. 49, Rz. 154 sowie McGuire, Monismus – Ein Irrweg, in: Dreier/Hilty (Hg.) Vom Magnettonband zu Social Media. FS 50 Jahre Urheberrechtsgesetz, München 2015, S. 289–303, 289–292, 294–297.

24 Dagegen setzte sich beispielsweise in Frankreich und der Schweiz die dualistische Theorie durch, Rehbinder/Peukert, Urheberrecht (Fn. 23), S. 8, Rz. 22 sowie Schlingloff, Das Urheberpersönlichkeitsrechts im Spannungsfeld von Kunstfreiheit und politischer Betätigungsfreiheit, GRUR 2017, S. 572–580, 574.

25 Elster, Das Urheberpersönlichkeitsrecht in der Rechtsprechung des Reichsgerichts, in: FS des Reichsgerichts „Die Reichsgerichtspraxis im deutschen Rechtsleben", Bd. 4: Handels- und Wirtschaftsrecht, Berlin 1929, S. 252–286, 285. Alexander Elster (1877–1942) war unter anderem als Verlagsdirektor bei dem bekannten Wissenschaftsverlag Walter de Gruyter (damals noch Walter de Gruyter & Co.) tätig und machte sich hierbei um das Urheber- und Verlagsrecht verdient. Näher zur Biografie Elsters siehe Otto, Art. Elster, in: Apel/Pahlow/Wießner (Hg.), Biographisches Handbuch des Geistigen Eigentums, Tübingen 2017, S. 80–85. Interessanterweise befindet sich kein Artikel zu Friedrich Rösch in diesem Handbuch.

geistigen Schöpfung eines Autors oder eines Künstlers sicherstellt. Es gewährt dem Urheber bestimmte Rechte und befähigt ihn, seine Werke zu kontrollieren und zu schützen.[26] Insofern beschreibt das Urheberpersönlichkeitsrecht.[27] Die Geschichte des Urheberpersönlichkeitsrechts reicht weit zurück und hat sich im Laufe der Jahrhunderte entwickelt.

Dessen Ursprünge lassen sich weit zurückverfolgen. So gab es bereits im antiken Griechenland und Rom Bestrebungen in einem frühen urheberrechtlichen Sinne, um das Kopieren und den Diebstahl von Werken zu verhindern. Allerdings lag der Schwerpunkt damals vor allem auf dem Schutz der materiellen Interessen der Autoren, und das moralische Recht des Urhebers stand nicht im Vordergrund.[28] Im Mittelalter entwickelten sich in Europa verschiedene Ansätze zum Schutz der Autorenrechte. Eine der bekanntesten rechtlichen Maßnahmen war das Privileg, das von Monarchen oder religiösen Institutionen gewährt wurde. Diese Privilegien gaben den Urhebern das Recht, ihre Werke exklusiv zu drucken, zu veröffentlichen und zu verkaufen. Der Schutz war jedoch stark an staatliche oder kirchliche Genehmigungen gebunden und diente in erster Linie wirtschaftlichen Zwecken.

Im 19. Jahrhundert wurde das Urheberrecht weiterentwickelt, in Deutschland insbesondere durch die Entstehung zunächst einzelstaatlicher Urheberrechtsgesetze und schließlich, wie bereits oben skizziert, ab dem Jahre 1871 durch eine reichseinheitliche Gesetzgebung.[29] Die Berücksichtigung ideeller Rechte des Urhebers gewann an Bedeutung, und Autoren reklamierten zunehmend, ihre Werke als Ausdruck ihrer eigenen Persönlichkeit zu schützen.[30] Dies führte zur Etablierung des Urheberpersönlichkeitsrechts als ein eigenständiges Rechtskonzept.[31] Eine intensive dogmatische Beschäftigung fand im Deutschen Reich dann ab den 1920er Jahren, während der Weimarer Republik, statt.

---

26 Zur Herleitung des urheberrechtlichen Werkbegriffs siehe Peukert, Drei Entstehungsbedingungen des Urheberrechts und seines Schutzgegenstands, in: Meder (Hg.), Geschichte und Zukunft des Urheberrechts, Göttingen 2018, S. 217–246.

27 Zu dieser Abgrenzung siehe Badura, Privatnützigkeit und Sozialbindung des geistigen Eigentums, in: Ohly/Klippel (Hg.), Geistiges Eigentum und Gemeinfreiheit, Tübingen 2007, S. 45–60, 51–52.

28 Klingenberg, Vom persönlichen Recht zum Persönlichkeitsrecht. Zur Entwicklung der Urheberrechtstheorie im 19. Jahrhundert, SZ GA 96 (1979), S. 183–208, 184.

29 Zu den Entwicklungen in Ländern des Common Law siehe beispielsweise Ginsburg, Urheberpersönlichkeitsrechte im Rechtssystem des Common Law, GRUR Int. 1991, S. 593–605, 595–597.

30 Näher zur Entwicklung im 19. Jahrhundert siehe Klingenberg, Vom persönlichen Recht zum Persönlichkeitsrecht. Zur Entwicklung der Urheberrechtstheorie im 19. Jahrhundert (Fn. 28), S. 183–208.

31 Zur Genese des droit moral im französischen Recht siehe Michaelis, Persönlichkeitsrechtliche Befugnisse im deutschen Urheberrecht und droit moral des französischen Rechts, Berlin 1926, S. 36–37.

Schadensersatzprozesse, die allerdings nicht auf dem urheberrechtlichen Gebiet ausgetragen wurden, gaben dem Reichsgericht den ersten Anlass, sich mit der Theorie vom allgemeinen Persönlichkeitsrecht auseinanderzusetzen.[32] Hierbei wurde im sogenannten Urteil über die „Nietzsche-Briefe" folgende Formel geprägt:

> „Ein allgemeines subjektives Persönlichkeitsrecht ist dem geltenden bürgerlichen Rechte fremd. Es gibt nur besondere gesetzlich geregelte Persönlichkeitsrechte, wie das Namensrecht, das Warenzeichenrecht, das Recht am eigenen Bilde, die persönlichkeitsrechtlichen Bestandteile des Urheberrechts."[33]

Eine ausdrückliche Erwähnung des Urheberpersönlichkeitsrechts findet sich bis heute nicht in den Gesetzen. Die Bezeichnung Urheberpersönlichkeitsrecht fand wahrscheinlich erstmals Erwähnung in einem reichsgerichtlichen Urteil vom 26. Januar 1929.[34] In demselben Zeitraum wird dieser Ausdruck in einer Erläuterung zum LUG vorgeschlagen.[35] Wahrscheinlich sollte damit der zuvor verwendete sperrige Begriff der „persönlichkeitsrechtlichen Bestandteile des Urheberrechts" abgelöst werden.[36] Als Urheberpersönlichkeit gelten also die Rechte des Urhebers, die nicht dem Vermögensrecht zugeordnet werden. Dazu gehören insbesondere das Recht zur Veröffentlichung, die Geltendmachung der Urheberschaft und der Unterlassungsanspruch auf Untersagung der Werknutzung.

Die erst im Jahr 1966 durch das bis heute geltenden Urheberechtsgesetz (UrhG) abgelösten, noch aus der Kaiserzeit stammenden KUG (Gesetz betreffend das Urheberrecht an Werken der bildenden Künste und der Photographie) und LUG (Gesetz betreffend das Urheberrecht an Werken der Literatur und der Tonkunst) enthalten zum Urheberpersönlichkeitsrecht keine zusammenhängenden Vorschriften, sondern regeln dessen Elemente nur in einigen zerstreuten Einzelbestimmungen. Beispielsweise wurde in § 11 Abs. 1 S. 2 LUG das Verbot geregelt, ein Geisteswerk (insbes. Schrift- oder Tonwerk) ohne Zustimmung des Urhebers zu veröffentlichen. Ferner sahen §§ 9, 18 Abs. 1 S. 1, 24, 38 Abs. 2 LUG;

---

32 RGZ 51, 369 (373); RGZ 56, 271 (275).

33 RGZ 69, 401 (403), nochmals bestätigt in RGZ 79, 397 (399).

34 RG UFITA 1929, S. 81–91.

35 Marwitz/Möhring, Urheberrecht, Berlin 1929, S. 86–87, 344; zur vorgenannten Entscheidung siehe auch Elster, Das Urheberpersönlichkeitsrecht in der Rechtsprechung des Reichsgerichts, in: Reichsgerichtspraxis im deutschen Rechtsleben (Fn. 25), S. 252–281, 253, sowie Hoffmann, Ein deutsches Urheberrechtsgesetz, Berlin 1933, S. 37.

36 Näher dazu Müller, Das Urheberpersönlichkeitsrecht im Gesetzesentwurfe der Akademie für Deutsches Recht, UFITA 1939, S. 247–267, 250. Insbesondere der im Jahr 1929 von Marwitz veröffentlichte Privatentwurf zu einer Reform des Urheberrechts enthielt in § 10 ausdrückliche Regelungen zum Urheberpersönlichkeit, siehe Entwurf eines Gesetzes über das Urheberrecht an Werken des Schrifttums, der Kunst und der Photographie, UFITA 1929, S. 668–681, § 10, S. 670.

§§ 12, 21 KUG das Verbot vor, bei einer Übertragung des Urheberrechts und bei erlaubten Entlehnungen Werkänderungen vorzunehmen.

In Bezug auf das KUG und das LUG blieb virulent, ob das Reichsgericht, wenn es von „persönlichkeitsrechtlichen Bestandteilen des Urheberrechts"[37] sprach, sich auf eine Interpretation der bestehenden Gesetze bezog oder auf ein übergeordnetes Urheberrecht rekurrierte.[38] Näher liegt, dass sich das Reichsgericht auf Letzteres bezog. Alles in allem soll das droit moral die nicht-materiellen Interessen des Urhebers an seinem Werk schützen, wie beispielsweise das Recht auf Anerkennung der Urheberschaft und das Recht auf Integrität des Werkes.

IV. Ansätze zur Formulierung eines eigenen Urheberpersönlichkeitsrechts bei Friedrich Rösch

Wie gesehen, gab es wohl eine erste gerichtliche Erwähnung des Urheberpersönlichkeitsrechts in einer Entscheidung des Reichsgerichts am Ende der 1920er Jahre. Im wissenschaftlichen Diskurs wurde diese Rechtsfigur ebenfalls um diese Zeit vermehrt diskutiert.[39] Indessen blieb bislang unberücksichtigt, ob und gegebenenfalls, wie Friedrich Rösch in den Stellungnahmen der Genossenschaft Deutscher Komponisten bzw. der Genossenschaft Deutscher Tonsetzer bereits das Urheberpersönlichkeitsrecht im Ansatz diskutierte.

1.   Urheberpersönlichkeitsrechtliche Aspekte in den Veröffentlichungen unter der Schirmherrschaft der Genossenschaft Deutscher Tonsetzer und der Genossenschaft Deutscher Komponisten

Es gilt heute als gesichert, dass die von der Genossenschaft Deutscher Komponisten publizierten Schriften „Petition der Genossenschaft Deutscher Komponisten und deutschen Musikverlegern zur Verlängerung der Schutzfrist"; „Denkschrift zu dem vom Reichsjustizamte ausgearbeiteten Entwurf eines Gesetzes betreffend das Urheberrecht an Werken der Literatur und der Tonkunst"; „Materialien zur Begründung einer deutschen Centralstelle"; „Abänderungsvorschläge zu den Entwürfen eines Gesetzes betreffend das Urheberrecht an

---

37 RGZ 69, 401 (403).

38 Näher dazu Elstner, Das Urheberpersönlichkeitsrecht in der Rechtsprechung des Reichsgerichts, in: FS des Reichsgerichts „Die Reichsgerichtspraxis im deutschen Rechtsleben" (Fn. 25), S. 252–286, S. 261.

39 Als eine der ersten umfassenden wissenschaftlichen Untersuchungen zu diesem Thema lässt sich die Schrift von Heckmann, Die personenrechtlichen Elemente in den Urhebergesetzen, Jena 1910, identifizieren.

Werken der Literatur und der Tonkunst sowie über das Verlagsrecht"; „Protest gegen die Angriffe des Herrn Reichstagsabgeordneten Eugen Richter" sowie „An den hohen Bundesrat. Betriff: Entwurf eines Gesetzes über das Urheberrecht"; im Wesentlichen auf Friedrich Rösch zurückgehen.[40]

Ausführungen, die in die Richtung der ansatzweisen Formulierung eines Urheberpersönlichkeitsrechts deuten, finden sich insbesondere in der Denkschrift zum Urheberrechtsgesetzesentwurf.[41] Darin führt er aus:

> „Die klare Unterscheidung des ideellen und materiellen Inhalts der Urheberrechte ist daher ein großer legislatorischer Fortschritt."[42]

Bereits Rösch scheint sich also im Klaren darüber zu sein, dass das Urheberrecht dem Werkschaffenden mehr Rechte begründen soll als bloße materielle Ansprüche. So lassen sich eingangs in der vorgenannten Publikation beispielsweise noch weitere Textstellen identifizieren, die auf die Berücksichtigung des droit moral hindeuten:

> „Als ein Teil des gesamten Urheberrechtes umfaßt das Aufführungsrecht vielmehr seinem Wesen nach einen doppelten, d. h. einen idealen (künstlerisch – persönlichen) und einen materiellen (wirtschaftlichen) Inhalt."[43]

Die zentralen Ausführungen zum Urheberpersönlichkeitsrecht finden sich dann in den Passagen, in denen Rösch den vom Bundesrat vorgelegten Gesetzesentwurf kommentiert. Dort führt er aus:

> „Es ist dankenswerth, dass nicht nur die wirthschaftliche Verwerthung der geistigen Arbeit gesichert werden soll, sondern auch das persönliche, künstlerische Interesse des Verfassers an seinem Werke. Von jeher ist es, man könnte sagen: ein unmittelbares Lebensbedürfniss aller echten Kunst gewesen, dass die Kunstwerke nur in der von ihren Schöpfern gewollten Form dem Volke übermittelt werden."[44]

---

40 Näher dazu Schmidt, Die Anfänge der musikalischen Tantiemenbewegung in Deutschland (Fn. 2), S. 588. Insbesondere für die vorgenannte Denkschrift gilt er laut Schmidt, Die Anfänge der musikalischen Tantiemenbewegung in Deutschland (Fn. 2), S. 372, als Hauptverfasser.

41 Diese Denkschrift nimmt auf den seitens des Reichsjustizamts im Jahre 1898 vorgelegten Reformentwurf des Urheberrechtsgesetzes Bezug. Näher zur Entstehungsgeschichte dieses Entwurfs siehe Bandilla, Urheberrecht im Kaiserreich. Der Weg zum Gesetz betreffend das Urheberrecht an Werken der Literatur und Tonkunst vom 19. Juni 1901, Bern / Frankfurt a. M. 2005, S. 61–110. Grundsätzlich diente der Genossenschaft die vorgenannte Denkschrift zur Stärkung der These, dass die Lösung der Aufführungsrechtsfrage das zentrale Thema der Musikschaffenden war.

42 Denkschrift zu dem vom Reichsjustizamte ausgearbeiteten Entwurf eines Gesetzes betreffend das Urheberrecht an Werken der Literatur und der Tonkunst (Fn. 15), S. 40.

43 Denkschrift zu dem vom Reichsjustizamte ausgearbeiteten Entwurf eines Gesetzes betreffend das Urheberrecht an Werken der Literatur und der Tonkunst (Fn. 15), S. 28.

44 Denkschrift zu dem vom Reichsjustizamte ausgearbeiteten Entwurf eines Gesetzes betreffend das Urheberrecht an Werken der Literatur und der Tonkunst (Fn. 15), S. 40.

Vorgenannte Zitate zeigen mehrere Dimensionen in Röschs Denken. Einerseits meint er, dass dem Urheberrecht neben der materiellen Seite auch eine fast schon übergesetzliche Ebene immanent ist, die sich im „Ideellen" mithin also im Urheberpersönlichkeitsrecht niederschlägt. Andererseits begrüßt er auch, dass der Gesetzgeber eben diesen Zustand erkannt und in seinen Reformvorschlag erstmals, wenn auch aus Röschs Sicht nur unzureichend aufgenommen hat.

Wie bereits kurz angedeutet, begannen die intensiv geführten Diskussionen um das Urheberpersönlichkeitsrecht dann während der Weimarer Republik in den 1920er Jahren. Maßgeblich initiiert wurde dieser Streit durch die eingangs erwähnte reichsgerichtliche Entscheidung zu den Nietzsche Briefen.[45] Der Streit um die Existenz und die Dimensionen eines Urheberpersönlichkeitsrechts wurde insbesondere von den seinerzeit führenden Urheberrechtlern Alexander Elster[46] und Fritz Smoschewer[47] geführt. Weiterhin befassten sich insbesondere Alphons Melliger[48], Robert Michaelis[49] und Arndt Müller[50] in ihren Dissertationen mit dogmatischen Fragen eines droit moral im deutschen Recht.

Inhaltlich zusammenfassend kommen die vorgenannten Autoren zu dem Schluss, dass die folgenden vier Ebenen das Urheberpersönlichkeitsrecht ausmachen: Erstens den Schutz der sogenannten Eigensphäre, zweitens den Anspruch auf Nennung des Urhebers im Zusammenhang mit der Werkverbreitung, drittens die Integrität des Werks und viertens den Schutz vor Zitatmissbrauch.[51]

Elster knüpft zur Begründung bereits an den Schöpfungsakt eines Werks selbst an, da dieser „ein rein persönlicher Akt" der, „wenn er ein besonderes

---

45 Siehe dazu oben II. 2.

46 Näher zu Elster siehe bereits die Nachweise bei Fn. 24.

47 Smoschewer, der von 1894 bis 1944 lebte, war als Landgerichtsrat in Berlin tätig und publizierte umfangreich zur zeitgenössischen Urheberrechtsdogmatik. Dabei schuf er einige der Grundlagen, die die Basis für die Urheberrechtsreform im Jahre 1965 bildeten. Näher hierzu Scholz, Art. Smoschewer, in: Apel/Pahlow/Wießner (Hg.), Biographisches Handbuch des Geistigen Eigentums, Tübingen 2017, S. 261–264, 264.

48 Melliger, Das Verhältnis des Urheberrechts zu den Persönlichkeitsrechtsrechten, Bern 1929. Zu Melliger sind, soweit ersichtlich, keine biografischen Fakten mehr recherchierbar.

49 Michaelis, Persönlichkeitsrechtliche Befugnisse im deutschen Urheberrecht und droit moral des französischen Rechts (Fn. 31). Michaelis (1903–1973) arbeitete bis zur Machtergreifung der Nationalsozialisten im Jahre 1933 als Hilfsrichter bei der Patentkammer des Landgerichts Berlin I.

50 Müller, Das „droit moral" in der europäischen Nachkriegsgesetzgebung, Halle (Saale) 1930. Wie bezüglich Melliger, waren keine biografischen Fakten zu Arndt Müller mehr auffindbar.

51 Elster, Das Urheberpersönlichkeitsrecht in der Rechtsprechung des Reichsgerichts, in: FS des Reichsgerichts „Die Reichsgerichtspraxis im deutschen Rechtsleben" (Fn. 25), S. 252–286, 236, 256 sowie Georg Müller, Bemerkungen über das Urheberpersönlichkeitsrecht, UFITA 1929, S. 367–402, 392.

Recht gewährt, zunächst nur ein Persönlichkeitsrecht geben kann".[52] Smoschewer leitet das Urheberpersönlichkeit unter anderem aus dem Widerspruch ab, dass jeder Urheber einerseits möchte, dass „sein Werk benutzt [...] von möglichst Vielen gelesen, aufgeführt, reproduziert wird".[53] Andererseits kommen in jedem Werk die „persönlichen Beziehungen" des Urhebers zum Ausdruck, die eines gesonderten rechtlichen Schutzes bedürfen.[54] Melliger, der für das Urheberpersönlichkeitsrecht auch den Begriff „Urheberindividualrecht" einführt, sieht das droit moral als Antwort auf die besonderen Schutzbedürfnisse des Urhebers, die über jene des allgemeinen Persönlichkeitsrechts hinausgehen.[55] Michaelis definiert das Urheberpersönlichkeitsrecht als „Herrschaft der Person über ihre eigene Wesenheit".[56] Mit „Wesenheit" meint er wohl einen Ansatz, nach dem sich in der Schaffung eines Werkes das gesamte Wesen des Schöpfers realisieren kann und damit der urheberrechtliche Schutz über die rein vermögensrechtliche Sphäre hinausgehen müsse. Müller rekurriert dagegen eher auf die rechtlich erforderlichen Freiheiten des Werkschaffenden, die diesem nur dann vollumfänglich eingeräumt werden könnten, wenn die Existenz des Urheberpersönlichkeit anerkannt würde.[57]

Alles in allem laufen die skizzierten Argumentationslinien im Kern darauf hinaus, dass trotz einer „im Zweifel" umfassenden Rechteeinräumung zugunsten Dritter höchstpersönliche Rechte beim Urheber verbleiben. Natürlich wird deutlich, dass die vorgenannten Urheberrechtler der Weimarer Republik sich wesentlich tiefgehender mit dem droit moral auseinandersetzten. Dies überrascht nicht, da Rösch in erster Linie aufzeigen wollte, dass Fragen wirtschaftlicher Verwertungsrechte das zentrale urheberrechtliche Thema der Musikschaffenden am Ende des 19. Jahrhunderts gewesen waren.[58]

---

52 Elster, Das Urheberpersönlichkeitsrecht in der Rechtsprechung des Reichsgerichts, in: FS des Reichsgerichts „Die Reichsgerichtspraxis im deutschen Rechtsleben" (Fn. 25), S. 252–286, 232.
53 Smoschewer, Das Persönlichkeitsrecht im allgemeinen und im Urheberrecht, II. Teil, UFITA 1930, S. 229–280, 269.
54 Smoschewer, Das Persönlichkeitsrecht im allgemeinen und im Urheberrecht, III. Teil, UFITA 1930, S. 349–370, 352.
55 Melliger, Das Verhältnis des Urheberrechts zu den Persönlichkeitsrechtsrechten (Fn. 47), S. 92.
56 Michaelis, Persönlichkeitsrechtliche Befugnisse im deutschen Urheberrecht und droit moral des französischen Rechts (Fn. 31), S. 33. betrachtet zudem auch vertieft die Durchsetzbarkeit des Urheberpersönlichkeitsrechts (ebd., S. 56–61).
57 Müller, Das „droit moral" in der europäischen Nachkriegsgesetzgebung (Fn. 50), S. 20.
58 Schmidt, Die Anfänge der musikalischen Tantiemenbewegung in Deutschland (Fn. 2), S. 365.

2.   Ableitungen zu Sichtweisen auf den Zweck des Urheberrechts

Für Rösch soll das Urheberrecht in erster Linie Musikschaffenden Rechte allo-
kieren, die sie ökonomisch verwerten können. Aspekte des droit moral spielen
bei ihm nur am Rande eine Rolle. Andererseits erfüllt auch für ihn das Urheberrecht mehrere Zwecke: Es dient ihm als Schutz der Kreativen, indem es den
Werkschöpfern das Recht einräumen soll, die Nutzung, Verbreitung und Re-
produktion ihrer Werke zu kontrollieren. Dadurch sollten insbesondere Musikschaffende in die Lage versetzt werden, von ihren Werken sowohl wirtschaftlich als auch ideell zu profitieren. So gesehen soll das Gesetz sicherstellen,
dass urheberrechtliche Arbeitsergebnisse respektiert und angemessen anerkannt
werden. Gerade gegenüber den Musikschaffenden fehlte es aus Röschs Sicht an
diesen Punkten um die Jahrhundertwende.

   Ferner formuliert er die Position der Genossenschaft zur Förderung der
Kreativität und Innovation: Indem das Urheberrecht Schöpfern das Recht gibt,
von ihren Werken zu profitieren, schafft es Anreize für die Produktion neuer
kreativer Inhalte und Innovationen in verschiedenen Bereichen wie Literatur,
Musik, Film, Kunst und Wissenschaft. Die Aussicht auf Anerkennung und
wirtschaftlichen Nutzen motiviert Menschen, ihr kreatives Potenzial zu entfalten
und neue Ideen zu entwickeln. Des Weiteren sieht er im Urheberrecht ein Mittel
zur Förderung des kulturellen Austauschs und des Fortschritts. Denn obwohl das
Urheberrecht Schutz bietet, ist es auch darauf ausgerichtet, den freien Fluss von
Ideen und Kultur zu fördern. So ermöglicht es nach der Darstellung Röschs die
Verbreitung und Nutzung von Werken unter bestimmten Bedingungen, wie
beispielsweise im Rahmen des fairen Gebrauchs oder anderer Ausnahmen und
Einschränkungen. Insofern dient ihm das Urheberrecht somit als wichtiges Instrument, um das Gleichgewicht zwischen dem Schutz der Rechte von Werkschöpfern und der Förderung des kulturellen Austauschs und des Fortschritts zu
gewährleisten. Es trägt dazu bei, eine vielfältige und kulturell blühende Land-
schaft zu erhalten, die sowohl Schutz als auch Anreize für die Schöpfung und
Verbreitung von kulturellen Werken bietet.

   Insgesamt kommen im Kern sowohl Rösch als auch die späteren Autoren in
den 1920er Jahren allesamt zu demselben Schluss: Das Wesen des Urheberrechts
bildet ein rechtliches Konzept, das einen umfassenden Schutz der geistigen Eigentumsrechte an kreativen Werken regeln soll. Es gewährt dem Schöpfer eines
originalen Werkes bestimmte Rechte über dessen Verwendung und Verbreitung.
Diese Rechte umfassen in der Regel das ausschließliche Recht, das Werk zu
reproduzieren, zu verbreiten, abgeleitete Werke zu erstellen und öffentlich aufzuführen oder zu präsentieren.

V.   Fazit

Es ist dem Kampf so unermüdlicher Reformer wie Rösch, Strauss und Sommer zu verdanken, dass der urheberrechtliche Schutz heute relativ unkompliziert gesetzlich gewährt wird.[59]. Es ist beispielsweise grundsätzlich nicht erforderlich, dass der Schöpfer das Werk registriert oder ein sogenanntes Copyright-Symbol anbringt, um Urheberrechte zu erhalten.

Letztlich trugen Rösch und mit ihm die Tantiemenbewegung dazu bei, dass zugunsten von Urhebern eine Gesetzeslage geschaffen wurde, die deren Rechte umfassend schützt und einen Anreiz für die Schöpfung neuer Werke bildet. Insbesondere schuf Tantiemenbewegung die Grundlagen dafür, dass Autoren die wirtschaftlichen Rechte an ihren Werken gesetzlich gesichert wurden. Dies ermöglicht es den Werkschaffenden, Einnahmen aus der Nutzung ihrer Werke zu generieren, sei es durch den Verkauf von Kopien, Lizenzen oder andere kommerzielle Nutzungsmöglichkeiten. Rösch hat dabei weder einen eigenen Ansatz zur Formulierung eines droit moral vorbereitet, noch eine umfassende Regelung des Urheberpersönlichkeitsrechts in die hier angesprochenen Stellungnahmen, Schriftsätze und Denkschriften aufgenommen. Dies überrascht nicht. Denn im Verbund mit Strauss und Sommer stellte er sein Wirken in den Dienst der materiellen Verbesserung der Werkschaffenden. Jedoch lassen sich in den vorgenannten Publikationen Strukturen erkennen, die hinsichtlich der zunehmenden Bedeutung des Urheberrechts bereits persönlichkeitsrechtliche Merkmale kennzeichnen. Der Blick über den Tellerrand rechtfertigt es daher, die gerade aus heutiger Sicht zukunftsweisenden und urheberrechtsdogmatisch gut begründeten Vorschläge Röschs in das Licht der modernen Forschung zu rücken.

Röschs Streben nach umfassenden Rechten zugunsten Werkschaffender wirken zudem aktueller denn je. Die Digitalisierung und das Internet haben neue Herausforderungen und Fragen im Zusammenhang mit dem Urheberpersönlichkeitsrecht aufgeworfen. Einerseits ermöglicht das Internet eine weitreichende Verbreitung von Werken, was den Zugang zu kultureller und kreativer Vielfalt fördert. Andererseits kann es jedoch auch zu einer unregulierten Verbreitung und Nutzung von Werken führen, was die Kontrolle der Urheber über ihre eigenen Werke erschweren kann. In einigen Fällen haben neue Technologien und Plattformen dazu geführt, dass das Urheberpersönlichkeitsrecht effektiver durchgesetzt werden kann. Zum Beispiel ermöglichen digitale Wasserzeichen und andere Technologien die Verfolgung und Identifizierung von urheberrechtlich geschützten Werken im Internet.

---

59 Im Gegensatz dazu stehen die vergleichsweise relativ hohen technischen Anforderungen und der bürokratische Aufwand zur Anmeldung und erfolgreichen Erteilung eines Patents.

Darüber hinaus rücken mit dem Aufkommen von Technologien künstlicher Intelligenz die Diskussionen um urheberrechtliche Befugnisse Werkschaffender auch wieder vermehrt in den Blick des Gesetzgebers. Mindestens bei zwei Themenkomplexen werden auch urheberpersönlichkeitsrechtliche Aspekte wieder virulent. Erstens wird im Zusammenhang mit der Frage nach urheberrechtlichen Schutzmöglichkeiten von mittels künstlicher Intelligenz erzeugten Ergebnissen auch von Bedeutung sein, welche Rolle das Urheberpersönlichkeitsrecht künftig spielen wird. Zweitens hat auch der europäische Gesetzgeber das Zusammenspiel von künstlicher Intelligenz und Urheberrecht ansatzweise in der kommenden Verordnung zur Festlegung harmonisierter Vorschriften für Künstliche Intelligenz (KI-VO) bereits aufgegriffen. Dort geht es beispielsweise um den Schutz urheberrechtlicher Inhalte, sofern diese für das Training sogenannter General Purpose Artificial Intelligence Modelle (GPAI-Modelle) genutzt.[60]

Insgesamt bleibt das Urheberpersönlichkeitsrecht somit ein dynamisches Rechtsgebiet, das sich weiterentwickelt bzw. weiterentwickelt werden muss, um den Veränderungen in der digitalen Welt gerecht zu werden und den Schutz der Urheber und ihrer Werke weiterhin sicherzustellen.

---

60 Näher Schack, Auslesen von Webseiten zu KI-Trainingszwecken als Urheberrechtsverletzung de lege lata et ferenda, NJW 2024, S. 113–117, 114–115; Bomhard, KI-Training mit fremden Daten, DSRITB 2023, S. 255–268, 257–258; ders./Siglmüller, AI Act – Das Trilogergebnis, RDi 2024, S. 45–55, 50; sowie Pukas, KI-Trainingsdaten und erweiterte kollektive Lizenzen, GRUR 2023, S. 614–621, 618–619. In der Praxis wird sich zeigen, ob und inwieweit hier Parallelen zur Prüfung von Open Source Software bestehen, vgl. hierzu Ihlefeldt, Regulierte Selbstregulierung im Urheberrecht durch Rechtsprechung, in: Meder (Hg.), Geschichte und Zukunft des Urheberrechts III, Göttingen 2022, S. 179–194, 187–189.

Stephan Meder

„Von frei zu sozial"? Das NS-Urheberpersönlichkeitsrecht und der „alte Wahlspruch, daß ‚gemeiner Nutz vor sonderlichem geht'"

Das nationalsozialistische Regime wollte die zu seiner Zeit bestehende Jurisprudenz bekanntlich umstürzen und eine von Grund auf neue Rechtsordnung
schaffen. Das Urheberrecht bildet hier keine Ausnahme: „Das Urheberrecht der
nationalsozialistischen Erneuerung" stellt „etwas wesentlich anderes" dar „als
das Urheberrecht der bisherigen Urheberrechtsgesetze".[1] Am Ende ist es den
Nationalsozialisten aber nicht gelungen, die großteils noch aus wilhelminischer
Zeit stammenden urheberrechtlichen Vorschriften neu zu formulieren.

Im Mittelpunkt der NS-Reformbestrebungen steht die Vorstellung, dass die
Rechte des Urhebers „sozialgebunden" sein müssen. „Gemeinnutz geht vor Eigennutz" lautet die Devise, die auch im Urheberrecht den Maßstab bilden
soll.[2] Die NS-Juristen wollten das Urheberrecht zwar als Recht des schaffenden
Künstlers begreifen, wurden aber auch nicht müde zu betonen, es habe die
„Stellung" des Künstlers „in der Volksgemeinschaft" zu bestimmen.[3] Im Hintergrund dieser ebenso ‚nationalen' wie ‚sozialen' Funktionsbestimmung steht
die Annahme, das durch den Urheber geschaffene Werk sei aus der Volksgemeinschaft heraus entstanden und dürfe folglich nicht als das Ergebnis freier und
individueller Schöpfung betrachtet werden. Die Leistung des Urhebers beschränke sich darauf, die dem Volk entspringenden Kräfte zu kanalisieren und
ihnen dadurch eine Stimme zu verleihen, dass sie in seinem Werk einen Ausdruck finden. Mit diesem im Grunde identitären Ansatz setzte sich die NS-

1 *Julius Kopsch*, Der schaffende Künstler und die Neugestaltung des Urheberrechts, in: Jahrbuch
der Akademie für Deutsches Recht (hg. von dem Präsidenten der Akademie Hans Frank) 1939/
1940, S. 152–165, 156.
2 Zu den Grundprinzipien siehe *Ernst Hefti*, Das Urheberrecht im Nationalsozialismus, in:
Robert Dittrich (Hg.), Woher kommt das Urheberrecht und wohin geht es? Wurzeln, geschichtlicher Ursprung, geistesgeschichtlicher Hintergrund und Zukunft des Urheberrechts,
Wien 1988, S. 165–180, 169–170 (dazu noch unten III 1 a.E.).
3 *Sabine Zentek*, Die Geschichte des Schutzes von Gebrauchsprodukten, in: UFITA 2016, S. 35–
97, 61. Zeitgenössisch etwa: *Julius Kopsch*, Grundsätzliche Betrachtung, in: ders., NSJ-Entwurf
eines neuen Deutschen Urheberschutzgesetzes, UFITA 1934, S. 383–399, 384–389; *Hans Otto de
Boor*, Der NSJ-Entwurf und die Urheberrechtsreform, in: UFITA 1934, S. 413–441, 438–439.

Jurisprudenz über alle bisher bekannten Theorien des Urheberrechts hinweg. So ließ Julius Kopsch (1887–1970), Justiziar der Genossenschaft Deutscher Tonsetzer (GDT) und später Mitglied des von der Deutschen Akademie des Rechts eingesetzten Ausschusses für Urheber- und Verlagsrecht, verlautbaren:

> „Der Staat, der für das nationalsozialistische Denken nichts Abstraktes, sondern die Verwirklichung der Gemeinschaft des Volkes darstellt, schützt im schaffenden Künstler sich selbst, nämlich diejenigen seiner Kräfte, die die Volksgemeinschaft von innen her zusammenhalten und unaufhörlich neu beleben. Dieses ist der Grund des nationalsozialistischen Urheberrechts".[4]

Im Folgenden sind die Auswirkungen dieser Sichtweise auf die Ausgestaltung des Urheberpersönlichkeitsrechts in den Reformvorhaben der Nationalsozialisten einer genaueren Betrachtung zu unterziehen. Dabei soll über die Positionen von Rechtslehre und Rechtsprechung zur „nationalsozialistischen Erneuerung" hinaus auch auf die Frage nach der Stellung des Arbeitnehmerurhebers im NS-Recht eingegangen werden.

I.   Die Anfänge des „Urheberpersönlichkeitsrechts"

„Urheberpersönlichkeitsrecht" ist ein Sammelbegriff, der zur Bezeichnung jener Befugnisse des Urhebers dient, die außerhalb des vermögensrechtlichen Bereichs liegen. Insoweit besteht eine Verbindung mit der Lehre vom allgemeinen Persönlichkeitsrecht, dessen Anfänge bis zur höchstrichterlichen Rechtsprechung des beginnenden 20. Jahrhunderts zurückführen.[5] In seinem berühmten Urteil über die „Nietzsche Briefe" aus dem Jahre 1908 hat das Reichsgericht im Anschluss an die Rechtsprechung zum allgemeinen Persönlichkeitsrecht die folgende Formel geprägt

> „Ein allgemeines subjektives Persönlichkeitsrecht ist dem geltenden bürgerlichen Rechte fremd. Es gibt nur besondere, gesetzlich geregelte Persönlichkeitsrechte, wie das Namensrecht, das Warenzeichenrecht, das Recht am eigenen Bilde, die persönlichkeitsrechtlichen Bestandteile des Urheberrechts".[6]

---

4 *Kopsch*, Der schaffende Künstler und die Neugestaltung des Urheberrechts (Fn. 1), S. 155. Zu Kopsch siehe *Friedemann Kawohl*, in: Simon Apel u. a., Biographisches Handbuch des Geistigen Eigentums, Tübingen 2017, S. 173–180.

5 Urteil des Reichsgerichts vom 29. Mai 1902, in: RGZ 51, S. 369–385, 373; Urteil des Reichsgerichts vom 14. Dezember 1902, in: RGZ 56, S. 271–287, 275.

6 Urteil des Reichsgerichts vom 7. November 1908, in: RGZ 69, S. 401–406, 403; das Reichsgericht hat diese Entscheidung in seinem Urteil vom 8. Juni 1912 bestätigt, RGZ 79, S. 397–403, 398 („persönlichkeitsrechtliche Bestandteile des Urheberrechts").

Es darf vermutet werden, dass der Terminus „Urheberpersönlichkeitsrecht", der bis heute keine ausdrückliche Erwähnung in den Gesetzen findet, erstmals in einem Urteil des Reichsgerichts vom 26. Januar 1929 zum Einsatz gebracht wurde.[7] Um diese Zeit beginnt ihn auch die Kommentarliteratur zu gebrauchen.[8] Gegenüber den „persönlichkeitsrechtlichen Bestandteilen des Urheberrechts" hat der Terminus „Urheberpersönlichkeitsrecht" den Vorzug, weniger sperrig und mehr einprägsam zu sein.[9] Als Urheberpersönlichkeitsrecht gelten seither außerhalb des Vermögensrechts liegende Befugnisse wie das Recht des Urhebers zur Veröffentlichung, das Recht auf Anerkennung der Urheberschaft, die Geltendmachung der Urheberschaft am Werk und der Unterlassungsanspruch auf Untersagung der Werknutzung.

Die erst im Jahre 1966 vom Urheberrechtsgesetz (UrhG) abgelösten, noch aus der Kaiserzeit stammenden Gesetze – „Das Gesetz betreffend das Urheberrecht an Werken der bildenden Künste und der Photographie" (KUG) sowie das „Gesetz betreffend das Urheberrecht an Werken der Literatur und Tonkunst" (LUG) – enthalten zum Urheberpersönlichkeitsrecht noch keine zusammenhängenden Vorschriften, sondern regeln dessen Elemente nur in einigen verstreuten Einzelbestimmungen. So wurde etwa in § 11 Abs. 1 S. 2 LUG das Verbot geregelt, ein Geisteswerk (insbesondere Schrift- oder Tonwerk) ohne Zustimmung des Urhebers zu veröffentlichen. Ferner sahen §§ 9, 18 Abs. 1 S. 1, 24, 38 Abs. 2 LUG und §§ 12, 21 KUG das Verbot vor, bei einer Übertragung des Urheberrechts und bei erlaubten Entlehnungen Werkänderungen vorzunehmen. Die kurz vor der Machtergreifung im Jahre 1932 und in der Frühphase des Dritten Reichs im Herbst 1933 veröffentlichten Entwürfe erkannten den Gedanken eines Urheberpersönlichkeitsrechts ebenfalls bereits an.

---

7 Besteht urheberrechtlicher Schutz des Titels? Wann hat der Titel die Eigenschaften eines Schriftwerkes? § 1 LitUG, Entscheidung des Reichsgerichts vom 12. Januar 1929, in: RG UFITA 1929, S. 78–91.

8 In einer Erläuterung zum „Gesetz betreffend das Urheberrecht an Werken der Literatur und Tonkunst" (LUG): *Bruno Marwitz, Philipp Möhring*, Das Urheberrecht an Werken der Literatur und Tonkunst in Deutschland, Berlin 1929, § 9, S. 85–87, 87 (als „deutsches Wort" für „*droit moral*"). Zur Entscheidung des Reichsgerichts vom 26. Januar 1929: *Alexander Elster*, Das Urheberpersönlichkeitsrecht in der Rechtsprechung des Reichsgerichts, in: Reichsgerichtspraxis im deutschen Rechtsleben, Berlin 1929, S. 252–286, 252–253 (zur Begriffsgeschichte); siehe auch *Willy Hoffmann*, Ein deutsches Urheberrechtsgesetz. Entwurf eines Gesetzes über das Urheberrecht mit Begründung, Berlin 1933, S. 37 f. („*droit moral*" als „nichtssagende fremdländische Kennzeichnung" des Urheberpersönlichkeitsrechts).

9 Näher *Georg Müller*, Das Urheberrechtspersönlichkeitsrecht im Gesetzentwurfe der Akademie für Deutsches Recht, in: UFITA 1939, S. 247–267, 250–251 („klares deutsches Rechtswort"). Auch die im Jahre 1929 von Elster (§§ 4, 15), dem Reichsverband für Deutsches Schrifttum (§ 3) und von Marwitz (§ 10) veröffentlichten Privatentwürfe zu einer Reform des Urheberrechts enthielten jeweils ausdrückliche Regelungen zum „Urheberrechtspersönlichkeitsrecht", vgl. *Müller*, Das Urheberrechtspersönlichkeitsrecht, a. a. O., S. 252.

II.   Das nationalsozialistische Verständnis des Urheberrechts

Im Zeitpunkt der Machtergreifung war noch immer das aus dem Jahre 1907 stammende „Gesetz betreffend das Urheberrecht an Werken der bildenden Künste und der Photographie" (KUG) in Kraft, das im Kern die individuelle Schöpfung des Werkschaffenden zu schützen sucht. Das KUG harmoniert mit dem Grundgedanken des BGB, welches das Individuum in das Zentrum des Rechtssystems stellt. Im Hintergrund steht Savignys Bestimmung des Rechts als Grenze, die er im berühmten § 52 seines „Systems" mit den Worten formulierte:

> „Der Mensch steht inmitten der äußeren Welt, und das wichtigste Element in dieser seiner Umgebung ist ihm die Berührung mit denen, die ihm gleich sind durch ihre Natur und Bestimmung. Sollen nun in solcher Berührung freie Wesen neben einander bestehen, sich gegenseitig fördernd, nicht hemmend, in ihrer Entwicklung, so ist dieses nur möglich durch Anerkennung einer unsichtbaren Gränze, innerhalb welcher das Daseyn, und die Wirksamkeit jedes Einzelnen einen sichern, freyen Raum gewinne. Die Regel, wodurch jene Gränze und durch sie dieser freye Raum bestimmt wird, ist das Recht".[10]

Die Nationalsozialisten waren nicht bereit, einen formalen, für alle Menschen gleichermaßen geltenden Rechtsbegriff oder irgendeine „Gränze" anzuerkennen, „innerhalb welcher das Daseyn, und die Wirksamkeit *jedes Einzelnen* einen sichern, freyen Raum gewinne".[11] Ihr Denken kreiste um die Sozialbindung allen Rechts und um die Volksgemeinschaft, die in rechtlicher Hinsicht nur die Mitglieder des deutschen Volkes umfassen sollte. Sozialbindung und Volksgemeinschaft dienten als Metaphern für den totalen Machtanspruch des Staates, der weder mit „Individuum" oder „Privatautonomie" noch mit „Grenze" oder „Freiheit" kompatibel war. Dies veranschaulichen die Diskussionen, die über das Verhältnis der ‚Sozialbindung' zum Urheberpersönlichkeitsrecht geführt wurden.

Den Anlass gaben die im Juni 1928 gefassten Beschlüsse zur Berner Übereinkunft von 1886 auf der Konferenz in Rom – das sogenannte Rom-Abkommen, welchem die Reichsregierung im Spätherbst 1933 beigetreten war. Im Zusammenhang mit der Rom-Konferenz wurden mehrere Postulate formuliert, die sich

---

10 *Friedrich Carl von Savigny*, System des heutigen Römischen Rechts, Bd. I, Berlin 1840, S. 331 f. (§ 52). Dazu näher *Meder*, Savignys Weg in die juristische Moderne: Romantik, Gender, Religion, Wissenschaft, Berlin 2023, S. 21 (dort auch zur Wechselbeziehung der individuellen und formalen mit den kollektiven und unformalen Elementen des Rechtsbegriffs; auf dieses rechtstheoretische Thema ist unten, IV 1, 3 und VII, noch einmal zurückzukommen).

11 *Savigny*, System I (Fn. 10), S. 331 f. (siehe die vorstehende Note – Hervorhebung nicht im Original). Dass auch die Juden zu diesen „Einzelnen" gehörten, ist an anderer Stelle näher ausgeführt worden, vgl. Savignys Weg in die juristische Moderne (Fn. 10), S. 266–273.

später als Fundamente nationalsozialistischen Rechtsdenkens erweisen sollten.[12] An erster Stelle steht der in die urheberrechtlichen Debatten neu eingeführte Grundsatz „Gemeinnutz geht vor Eigennutz", der so interpretiert wurde, dass ein Werk seine Entstehung der Volksgemeinschaft zu verdanken habe – dass seine Existenz also auf eine kollektive und nicht auf eine individuelle Leistung zurückzuführen sei. Es wurde sogar die These aufgestellt, der Zweck des Persönlichkeitsrechts liege nicht darin, den Urheber gegen die Interessen der Volksgemeinschaft, sondern gegen „irgendwelche anderen Interessen [zu] schützen",[13] wobei unklar blieb, um welche Interessen es sich eigentlich handeln könnte.

Darüber hinaus wurde behauptet, der Urheber sei nicht Werkschöpfer im bisher verstandenen Sinne, sondern habe lediglich die Funktion einer Art von Treuhänder, der „die in ihm zum Ausdruck kommenden Kräfte zum allgemeinen Wohle verwaltet". Sein Schutz leite sich nicht aus „einem persönlichkeitsrechtlichen Anspruch" ab, sondern sei „eine Verpflichtung der Volksgemeinschaft gegen sich selbst".[14] Die künstlerische Leistung des Individuums sollte hinter dem Werk als Ausdruck kollektiver Kräfte und eigentlichem Grund des Urheberrechts also zurücktreten.[15] Dazu passt die Forderung, im Interesse der

---

12 Einen Monat vor der internationalen Staatenkonferenz in Rom (1928) gab es in Berlin ein Treffen der in der CISAC (*Confédération Internationale des Sociétés d'Auteurs et Compositeurs*) vereinigten Urheberrechtsgesellschaften. Bereits auf dieser Tagung in Berlin hatte Julius Kopsch seine Thesen über ein sozialgebundenes Urheberrecht vorgetragen, vgl. *Arthur Rosenberger*, Der Internationale Autorenkongreß in Berlin 1928, in: UFITA 1928, S. 294–298, 297 f. („die Gedanken waren neu und für den Kongreß befremdend"); *Julius Kopsch*, Zur Frage der gesetzlichen Lizenz, in: Archiv für Funkrecht I (1928), S. 201–209.

13 *Werner Schubert* (Hg.), Ausschüsse für den gewerblichen Rechtsschutz, in: Akademie für Deutsches Recht 1933–1945. Protokolle der Ausschüsse (Ausschuss für Urheber- und Verlagsrecht), Bd. IX, Gewerblicher Rechtsschutz und Kartellrecht 1934–1943, Bd. IX (1999), S. 534–611, 559–560 (Redebeitrag von de Boor).

14 *Peter Gast*, Grundsätzliches zur Stellung der Reichskulturkammer im Urheberrecht, in: UFITA 1935, S. 333–343, 336. Dazu auch *Artur-Axel Wandtke*, Einige Aspekte zur Urheberrechtsreform im Dritten Reich, in: UFITA 2002, S. 451–474, 458. Im Übrigen brachte die der nationalsozialistische Politik in vieler Hinsicht eine neue Färbung in den urheberrechtlichen Diskurs ein. So schrieb etwa Hans Otto de Boor, der später in der Bundesrepublik das neue Urheberrechtsgesetz mit gestaltete, im Zusammenhang mit dem Schutz des Urheberpersönlichkeitsrechts: „Wenn der nationalsozialistische Staat für die Reinhaltung des Kulturlebens sorgt, so tut er das kraft seines eigenen öffentlichen Rechts, nicht als Platzhalter eines privaten Rechtsträgers", Der NSJ-Entwurf und die Urheberrechtsreform (Fn. 3), S. 427. Zu Hans Otto de Boor (1886–1956): *Isabella Löhr*, in: Biographisches Handbuch des Geistigen Eigentums (Fn. 4), S. 71–75.

15 *Willy Hoffmann*, Ziele der deutschen Urheberrechtsreform, in: GRUR 1938, S. 1–10, 2 („das Urheberrecht ist ein sozial gebundenes Recht"; „deshalb steht heute das Werk als die Versachlichung eines schöpferischen Menschen im Mittelpunkt der urheberrechtlichen Betrachtung und nicht mehr der Urheber"). Weniger deutlich, aber in dieselbe Richtung, der Lübbener Gerichtsassessor *Erich Bull*, Gemeinnutz im Urheberrecht, in: UFITA 1934, S. 378–382, 379 (erforderlich sei „Urheberschutz und Werkschutz!"). Siehe auch *Ralf M. Vogt*, Die urheberrechtlichen Reformdiskussionen in Deutschland während der Zeit der Weimarer

Volksgemeinschaft das System der ausschließlichen Rechte des Urhebers künftig durch ein System gesetzlicher Lizenzen zu ersetzen.[16]

Diese Beispiele könnten durch weitere Auszüge aus der zeitgenössischen Literatur beliebig vermehrt werden. Sie illustrieren, wie die damalige Rechtslehre die bestehende Dogmatik zu überwinden suchte, um den Anforderungen der Politik entsprechen zu können. Im Hintergrund steht das Streben nach einer Abschaffung der subjektiven Rechte, wie es z. B. der Satz „Du bist nichts – Dein Volk ist alles" zum Ausdruck bringt.[17] Das nationalsozialistische Recht kennt in erster Linie Pflichten der Volksgenossen, nicht aber Rechte, die der Bürger gegen sein Volk geltend machen könnte. Wie das Urheberrecht im Sinne eines „geistigen Eigentums" ist ihm aus dieser Sicht auch das materielle Eigentum nur zu „treuen Händen" zugeordnet – und was lediglich zugeordnet ist, kann im Prinzip jederzeit wieder weggenommen werden.[18]

Republik und des Nationalsozialismus, Frankfurt am Main u. a. 2004, S. 302 f. (mit weiteren Nachweisen).

16 Dazu näher *Hefti*, Das Urheberrecht im Nationalsozialismus (Fn. 2), S. 165 f.; *Wandtke*, Einige Aspekte zur Urheberrechtsreform im Dritten Reich (Fn. 14), S. 462–463. Im Zeichen der Sozialgebundenheit des Urheberrechts konnte die „Volksgemeinschaft" bestimmte Werke ohne Zustimmung des Urhebers nutzen: „Erhielt der Urheber für die gestattete Werknutzung eine Entschädigung, lag eine gesetzliche Lizenz vor" (*Wandtke*, Einige Aspekte, a. a. O., S. 462 f. – mit weiteren Nachweisen). Zeitgenössisch: *Kopsch*, Zur Frage der gesetzlichen Lizenz (Fn. 12), S. 201–209; *Ludwig Wertheimer*, Gesetzliche Lizenzen im Urheberrecht und die Berner Übereinkunft zum Schutze von Werken der Literatur und Kunst, in: Geistiges Eigentum 22 (1936), S. 13–27.

17 Die NS-Jurisprudenz hatte bekanntlich das römische Recht als ein unsoziales, fremdes, auf Gewinn fixiertes Recht diffamiert. In Punkt 19 des Parteiprogramms fand die Kritik subjektiver Rechte des Individuums in der Forderung nach einem „Ersatz für das der materialistischen Weltordnung dienende römische Recht durch ein Deutsches Gemeinrecht" einen denkwürdigen Niederschlag, dazu näher: *Albrecht Götz von Olenhusen*, Zur Entwicklung völkischen Rechtsdenkens, in: FS Martin Hirsch (1981), S. 77–108; *Peter Landau*, Römisches Recht und deutsches Gemeinrecht, in: Michael Stolleis, Dieter Simon, Rechtsgeschichte im Nationalsozialismus (1989), S. 11–24; *Thomas Vormbaum*, „Als Doktor beider Rechte". Heinrich Heine, das Recht und die Jurisprudenz (2016), S. 36; *Franz Stefan Meissel, Stefan Wedrac*, Strategien der Anpassung – Römisches Recht im Zeichen des Hakenkreuzes, in: dies. u. a. (Hg.), Vertriebenes Recht – Vertreibendes Recht (2021), S. 35–47. Der Konflikt zwischen individueller und kollektiver Perspektive, d. h. zwischen „frei" und „sozial", erlangte im Urheberrecht vor allem dort eine besondere Relevanz, wo das geltende Recht (LUG und KUG) dem Schöpfer eine „ausschließliche Befugnis" zugestanden hatte (siehe unten IV 1). Die vermeintlichen Unterschiede zwischen einem sozialen germanischen und einem individuellen römischen Recht spielten im Urheberrecht, wenn überhaupt, nur mittelbar eine Rolle, weil das Urheberrecht ein vergleichsweise junges Rechtsgebiet ist.

18 Vgl. *Meder*, Rechtsgeschichte, 7. Auflage, Köln u. a. 2020, S. 415. Die nationalsozialistischen Juristen haben den Begriff „geistiges Eigentum" u. a. deshalb verworfen, weil sie der Lehre von den subjektiven Rechten eine Absage erteilten, vgl. z. B. *Kopsch*, Der schaffende Künstler und die Neugestaltung des Urheberrechts (Fn. 1), S. 155 („die Lehre vom ‚geistigen Eigentum' ist […] überholt"). Von diesem Standpunkt sind die Gründe, warum die Lehre vom „geistigen Eigentum" auch heute abzulehnen ist und dem Terminus „Immaterialgüterrecht" der Vorzug

III. Nationalsozialistische Reformbestrebungen: Die Entwürfe von 1932, 1933, 1934 und 1939

1932 veröffentlichte das Reichsjustizministerium gemeinsam mit der österreichischen Justizverwaltung einen Gesetzentwurf zur Reform des Urheberrechts, der in der Urheberrechtswissenschaft auf große Resonanz gestoßen ist.[19] Am 2. Juli 1933 ging eine erste „hausinterne Überarbeitung" dieses Entwurfs von Seiten des Reichsjustizministeriums an die beteiligten Verwaltungsressorts.[20] Kurz darauf legte der Bund Nationalsozialistischer Juristen unter der Federführung von Julius Kopsch und unter Mitwirkung von Willy Hoffmann, dem Mitbegründer der UFITA, einen Gegenentwurf vor, der von Hans Otto de Boor scharf kritisiert wurde.[21]

De Boors Einwände gegen den Entwurf der nationalsozialistischen Juristen gipfelten in der Behauptung, nicht der Gegenentwurf, sondern der vor der Machtergreifung formulierte Regierungsentwurf von 1932 sei „die geeignetste Grundlage für die weitere gesetzgeberische Arbeit".[22] 1934 hat die NS-Justizverwaltung eine überarbeitete Fassung des Regierungsentwurfs von 1932 hergestellt.

---

gebührt, sehr verschieden, vgl. *Meder*, Gottlieb Plancks Vorlesungen über „Immaterialgüterrecht" und das „Geistige Eigentum", in: UFITA 2012, S. 171–196.

19 Entwurf eines Gesetzes über das Urheberrecht an Werken der Literatur, Kunst und der Photographie – mit Begründung. Veröffentlicht durch das Reichsjustizministerium, Berlin 1932. Zum Entwurf von 1932: *Willy Hofmann*, Der Entwurf eines Urheberrechtsgesetzes, in: UFITA 1932, S. 419–459; *Hans Otto de Boor*, Vom Wesen des Urheberrechts. Kritische Bemerkungen zum Entwurf eines Gesetzes über das Urheberrecht an Werken der Literatur, der Kunst und der Photographie, Marburg 1933 (mit einem Teilabdruck des Entwurfs von 1932 und synoptischer Gegenüberstellung der Reformvorschläge); *Müller*, Das Urheberrechtspersönlichkeitsrecht im Gesetzentwurfe der Akademie für Deutsches Recht (Fn. 9), S. 253–254; *Rolf Dünnwald, Thilo Gerlach*, Einleitung, in: Schutz des ausübenden Künstlers. Kommentar zu §§ 73 bis 83 UrhG einschließlich der entsprechend geltenden Vorschriften aus dem ersten Teil des UrhG und des Schutzes der ausländischen Künstler nach Fremden- und Konventionsrecht, Stuttgart 2008, Rn. 7–8; *Martin Vogel*, Der lange Weg vom LUG und KUG zur UrhebG und UrhWG, in: Thomas Dreier, Reto Hilty (Hg.), Vom Magnettonband zu Social Media (2015), S. 3–120, 16.

20 *Manfred Rehbinder*, Vorbemerkung zum Ministerialentwurf eines Urheberrechtsgesetzes vom 22. Januar 1934, in: UFITA 2000, S. 743.

21 Zu Willy Oskar Bruno Hoffmann (1888–1942): *Simon Apel, Matthias Wießner*, in: Biographisches Handbuch des Geistigen Eigentums (Fn. 4), S. 142–146. Der Entwurf ist abgedruckt bei *Julius Kopsch*, NSJ-Entwurf eines neuen Deutschen Urheberschutzgesetzes in: UFITA 1934, S. 383–399, 383–384 (Vorbemerkung), 384–389 (Grundsätzliche Betrachtung), 390–399 (NSJ-Entwurf vom Herbst 1933). Zur Kritik: *de Boor*, Der NSJ-Entwurf und die Urheberrechtsreform (Fn. 3), S. 413–441.

22 *De Boor*, Der NSJ-Entwurf und die Urheberrechtsreform (Fn. 3), S. 440f. Siehe auch *Müller*, Das Urheberrechtspersönlichkeitsrecht im Gesetzentwurfe der Akademie für Deutsches Recht (Fn. 9), S. 255–256; *Vogt*, Die urheberrechtlichen Reformdiskussionen in Deutschland während der Zeit der Weimarer Republik und des Nationalsozialismus (Fn. 15), S. 117.

Dieser Entwurf von 1934 ist, weil er unpubliziert blieb,[23] in der zeitgenössischen Wissenschaft zwar nicht zur Kenntnis genommen worden, bildet aber die Grundlage eines Entwurfs des Fachausschusses für Urheber- und Verlagsrecht, den die Akademie für Deutsches Recht 1939 veröffentlicht hat.[24]

Obwohl keiner der Entwürfe von 1932, 1933, 1934 und 1939 umgesetzt wurde, lohnt sich eine nähere Betrachtung, um besser verstehen zu können, welche Ziele die nationalsozialistischen Juristen mit einer Reform des Urheberrechts und insbesondere mit der Überarbeitung des Urheberpersönlichkeitsrechts verfolgten. Aufschluss über diese Fragen gibt eine dem NSJ-Entwurf von 1933 vorangestellte „Grundsätzliche Betrachtung", in welcher Julius Kopsch erläutert, wie ein Urheberrecht zu formulieren wäre, das „von den Gesichtspunkten des nationalsozialistischen Rechtsaufbaus" ausgeht.[25] Dabei zeigt sich, dass die „nationalsozialistische Theorie des Urheberrechts" im Zusammenhang mit einem Kunstverständnis steht, dem Kopsch durch jenes Motto Ausdruck verleiht, das er 1934 seiner „Grundsätzlichen Betrachtung" vorangestellt hat: „Der nationalsozialistische Staat steht zur Kunst grundsätzlich anders als der liberalistisch-demokratische".[26]

1.   „Kunst, die aus dem vollen Volkstum schöpft"

Den Ausgangspunkt für eine Reform des Urheberrechts bildet für Kopsch die neue Sicht des Nationalsozialismus auf die Kunst: Der NS-Staat erblicke in der Kunst das stärkste Bindeglied und den höchsten Ausdruck der *„Volksgemeinschaft".*[27] Kopsch kann sich dabei auf eine Aussage des „Herrn Reichsministers Dr. Goebbels" berufen, der in „seinem bekannten Brief an Dr. Furtwängler"

---

23 Der Entwurf von 1934 wurde später von Manfred Rehbinder veröffentlicht: Ministerialentwurf eines Urheberrechtsgesetzes vom 22. Januar 1934 (Fn. 20), S. 744–778 (Entwurf) und S. 778–914 (Begründung des Entwurfs).

24 Entwurf eines Urheberrechtsgesetzes (auf der Grundlage des Amtlichen Entwurfs von 1933 und der Vorschläge des Fachausschusses für Urheber- und Verlagsrecht der Deutschen Arbeitsgemeinschaft für gewerblichen Rechtsschutz und Urheberrecht in der Akademie für Deutsches Recht), in: GRUR 1939, S. 242–255.

25 *Kopsch,* Grundsätzliche Betrachtung, in: NSJ-Entwurf eines neuen Deutschen Urheberschutzgesetzes (Fn. 21), S. 384–389, 385. Julius Kopsch gehört neben Willy Hoffmann und Alexander Elster (1877–1942) zu jenen Autoren, die nationalsozialistisches Gedankengut, anfangs noch zögerlich, dann aber mit umso größerem Nachdruck in das Urheberrecht einzubringen suchten. Zu Alexander Nikolaus Elster siehe *Martin Otto,* in: Biographisches Handbuch des Geistigen Eigentums (Fn. 4), S. 80–85.

26 *Kopsch,* Grundsätzliche Betrachtung, in: NSJ-Entwurf eines neuen Deutschen Urheberschutzgesetzes (Fn. 21), S. 384, 385 („nationalsozialistische Theorie des Urheberrechts").

27 *Kopsch,* Grundsätzliche Betrachtung, in: NSJ-Entwurf eines neuen Deutschen Urheberschutzgesetzes (Fn. 21), S. 384 (Hervorhebung im Original).

ausführte: *„Lediglich eine Kunst, die aus dem vollen Volkstum schöpft, kann am Ende gut sein und dem Volke, für das sie geschaffen wird, etwas bedeuten".*[28]

Das nationalsozialistische Kunstverständnis ist in dem Sinn antimodern, als es eine Autonomie der Kunst ablehnt: „Der nationalsozialistische Wille verwirft [...] ganz eindeutig den l'art pour l'art-Standpunkt, daß Kunst und Künstler frei im Raum schweben".[29] Die Leistung des Werkschöpfers soll also nur noch als Ausdruck der Volksgemeinschaft und als Kultur der Allgemeinheit gesehen werden.[30] Das Werkschaffen unterliegt dem Primat der Nützlichkeit für das „Volkstum" und für die „Volksgemeinschaften, in denen der nationalsozialistische Staat [...] seinen eigenen Zweck erblickt."[31]

Genau genommen geht es also um die Möglichkeit einer Begrenzung der Rechte des Urhebers. Dies wurde, durchaus euphemistisch, bisweilen auch mit der Behauptung verschleiert, das Ziel der urheberrechtlichen Umgestaltung bestehe darin, „den Geistesstand, das Bildungsniveau und die allgemeine Kultur des Volkes von den begnadeten Schöpfern der geistigen Werke fördern zu lassen".[32] Daneben gab es aber auch Stimmen, die ausdrücklich betonten, nicht der Staat, die Volksgemeinschaft oder die Allgemeinheit, sondern der Urheber sei „für die Reinheit seines Werkes", solange er lebe, „selbst seinem Volke verantwortlich".[33] Dieser „Verantwortlichkeit" könne der Urheber nur dann genügen, wenn ihm als „Mittel" ein starkes Urheberpersönlichkeitsrecht an die Hand gegeben werde.[34]

Einer der Haupteinwände gegen den NSJ-Entwurf fußt also auf der Behauptung: „Es steht [...] mit dem Persönlichkeitsrecht nicht gut in diesem Entwurf".[35]

---

28 *Kopsch*, Grundsätzliche Betrachtung, in: NSJ-Entwurf eines neuen Deutschen Urheberschutzgesetzes (Fn. 21), S. 385 (Hervorhebungen im Original). *Sabine Zentek* zufolge sind Kunst, Sozialgebundenheit und Volksgemeinschaft aus nationalsozialistischer Perspektive letztlich identisch, Die Geschichte des Schutzes von Gebrauchsprodukten (Fn. 3), S. 60–61.

29 *Kopsch*, Grundsätzliche Betrachtung, in: NSJ-Entwurf eines neuen Deutschen Urheberschutzgesetzes (Fn. 21), S. 385. An diesem Punkt zeigt sich, ungeachtet aller Versuche einer Vereinnahmung der Romantik, der Gegensatz des nationalsozialistischen Kunstverständnisses zur (früh-)romantischen Ästhetik in aller Deutlichkeit: So wird z. B. Friedrich Schlegel heute als ein Vordenker der europäischen Moderne gewürdigt, weil er Reflexivität und Autonomie der Kunst schon zu thematisieren begann, als die Ästhetik, etwa von Georg Friedrich Wilhelm Hegel, noch in den Vorstellungen der „Abbildung" befangen war, vgl. *Meder*, Savignys Weg in die juristische Moderne (Fn. 10), S. 94–96, 96.

30 Siehe auch *Hefti*, Das Urheberrecht im Nationalsozialismus (Fn. 2), S. 168.

31 *Kopsch*, NSJ-Entwurf eines neuen Deutschen Urheberschutzgesetzes (Fn. 21), S. 385.

32 *Hefti*, Das Urheberrecht im Nationalsozialismus (Fn. 2), S. 171.

33 *De Boor*, Der NSJ-Entwurf und die Urheberrechtsreform (Fn. 3), S. 426. Dazu *Zentek*, Die Geschichte des Schutzes von Gebrauchsprodukten (Fn. 3), S. 66, die der Auffassung von Hefti (Fn. 2) widerspricht, wonach die NS-Jurisprudenz die Leistung des Werkschöpfers nur als Ausdruck der Allgemeinheit gesehen habe.

34 *De Boor*, Der NSJ-Entwurf und die Urheberrechtsreform (Fn. 3), S. 426.

35 *De Boor*, Der NSJ-Entwurf und die Urheberrechtsreform (Fn. 3), S. 431.

An anderer Stelle heißt es: „Der Urheber hat nicht viel bekommen. Er soll aber
[…] viel hergeben".[36] Es ließen sich leicht noch weitere Beispiele für de Boors
Kritik des NS-Gegenentwurfs anführen, die in Richtung von Individuum und
Schutz der Persönlichkeit weisen. Solche Befunde dürfen aber nicht darüber
hinwegtäuschen, dass auch de Boor ein instrumentelles Verständnis von Kunst
und Urheberrecht besitzt.[37] Auch er meint, der „nationalsozialistische Rechts-
gedanke" gehe „von der Volksgesamtheit" aus.[38] Blicke man „auf den Einzelnen, so sieht man zunächst seine Pflichten dem Ganzen gegenüber, dann erst
seine Rechte, die ihm gegeben sind, damit er seinerseits seinen Pflichten in der
Volksgemeinschaft genügen kann".[39] „Alles Privatrecht, also auch das Urheberrecht, wird zum sozial gebundenen Recht".[40] Damit schließt sich der Kreis
zum Grundsatz „Gemeinnutz vor Eigennutz", wovon eingangs schon die Rede
war.

2.   Die Entwürfe im Einzelnen

Obwohl „das Urheberrecht der nationalsozialistischen Erneuerung […] etwas
wesentlich anderes" werden sollte „als das Urheberrecht der bisherigen Urheberrechtsgesetze"[41], brachten die im Anschluss an den Regierungsentwurf von
1932 produzierten NS-Entwürfe so gut wie keine inhaltlichen Änderungen des
Urheberpersönlichkeitsrechts.[42] Sie sollten offenbar in erster Linie der termi-

---

36 *De Boor*, Der NSJ-Entwurf und die Urheberrechtsreform (Fn. 3), S. 429 f.
37 *Manfred Rehbinder*, Urheberrecht. Ein Studienbuch, 16. Auflage, München 2010, Rn. 103.
   Anders *Hefti*, Das Urheberrecht im Nationalsozialismus (Fn. 2), S. 167 („de Boor beurteilte
   die Denkweise des Entwurfes individualistisch-liberal").
38 *De Boor*, Der NSJ-Entwurf und die Urheberrechtsreform (Fn. 3), S. 438.
39 *De Boor*, Der NSJ-Entwurf und die Urheberrechtsreform (Fn. 3), S. 438. Ähnlich *Alexander
   Elster*, Der Schutz des Geisteswerkes als Ausgleich zwischen Urheber und Allgemeinheit, in:
   UFITA 1931, 215–257, 217 f. (der einen Vergleich mit dem Sacheigentum zieht und meint, die
   Interessen der Allgemeinheit würden im Zweifel Vorrang haben).
40 *De Boor*, Der NSJ-Entwurf und die Urheberrechtsreform (Fn. 3), S. 438.
41 Formulierung von *Kopsch*, Der schaffende Künstler und die Neugestaltung des Urheberrechts
   (Fn. 1), S. 156.
42 1933 wurde von dem Leipziger Rechtsanwalt (und Mitbegründer der UFITA), Willy Hoffmann, noch ein zusätzlicher Privatentwurf vorgelegt: Ein deutsches Urheberrechtsgesetz
   (Fn. 8). Hoffmann folgte dabei der Ansicht, dass „das Werknutzungsrecht und das Urheberpersönlichkeitsrecht" nicht „als zwei voneinander getrennte, sogar einander ausschließende Rechte anzusehen" seien. „Vielmehr überschneiden sich die beiden Rechte einander"
   (a. a. O., S. 38). Das Urheberpersönlichkeitsrecht bestünde aus dem Recht, „das Werk zu
   veröffentlichen" (§ 7 Abs. 2 Nr. 1), „die Urheberschaft an seinem Werke geltend zu machen"
   (§ 7 Abs. 2 Nr. 2) sowie aus dem Recht, Änderungen des Werkes zu verbieten, wenn dadurch
   die „berechtigten persönlichen Interessen" des Urhebers am Werk verletzt würden (§ 7 Abs. 2
   Nr. 3). Der Hauptunterschied zum RJM-E 1932 war die Einordnung des ausschließlichen

nologischen Klarstellung dienen. Der Entwurf von 1932 (RJM-E 1932) verzichtet noch auf eine ausdrückliche Erwähnung des Urheberpersönlichkeitsrechts und spricht stattdessen von den „berechtigten persönlichen Interessen" (§ 12 Abs. 3). Dabei handelt es sich um eine bewusste Entscheidung der Verfasser des Entwurfs: Der „im Deutschen schwer wiederzugebende Ausdruck ‚droit moral' dürfe mit einem ‚Persönlichkeitsrecht des Urhebers' oder einem ‚Urheberpersönlichkeitsrecht'" nicht verwechselt werden, „da Gegenstand des droit moral nicht die Person des Urhebers, sondern das urheberrechtlich geschützte Werk und die Verbindung dieses Werks mit seinem Schöpfer ist."[43]

Im NSJ-Entwurf von 1933 wird das Urheberpersönlichkeitsrecht ausdrücklich genannt (§ 7). Wie der Entwurf von 1932 betont auch der NSJ-Entwurf mehr die Rechte des Urhebers als dessen Pflichten und sieht dabei drei Kernregelungen des Urheberpersönlichkeitsrechts vor: Der Urheber hat das ausschließliche Recht, das Werk zu veröffentlichen (§ 7 Nr. 1), die Urheberschaft an seinem Werk geltend zu machen (§ 7 Nr. 2) und die Verletzung seines eigenpersönlichen Ausdruckswillens im Werke zu verbieten (§ 7 Nr. 3).[44] Der Entwurf des Reichsjustizministeriums von 1934 (RJM-E 1934) hielt sich ebenfalls innerhalb der Linien, die nicht nur der Entwurf von 1932 und der NSJ-Entwurf von 1933, sondern auch die frühere Rechtsprechung des Reichsgerichts bereits vorgezeichnet hatten. Das Urheberpersönlichkeitsrecht wird in § 10 Abs. 1 des Entwurfs ausdrücklich erwähnt und in § 10 Abs. 4 als ein nicht übertragbarer und nicht abdingbarer Kern des Urheberrechts definiert. Danach kann ein Urheber eine Veröffentlichung oder sonstige Verwertung seines Werkes, sofern sie sein Ansehen oder seinen Ruf gefährden, selbst dann verbieten, wenn er die Verwertung einem anderen überlassen hat.[45]

Noch im Jahre 1934 begannen an der Akademie für Deutsches Recht die Arbeiten an einem neuen Entwurf, der als Akademieentwurf bezeichnet und 1939 publiziert wurde (Akad-E 1939).[46] Ausdrückliches Ziel war es, ein Gesetz zu

---

Rechts der Veröffentlichung als Urheberpersönlichkeitsrecht und nicht als Werknutzungsrecht, siehe *Vogt*, Die urheberrechtlichen Reformdiskussionen (Fn. 15), S. 253.

43 Entwurf eines Gesetzes über das Urheberrecht an Werken der Literatur, Kunst und der Photographie von 1932 (Fn. 19), S. 45.

44 Bei *Kopsch*, NSJ-Entwurf eines neuen Deutschen Urheberschutzgesetzes (Fn. 21), S. 391.

45 Bei *Rehbinder*, Ministerialentwurf eines Urheberrechtsgesetzes vom 22. Januar 1934 (Fn. 20), S. 744–778 (Entwurf) und S. 778–914 (Begründung des Entwurfs), 746f.

46 GRUR 1939, S. 242–255 (vgl. oben bei Note 24). Siehe *Kopsch*, Der schaffende Künstler und die Neugestaltung des Urheberrechts (Fn. 1), S. 152–165; Die Neugestaltung des Deutschen Urheberrechts, in: Arbeitsberichte der Akademie für Deutsches Recht, Nr. 11 (hg. von dem Präsidenten der Akademie, Hans Frank), Berlin, München 1939, S. 1–33. Vgl. ferner den Bericht über die Beratungen und Vorschläge des Ausschusses für die Neugestaltung des deutschen Urheberrechtsgesetzes, in: Arbeitsberichte der Akademie für Deutsches Recht, Nr. 11, a.a.O., S. 34–60. Dazu auch *Müller*, Das Urheberrechtspersönlichkeitsrecht im Gesetzentwurfe der Akademie für Deutsches Recht (Fn. 9), S. 256–267.

schaffen, das mit der nationalsozialistischen Weltanschauung übereinstimme.[47]
Soweit ersichtlich wird in diesem Entwurf erstmals der Begriff „Urheberehre" für
das Urheberpersönlichkeitsrecht verwendet.[48] Darüber hinaus zeigt sich, dass
das Urheberpersönlichkeitsrecht auf der einen und dessen Schutzfristen auf der
anderen Seite zum Prüfstein werden, an dem sich die politischen Prämissen mit
den rechtlichen Grundprinzipien reiben. Das Urheberpersönlichkeitsrecht steht
hier mit anderen Worten abermals im Spannungsfeld zwischen den Extrempo-
sitionen entweder als individuelles Recht oder als bloßes Resultat von Kräften,
die in der Volksgemeinschaft ihren Ursprung haben.[49]

Was das Ergebnis anbelangt, so hat der Akademieentwurf von 1939 die Regelungen zum Urheberpersönlichkeitsrecht aus den früheren Entwürfen freilich
weitgehend bestätigt: Das Urheberpersönlichkeitsrecht besteht aus dem Recht
des Urhebers, darüber zu bestimmen, ob das Werk veröffentlicht wird (§ 10 a
Abs. 1). Zudem gibt es ein Recht auf Anerkennung der Urheberschaft des Urhebers an seinem Werk und auf die Urheberbezeichnung (§ 10 b Abs. 2). Darüber
hinaus folgt aus dem Urheberpersönlichkeitsrecht das Recht, eine Veröffentlichung oder Verwertung des Werkes des Urhebers, die sein Ansehen oder seinen
Ruf gefährden würden, auch dann zu verhindern, wenn er ein entsprechendes
Nutzungsrecht eingeräumt hat (§ 10 a Abs. 3).[50]

Eine Ergänzung fand das Urheberpersönlichkeitsrecht in § 10 a Abs. 3 Satz 2,
wonach der Urheber verpflichtet wurde, eine angemessene Entschädigung an
den Betroffenen zu bezahlen, wenn er einem Nutzungsberechtigten die Veröffentlichung oder sonstige Verwertung seines Werkes untersagte, weil dadurch
sein Ruf erheblich geschädigt werden würde.[51] Dabei blieb offen, in welcher
Höhe eine solche Vergütung als angemessen zu betrachten war. Statt einer Regel
strengen Rechts bevorzugten die Verfasser des Entwurfs einen Anspruch auf

---

47 Dabei sollte auch auf Vorschläge der Reichskulturkammer Rücksicht genommen werden, vgl.
    Vogt, Die urheberrechtlichen Reformdiskussionen (Fn. 15), S. 222 (bei Note 904). Siehe auch
    das Protokoll des Ausschusses für Urheber- und Verlagsrecht vom 16. und 17. Februar 1934,
    in: Schubert (Hg.), Akademie für Deutsches Recht 1933–1945 (Fn. 13), S. 556.
48 GRUR 1939, S. 242–255, 243 (§ 10). Dazu näher *Kopsch*, Urheberrecht und Rechtsbewußtsein
    des Volkes, in: UFITA 1939, S. 38–44, 39f.
49 *Vogt*, Die urheberrechtlichen Reformdiskussionen (Fn. 15), S. 222–223. Als Extreme standen
    sich, wie schon angedeutet, die individualistische und die kollektivistische Sichtweise ge-
    genüber: Nach der ersten habe der Werkschöpfer ein nicht entziehbares und ewig vererbbares
    Recht an seinem Werk, während er nach der Gegenmeinung sein Werk der Volksgemein-
    schaft verdanke. Die Erstellung des Werkes sei die Erfüllung einer Pflicht gegenüber dem
    Volk, es müsse daher gemeinfrei gestellt werden. Im Gegenzug hätte der Schöpfer Anspruch
    auf Pension von der Gemeinschaft erhalten, *Vogt*, Die urheberrechtlichen Reformdiskus-
    sionen, a. a. O., S. 223 (bei Note 906).
50 GRUR 1939, S. 242–255, 243 (§ 10 a).
51 GRUR 1939, S. 242–255, 243 (§ 10 a).

Entschädigung nach Billigkeitsgesichtspunkten, welcher neben die vertraglichen Ansprüche des Nutzungsberechtigten treten sollte.[52]

In Folge der Ausgrenzung zahlloser jüdischer Akteure der Urheberrechtsreform, des Überfalls der deutschen Wehrmacht auf Polen am 1. September 1939 und des daraufhin beginnenden Zweiten Weltkrieges kamen die Reformbestrebungen weitgehend zum Erliegen.[53] Insbesondere waren in der Literatur die Stimmen verstummt, die eine Bereitschaft zur Kritik an dem Entwurf erkennen ließen.[54]

IV. Das Urheberpersönlichkeitsrecht in der Rechtsprechung des Reichsgerichts in den 1930er Jahren

Die in einer Vielzahl von Entwürfen sich spiegelnden urheberrechtlichen NS-Reformbemühungen sind, wie ausgeführt, letztlich ohne nennenswertes Ergebnis geblieben. Das „Gesetz betreffend das Urheberrecht an Werken der Literatur und Tonkunst" von 1901, novelliert 1910 (LUG), und das „Gesetz betreffend das Urheberrecht an Werken der bildenden Künste und der Photographie" von 1907 (KUG) galten, von geringfügigen Änderungen abgesehen, weiter. Andererseits hat es in der Urheberrechtswissenschaft nicht an Versuchen gemangelt, das bestehende Recht bis in die Grundfesten zu erschüttern. Erinnert sei nur an die Kritik autonomer Kunst, das Postulat einer Sozialbindung, das Primat der Nützlichkeit für den Staat oder die Zurückdrängung der schöpferischen Leistung des Individuums hinter das als Ausdruck kollektiver Kräfte verstandene Werk des Urhebers. Es liegt daher nahe, den Blick auf die zeitgenössische Rechtsprechung zu richten.

Die Frage, ob und inwieweit sich nationalsozialistische Anschauungen in der urheberrechtlichen Rechtsprechung verwirklicht haben könnten, ist bislang noch nicht zum Gegenstand einer selbständigen Untersuchung gemacht worden. In der Wissenschaft scheint die Auffassung zu herrschen, die Rechtsprechung habe

---

52 GRUR 1939, S. 242–255, 243 (§ 10 a).

53 Näher *Vogt*, Die urheberrechtlichen Reformdiskussionen (Fn. 15), S. 236 (spätestens in der zweiten Hälfte des Jahres 1939 wurden die Arbeiten an der Umsetzung des Gesetzesentwurfs faktisch eingestellt, vereinzelt seien noch Spezialfragen diskutiert worden, Vogt, Die urheberrechtlichen Reformdiskussionen, a. a. O., S. 236 – bei Note 954).

54 Laut *Vogt*, Die urheberrechtlichen Reformdiskussionen (Fn. 15), S. 236–237, beschränkte sich die Kritik im Wesentlichen auf die technischen und sprachlichen Unsauberkeiten des Entwurfs. Die Autoren waren der Meinung, dass solche Mängel nicht zu einem Entwurf passen würden, der immerhin über einen Zeitraum von vier Jahren ausgearbeitet worden sei und der einen in sich stimmigen amtlichen Entwurf zur Vorlage gehabt habe.

sich an die politischen Zielsetzungen gehalten.[55] Dazu passt, dass es in der zeitgenössischen Literatur eine ganze Reihe von Stimmen gab, welche die Richter
aufforderten, nationalsozialistische Rechtsgedanken zur Anwendung zu bringen.[56] Es wird aber auch die Meinung vertreten, die Rechtsprechung sei im Urheberrecht „weit weniger stark" als die Wissenschaft vom nationalsozialistischen
Denken beeinflusst worden.[57] Vor diesem Hintergrund müssen zwei Entscheidungen auf Interesse stoßen, und zwar das „Schallplatten-Urteil" und das Urteil
zum „Horst-Wessel-Lied", die das Reichsgericht kurz nacheinander im Jahre
1936 getroffen hat.

1.   Das „Schallplatten-Urteil" des ersten Zivilsenats des Reichsgerichts vom
        14. November 1936

Im Schallplatten-Urteil klagten sieben Hersteller von Schallplatten gegen die
Reichs-Rundfunk GmbH, die deren Tonträger zu „programmäßigen Schallplat-
tensendungen benutzt hat".[58] Der Fall war pikant, weil das Reich Eigentümer
der Beklagten war – weil „alle Anteile", wie es im Urteil heißt, „sich in der Hand
des durch den Reichsminister für Volksaufklärung und Propaganda vertretenen
Deutschen Reiches" befanden.[59] Wie konnten die sieben Hersteller es wagen,
gegen eine Firma zu klagen, die „in der Hand" des durch Joseph Goebbels
„vertretenen Deutschen Reiches" war?[60] Der Grund ist einfach: Die Beklagte hatte

---

55 *Zentek*, Die Geschichte des Schutzes von Gebrauchsprodukten (Fn. 3), S. 71–76. Die Autorin
    kann sich dabei auf eine Entscheidung des Reichsgerichts von 1936 berufen (Urteil des
    Reichsgerichts vom 27. Juni 1936, in: UFITA 1936, S. 368–374), das einen jüdischen Regisseur
    zur Rückzahlung einer Vergütung verpflichtete, weil der Filmproduzent aufgrund verän-
    derter politischer Verhältnisse vom Rücktrittsrecht berechtigterweise Gebrauch gemacht
    habe (Zentek, Die Geschichte des Schutzes, a.a.O., S. 71). Darüber hinaus sei das Reichsge-
    richt im Laufe der 1930er Jahre zu „einer restriktiven urheberrechtlichen Rechtsprechung"
    übergegangen, wofür die Entscheidung zum Gropius-Türdrücker als Beispiel genannt wird
    (Zentek, Die Geschichte des Schutzes, a.a.O., S. 71–72).
56 So hat etwa *Kopsch* betont, „der nationalsozialistische Jurist" dürfe „kein Urteil, keine
    Theorie anerkennen, von denen er nicht überzeugt" sei, „daß sie dem natürlichen Empfinden
    des Volkes entsprechen", Die Neugestaltung des Rechts im deutschen Musikleben UFITA
    1934, S. 221–236, 221 (dazu noch unten IV 3).
57 *Hefti*, Das Urheberrecht im Nationalsozialismus (Fn. 2), S. 165–180, 167; siehe auch *Simon
    Apel*, Das Reichsgericht, das Urheberrecht und das Parteiprogramm der NSDAP, in: ZJS 2010,
    S. 141–143 (dabei wäre aber zu berücksichtigen, dass nach 1933 viele Rechtslehrer aufgrund
    ihrer Ausgrenzung schlicht nicht mehr zu Wort kamen oder längst emigriert waren).
58 Urteil des Reichsgerichts vom 14. November 1936, in: RGZ 153, S. 1–29, 1.
59 Urteil des Reichsgerichts vom 14. November 1936, in: RGZ 153, S. 1–29, 1.
60 Urteil des Reichsgerichts vom 14. November 1936, in: RGZ 153, S. 1–29, 1. Wie riskant das
    Unterfangen war, mag sich auch darin zeigen, dass die Vorinstanzen, das Landgericht Berlin
    und insbesondere das Kammergericht, die Klage als unbegründet abgewiesen hatten. Nur am
    Rande sei bemerkt, dass das Kammergericht bereits in einem Urteil vom 10. November 1933

in ihren Rundfunksendungen den Inhalt der Tonträger wiedergegeben, ohne Tantiemen an die Klägerinnen auszukehren. Damit geriet sie in Konflikt mit dem vom Reichsgericht „wiederholt anerkannten Rechtsgrundsatze, daß dem Ur-heberberechtigten tunlichst überall, wo aus seinen Geisteswerken Geldgewinn gezogen wird, ein Anteil daran zukommen soll".[61] Die Beklagte glaubte dagegen vorbringen zu können, dieser „Leitsatz" lasse sich „mit dem jetzigen Rechts-denken nicht mehr" vereinbaren:

> „Sie betont, daß im nationalsozialistischen Staate die Stellung des Einzelnen zur Volksgemeinschaft von Grund aus verändert sei, die Pflicht des Urheberberechtigten gegen die Gemeinschaft dem Trachten nach persönlichem Nutzen vorgehen müsse."[62]

Das Gericht findet nun – mit einer bemerkenswerten Begründung – „das Be-denken der Beklagten ist nicht gerechtfertigt".[63] Zwar sei das „Urheberrecht – wie viele andere Befugnisse – ‚sozial gebunden', d.h. aus Rücksichten auf die Volksgemeinschaft eingeschränkt und mit Pflichten belastet".[64] Außerdem müsse „selbstverständlich auch im Urheberrechte Gemeinnutz vor Eigennutz gehen".[65] Doch würde „diese aus wiedererstehenden deutschrechtlichen Ge-danken geschöpfte Erkenntnis [...] nicht in Widerspruch zu der Notwendigkeit

---

behauptet hatte, dass „Rechtsnormen, deren Inhalt zu den wesentlichen Grundsätzen des nationalsozialistischen Gedankengutes in einem unlösbaren Widerspruch steht, durch die Neuordnung des Staatswesens bereits von Rechts wegen beseitigt worden sind", DJ 1934, S. 193-194, 193.

61 Urteil des Reichsgerichts vom 14. November 1936, in: RGZ 153, S. 1-29, 22 (das Gericht stützt die Geltung dieses „Rechtsgrundsatzes" auf einen umfassenden ‚Verweisungszusammen-hang' bzw. eine Art ‚Rechtsprechungsrecht', worauf sogleich noch zurückzukommen ist). Im Übrigen hatte der Senat zuvor im Detail begründet, warum die Schallplattenhersteller „die von den betreffenden Künstlern abgeleiteten Bearbeiterrechte" in Form von Urheberrechten geltend machen konnten (Urteil des Reichsgerichts vom 14. November 1936, a.a.O., S. 8).
62 Urteil des Reichsgerichts vom 14. November 1936, in: RGZ 153, S. 1-29, 22.
63 Urteil des Reichsgerichts vom 14. November 1936, in: RGZ 153, S. 1-29, 22.
64 Urteil des Reichsgerichts vom 14. November 1936, in: RGZ 153, S. 1-29, 22.
65 Urteil des Reichsgerichts vom 14. November 1936, in: RGZ 153, S. 1-29, 22. Dabei weist der erste Zivilsenat auf das „Programm der NSDAP. Nr. 24 Abs. 2 a.E." ausdrücklich hin. Zudem verweist er auf sein Urteil vom 10. März 1934 (RGZ 144, S. 106-116), das sich sowohl mit der Herkunft als auch mit der Geltung des „alte[n] Wahlspruch[s], daß ‚gemeiner Nutz vor sonderlichem geht'", in ansprechender Weise befasst (a.a.O., S. 112-113). Auch hier be-hauptet der Senat seine Autonomie gegenüber dem NS-Regime, indem er auf eine Kette früherer Entscheidungen verweist: Schon das frühere Recht habe sich dazu bekannt, dass „das Urheberrecht wie zahlreiche andere Befugnisse ‚sozial gebunden', d.h. aus Rücksichten auf die Volksgemeinschaft eingeschränkt oder mit Pflichten belastet sei" (Urteil vom 10. März 1934, a.a.O., S. 112f.; zur Anerkennung des Gedankens einer „sozial gebundenen Befugnis" siehe insbesondere das Urteil vom 26. April 1933, in: RGZ 140, S. 264-275, 270). Darüber hinaus verweist der Senat auf das Scheitern der bisherigen Bemühungen zur Reform des Urheberrechts und die andauernde Geltung des LUG und KUG: „So lange diese Gesetze (Urheberrechtsgesetz und Kunstschutzgesetz) in Kraft stehen, sind auch ihre das gegenseitige Verhältnis der Befugnisse regelnden Weisungen maßgebend" (a.a.O., S. 113).

[stehen], dem Urheberberechtigten tunlichst von den Vorteilen etwas zukommen zu lassen, die aus der Verwertung des Werkes (oder seiner Bearbeitung) entspringen".[66] Das Gericht konnte seine Autonomie bewahren, indem es die „wiedererstehenden deutschrechtlichen Gedanken" nicht nur aufgriff, sondern zugleich gegen die nationalsozialistischen Machthaber richtete, gewissermaßen mit den Worten ,entwendete':

> „Der Einzelne genügt jedoch seiner Pflicht, im Rahmen des Gesamten, übereinstimmend mit den Belangen der Allgemeinheit, zum Nutzen aller geistig oder körperlich zu schaffen (Programm der NSDAP Nr. 10), dann am besten, wenn die ihm dafür gewährten Bedingungen die Erfüllung der Pflicht begünstigen und fördern. Das geschieht, wenn auch der Urheber [...] für sein Tun der alten Wahrheit gewiß sein darf, daß der Arbeiter seines Lohnes wert ist. Nicht nur ihn, sondern auch andere von gleichen oder ähnlichen Gaben für schöpferische Leistung regt dies zum Wirken im Dienste der Allgemeinheit an. Und so kann mittelbar, was billigen Wünschen des Einzelnen entspricht, der Persönlichkeit Ansporn und Lohn gibt, zu Nutz und Frommen der Volksgemeinschaft Früchte tragen".[67]

Es liegt nahe, das rechtstheoretische Vorverständnis, worauf die Ausführungen des ersten Senats fußen, unter dem Stichwort der ,Zweigliedrigkeit des Rechtsbegriffs' zusammenzufassen: Individuelle und soziale Gesichtspunkte müssen sich nicht ausschließen, sie stehen vielmehr in einer komplexen Wechselbeziehung zueinander.[68] Heute pflegen wir von einer „Anreizfunktion" der Aus-

---

66 Urteil des Reichsgerichts vom 14. November 1936, in: RGZ 153, S. 1–29, 22 (unter ausdrücklichem Hinweis auf das „Programm der NSDAP. Nr. 24 Abs. 2 a.E." und auf RGZ 144, S. 112).

67 Urteil des Reichsgerichts vom 14. November 1936 (Fn. 66), S. 22–23. ,Systemfremde' Rechtsprechung hat in anderen Fällen ähnliche Strategien verfolgt: „So wird etwa die dem NS-Rassegedanken und seiner Verschärfung teilweise deutlich widersprechende Tendenz der Judikatur des Reichsarbeitsgerichts versuchsweise überdeckt durch fleißige Zitate in den Urteilen aus dem Parteiprogramm der NSDAP und durch eifrige Betonungen der nationalsozialistischen Rechtsanschauung", *Bernd Rüthers*, Entartetes Recht. Rechtslehren und Kronjuristen im Dritten Reich, München 1994, S. 215f. Siehe auch den Überblick über die Judikatur des Reichsarbeitsgerichts, in: ders., Die unbegrenzte Auslegung. Zum Wandel der Privatrechtsordnung im Nationalsozialismus, 2. Auflage, Königstein/Ts. 1973, S. 233–236 (im Abschnitt über die „Widerstände der Rechtsprechung gegen die rassepolitische Entwicklung" – mit dem rechtsquellentheoretischen Hinweis, dass „Zitate aus dem Parteiprogramm in das Gesetzesverzeichnis von ARS 38, 21 aufgenommen wurden", a.a.O., S. 234). Beim Versuch einer Aussage über die wirklichen politischen Positionen wäre zu berücksichtigen, dass der offene Widerstand eines Gerichts gegen die herrschenden Anschauungen „die sofortige Amtsenthebung der betroffenen Richter zur Folge gehabt" hätte (*Rüthers*, Entartetes Recht, a.a.O., S. 216).

68 Die Annahme einer Wechselbeziehung von individuellen und sozialen Elementen im Recht darf als eine Errungenschaft der Wissenschaft des 19. Jahrhunderts bezeichnet werden (siehe oben II sowie noch unten IV 3 und VII). Dass es solche Korrelationen gibt, mussten selbst die Anhänger der sozialgebundenen Theorie einräumen, auch wenn sie zu einer Reflexion der rechtstheoretischen Grundlagen des Konflikts zwischen formalen und materialen Bestand-

schließlichkeitsrechte des Urheberrechts zu sprechen, die es dem Urheber ermöglichen, von den Nutzern ein Entgelt zu verlangen oder Gewinne zu erwirt-
schaften: Diese Aussicht „erzeuge einen Anreiz [...], wodurch letztlich mehr
Geistesprodukte entstünden".[69] In Übereinstimmung mit anderen Gebieten der
Rechtsordnung verfolgt aber auch das Urheberrecht nicht nur den Zweck, einseitig die Interessen Einzelner zu schützen. Wie die anderen subjektiven Rechte
findet es in den Interessen der Allgemeinheit eine Grenze: Die Sozialbindung ist
„nichts dem Urheberrecht Eigentümliches, sondern gilt kraft Verfassung für alle
vermögenswerten Rechte (Art. 14 GG)".[70]

Der erste Senat des Reichsgerichts hat also, indem er es nicht zulassen wollte,
einseitig nur die vermeintlichen Interessen der Allgemeinheit zu wahren, gegen die
Reichs-Rundfunk GmbH entschieden. Dass er damit auch gegen Goebbels und das
NS-Regime entschied, ist nicht nur von Zeitgenossen so wahrgenommen worden,[71]
sondern hat auch, wie erst später bekannt wurde, den Zorn des Reichsministers für
Volksaufklärung und Propaganda erregt. Bereits am 15. November 1936, also einen
Tag nach Verkündung des Urteils, vertraut Goebbels seinem Tagebuch an:

> „Das Reichsgericht hat doch tatsächlich in der Schallplattenfrage gegen den Rundfunk
> entschieden. Gegen die beiden Vorinstanzen. Das sind unsere ‚Rechtswahrer'. Juristen
> haben einen Defekt im Gehirn und im Herzen. Aber die werden mich nun kennen
> lernen. Ich nehme diese Herausforderung an."[72]

---

teilen der Rechtsordnung nicht in der Lage waren. So äußert etwa der Leipziger Rechtsanwalt
Arndt Müller, eigentlich ein begeisterter Anhänger der neuen Theorien, unvermittelt Zweifel,
als er der Nebenwirkungen gewahr wird, die eine einseitig nur die Interessen der Allgemeinheit berücksichtigende Theorie des Urheberrechts entfalten könnte: Eine solche Beschränkung [auf die Interessen der Allgemeinheit, St.M.] könnte „bei strenger Anwendung
vielleicht zu einer Hemmung in der Erzeugung geistiger Werke" führen, „weil sich der Urheber eines Geisteswerkes vor der Schöpfung gar sagt, seine Schöpfung komme ihm überhaupt nicht oder nicht in genügendem Maße zugute. Damit würde das Gegenteil des Schutzes
der Allgemeinheit eintreten", Über die sachlichen und gegenständlichen Grenzen der Ausübung des Urheberrechts, in: UFITA 1933, S. 398–405, 405.

69 *Alexander Peukert*, Der Schutzbereich des Urheberrechts und das Werk als öffentliches Gut.
Insbesondere: Die urheberrechtliche Relevanz des privaten Werkgenusses, in: Reto M. Hilty,
Alexander Peukert (Hg.), Interessenausgleich im Urheberrecht, Baden-Baden 2004, S. 11–46,
16 (mit vielen Nachweisen insbesondere zur US-amerikanischen Literatur).

70 *Rehbinder*, Urheberrecht (Fn. 37), § 8 Rn. 103; *Peukert*, Der Schutzbereich des Urheberrechts
(Fn. 69), S. 17, 45.

71 *Walter L. Pforzheimer*, Copyright Protection for the Performing Artist in his Interpretive
Rendition, in: Copyright Law Symposium I (1939), S. 9–59, 55–56 („the most interesting point
about this decision is that, perhaps for the first time, a Nazi Court went against government
wishes").

72 Die Tagebücher von Joseph Goebbels (hg. v. Elke Fröhlich), Teil I (Aufzeichnungen 1923–
1941), Bd. 3/II: März 1936-Februar 1927, München 2001, S. 252–253.

Ursprünglich wollte Goebbels das Urteil einfach ignorieren.[73] Offenbar hatte er später in dieser Sache sogar bei Hitler angefragt, der aber abwinkte und befahl, das Urteil zu akzeptieren: „Führer hat im Schallplattenprozeß gegen unsere Haltung entschieden. Schade! Das kostet Millionen aus dem Volksvermögen, und nicht die Künstler, nur die Fabrikanten haben etwas davon. Aber es muß nun so gemacht werden".[74] Alles in allem darf das Schallplatten-Urteil als Beispiel für eine Rechtsprechung angesehen werden, die „weit weniger" als die Wissenschaft dem nationalsozialistischen Denken nachgegeben hat.[75]

2.   Das Urteil des ersten Zivilsenats des Reichsgerichts vom
       2. Dezember 1936 zum Horst-Wessel-Lied

In dem Streit über das Horst-Wessel-Lied hatte ein Verlag, der die Verwertungsrechte erworben hatte, Klage mit dem Antrag erhoben, einem anderen Verlag die Vervielfältigung und Verbreitung der Melodie des von Hort Wessels komponierten Liedes zu verbieten. Bei dem Horst-Wessel-Lied handelt es sich um ein nationalsozialistisches Lied, das seit etwa 1930 ein Kampflied der SA war und sich später zur Parteihymne der NSDAP entwickelte. Es trug seinen Namen nach dem SA-Mann Horst Wessel, der den Text auf Basis älterer Melodien verfasst hatte.[76] Die Vorinstanzen, das Landgericht Leipzig und das Oberlandesgericht Dresden, hatten einen urheberrechtlichen Schutz des Horst-Wessel-Liedes abgelehnt: Horst Wessel habe kein schutzfähiges Werk geschaffen und damit auch kein „durch selbständige Tonwerkschöpfung" oder sonst wie durch „eigne

---

73 Notiz vom 18. November 1936 (also vier Tage nach dem Urteil), in: Die Tagebücher von Joseph Goebbels (Fn. 72), S. 255 („ich lasse mir da Zeit. Die sollen zuerst einmal schmoren").

74 Notiz vom 16. Dezember 1936, in: Die Tagebücher von Joseph Goebbels (Fn. 72), S. 292 („nun alles zurück marsch, marsch! Befehl ist Befehl!"). Fritz Lindenmaier (1881–1960), der ab 1937 den Vorsitz des ersten Zivilsenats führte, berichtete nach 1945, dass Goebbels die Veröffentlichung des Urteils verbieten wollte, *Klaus-Detlev Godau-Schüttke*, Der Bundesgerichtshof – Justiz in Deutschland, Berlin 2005, S. 58. Diese Behauptung kann durch Quellen zwar nicht bestätigt werden. Die Einträge im Tagebuch lassen aber vermuten, dass sie zutrifft und sich Goebbels auch mit diesem Wunsch nicht durchsetzen konnte. Zu Lindenmaier siehe *Louis Pahlow*, in: Biographisches Handbuch des Geistigen Eigentums (Fn. 4), S. 187–191. Nach dem Zweiten Weltkrieg wurde Lindenmaier durch die mit Philipp Möhring (1900–1975) herausgegebene Entscheidungssammlung „Nachschlagewerk des Bundesgerichtshofs" weithin bekannt, *Pahlow*, a.a.O., S. 190 (das Werk erschien als LMK bis zu seiner Einstellung im Jahre 2009). Einen Überblick über die am Reichsgericht in der Zeit von 1933–1945 tätigen Richter bietet: *Friedrich Karl Kaul*, Geschichte des Reichsgerichts, Bd. IV: 1933–1945, Glashütten/Ts 1971, S. 261–347.

75 Siehe die oben erwähnte Formulierung von *Hefti*, Das Urheberrecht im Nationalsozialismus (Fn. 2), S. 167.

76 Vgl. nur *Zentek*, Die Geschichte des Schutzes von Gebrauchsprodukten (Fn. 3), S. 72.

künstlerische Tätigkeit" entstandenes Urheberrecht erworben.[77] Der erste Senat des Reichsgerichts verneinte zwar ebenfalls eine Eigenständigkeit der Komposition Wessels, hielt einen urheberrechtlichen Schutz aber für möglich. Den Ausschlag gab die Überlegung, „daß die verhältnismäßig wenigen und (jede für sich betrachtet) nicht bedeutenden Änderungen an den benutzten Weisen dem Ganzen einen andern Gesamtausdruck verliehen und einen stark abweichenden Eindruck ermöglicht haben".[78] Von hier aus war es nur ein kurzer Schritt zur Argumentation mit den besonderen Wirkungen und Stimmungen, die das Lied auf das deutsche Volk entfalten würde:

> „Entstanden ist ein packendes, fortreißendes, begeisterndes Kampflied. Auch diese Wirkung auf das Volk im großen, der Widerhall, den die Tonschöpfung findet, die Stimmung, die sie erzeugt, dürfen bei der Messung des urheberrechtlichen Gewichts nicht unbeachtet bleiben. Sie rechtfertigen es, die Melodie des Horst-Wessel-Liedes als Bearbeitung anzusehen und ihr deren Schutz (§ 12 Abs. 1 LitUrhG.) zuzusprechen."[79]

Das Abstellen auf die „Wirkungen" als eines der maßgeblichen Kriterien harmoniert mit Argumenten, die Julius Kopsch in Anknüpfung an Aussagen des „Herrn Reichsministers für Volksaufklärung und Propaganda, Dr. Goebbels",[80] wie folgt formuliert hat: „Hier zeigt sich die erschreckende Wahrheit der oben wiedergegebenen Äußerung des Herrn Reichsministers für Volksaufklärung: nicht darauf kommt es an, ob der Schlager als solcher betrachtet qualitativ ‚gut' ist, sondern, welche Wirkung er auf die Volksgemeinschaft ausübt".[81]

Derartige Aussagen legen den Schluss nahe, der erste Zivilsenat des Reichsgerichts habe mit seiner Entscheidung zum Horst-Wessel-Lied „nationalsozialistische Maßstäbe" umgesetzt.[82] Ob es zutrifft, dass das Reichsgericht mit seiner Entscheidung den nationalsozialistischen Machthabern entgegenkommen wollte, ist schwer zu beurteilen. Bei einer Bewertung wäre zu berücksichtigen, dass es im Anschluss an die kurz zuvor ergangene Schallplatten-Entscheidung

---

77 Urteil des Reichsgerichts vom 2. Dezember 1936, in: RGZ 153, S. 71–78, 75.
78 Urteil des Reichsgerichts vom 2. Dezember 1936, in: RGZ 153, S. 71–78, 77.
79 Urteil des Reichsgerichts vom 2. Dezember 1936, in: RGZ 153, S. 71–78, 77.
80 *Kopsch*, Grundsätzliche Betrachtung, in: NSJ-Entwurf eines neuen Deutschen Urheberschutzgesetzes (Fn. 21), S. 384.
81 *Kopsch*, Grundsätzliche Betrachtung, in: NSJ-Entwurf eines neuen Deutschen Urheberschutzgesetzes (Fn. 21), S. 386 (zur Äußerung des „Reichsministers für Volksaufklärung" näher oben III 1). Siehe auch ders., Der schaffende Künstler und die Neugestaltung des Urheberrechts (Fn. 1), S. 163, wo von einem „aktiven Gehalt des Urheberrechts" und dessen „Auswirkung" die Rede ist.
82 *Zentek*, Die Geschichte des Schutzes von Gebrauchsprodukten (Fn. 3), S. 72f. (mit der These, der Aspekt des ‚Wirkens auf das Volk im großen' sei „Ausdruck der Sozialgebundenheit des Urheberrechts"). Weniger streng *Wandtke*, der, soweit „der Schutz […] von den Wirkungen des Werks abhängig gemacht" wurde, von „Bestrebungen" spricht, „den Werkbegriff zu verwässern", Einige Aspekte zur Urheberrechtsreform im Dritten Reich (Fn. 14), S. 467–468.

offenbar Interventionsversuche von Seiten der Reichsregierung gegeben hat. Erinnert sei nur an die Aussage von Fritz Lindenmaier, Goebbels habe die Veröffentlichung der Schallplatten-Entscheidung verhindern wollen.[83] Es darf also vermutet werden, dass der erste Senat bei der Horst-Wessel Entscheidung unter erheblichem politischen Druck gestanden hat.[84] Andererseits gibt es auch Anzeichen, die darauf hindeuten, dass der Senat letztlich doch eher auf das Werk selbst abstellen und die „Wirkungen" nur als Indiz für einen eigenschöpferischen „Gesamtausdruck" des „Ganzen" begreifen wollte.[85]

Dafür spricht der Umstand, dass das Reichsgericht der Vorinstanz den Weg zu einer erneuten Beweisaufnahme ebnete. Der Senat hat entgegen anders lautender Berichte nämlich gar nicht selbst entschieden, sondern den Fall an das Oberlandesgericht Dresden zurückverwiesen. Das Oberlandesgericht Dresden sollte als Vorinstanz Beweis über die Frage erheben, ob „diese selbe Melodie (allenfalls mit belanglosen Unterschieden) nicht etwa doch schon vorher, ehe Horst Wessel sie als Singweise für sein Gedicht übernahm, entsprechend der Behauptung der Beklagten verbreitet war".[86] Wenn es der Beklagten gelingen würde, diesen Beweis zu erbringen, müsste die Klage, in Übereinstimmung mit den früheren Urteilen des Landgerichts Leipzig und des Oberlandesgerichts Dresden, am Ende doch noch abgewiesen werden. Zu beachten bleibt aber, dass ein solcher Beweis nur schwer zu führen war.

3.   Zwischenergebnis

Der unterschiedliche Charakter der beiden vorstehend nur kursorisch erörterten Entscheidungen macht deutlich, dass eine selbständige Studie zur urheberrechtlichen Rechtsprechung in der NS-Zeit nach wie vor ein Desiderat der Wissenschaft ist. Was die Entscheidung des Reichsgerichts vom 14. November 1936 angeht,[87] müssen aus gegenwärtiger Sicht zunächst die Argumente interessieren, mit denen der erste Senat die bis heute verbreitete Vorstellung eines Fort-

---

83 Siehe oben IV 1.
84 Es wäre reizvoll, in diesem Zusammenhang auf die Persönlichkeiten der am ersten Zivilsenat tätigen Richter näher einzugehen, was den Rahmen dieser Ausführungen aber sprengen würde. Siehe dazu: Das Reichsgericht in Leipzig, in: Godau-Schüttke, Der Bundesgerichtshof (Fn. 74), S. 36–74; *Zentek*, Die Geschichte des Schutzes von Gebrauchsprodukten (Fn. 3), S. 71–72, sowie F*riedrich Kaul*, Geschichte des Reichsgerichts: 1933–1945 (Fn. 74), S. 261–347.
85 Vgl. die oben bereits ausführlicher zitierten Formulierungen im Urteil des Reichsgerichts vom 2. Dezember 1936, in: RGZ 153, S. 71–78, 77.
86 Urteil des Reichsgerichts vom 2. Dezember 1936, in: RGZ 153, S. 71–78, 77.
87 Urteil des Reichsgerichts vom 14. November 1936, in: RGZ 153, S. 1–29 (Schallplatten-Urteil).

schreitens der Rechtsentwicklung „von frei zu sozial" verwirft.[88] Danach herrschte im 19. Jahrhundert eine romanistisch orientierte Jurisprudenz, die das Individuum in den Mittelpunkt der Rechtsordnung rückte, indem es ihm subjektive, absolute und ausschließliche Rechte zugewiesen habe. Um die Wende zum 20. Jahrhundert sei diese Denkrichtung durch die Germanisten und nach 1933 durch die deutschrechtlich orientierte NS-Jurisprudenz abgelöst worden, welche in der ‚Sozialbindung' das wahre Proprium des Rechts erblickte.

In den zeitgenössischen Beiträgen zum Urheberrecht klingt diese Darstellung immer wieder an: So versucht Alexander Elster, das „Deutschtum im Recht" aufzuspüren und unter den Prämissen der „Werke von O. v. Gierke, H. Brunner, K. v. Amira, Cl. v. Schwerin, H. Fehr" etc. den „Gegensatz zu römisch-rechtlichen Einflüssen […] herauszukristallisieren".[89] Das „eigentlich Deutsche", die „*großen rechtsethischen Gedanken, die dem deutschen Geist im Gegensatz zu römisch-byzantinischen […] Rechten eigentümlich sind*", erblickt er im „Gemeinschaftsgedanken" und nicht zuletzt im damit „eng zusammengehörigen […] *Ausgleichsgedanken*".[90] Angesichts der „nationalen Revolution, die alle Teile des deutschen Gemeinschaftslebens durchdringt", möchte er diese „Gedanken" auch auf das „Recht am Geistesgut und dessen Träger" zur Anwendung bringen.[91]

Ähnlich meint Kopsch, der neue Fokus auf das Soziale, die Allgemeinheit und das Volk hätte „das ganze Rechtsgebiet ins Wanken gebracht".[92] Die überkommene Jurisprudenz habe sich von dem „natürlichen Empfinden des Volkes" entfernt, was auf „fremde", insbesondere „römische" Rechtsvorstellungen zurückzuführen sei, in deren Gefolge die Richter „vielfach ein formelles Recht" sprechen, „mit dem der einfache Mann nichts anfangen kann".[93] Die Liste von Namen, die dadurch auf sich aufmerksam machen, dass sie in der Wende von

---

88　Als aktuelles Beispiel für die Fortschrittserzählung „von frei zu sozial" sei *Hans-Peter Haferkamp*, Wege zur Rechtsgeschichte: Das BGB, Köln u. a. 2022, S. 105–127, 118f., genannt. Näher *Meder*, Savignys Weg in die juristische Moderne (Fn. 10), S. 377–381. Dass neben den bürgerlichen Freiheitsrechten soziale Elemente eine zentrale Rolle auch im Rechtsdenken von Gustav Hugo, einem Mitbegründer des romanistischen Zweigs der Historischen Rechtsschule, spielen, zeigt *Christoph Sorge*, Gustav Hugo (1764–1844) und die skeptische Rechtstheorie. „Heutiges Römisches Recht" in der Spätaufklärung (in Vorbereitung).

89　*Alexander Elster*, Deutsche Rechtsgedanken im Urheberrecht (unter Berücksichtigung des Entwurfes), in: UFITA 1933, S. 189–207, 189, 190. Ein wichtiges Referenzwerk bildet für Elster auch die „eindrucksvolle Schrift" von Walter Merk, Vom Werden und Wesen des deutschen Rechts, Langensalza 1926 (Deutsche Rechtsgedanken, a. a. O., S. 189 passim).

90　*Elster*, Deutsche Rechtsgedanken im Urheberrecht (Fn. 89), S. 190, 192; ders., Der Schutz des Geisteswerkes als Ausgleich zwischen Urheber und Allgemeinheit (Fn. 39), S. 219 („Enge des römisch-rechtlichen Eigentumsbegriffs").

91　*Elster*, Deutsche Rechtsgedanken im Urheberrecht (Fn. 89), S. 197–203.

92　*Kopsch*, Die Neugestaltung des Rechts im deutschen Musikleben (Fn. 56), S. 223.

93　*Kopsch*, Die Neugestaltung des Rechts im deutschen Musikleben (Fn. 56), S. 222f.

,frei' zu ,sozial' das Kennzeichen nationalsozialistischer Rechtserneuerung sehen, könnte ohne Schwierigkeiten verlängert werden.[94]

Das Reichsgericht zeigt sich nun gegen die Versuchungen einer solchen Erzählung erstaunlich gewappnet: Soziale Elemente seien wichtig, doch habe es
sie auch in früherer Zeit schon gegeben. Im Übrigen stünde die soziale Bindung
des Rechts dem Erfordernis einer durch subjektive, absolute oder ausschließliche
Befugnisse gesicherten individuellen Freiheit nicht entgegen, weil ohne eine
solche Freiheit das Individuum kaum Anreize hätte, besondere Eigenleistungen
zu erbringen. Eine durch ausschließliche Befugnisse gesicherte Freiheit wäre
danach die Voraussetzung dafür, dass die Frage, inwieweit individuelle Leistungen auch der Allgemeinheit zu Gute kommen müssen, überhaupt aufgeworfen werden kann.

Wie ausgeführt, stellt sich die (beklagte) Reichs-Rundfunk GmbH auf den
Standpunkt, „im nationalsozialistischen Staate" müsse „die Pflicht des Urheberberechtigten" gegenüber der Volksgemeinschaft „dem Trachten nach per-
sönlichem Nutzen vorgehen".[95] Das Reichsgericht beruft sich dagegen auf
den „wiederholt anerkannten Rechtsgrundsatz[e], daß dem Urheber tunlichst
überall, wo aus seinen Geisteswerken Geldgewinn gezogen wird, ein Anteil daran
zukommen soll".[96] Die Geltung dieses Rechtsgedankens stützt der erste Senat auf
eine Kette von nicht weniger als vier höchstrichterlichen Entscheidungen, die in
den zurückliegenden Jahren in kurzer Abfolge ergangen waren.[97]

---

94 Als Beispiel für die gebetsmühlenartige Wiederholung der immer gleichen schlichten Gedanken sei nur noch der Leipziger Rechtsanwalt Arndt Müller genannt, der im Zeichen des
,Sozialen' ebenfalls eine Ablösung des „romanisch beeinflußten" Denkens durch die „germanischen Rechtsordnungen" fordert, *Müller*, Über die sachlichen und gegenständlichen
Grenzen der Ausübung des Urheberrechts (Fn. 68), S. 398 (siehe auch die Nachweise in der
folgenden Note).

95 Urteil des Reichsgerichts vom 14. November 1936, in: RGZ 153, S. 1–29, 22. Im Hintergrund
steht der (oben II) erwähnte Punkt 19 des nationalsozialistischen Parteiprogramms, wo ein
„Ersatz für das der materialistischen Weltordnung dienende römische Recht durch ein
Deutsches Gemeinrecht" gefordert wird. An diese Forderung schließt sich die unter Germanisten verbreitete These, das römische Recht sei ein Recht für die „Schlauen und Geris-
senen" – ein ebenso unsoziales wie undeutsches Recht, das „den privaten Gewinn auf Kosten
der Gemeinschaft" schütze, Nachweise bei *Götz von Olenhusen*, Zur Entwicklung völkischen
Rechtsdenkens (Fn. 17), S. 85 (siehe auch die Nachweise in der vorstehenden Note).

96 Urteil des Reichsgerichts vom 14. November 1936, in: RGZ 153, S. 1–29, 22 (oben IV 1).

97 Urteil des ersten Zivilsenats vom 29. Oktober 1927, in: RGZ 118, S. 282–288, 285 (ausschließliche Befugnis des Urhebers); Urteil des ersten Zivilsenats vom 22. September 1928, in:
RGZ 122, S. 66–70, 68 („in der Regel" gebühre „dem Urheber die ausschließliche Befugnis
[…], sein Werk zu vervielfältigen und zu verbreiten"); Urteil des ersten Zivilsenats vom
26. März 1930, in: RGZ 128, S. 102–116, 113 („ausschließliche Befugnis" des Urhebers; keine
„Verkürzung des Urhebers zugunsten der Allgemeinheit"); Urteil des ersten Zivilsenats vom
14. November 1931, in: RGZ 134, S. 198–220, 201 („die ihrem Wesen nach ausschließliche
Befugnis des Urhebers […] strebt in ihrer Anwendung auf das Verkehrsleben danach, daß
tunlichst überall, wo aus einem Geisteswerke geldwerter Gewinn gezogen werden kann, dem

Diese „Begründungsstrategie" ist in wissenschaftstheoretischer Hinsicht durchaus bemerkenswert.[98] Sie lässt nämlich erkennen, dass das Reichsgericht behaupten will, es sei imstande, den Gegenstand seines Wissens bis zu einem gewissen Grade selbst zu produzieren.[99] Der entscheidungsorientierte „Verweisungszusammenhang" gilt allgemein als Merkmal von Autonomisierung und funktionaler Differenzierung, die in der Rechtstheorie unter Stichworten wie Selbstreferenz, Eigendynamik oder Reflexivität erörtert werden. Da Einzelheiten dieser Theorie an anderer Stelle schon erörtert wurden,[100] genügt es festzuhalten: Das Reichsgericht will die Autonomie des Rechtssystems, als Merkmal der juristischen Moderne, gegen einen ungebremsten Zugriff des Staates verteidigen. Dabei beruft es sich auf eine Kette von bis in die Weimarer Zeit zurückreichenden Entscheidungen. Eine solche Kontinuität muss dem NS-Regime ein Dorn im Auge sein. Der „totale Staat" zielt darauf, sie im Namen des „Sozialen" zu sprengen.[101]

Einiges spricht dafür, dass das Reichsgericht mit seiner Entscheidung vom 2. Dezember dem NS-System mehr entgegengekommen ist als im Schallplatten-Urteil vom 14. November 1936. Jedenfalls hat es nicht allein auf die individuelle Schöpferhöhe, sondern auch auf die „Wirkungen" als maßgebliches Kriterium für die Schutzfähigkeit eines Werkes abgestellt.[102] In der Wissenschaft ist dies, wie bereits angedeutet, als „Ausdruck der Sozialgebundenheit des Urheberrechts" interpretiert worden.[103] Auch von dieser Seite zeigt sich also, dass die Bedeutung des „Sozialen" über einen Schutz von „Schwächeren" weit hinausgeht. Im Zusammenwirken mit Volksgemeinschaft, Staat oder Partei bildet es eine Metapher für jene identitäre Strategie, auf deren Basis das NS-System die bestehende Rechtsordnung glaubt auflösen zu können.

Urheber ermöglicht werden soll, daran teilzunehmen" – mit weiteren Rechtsprechungsnachweisen).

98 Vgl. *Rudolf Stichweh*, Motive und „Begründungsstrategien" der Wissenschaftlichkeit in der deutschen Jurisprudenz des 19. Jahrhunderts, in: Rechtshistorisches Journal (RJ) 11 (1992), S. 330–351 (Hervorhebung nicht im Original).

99 *Stichweh*, Motive und Begründungsstrategien der Wissenschaftlichkeit in der deutschen Jurisprudenz (Fn. 98), S. 344 („die Selbstproduktion der Elemente eines Systems" ist diejenige Form, in der sich die „Einheit von Funktionssystemen in der modernen Gesellschaft vollzieht").

100 *Meder*, Savignys Weg in die juristische Moderne (Fn. 10), S. 97–100, 349–354, 394–402.

101 Zum Postulat der Diskontinuität unter den Prämissen eines totalen Machtanspruchs des Staates: *Ernst Forsthoff*, Der totale Staat, Hamburg 1933.

102 Urteil des Reichsgerichts vom 2. Dezember 1936, in: RGZ 153, S. 71–78, 77 (Horst-Wessel-Lied).

103 *Zentek*, Die Geschichte des Schutzes von Gebrauchsprodukten (Fn. 3), S. 72f.

V.   Das Urheberrecht des angestellten Urhebers

Dass das Urheberrecht bei dem eigentlichen Urheber entsteht, hat auch das nationalsozialistische Recht prinzipiell anerkannt. Dies überrascht nicht, da, wie bereits ausgeführt, ja selbst die „Urheberehre" aus dem Entwurf von 1939 noch auf den Entwurf von 1933 und damit auf das früher geltende Recht rekurriert. Weder das „Gesetz betreffend das Urheberrecht an Werken der Literatur und Tonkunst" (LUG) noch das „Gesetz betreffend das Urheberrecht an Werken der bildenden Künste und der Photographie" (KUG) enthielten Sonderregelungen zu Urhebern im Arbeitsverhältnis.[104] Insbesondere war dem Recht die Figur des Urhebervertragsrechts noch unbekannt. Eine dem heutigen § 43 UrhG entsprechende Regelung existierte nicht.[105] Vor Hitlers Machtergreifung waren sich Literatur und Rechtsprechung jedenfalls darin einig, dass das Urheberrecht in der Person des Werkschöpfers auch in der Funktion eines Arbeitnehmers entstehe.[106]

1.   Annäherungen des Urheberrechts an das Arbeitsrecht

Nach der Machtergreifung wurden die in der Weimarer Republik geführten urheberrechtlichen Diskussionen nicht auf dem gleichen Niveau und mit derselben Intensität weitergeführt.[107] Der Hauptgrund dürfte in der schwierigen Situation liegen, in welche Wissenschaft und Rechtsprechung nach 1933 geraten waren. So hatte etwa die Gleichschaltungspolitik im Kulturbereich mittelbar auch Auswirkungen auf die Gestaltung des Urheberrechts. Noch in den 1920er Jahren ging nämlich eine Vielzahl von Reformforderungen aus den Berufsvertretungen angestellter oder frei beruflich tätiger Werkschaffender hervor. Eine Zäsur bildete das am 22. September 1933 vom Reichsminister für Volksaufklärung und Propaganda erlassene sogenannte Reichskulturkammergesetz, das darauf zielte, „den Berufsstand der Schaffenden" unter die „Aufsicht des nationalsozialisti-

---

104 *Hans-Peter Mathis*, Der Arbeitnehmer als Urheber, Frankfurt am Main 1988, S. 5–6.
105 An eine Spezialvorschrift wie die des heutigen § 69 b UrhG war damals selbstverständlich ebenfalls noch nicht zu denken.
106 *Mathis*, Der Arbeitnehmer als Urheber (Fn. 104), S. 6; *Christoph Sorge*, Abhängige Autoren. Rechtsdiskurse um angestellte und arbeitnehmerähnliche Urheber in der Weimarer Republik – ein Blick zurück nach vorn, Göttingen 2020, S. 86 (zu den in der Weimarer Republik geführten Diskussionen).
107 Rechtsprechung, die von der Zuordnung des Urheberrechts zum Arbeitgeber oder zum Arbeitnehmer bzw. vom Urheberpersönlichkeitsrecht eines Arbeitnehmers handelt, ist, soweit ersichtlich, in der nationalsozialistischen Zeit nicht veröffentlicht worden. Zu den in der Zeit vor 1933 geführten Debatten: *Sorge*, Abhängige Autoren (Fn. 106), S. 106 (Weimarer Epoche); *Friedrich Schwagmeier*, Das Urheberrecht des Geschäftsherrn an Werken und Erfindungen seiner Angestellten, Heidelberg 1908 (Kaiserreich).

schen Staates" und unter „dessen Leitung nach dem nationalsozialistischen Führerprinzip" zu stellen.[108] Denn

> „wenn schon der Arbeiter und der Bauer durch die berufsständische Gliederung die Richtung auf den Staat der Volksgemeinschaft erhalten sollen, wie vielmehr muß dies für den Künstler gelten, dessen Schaffen nach nationalsozialistischer Auffassung, den höchsten Ausdruck eben dieser Volksgemeinschaft darzustellen hat".[109]

Die Reichskulturkammer war also zentral organisiert und bildete ein wirkungsvolles Instrument zur Steuerung sowohl des gesamten Kulturschaffens als auch zur Einflussnahme auf die Rechtsprechung.[110] Die Folge war, dass ein Großteil der in den 1920er Jahren überaus aktiven Berufsvertretungen nach 1933 aufgelöst wurde. Einige Interessenverbände, wie der „Verband deutscher Filmautoren", bestanden zwar auch in der NS-Zeit noch fort. Die Reichsregierung zwang solche Intermediäre jedoch, sich in sogenannten Fachschaften zu organisieren, die formal den ehemaligen beruflichen Fachverbänden entsprachen, inhaltlich aber mit den nationalsozialistischen Prämissen harmonieren mussten.[111]

Um die Zusammenhänge zwischen Urhebern auf der einen und Arbeitnehmern auf der anderen Seite besser verstehen zu können, bedarf es eines Blicks auf das nationalsozialistische Arbeitsrecht. Das Verhältnis von Arbeitnehmern und Arbeitgebern wurde im arbeitsrechtlichen „Grundgesetz" des Dritten Reiches, dem „Gesetz zur Ordnung der nationalen Arbeit" (AOG) vom 20. Januar

---

108 Formulierung von *Kopsch*, Grundsätzliche Betrachtung, in: NSJ-Entwurf eines neuen Deutschen Urheberschutzgesetzes (Fn. 21), S. 388. Siehe auch *Karl-Friedrich Schrieber*, Die Reichskulturkammer. Organisation und Ziele der deutschen Kulturpolitik, Berlin 1934, S. 13 („dadurch, daß die Kultur Sache der ganzen Nation ist, wird sie zu einer öffentlichen Angelegenheit, und man kann nahezu sagen, daß alle an der Kultur Schaffenden in gewissem Sinne zu Trägern öffentlicher Aufgaben werden"; auch von dieser Seite zeigt sich also, dass eine, systemtheoretisch gesprochen, „Autonomie" gesellschaftlicher Teilbereiche mit dem nationalsozialistischen Etatismus unvereinbar ist: „indessen wird man sich damit abfinden müssen, daß ein Eigenleben der Kultur nicht anzuerkennen ist", a. a. O., S. 13). Vgl. ferner: *Hefti*, Das Urheberrecht im Nationalsozialismus (Fn. 2), S. 178f. („wer der Reichskulturkammer nicht angehören wollte oder wer aus ihr ausgeschlossen wurde, konnte seinem Beruf nicht mehr nachgehen"), sowie *Zentek*, Die Geschichte des Schutzes von Gebrauchsprodukten (Fn. 3), S. 61–63.

109 *Kopsch*, Grundsätzliche Betrachtung, in: NSJ-Entwurf eines neuen Deutschen Urheberschutzgesetzes (Fn. 21), S. 387.

110 Vgl. *Zentek*, Die Geschichte des Schutzes von Gebrauchsprodukten (Fn. 3), S. 67 (mit weiteren Nachweisen).

111 Siehe auch *Juliane Scholz*, Der Drehbuchautor. USA-Deutschland. Ein historischer Vergleich, Bielefeld 2016, S. 328 (mit dem Hinweis, dass die Drehbuchautoren nach 1933 in Deutschland überhaupt keine Interessenvertretung mehr hatten).

1934 festgelegt.[112] Die Reichsregierung suchte mit dem AOG die „Betriebsgemeinschaft" zu einem rechtlichen und politischen Zentralbegriff zu erheben.[113] Gemäß Art. 2 AOG war innerhalb der „Betriebsgemeinschaft" der „Betriebsführer" gegenüber den Arbeitnehmern, die im Gesetz bekanntlich als Gefolgschaft bezeichnet wurden, in allen betrieblichen Angelegenheiten weisungsbefugt. Die Arbeitnehmer hatten dem Betriebsführer „die in der Betriebsgemeinschaft begründete Treue zu halten".[114]

Die starke arbeitsrechtliche Hierarchie schlug sich auch im Pressewesen nieder, wo das Schriftleitergesetz bereits im Herbst des Jahres 1933 in Kraft trat. Das Schriftleitergesetz bildete einen Spezialfall im Schnittfeld von nationalsozialistischer Gleichschaltungspolitik und Arbeitsrecht. Es diente als das wesentliche Instrument zur Neuorganisation der Presse, indem es die Bedingungen für eine Erlaubnis zur Ausübung des Berufs und die Aufgaben des Schriftleiters festlegte. Voraussetzung für die Ausübung des Berufs war seit 1933 eine entsprechende Ausbildung und die Eintragung in die Berufsliste der Reichspressekammer. Die vormals freien Berufe des Journalisten und des Redakteurs waren faktisch abgeschafft, nachdem die Stellung des Schriftleiters als eine öffentlich-rechtliche ausgewiesen worden war.[115] § 1 Abs. 1 des Schriftleitergesetzes beschrieb die Tätigkeit des Schriftleiters mit den Worten: „Wer an der Gestaltung des geistigen Inhalts durch Wort, Nachricht oder Bild" mitwirkt. Geprägt sei dessen Tätigkeit von der „Staatsgebundenheit" und der „Pflicht des Dienstes an der Gemeinschaft".[116]

Auf diesen Wegen schuf das Schriftleitergesetz von 1933 die rechtliche Grundlage für die Kontrolle aller Presseinhalte. Im vorliegenden Zusammenhang interessiert, ob und inwieweit sich die Prämissen des nationalsozialistischen Gesetzgebers – Gemeinnutz vor Eigennutz, Sozialbindung des Urheberrechts und Treuepflicht des Arbeitnehmers – auf die urheberrechtliche Position des angestellten Werkschaffenden auswirkten. Es soll mit anderen Worten be-

---

112 Dazu näher *Rüdiger Hachtmann*, Die rechtliche Regelung der Arbeitsbeziehungen im Dritten Reich, in: Dieter Gosewinkel (Hg.), Wirtschaftskontrolle und Recht in der nationalsozialistischen Diktatur, Frankfurt am Main 2005, S. 135–155, 137.

113 *Hachtmann*, Die rechtliche Regelung der Arbeitsbeziehungen im Dritten Reich (Fn. 112), S. 137.

114 Siehe *Hachtmann*, Die rechtliche Regelung der Arbeitsbeziehungen im Dritten Reich (Fn. 112), S. 137.

115 *Wolfgang Schmidt*, Die öffentlich-rechtliche Stellung des Schriftleiters nach dem Schriftleitergesetz vom 4. Oktober 1933, Dresden 1935, S. 4; *Alfons Altmann*, Die öffentlichrechtliche Stellung des Schriftleiters und ihre Einwirkung auf den Berichtigungszwang des § 11 des Reichspressegesetzes, Erlangen 1938, S. 7 (die Tätigkeit des Schriftleiters ist eine „vom Staat durch dieses Gesetz geregelte öffentliche Aufgabe", § 1 Schriftleitergesetz vom 4. Oktober 1933).

116 Näher *Schmidt*, Die öffentlich-rechtliche Stellung des Schriftleiters (Fn. 115), S. 14, 18.

leuchtet werden, wie die Wissenschaft in der NS-Zeit das Schnittfeld von Arbeitsrecht und Urheberrecht gesehen hat.[117]

2. Diskussionen über das Verhältnis von Urheberrecht und Arbeitsrecht in der Wissenschaft

Einen unpolitischen Blick auf die urheberrechtliche Stellung des Arbeitnehmers bietet die Dissertation des Schweizer Juristen Martin Huber aus dem Jahre 1936. Sie setzt sich mit dem Thema am Beispiel des angestellten Zeitungsredakteurs auseinander und nimmt dabei ausdrücklich auf deutsches Recht Bezug. Huber definiert das Vertragsverhältnis zwischen Redakteur und Verleger als höheren Dienst bzw. im Fall des Fehlens eines Arbeitsvertrags als freien Dienst.[118] Er unterscheidet die folgenden fünf Theorien: reine Dienstvertragstheorie, Stellvertretungstheorie, Fiktionstheorie, Besitzdienertheorie und Zurechnungstheorie.[119] Zudem betrachtet Huber Art. 343 des Schweizerischen Obligationenrechts als Anknüpfungspunkt für den Träger des Urheberrechts. Sämtliche Theorien würden das Urheberrecht beim Arbeitgeber verorten. Huber kritisiert, dass diese Theorien nicht hinreichend zwischen Urheberrecht im Sinne des Urheberpersönlichkeitsrechts und der Einräumung von Nutzungsrechten unterscheiden würden. Daher plädiert er dafür, den angestellten Werkschaffenden zum Träger

---

117 Ein eigenes Thema bildet die patentrechtliche Stellung des Arbeitnehmers, soweit er als Schöpfer dem Arbeitgeber Zugang zu seiner Erfindung ermöglicht. Siehe dazu: *Christoph Ann,* Arbeitnehmererfinderrecht und Arbeitnehmerurheberrecht, in: Eva Inés Obergfell (Hg.), Zehn Jahre reformiertes Urhebervertragsrecht, Berlin u.a. 2013, S. 85–100, 89–90; *Bernhard Volmer, Dieter Gaul,* Einleitung, in: Arbeitnehmererfindungsgesetz, 2. Auflage, Berlin 1983, S. 21–113 (Rn. 1–374), 43–47 (Rn. 88–103); *Rehbinder,* Urheberrecht (Fn. 37), Rn. 120–124 (aus heutiger Perspektive). Die NS-Reformbestrebungen zielten auf eine „Regelung der Erfindungen von Gefolgsmännern" (Volmer, Gaul, Arbeitnehmererfindungsgesetz, a. a. O. Rn. 89). Die Problematik war brisant, weil sie mit dem angeblichen Vorsprung Deutschlands bei der Kriegswirtschaft zusammenhing. Wie im Urheberrecht wurden auch im Patentrecht über Jahre Debatten geführt, die ergebnislos geblieben sind. „Unter dem Druck des technischen Krieges" sind 1942 dann aber eine „Arbeitnehmererfinderverordnung" und 1943 eine entsprechende „Durchführungsverordnung" in Kraft gesetzt worden (*Volmer, Gaul,* a. a. O. Rn. 94–102).

118 *Martin Huber,* Die urheberrechtliche und verlagsrechtliche Stellung des Redaktors und seiner Mitarbeiter im Pressewesen, Altdorf (Kanton Uri) 1936, S. 46. Huber wurde dafür kritisiert, dass er noch immer von „Redaktor" und nicht von „Schriftleiter" sprach, *Curt Hillig,* Rezension zu Huber, Die urheberrechtliche und verlagsrechtliche Stellung des Redaktors und seiner Mitarbeiter im Pressewesen, Altdorf 1936, in: UFITA 1937, S. 320–322, 321 („der Begriff des Schriftleiters im Sinne des Deutschen Schriftleitergesetzes vom 4. Oktober 1933 ist dem Verfasser nicht geläufig").

119 *Huber,* Die urheberrechtliche und verlagsrechtliche Stellung des Redaktors (Fn. 118), S. 55–59.

des Urheberrechts zu machen, während er dem Arbeitgeber ein ausschließliches Nutzungsrecht zuweisen wollte.[120]

Das Verhältnis des Arbeitsrechts zum Urheberrecht wurde vor allem gegen Ende des Dritten Reichs lebhaft diskutiert. In insgesamt drei UFITA-Beiträgen tauschten sich der über Jahre in Ägypten wirkende italienische Jurist Eduardo Piola Caselli (1868–1943), der in Crimmitschau geborene Universitätsprofessor Lutz Richter (1861–1945) und der neapolitanische Rechtsanwalt Luigi di Franco zu Fragen der Rechtsvergleichung sowie der Beziehungen von Arbeits- und Urheberrecht aus. Der Schwerpunkt der Diskussionen lag in einem Vergleich zwischen deutschem und italienischem Recht, wobei das Bestreben Italiens, das Urheberrecht im Rahmen einer neuen Zivilgesetzgebung als Teil des Arbeitsrechts zu qualifizieren, den Auslöser bildete.[121]

Caselli, ehemaliger Berichterstatter des ministerialen Ausschusses für Immaterialgüterrecht, lehnte die frühere (in Italien verbreitete) Einordnung des Urheberrechts als Teilgebiet des Sachenrechts ab und argumentierte mit der letztlich auch in den italienischen Gesetzentwurf aufgenommenen sprachlichen Formulierung, dass „der originäre Grund der Erwerbung des Urheberrechts […] in der Schaffung des Werkes bestehe".[122] Dabei handele es sich um den „besonderen Ausdruck der intellektuellen Arbeit".[123] Casellis Ausführungen machen deutlich, dass es ihm in erster Linie nicht darum geht, die Überlappungen und Widersprüche von Urheber- und Arbeitsrecht aufzulösen. Caselli kommt es vor allem auf eine Schärfung des Schöpfer- und Werkbegriffs an, die er mit den Mitteln des Arbeitsrechts glaubt, erreichen zu können.

Noch im selben Jahr repliziert der Staats-, Verwaltungs- und Arbeitsrechtler Lutz Richter mit einer scharfen Kritik.[124] Allein die formale Einordnung des Urheberrechts in das Arbeitsrecht lasse noch „keine greifbaren, nämlich wirklich arbeitsrechtlichen Folgerungen" zu.[125] Andererseits will Richter das bestehende Urheberrechtssystem, wonach das Urheberrecht beim Werkschaffenden anwächst, nicht in Frage stellen.[126] Zum Regelungskern des Urheberrechts äußert er

---

120 *Huber*, Die urheberrechtliche und verlagsrechtliche Stellung des Redaktors (Fn. 118), S. 64. Dasselbe sollte Huber zufolge für den einfachen Journalisten gelten, Die urheberrechtliche und verlagsrechtliche Stellung des Redaktors, a. a. O., S. 91–92.

121 *Eduardo Piola Caselli*, Zur Rechtsgrundlage des Urheberrechts nach italienischer und deutscher Auffassung, in: UFITA 1942, S. 152–157, 152. Siehe auch *Rehbinder*, Urheberrecht (Fn. 37), Rn. 117–119, 117 (aus heutiger Perspektive).

122 *Caselli*, Zur Rechtsgrundlage des Urheberrechts nach italienischer und deutscher Auffassung (Fn. 121), S. 153.

123 *Caselli*, Zur Rechtsgrundlage des Urheberrechts nach italienischer und deutscher Auffassung (Fn. 121), S. 153.

124 *Lutz Richter*, Urheberrecht und Arbeitsrecht, in: UFITA 1942, S. 168–179.

125 *Richter*, Urheberrecht und Arbeitsrecht (Fn. 124), S. 177.

126 *Richter*, Urheberrecht und Arbeitsrecht (Fn. 124), S. 173–174.

sich mit den Worten: „Das aber ist nach deutscher Auffassung der Persönlichkeitsschutz des arbeitenden Volksgenossen".[127] Die Verbindung von Arbeitsrecht und Urheberrecht schildert Richter wie folgt: Der Unternehmer zahle zwar auch dem Schauspieler oder Musiker eine Vergütung im arbeitsrechtlichen Sinne für die Leistung, die er ‚ausnützt'.[128] Jedoch sei weder beim ausübenden Künstler noch beim Werkschaffenden der „Leistungsvorgang" das urheberrechtlich Schützenswerte, „sondern das Ergebnis der geistigen und künstlerischen Leistung".[129] Richter sieht also eine fundamentale Differenz zwischen Arbeits- und Urheberrecht. Die italienischen Versuche, das Urheberrecht als Teilgebiet des Arbeitsrechts zu qualifizieren, lehnt er ab.[130]

Luigi di Franco schlägt sich auf die Seite von Caselli. Denn im faschistischen Italien sei „jeder ein Arbeiter, der in irgendeiner Weise an der nationalen Erzeugung teilhabe, sei es in abhängiger oder in freier Arbeit, sei es durch Handarbeit oder durch geistige Arbeit, sei es in organisierender oder in ausführender Arbeit".[131] Auf den ersten Blick mag es daher als Widerspruch erscheinen, dass das italienische Recht nicht von der Gemeinfreiheit urheberrechtlicher Werke ausging, sondern dem Urheber – und nicht dem Arbeitgeber – die ausschließlichen Verwertungsrechte zusprechen wollte. Di Franco begründet dies damit,

---

127 *Richter*, Urheberrecht und Arbeitsrecht (Fn. 124), S. 178.

128 *Richter*, Urheberrecht und Arbeitsrecht (Fn. 124), S. 173–175 – unter Verwendung der damals politisch opportunen Begriffe „Betriebsführer" und „Gefolgsleute".

129 *Richter*, Urheberrecht und Arbeitsrecht (Fn. 124), S. 175. Über die Frage, ob entweder die Leistung als solche, etwa in Gestalt einer „Eigenleistung", oder die „geistige Schöpfung" den Gegenstand des urheberrechtlichen Schutzes bilden, wird im Anschluss an die neueste EuGH-Rechtsprechung (zu den Afghanistan-Papieren) auch heute wieder diskutiert. So betont der ehemalige Richter am (nach wie vor) für das Urheberrecht zuständigen ersten Zivilsenat des Bundesgerichtshofes, Joachim von Ungern-Sternberg, das Primat der eigenständigen Schöpfung mit den Worten: „Unerheblich für den urheberrechtlichen Schutz sind die für einen Text aufgewandten geistigen Anstrengungen und die eingesetzte Sachkenntnis. Für den Schutz als ‚geistige Schöpfung' ist vielmehr erforderlich, dass der ‚Urheber seinen schöpferischen Geist in origineller Weise zum Ausdruck gebracht hat'", Die Rechtsprechung des EuGH und des BGH zum Urheberrecht und zu den verwandten Schutzrechten im Jahr 2020, in: GRUR 2021, S. 1–18, 1f.

130 Vor dem Hintergrund der aktuell wieder häufiger betonten Unterscheidung zwischen „Eigenleistung" und „geistiger Schöpfung" (siehe die Ausführungen in der vorstehenden Note) kann Richters Standpunkt insoweit auch heute noch geteilt werden.

131 *Luigi di Franco*, Urheberrecht und Arbeitsrecht in der neuen italienischen Gesetzgebung, in: UFITA 1943/1944, S. 126–138, 128. Di Francos Bemerkungen zielen auch gegen den Ansatz von Richter, der die Regelungsabsichten des Arbeitsrechts zu eng gesehen bzw. verkannt habe. Das neue italienische Arbeitsrecht habe die Trennung zwischen Arbeitgeber und Arbeitnehmer nämlich überwunden, indem das Gesetz sie zu einer „korporativen Ordnung" verbinde. Offen lässt di Franco allerdings, was er mit dem Begriff der „korporativen Ordnung" genau meint und inwiefern das neue Recht die überkommenen Grundsätze des Urheberrechts beseitige.

dass eine „Entschädigung für geleistete Arbeit" erbracht werde.[132] Darüber hinaus ist di Franco der Meinung, dass auch das Urheberpersönlichkeitsrecht durch die Verortung des Urheberrechts im Arbeitsrecht nicht berührt werde. Denn das Urheberpersönlichkeitsrecht bestünde unabhängig von der formalen Einordnung des Rechtsgebiets. Eine ausdrückliche gesetzliche Verbindung von Urheber- und Arbeitsrecht mache es leichter, „die Beziehungen von Urheber, Verleger und Unternehmer" sowie die „Modalitäten der Übertragung und Verwertung des vermögensrechtlichen Inhalts" zu regeln.[133]

Gegenüber dem Entwurf der Akademie für Deutsches Recht erheben sowohl Caselli als auch Di Franco den Vorwurf, formaljuristisch denjenigen zum Träger des Urheberrechts zu machen, der das Werk eigenpersönlich geschaffen habe, während das italienische Recht auf den „schöpferischen Wert" des Werkes abstelle.[134] Tatsächlich fand der angestellte Urheber in den Beratungen der Akademie für den Entwurf von 1939 keine Berücksichtigung. Wie eingangs bereits angedeutet, diskutierte der zuständige Ausschuss für Urheber- und Verlagsrecht abstrakt und generell, „ob und inwieweit das Urheberpersönlichkeitsrecht [...] zugunsten des Rechts der Volksgemeinschaft eingeschränkt werden müßte".[135] Dies überrascht nicht, wenn der nationalsozialistische Ansatz in einem größeren Rahmen betrachtet wird. Der NS-Jurisprudenz kam es im Urheberrecht genauso wenig wie im Arbeitsrecht auf eine Neuordnung des Verhältnisses zwischen Verleger und Urheber bzw. zwischen Arbeitgeber und Arbeitnehmer an. Vielmehr sollte die bestehende Ordnung so weit wie möglich in der Volksgemeinschaft aufgehen, um dem rassistischen Programm der Nationalsozialisten den Weg zu ebnen.

VI. Resümee

Die weitreichenden NS-Reformbestrebungen mündeten nicht in eine grundlegende Überarbeitung des Urheberrechts. Dem nationalsozialistischen Gesetzgeber fehlte schlicht die Zeit, um die vorhandenen Entwürfe in neues Recht umzusetzen. Der Umstand, dass das „Gesetz betreffend das Urheberrecht an

---

132 *Di Franco*, Urheberrecht und Arbeitsrecht in der neuen italienischen Gesetzgebung (Fn. 131), S. 128, 130.

133 *Di Franco*, Urheberrecht und Arbeitsrecht in der neuen italienischen Gesetzgebung (Fn. 131), S. 126–138, 127, 129–130, 131 (bei Note 11), 135.

134 *Caselli*, Zur Rechtsgrundlage des Urheberrechts nach italienischer und deutscher Auffassung (Fn. 121), S. 156–157; *Di Franco*, Urheberrecht und Arbeitsrecht in der neuen italienischen Gesetzgebung (Fn. 131), S. 127, 135.

135 Protokoll der Sitzung vom 16. und 17. Februar 1934, in: Schubert (Hg.), Akademie für Deutsches Recht 1933–1945 (Fn. 13), S. 558.

Werken der Literatur und Tonkunst" von 1901 bzw. 1910 (LUG) und das „Gesetz betreffend das Urheberrecht an Werken der bildenden Künste und der Photographie" von 1907 (KUG) weiterhin galten, eröffnete der Rechtsprechung des Reichsgerichts die Möglichkeit, an die darin enthaltenen Grundannahmen und -gedanken des Urheberpersönlichkeitsrechts auch nach 1933 noch anzuknüpfen. Andererseits gab es eine ganze Reihe von Autoren, die das nationalsozialistische Gedankengut in das Urheberrecht einbringen und auf die Rechtsprechung Einfluss nehmen wollten. Im Mittelpunkt der NS-Rechtslehre stand die These, der Schutz des Urhebers leite sich nicht aus „einem persönlichkeitsrechtlichen Anspruch" ab, sondern sei „eine Verpflichtung der Volksgemeinschaft gegen sich selbst".[136] Dieses identitäre Postulat wurde im Namen der ‚Sozialbindung' allen Rechts ausgesprochen – ein Topos, auf den die NS-Jurisprudenz rekurrierte, wenn sie bestrebt war, jene Sicherungsmechanismen aufzubrechen, die im bestehenden Recht zugunsten des Individuums verankert waren.

Die Behauptung einer Rechtsentwicklung „von frei zu sozial" hat nach dem Zweiten Weltkrieg in Gestalt der sogenannten Materialisierungsthese noch einmal eine erstaunliche Renaissance erlebt.[137] Das Reichsgericht hat sie zurückgewiesen, indem es bemerkte, soziale Elemente habe es auch früher schon gegeben. Dieser Standpunkt harmoniert im Kern mit Savignys zweigliedrigem Rechtsbegriff, in welchem individuelle und soziale, formale und materiale Elemente zusammenspielen.[138] Die NS-Jurisprudenz operiert dagegen auf Basis eines eingliedrigen Rechtsbegriffs, indem sie keine „Gränze" zwischen den formalen und materialen Elementen des Rechts anerkennt und die Positionen der Individualität im ‚Sozialen' aufzulösen sucht.[139]

Ob der angestellte Urheber von den NS-Reformbestrebungen profitierte, darf bezweifelt werden. Zensur und Kontrolle vermochten unter formalen Gesichtspunkten urheberrechtliche Positionen zwar nicht einzuschränken. In der Praxis führten sie, wie das Beispiel des Schriftleiters zeigt, aber zu einer massiven Beschränkung der Werkschaffenden. Vor diesem Hintergrund haben die Debatten über das Verhältnis von Arbeits- und Urheberrecht eher nur akademischen

---

136 Z.B. *Gast*, Grundsätzliches zur Stellung der Reichskulturkammer im Urheberrecht (Fn. 14), S. 336 (siehe oben II und III 1).

137 Siehe die Nachweise oben IV 3. Einer der prominentesten Vertreter dieser These, an die nach der Wende zum 21. Jahrhundert mit Claus-Wilhelm Canaris auch viele andere Autoren noch angeknüpft haben (oben IV 3), ist Franz Wieacker. Als Anhänger der Freirechtslehre darf der Göttinger Rechtshistoriker als Verfechter eines rechtsphilosophischen Nihilismus angesehen werden, da er bestreitet, dass es möglich sei, in einer Rechtsordnung zugunsten des Individuums (formale) Sicherungsmechanismen zu verankern, näher *Meder*, Savignys Weg in die juristische Moderne (Fn. 10), S. 33–39.

138 Dazu näher *Meder*, Rechtsmaschinen. Von Subsumtionsautomaten, Künstlicher Intelligenz und der Suche nach dem „richtigen" Urteil, Köln u.a. 2020, S. 98–103.

139 Zur Vorstellung eines Rechts als „Gränze" siehe die Nachweise oben II.

Charakter. Sie täuschen leicht darüber hinweg, dass die Standpunkte der Autoren gar nicht so weit voneinander entfernt sind, wie es auf den ersten Blick erscheinen mag.[140] Der von den italienischen Juristen erhobene Vorwurf, das deutsche Recht würde das schöpferische Individuum zum Träger des Urheberrechts machen, vermag daher nicht wirklich zu überzeugen.[141] Denn nicht nur das faschistische Italien, sondern auch das nationalsozialistische Deutsche Reich war bestrebt, den Akzent von der individuellen Schöpfung auf das Werk als den eigentlichen Grund für den Erwerb eines Urheberrechts zu verlagern.

Von hier aus ergeben sich die von der Politik gewünschten Anschlüsse an das Primat des Gemeinnutzes, an die Pflicht zum Dienst gegenüber der Volksgemeinschaft, an den Staat und die Partei. Es ist also einmal mehr das „Soziale", welches als das „Öl" (Gierke) fungiert, um gesellschaftliche Entdifferenzierung voranzutreiben. Auch in den Diskussionen über das Verhältnis von Arbeits- und Urheberrecht bildet das „Soziale" die Metapher, worüber die zeitgenössische Jurisprudenz glaubt, einen totalen Machtanspruch des Staates legitimieren zu können.

---

140 Zur italienischen Sichtweise, die von Arbeiten von Giuseppe Mazzini über Valerio de Sanctis bis in den Faschismus reicht: *Hefti*, Das Urheberrecht im Nationalsozialismus (Fn. 2), S. 174 („das offenbare Denken aber gehört allen: es ist ein soziales Eigentum. Der Hauch der menschlichen Seele kann nicht ein Monopol begründen. Alle haben die Pflicht zu ermutigen, niemand hat das Recht, den Lauf der Wahrheit zu hemmen, noch einzuschränken").

141 Mit Blick auf die NS-Reformentwürfe (oben III 2), die das Urheberpersönlichkeitsrecht jeweils erwähnen, erscheint dieser Vorwurf durchaus verständlich. Eine Sicherung der Rechte des Urhebers war auf diesem Wege aber kaum zu erreichen. Denn mit einem Rekurs auf das soziale Argument konnten (infolge eines eingliedrigen Rechtsbegriffs) „ausschließliche" Rechte jederzeit wieder ausgehebelt werden. Als Beispiel sei nur auf die Schwierigkeiten hingewiesen, welche das soziale Argument dem Reichsgericht bereitete, als es sich auf den „wiederholt anerkannten Rechtsgrundsatze" berufen wollte, „daß dem Urheber tunlichst überall, wo aus seinen Geisteswerken Geldgewinn gezogen wird, ein Anteil daran zukommen soll" (oben IV 1 und 3).

Yael Prantl

Das NS-Urheberrecht im Spannungsfeld zwischen Individual- und Allgemeininteresse. Das Reichsgericht als Vermittler im Dritten Reich

Der Einfluss der Nationalsozialisten auf das Urheberrecht war nicht nur einschneidend, sondern wirft auch weiterhin Fragen darüber auf, wie scheinbar unpolitische Rechtsgebiete[1] in politisch instabilen oder autoritären Regimen manipuliert und instrumentalisiert werden können. Das Urheberrecht im NS-Staat war geprägt von einer komplexen Beziehung zwischen staatlicher Ideologie und der Autonomie des Rechts. Das Reichsgericht spielte in dieser Zeit nicht nur eine maßgebliche Rolle bei der Interpretation und Anwendung der Gesetze zum geistigen Eigentum, sondern auch bei der Rechtsfortbildung ungeklärter Fragen des Immaterialgüterrechts. Dreh- und Angelpunkt war stets die Unvereinbarkeit der nationalsozialistischen Vorstellung vom Urheberrecht mit den noch aus wilhelminischer Zeit stammenden urheberrechtlichen Vorschriften. Während die geltenden Gesetze im Kern die individuelle Schöpfung des Werkschaffenden zu schützen suchten, drängte die nationalsozialistische Urheberrechtswissenschaft darauf, die Rechtsstellung des Werkschöpfers zu Gunsten der Allgemeinheit zu beschränken.[2] Darüber hinaus lehnte der NS-Staat die Gleichbehandlung der Schutzvoraussetzungen von alltäglichen Gebrauchsgegenständen und Kunstwerken ab.[3] Dies hatte zur Folge, dass zur Zeit des Nationalsozialismus

---

1 So behauptete dies zumindest Hermann Weinkauff, Richter des ersten Zivilsenats am Reichsgericht und nach Kriegsende der erste Präsident des Bundesgerichtshofs. Er bezeichnete seinen Senat im Reichsgericht, dessen Hauptarbeitsgebiet das Patent- und Urheberrecht war, als „völlig unpolitisch". Siehe hierzu *Daniel Herber*, Hermann Weinkauff (1894–1981). Der erste Präsident des Bundesgerichtshofs, Tübingen 2008, S. 51f.

2 *Ernst Hefti*, Das Urheberrecht im Nationalsozialismus, in: Robert Dittrich (Hg.), Woher kommt das Urheberrecht und wohin geht es? Wurzeln, geschichtlicher Ursprung, geistesgeschichtlicher Hintergrund und Zukunft des Urheberrechts, Wien 1988, S. 165–180, 165–167; *Stephan Meder*, „Von frei zu sozial"? Das NS-Urheberpersönlichkeitsrecht und der „alte Wahlspruch, daß gemeiner Nutz vor sonderlichem geht" (in diesem Band, Gliederungspunkt II); *Simon Apel*, Das Reichsgericht, das Urheberrecht und das Parteiprogramm der NSDAP, in: ZJS 1 (2010), S. 141–143, 141.

3 *Sabine Zentek*, Acht Jahrzehnte verkanntes Design im deutschen Urheberrecht. Die Geschichte des Schutzes von Gebrauchsgestaltungen unter besonderer Berücksichtigung des Nationalsozialismus, Heinrich-Heine-Universität Düsseldorf 2015, S. 176.

urheberrechtliche Schutzkriterien erheblich restriktiver ausgelegt wurden.[4] Die Untersuchung der Rechtsprechung des Reichsgerichts verspricht in diesem Kontext einen interessanten Einblick in das Verhältnis zwischen den Idealen des Rechts auf der einen und den politischen Interessen der NS-Regierung auf der anderen Seite.

Dieser Aufsatz soll zunächst die Spannungen zweier grundverschiedener Ansätze zum Urheberrecht erläutern und anschließend einen groben Überblick über ihre Behandlung in der Rechtsprechung des Reichsgerichts geben.

I. Urheberrechtsgesetze zu Zeiten der NS-Herrschaft

Zur Zeit des Nationalsozialismus waren das „Gesetz betreffend das Urheberrecht an Werken der Literatur und der Tondkunst" (LUG) von 1901 und das „Gesetz betreffend das Urheberrecht an Werken der bildenden Künste und der Photographie" (KUG) in Kraft. Beide Gesetze harmonieren mit dem Grundgedanken des BGB und stellen das Individuum in das Zentrum des Rechtssystems.[5] Das KUG gewährte erstmals einen gleichwertigen Schutz für angewandte Kunst neben den bildenden Künsten.[6] Dies hatte zur Folge, dass nun auch explizit fortschrittlich-moderne Gestaltungen unter den Schutzbereich fielen. Indem der Gesetzgeber des KUG und des LUG die nach altem Recht vorgesehene Erhöhung bildender Künste gegenüber Gebrauchserzeugnissen abschaffte, reagierte er auf die kulturelle Veränderung und den technischen Fortschritt.[7]

Das Aufkommen des Rundfunks ab 1923, der endgültige Durchbruch der Schallplatte als Produkt für einen Massenmarkt sowie die Verbreitung des Tonfilms stellten die bestehenden urheberrechtlichen Gesetze aber vor ihre Grenzen.[8] Das Urheberrecht hätte aufgrund der exponentiellen Entwicklung der Technik bereits dringend schon vor der Machtübernahme Hitlers im Jahr 1933

---

4 Die nationalsozialistische Anpassung der urheberrechtlichen Vorschriften begann mit der „Gropius Türdrücker-Entscheidung" vom 14.01.1933 (RGZ 139, S. 214–221). Daraufhin folgten zahlreiche weitere Urteile, welche die restriktive Rechtsprechung festigten, so z.B.: RGZ 140, S. 137–144; RGZ 140, S. 264–275; RGZ 142, S. 341–347; RGZ 144, S. 75–79; RGZ 155, S. 199–207.

5 *Meder*, „Von frei zu sozial"? Das NS-Urheberpersönlichkeitsrecht und der „alte Wahlspruch, daß gemeiner Nutz vor sonderlichem geht" (in diesem Band, Gliederungspunkt II).

6 *Zentek*, Acht Jahrzehnte verkanntes Design im deutschen Urheberrecht (Fn. 3), S. 176.

7 *Zentek*, Acht Jahrzehnte verkanntes Design im deutschen Urheberrecht (Fn. 3), S. 176. Das Problem der vorherigen Rechtsordnung war, dass der exponentiell wachsende technische Fortschritt zu einem regelrechten Boom von neuen Gebrauchserzeugnissen führte, die nach altem Recht jedoch keinen Urheberrechtsschutz genossen.

8 *Apel*, Das Reichsgericht, das Urheberrecht und das Parteiprogramm der NSDAP (Fn. 2), S. 141, 141.

einer Reform bedurft.[9] Das NS-Regime erkannte den Mangel eines modernen, der Zeit entsprechenden Gesetzes und legte mehrere Entwürfe vor.[10] Das Urheberrecht in diesen Entwürfen stellte dabei etwas „wesentlich anderes" dar, „als das Urheberrecht der bisherigen Urheberrechtsgesetze".[11] Doch – ähnlich wie auch beim Volksgesetzbuch – ist es den Nationalsozialisten am Ende nicht gelungen, die urheberrechtlichen Vorschriften neu zu formulieren.

Heute kann man nur von Glück sprechen, dass die Entwürfe nicht zu einem nationalsozialistischen Urheberrechtsgesetz erklärt worden sind. Es wäre kaum auszudenken, welchen Einfluss dies wohl auf unser heutiges Urheberrechtsverständnis gehabt hätte. Die Entwürfe dienten zwar als Anknüpfungspunkt für das Urheberrechtsgesetz (UrhG) von 1966, die nationalsozialistischen Regelungsinhalte wurden jedoch erkannt und entfernt.[12]

II. Das nationalsozialistische Verständnis des Urheberrechts

Im Gegensatz zum KUG und LUG sahen die Nationalsozialisten nicht den Werkschöpfer im Mittelpunkt des Urheberrechts, sondern die „Volksgemeinschaft". Der im nationalsozialistischen Regime weit verbreitete Grundsatz „Gemeinnutz vor Eigennutz"[13] machte auch vor dem Urheberrecht keinen Halt. Die Interessen des kreativen Individuums rückten in den Hintergrund. Getreu dem Leitspruch „Du bist nichts – Dein Volk ist alles", habe der Werkschöpfer seine

---

9 *Apel*, Das Reichsgericht, das Urheberrecht und das Parteiprogramm der NSDAP (Fn. 2), S. 141, 141.

10 Vorgelegt wurden insgesamt vier Entwürfe zum Urheberrecht. Der Regierungsentwurf von 1932, der Entwurf des Nationalsozialistischen Juristenbundes von 1933, ein überarbeiteter Regierungsentwurf von 1934 und der Entwurf der Akademie für Deutsches Recht von 1939.

11 *Julius Kopsch*, Der schaffende Künstler und die Neugestaltung des Urheberrechts, in: Hans Frank (Hg.), Jahrbuch der Akademie für Deutsches Recht 1939/40, S. 152–165, 156.

12 *Artur-Axel Wandtke*, Einige Aspekte zur Urheberrechtsreform im Dritten Reich, in: UFITA 2002, S. 451–474, 454; *Werner Schubert* (Hg.), Akademie für deutsches Recht 1933–1945, Protokolle der Ausschüsse, Bd. IX: Gewerblicher Rechtsschutz und Kartellrecht 1934–1943, Berlin 1999, S. XI.

13 Der „Gemeine Nutzen" ist keine Erfindung der Nationalsozialisten, sondern fand bereits in der Vergangenheit vielfach Anwendung. Er wurde als Legitimation politischer Autorität, sowie als Argumentations- und Rechtfertigungsprinzip in politischen Auseinandersetzungen genutzt. Zwar mag der „Gemeine Nutzen" legitimatorisch und gemeinschaftsintegrativ wirken, doch dient er oftmals nur ansprüchlich dem Wohle aller und fungiert häufig als Deckmantel partikularer Interessen. Siehe hierzu *Peter Hibst*, Gemeiner Nutzen: Begriffsgeschichtliche Untersuchung zur politischen Theorie vom 5. Vorchristlichen bis zum 15. Nachchristlichen Jahrhundert, in: Archiv für Begriffsgeschichte 33 (1990), S. 60–95, 61 und 63.

Leistung in erster Linie der Gemeinschaft zu verdanken, weswegen die Rechte des Urhebers stets sozial gebunden seien.[14]

Erklärtes Ziel der Diktatur war ferner die uniforme Willensbildung. Das Urheberrecht müsse einer „kulturellen Geschmackserziehung" unterzogen werden, um individualistische Tendenzen automatisch auszuschalten und lediglich die „schöne" Kunst zu schützen.[15]

1.   Sozialgebundenes Urheberrecht

Das nationalsozialistische Regime betrachtete die Rechte des Urhebers als „sozialgebunden".[16] Es sah den Schöpfer nicht als kreatives Individuum, sondern als integrierten Bestandteil der Allgemeinheit, für den – wie für alle anderen auch – Nr. 10 des NSDAP-Programms galt:[17]

> „Erste Pflicht jeden Staatsbürgers muß sein, geistig und körperlich zu schaffen. Die Tätigkeit des Einzelnen darf nicht gegen die Interessen der Allgemeinheit verstoßen, sondern muß im Rahmen des gesamten und zum Nutzen aller erfolgen".[18]

Ob Werke urheberrechtliche Schutzkriterien erfüllten, richtete sich danach, ob diese sich förderlich auf die nationalsozialistische Lebensform auswirkten. Ein Werk müsse „gemeinschaftsbildend" und „gemeinschaftserhaltend" im nationalsozialistischen Sinne sein.[19] War dies nicht der Fall, so konnten Urheberrechte zugunsten der Allgemeinheit begrenzt werden.[20]

---

14 Vgl. *Hefti*, Das Urheberrecht im Nationalsozialismus (Fn. 2), S. 165, 169 f.; *Wandtke*, Einige Aspekte zur Urheberrechtsreform im Dritten Reich (Fn. 12), S. 456; *Apel*, Das Reichsgericht, das Urheberrecht und das Parteiprogramm der NSDAP (Fn. 2), S. 141; *Zentek*, Acht Jahrzehnte verkanntes Design im deutschen Urheberrecht (Fn. 3), S. 177.

15 Vgl. Goebbels Brief an Furtwängler in: *Julius Kopsch*, NSJ-Entwurf eines neuen Deutschen Urheberschutzgesetzes, in: UFITA 1934, S. 383–399, 385; *Hefti*, Das Urheberrecht im Nationalsozialismus (Fn. 2), S. 176–178; *Zentek*, Acht Jahrzehnte verkanntes Design im deutschen Urheberrecht (Fn. 3), S. 166.

16 *Julius Kopsch*, Zur Frage der gesetzlichen Lizenz, in: Archiv für Funkrecht 1928, Bd. I, S. 201–209; *Kopsch*, Der schaffende Künstler und die Neugestaltung des Urheberrechts (Fn. 11), S. 155; *Julius Kopsch*, Urheberrecht und Rechtsbewußtsein des Volkes, in UFITA 1939, S. 38–44, 42; *Hefti*, Das Urheberrecht im Nationalsozialismus (Fn. 2), S. 165; *Wandtke*, Einige Aspekte zur Urheberrechtsreform im Dritten Reich (Fn. 12), S. 459 f.

17 *Hefti*, Das Urheberrecht im Nationalsozialismus (Fn. 2), S. 169.

18 25-Punkte Programm der NSDAP vom 25.02.1920.

19 Vgl. *Arthur Rosenberg*, Der Internationale Autorenkongreß in Berlin 1928, in: UFITA 1928, S. 294–298, S. 297 f.; *Kopsch*, Zur Frage der gesetzlichen Lizenz (Fn. 16), S. 201–209; *Werner Schubert* (Hg.), Ausschüsse für den gewerblichen Rechtsschutz, in: Akademie für Deutsches Recht 1933–1945, Bd. IX: Gewerblicher Rechtsschutz und Kartellrecht 1934–1943, Berlin 1999, S. 534–611, 559–560; *Zentek*, Acht Jahrzehnte verkanntes Design im deutschen Urheberrecht (Fn. 3), S. 178.

Die Erhöhung der „Allgemeinheit" als Maßstab aller Dinge hatte eine Ent-individualisierung des Werkschöpfers zur Folge.[21] Die nationalsozialistische Rechtswissenschaft nahm an, dass die Schaffung eines Werkes dem Gestalter nur als Teil der Gemeinschaft möglich sei, da er aus ihr erst den kulturellen Fundus schöpfe.[22] Es handele sich daher nie um eine individuelle, sondern stets um eine kollektive Leistung.[23] Der Urheber werde also nicht für seine schöpferische Arbeit, sondern für seinen Dienst am Volke belohnt, welches ihm die Grundlage für sein Schaffen durch vorhandene Kulturwerte erst ermöglicht hatte.[24]

2.   Zurück zur Erhöhung der bildenden Kunst gegenüber der angewandten Kunst

Das Urheberrecht wurde als Instrument betrachtet, um die Kontrolle über Kultur und Ideen zu festigen, die der nationalsozialistischen Agenda entsprachen. Das Ziel war es, Kunst und Kultur zu instrumentalisieren und zu manipulieren, um die propagandistischen Ziele des Regimes zu unterstützen und zu verbreiten.

Reichsminister Joseph Goebbels sah die Kunst als „ein Stück von unserem Leben, der Spiegel unserer Seele und damit die Verkörperung unseres schaffenden und rastlos tätigen nationalsozialistischen Zeitalters." Ganz nach seiner Devise „Kunst kommt vom Können", forderte er das Kriterium des „überdurchschnittlichen Arbeitskönnens".[25] National wertvolle Kunstwerke seien mit gebotener Dringlichkeit zu erhalten, während „moderne Mätzchen" verhindert werden müssen. Erforderlich hierfür sei die Wiedereinführung der aus dem alten

---

20 So wurde beispielsweise im Urteil vom 26.04.1933 eine Verletzung des Urheberpersönlichkeitsrechts mit der Begründung abgelehnt, dass nicht bloß die „eignen vermögens- und persönlichkeitsrechtlichen Belange des Urhebers und des Verlegers gegeneinander abzuwägen" sind, sondern auch die „Rücksicht auf die Allgemeinheit" in die Bewertung mit einbezogen werden muss. Grund hierfür ist, dass der Urheber „der Gemeinschaft durch das einmal geschaffene Werk verpflichtet" sei. Siehe RGZ 140, S. 264–275, 270.

21 *Hefti*, Das Urheberrecht im Nationalsozialismus (Fn. 2), S. 169f.

22 *Alexander Elster*, Deutsche Rechtsgedanken im Urheberrecht, in: UFITA 1933, S. 189–207, 192; *Hefti*, Das Urheberrecht im Nationalsozialismus (Fn. 2), S. 170.

23 Vgl. *Peter Gast*, Grundsätzliches zur Stellung der Reichskulturkammer im Urheberrecht, in: UFITA 1935, S. 333–343, 336.

24 *Alexander Elster*, Die Rechtspersönlichkeit des Urhebers und ihr Recht in der Volksgemeinschaft, in: GRUR 1940, S. 404–411, 407–410.

25 Zitiert nach *Zentek*, Acht Jahrzehnte verkanntes Design im deutschen Urheberrecht (Fn. 3), S. 179. Ähnlich argumentierte auch Hitler in seiner Rede zur Eröffnung des Hauses der Deutschen Kunst in München, abgedruckt in: *Fritz Kaiser* (Hg.), Führer durch die Ausstellung Entartete Kunst, München 1937, S. 24.

Recht stammenden Erhöhung der bildenden Kunst gegenüber der angewandten Kunst.[26]

Welche Kunstwerke dem nationalsozialistischen Geiste entsprachen, sollte unter anderem die „Große Deutsche Kunstausstellung" offenbaren. Sie zeigte die „schöne Kunst", welche auf natürliche Formen oder klassische Stilelemente zurückgriff. Im Kontrast dazu stand die Wanderausstellung für „Entartete Kunst". Als „entartet" galt solche Kunst, die entweder „das deutsche Gefühl beleidigen oder die natürliche Form zerstören oder verstümmeln oder sich durch fehlendes angemessenes handwerkliches oder künstlerisches Können auszeichnen."[27] Darunter fielen unter anderem die Stilrichtungen des Expressionismus, Impressionismus, Dadaismus, Surrealismus, Kubismus und der Neuen Sachlichkeit, welche von den Nationalsozialisten abwertend als „Juden- und Bolschewistenrummel" bezeichnet wurden.[28] Die Wanderausstellung sollte einen Einblick in das „grauenhafte Schlußkapitel des Kulturzerfalls der letzten Jahrzehnte" geben.[29] Beide Ausstellungen dienten nicht nur zur Geschmackserziehung des Volkes, sondern auch der Diffamierung avantgardistischer Ästhetik. Individuell-originärer Kunst der „hemmungslosen Ich-Kultur der liberalistischen Epoche" sollte so Einhalt geboten werden.[30]

Mit der konsequenten Umsetzung ihrer Ideale standen die Machthaber jedoch vor einem Problem. Ideologischen Einschränkungen des Werkbegriffs stand § 46 KUG entgegen. Nach § 46 KUG habe eine Sachverständigenkammer auf Erfordern der Gerichte und der Staatsanwaltschaft über Kunstfragen zu entscheiden. Der Grund hierfür war, so heißt es in der Kommentierung des KUG, „daß manche Kammern die Rechtsmaterie viel besser beherrschen als weitaus die meisten Gerichte".[31] Wurde die Sachverständigenkammer mit der Erstellung eines Gutachtens beauftragt, so durfte sie selbst, d. h. nicht das Gericht oder die Staatsanwaltschaft, das hiermit zu betreuende Mitglied auswählen. Dies hatte jedoch –

---

26 *Kopsch*, NSJ-Entwurf eines neuen Deutschen Urheberschutzgesetzes (Fn. 15), S. 385; *Alexander Elster*, Zur Verwirklichung eines volksverbindenden Urheberrechts, in: JR 1934, S. 205–210, 205; *Sabine Zentek*, Die Geschichte des Schutzes von Gebrauchsprodukten und die Auswirkungen des Nationalsozialismus auf die urheberrechtlichen Schutzkriterien, in: UFITA 2016, S. 35–97, 61.

27 *Stephanie Barron* (Hg.), „Entartete Kunst", Das Schicksal der Avantgarde im Nazi-Deutschland, München 1992, S. 19.

28 Siehe hierzu den Ausstellungskatalog der Ausstellung für Entartete Kunst: *Kaiser* (Hg.), Führer durch die Ausstellung Entartete Kunst (Fn. 25), S. 2.

29 *Kaiser* (Hg.), Führer durch die Ausstellung Entartete Kunst (Fn. 25), S. 2.

30 *Karl-Friedrich Schrieber*, Organisation und Ziele der deutschen Kulturpolitik, Berlin 1934, S. 12–14.

31 *Albert Osterrieth, Bruno Marwitz*, Das Urheberrecht an Werken der bildenden Künste und der Photographie: Gesetz vom 9. Januar 1907 mit den Abänderungen vom 22. Mai 1910, Berlin 1929, S. 215 f.; *Zentek*, Acht Jahrzehnte verkanntes Design im deutschen Urheberrecht (Fn. 3), S. 300.

zum Widerstreben der Nationalsozialisten – die Folge, dass die Kammer auch aus solchen Personen bestand, die das nationalsozialistische Gedankengut nicht teilten.[32] Vor diesem Hintergrund verwundert es also nicht, dass die Rechtsprechung ab 1933 immer weniger die Sachverständigenkammern hinzuzog und 1939 die Befragung einer Sachverständigenkammer sogar durch die Sicht eines „Volksgenossen" ersetze.[33]

III. Das Reichsgericht als Vermittler im Dritten Reich

In diesem Abschnitt werden Teile der Rechtsprechung des Reichsgerichts detailliert untersucht, um die Grenzen und Möglichkeiten der rechtlichen Autonomie[34] innerhalb eines totalitären Regimes zu beleuchten. Die Schwierigkeit der Entscheidungsfindung des Reichsgerichts lag darin, das Spannungsverhältnis zwischen den geltenden Gesetzen und dem nationalsozialistischen Rechtsverständnis vom Urheberrecht zu überbrücken. Während die geltenden Gesetze die Individualinteressen in den Vordergrund stellten, konzentrierte sich das nationalsozialistische Urheberrecht auf das Allgemeininteresse und ließ das Individualinteresse hinter dieses zurücktreten. Die Richter waren überdies dem Druck ausgesetzt, stets das nationalsozialistische Rechtsdenken zur Anwendung zu bringen.[35] Dabei wird die Frage aufgeworfen, inwieweit das Gericht in der Lage war, unabhängige Entscheidungen zu treffen und dennoch den politischen Einflüssen standzuhalten, die das Urheberrecht und die Rechtsprechung in dieser Ära prägten.

---

32 *Zentek*, Acht Jahrzehnte verkanntes Design im deutschen Urheberrecht (Fn. 3), S. 305.

33 Siehe hierzu die Entscheidung des Reichsgerichts vom 12.09.1939 über das „Sofia" Besteck der Firma Lutz&Weiss, in: RG GRUR 1940, S. 59, 59. Nach Ansicht des Senats komme es zur Bewertung der Kunsteigenschaft nicht auf das „angebliche Gesamturteil einzelner Volksschichten [Sachverständigenkammern]" an, sondern auf das „durchschnittliche Urteil des für Kunst empfänglichen und mit Kunst einigermaßen vertrauten Volksgenossen, wie sie sich in den verschiedensten Schichten des Volkes finden". Problematisch ist diese Aussage insofern, dass nach Punkt 4 des NSDAP-Programms „Volksgenosse" nur sein kann, wer „deutschen Blutes" ist, womit Juden keine Volksgenossen sein konnten.

34 Siehe zur Autonomie des Rechts *Stephan Meder*, Savignys Weg in die juristische Moderne: Romantik, Gender, Religion, Wissenschaft, Berlin 2023, S. 394–402.

35 Siehe *Julius Kopsch*, Die Neugestaltung des Rechts im deutschen Musikleben, in: UFITA 1934, S. 221–236, 222. Nach Kopsch dürfe ein „nationalsozialistischer Jurist [...] kein Urteil, keine Theorie anerkennen, von denen er nicht überzeugt ist, daß sie dem natürlichen Empfinden des Volkes entsprechen."

1.   Die Rechtsprechung des Reichsgerichts zum Urheberrecht und ihre
       Auswirkung

Das Reichsgericht ging im Verlauf der 1930er Jahre zu einer restriktiven urheberrechtlichen Rechtsprechung über und widersprach dabei nicht selten den
Instanzgerichten.[36] So forderte das Reichsgericht beispielsweise für den urheberrechtlichen Schutz von Gebrauchsprodukten entweder eine Erhöhung in die
bildende Kunst oder zumindest ein positives Wirken auf die Volksgemeinschaft.
Dadurch erlitt die Schutzsituation in Deutschland nicht nur eine dramatische
Schwächung, sondern geriet auch noch in Abhängigkeit von politischen Wertungen.[37] Auffallend ist, dass das Reichsgericht gerade dann von seiner strengen
Rechtsprechung abweicht, wenn ein starker Zusammenhang zur NS-Regierung
hergestellt werden kann oder eine gewisse Symbolkraft besteht, wie z.B. beim
Horst-Wessel-Lied (a) und dem Hitler-Portrait (b). Es ist jedoch anzumerken,
dass das Reichsgericht auch in der Lage war, sich den Interessen der Machthaber
zu widersetzen, wie es sich im Schallplatten-Urteil (c) gezeigt hat.

a)   Urteil zum Horst-Wessel-Lied

Am 02.12.1936 befasste sich der erste Zivilsenat des Reichsgerichts mit dem Urheberrechtsschutz des Hort-Wessel-Liedes.[38] Bei diesem handelt es sich im Ursprung um ein Kampflied der Sturmabteilung (SA), welches sich später zur Parteihymne der NSDAP entwickelte und de facto als zweite inoffizielle deutsche
Nationalhymne[39] galt.[40] Namensgeber des Liedes war Horst Wessel (1907–1930)[41],

---

36 So z.B. in folgenden Urteilen: RGZ 139, S. 214–221; RGZ 144, S. 75–79; RGZ 144, S. 106–116;
    RGZ 151, S. 50–57; RGZ 155, S. 199–207; RGZ 158, S. 321–334.
37 *Zentek*, Acht Jahrzehnte verkanntes Design im deutschen Urheberrecht (Fn. 3), S. 177.
38 RGZ 153, S. 71–78.
39 Es bestand sogar die Überlegung, die Nationalhymne um das Horst-Wessel-Lied zu ergänzen.
    Diese Idee wurde jedoch wieder verworfen. Siehe hierzu den Tagebucheintrag vom 30.11.1938
    in: Die Tagebücher von Joseph Goebbels (hg. von Elke Fröhlich), Teil I (Aufzeichnungen
    1923–1941), Bd. 6: August 1938-Juni 1939, München 1998, S. 206.
40 *Melz, Zielinska, Bielecki*, „Verbotene" Lieder? Ein Überblick über strafrechtlich kontroverse
    Musik in Deutschland, in: Halecker, Hoffmann, u.a., Musik und Strafrecht, Berlin 2021, S. 9–
    41, 11.
41 Horst Wessel engagierte sich bereits im jungen Alter in rechtskonservativen Jugendverbän-
    den, wie der Deutschnationalen Volkspartei und dem rechtsextremen „Wiking-Bund", einer
    Nachfolgeorganisation der verbotenen „Organisation Consul". Nach Auflösung des „Wiking-
    Bundes" trat er 1926 der NSDAP bei und begann seine Karriere in der Berliner SA. Seine
    Aufgaben bestanden hauptsächlich in der Rekrutierung neuer Mitglieder und dem Aufbau
    der Hitler-Jugend. 1930 wurde Wessel von Kommunisten – so wurde es zumindest von der
    NS-Propaganda behauptet – erschossen. Nach dessen Tod wurde er in einer breit angelegten
    Propagandakampagne als „Märtyrer der Bewegung" stilisiert, woraus ein regelrechter Horst-

ein junger und aufstrebender Sturmführer der Berliner SA, der im Jahr 1929 folgendes Gedicht „Die Fahne hoch" auf der Basis älterer Melodien[42] verfasste:

Die Fahne hoch!
Die Reihen fest (dicht/sind) geschlossen!
SA marschiert
Mit ruhig (mutig) festem Schritt
Kam'raden, die Rotfront und Reaktion erschossen,
Marschier'n im Geist
In unser'n Reihen mit

Die Straße frei
Den braunen Bataillonen
Die Straße frei
Dem Sturmabteilungsmann!
Es schau'n aufs Hakenkreuz voll Hoffnung schon Millionen
Der Tag für Freiheit
Und für Brot bricht an

Zum letzten Mal
Wird Sturmalarm (/-appell) geblasen!
Zum Kampfe steh'n
Wir alle schon bereit!
Schon (Bald) flattern Hitlerfahnen über allen Straßen (über Barrikaden)
Die Knechtschaft dauert
Nur noch kurze Zeit![43]

Das Gedicht glorifiziert die paramilitärische Kampforganisation der NSDAP, die Sturmabteilung – im Text „braune Bataillone" genannt – und zeichnet ein Szenario von einem Sieg über die „Rotfront"[44] und dem Wunsch nach der Übermacht der Nationalsozialisten. Das Symbol des Hakenkreuzes dient im Text als Ausdruck der „Hoffnung von Millionen" und trägt eine quasi-religiöse Verherrlichung mit sich, die sonst nur das christliche Kreuzsymbol kennt.[45]

Wessel-Kult entstand. Siehe für eine Kurzbiografie zu Horst Wessel: https://www.dhm.de/lemo/biografie/horst-wessel (Abruf v. 13.01.2024).

42 Laut Reichsgericht entsprechen mehrere Zeilen des Horst-Wessel-Liedes mit lediglich geringfügigen Abweichungen im Rhythmus und in der Tonfolge den Liedern „Seefahrt nach Afrika, Gefangenschaft und Befreiung", „Der Fischer und sein Liebchen" sowie dem Volkslied „Es wollt ein Mann in seine Heimat reisen". Siehe RGZ 153, S. 71, 73.

43 Abgedruckt bei *Gerhard Pallmann* (Hg.), Wohlauf Kameraden! Ein Liederbuch der jungen Mannschaft von Soldaten, Bauern, Arbeitern und Studenten. Im Auftrag des Nationalsozialistischen Deutschen Studentenbundes, der Reichsschaft der Studierenden an den deutschen Hoch- und Fachschulen, der deutschen Fachschulschaft, der deutschen Studentenschaft und in Verbindung mit dem Reichsbund Volkstum und Heimat, Kassel 1934, S. 21.

44 Mit „Rotfront" wird auf den Roten Frontkämpferbund, die Parteimiliz der KPD, angespielt.

45 Vgl. *Melz, Zielinska, Bielecki*, „Verbotene" Lieder? Ein Überblick über strafrechtlich kontroverse Musik in Deutschland (Fn. 40), S. 11.

Um die Melodie des Horst-Wessel-Liedes entbrannte in den 1930er Jahren
ein Urheberrechtsstreit, der sich durch alle drei gerichtlichen Instanzen zog. Der
Verlag, der die Verwertungsrechte des Horst-Wessel-Liedes erworben hatte,
erhob eine Klage mit dem Antrag, einem anderen Verlag die Vervielfältigung und
Verbreitung der Melodie des von Horst Wessel gedichteten und komponierten
Liedes „Die Fahne hoch" zu verbieten. Während der Kläger behauptete, dass
sowohl Text als auch Melodie auf Horst Wessel zurückgehen, erwiderte der Beklagte, dass lediglich der Text des Liedes „Die Fahne hoch" von Wessel stamme;
die Singweise hingegen entspringe aus mehreren alten Volks- und Soldatenlie-
dern.[46]

aa)   *Urteilsbegründung durch Einführung des Kriteriums „Wirkungen auf das Volk"*
Im vorliegenden Streit ging es im Kern um die Frage, ob das Horst-Wessel-Lied
eine eigenständige Bearbeitung sei und demnach auch der Melodie Urheberrechtsschutz zukomme.

Sowohl das Landgericht Leipzig als auch das Oberlandesgericht Dresden
wiesen die Klage ab.[47] Aufgrund der starken Übereinstimmung mit älteren Melodien sei das Horst-Wessel-Lied nicht als eigenständige Bearbeitung anzusehen
und genieße dementsprechend keinen urheberrechtlichen Schutz. Als Begründung wurde die fehlende eigene künstlerische Tätigkeit Wessels angeführt. Eine
bloße Zusammenstellung mehrerer Stücke könne nicht als eigene künstlerische
Leistung angesehen werden. Darüber hinaus bestehe ein Zwiespalt zwischen Text
und Melodie, der sich insbesondere in der Vertonung des ersten Verses „Die
Fahne hoch" zeige. Entgegen dem Wortlaut, der auf eine Bewegung nach oben
hindeute, bewege sich die Melodie ohne ersichtliche Notwendigkeit abwärts. Dies
zeige, so das Oberlandesgericht, dass eben keine nur unbewusste Anlehnung
an frühere Volkslieder vorliege, sondern diese nahezu identisch übernommen
worden sind.[48] Horst Wessel habe die „alten Melodien gekannt und verwendet",
„weil sie ihm im allgemeinen für das Lied geeignet" erschienen.[49] Die für eine
schutzwürdige Bearbeitung erforderliche selbstständige neu gefundene Singweise liege deswegen nicht vor.

Zu einer anderen Bewertung kam der erste Zivilsenat des Reichsgerichts;
er hielt im Gegensatz zu den Vorinstanzen einen urheberrechtlichen Schutz
durchaus für möglich. Der Senat entschied jedoch nicht selbst, sondern wies
die Klage an die Vorinstanz zurück.[50] Bei der Würdigung urheberrechtlichen
Schutzes sei nach Meinung des Reichsgerichts auch die „Wirkung auf das Volk im

---

46 Siehe zum Sachverhalt der Streitigkeit RGZ 153, S. 71, 71–73.
47 RGZ 153, S. 71, 73.
48 RGZ 153, S. 71, 73f.
49 RGZ 153, S. 71, 74.
50 RGZ 153, S. 71, 78.

großen, der Widerhall, den die Tonschöpfung findet, die Stimmung, die sie erzeugt" zu beachten.[51] Die Änderungen haben dem Stück im Vergleich zu den Ursprungsliedern einen solch anderen Gesamteindruck verliehen, dass diese – nach Ansicht des Senats – als bedeutend angesehen werden müssen, auch wenn sie nur verhältnismäßig gering ausgefallen sind.[52]

Das Abstellen auf „Wirkungen" als maßgebliches Kriterium wurde nicht erst vom Reichsgericht eingeführt, sondern geht bereits auf eine von Julius Kopsch weitergeführte Aussage Goebbels zurück.[53] Im NS-Staat sollten nur solche Werke Schutz genießen, die einen förderlichen Einfluss auf die nationalsozialistische Lebensform haben. Es komme daher nicht darauf an, ob die Musik für sich betrachtet qualitativ gut ist, „sondern, welche Wirkungen [sie] auf die Volksgemeinschaft ausübt".[54] Ein Werk steht nicht nur für sich allein, sondern muss im Kontext zum Volk betrachtet und bewertet werden – es muss also auf „Wirkungen" Rücksicht genommen werden. Urheberrechtsschutz wird folglich nicht nur vom Werk an sich abhängig gemacht, sondern von den Wirkungen des Werkes auf die „Volksgemeinschaft". Das Abstellen auf „Wirkungen" ist damit nicht nur ein typisch nationalsozialistisches Merkmal, sondern hat auch eine Verwässerung des Werkbegriffs zur Folge.[55]

bb) *Bewertung des RG-Urteils aus heutiger Sicht*
Die Klage wurde an das Oberlandesgericht Dresden zurückgewiesen, doch zu einem rechtskräftigen Urteil kam es nie. Goebbels brachte die Prozesse im Jahr 1937 zum Stoppen.[56] Die Frage ist: Warum? Befürchtete er, dass das Gericht anders als das Reichsgericht entscheiden und „Wirkungen auf das Volk" als Maßstab urheberrechtlichen Schutzes nicht anerkennen würde? Wollte er damit eine weitere Niederlage der NS-Politik vor Gericht kurz nach dem Schallplatten-Urteil[57] verhindern? Oder war es genau umgekehrt und Goebbels ging davon aus, dass dem Lied unter den neuen Maßstäben tatsächlich ein Urheberrechtsschutz

---

51 RGZ 153, S. 71, 77.
52 RGZ 153, S. 71, 77.
53 Vgl. *Meder*, „Von frei zu sozial"? Das NS-Urheberpersönlichkeitsrecht und der „alte Wahlspruch, daß gemeiner Nutz vor sonderlichem geht" (in diesem Band, Gliederungspunkt IV 2). Julius Kopsch (1887–1970) war Dirigent, Komponist sowie Justiziar der Genossenschaft Deutscher Tonträger (GDT) und später auch Mitglied des von der Deutschen Akademie des Rechts eingesetzten Ausschusses für Urheber- und Verlagsrecht.
54 *Kopsch*, NSJ-Entwurf eines neuen Deutschen Urheberschutzgesetzes (Fn. 15), S. 386.
55 Siehe zur Verwässerung des Werkbegriffs *Wandtke*, Einige Aspekte zur Urheberrechtsreform im Dritten Reich (Fn. 12), S. 468.
56 Tagebucheintrag vom 30.06.1937 in: Die Tagebücher von Joseph Goebbels (hg. von Elke Fröhlich), Teil I (Aufzeichnungen 1923–1941), Bd. 4: März-November 1937, München 2000, S. 204.
57 RGZ 153, S. 1–29. Siehe hierzu unten III 1 c).

zugesprochen werden würde, wodurch eine weitere Bearbeitung des Liedes dann nicht mehr möglich gewesen wäre?

Vieles deutet auf die zweite Vermutung hin. In seinen Tagebucheinträgen erwähnt Goebbels des Öfteren, dass das Lied auf Dauer nicht zu halten sei. Als „Lied der Revolution" sei es nicht mehr zeitgemäß und überholt; das Stadium der Revolution sei bereits überschritten.[58] So heißt es in einem Tagebucheintrag vom 30.06.1937 über das Horst-Wessel-Lied:

> „Das Lied ist auf die Dauer als Nationalhymne nicht zu halten. Kommt auch gegen das Deutschlandlied nicht auf. Ich stoppe die Prozesse ab. Es muß ein neuer Text zu dem Lied geschrieben werden. Aber abschaffen kann man es nicht."[59]

Diese Äußerungen lassen vermuten, dass die NS-Regierung plante, einen neuen Text zur Melodie des Horst-Wessel-Liedes zu verfassen, der dem aktuellen Zeitgeist mehr entsprechen sollte. Dieses Vorhaben wäre allerdings nur umsetzbar gewesen, wenn die Melodie frei verfügbar und nicht urheberrechtlich geschützt gewesen wäre. Es spricht also einiges dafür, dass Goebbels die Prozesse stoppte, um zu verhindern, dass der Melodie des Horst-Wessel-Liedes Urheberrechtsschutz zugesprochen wird.

Da es nach Zurückweisung der Klage an die Vorinstanz nie zu einem rechtskräftigen Urteil im Rechtsstreit um das Horst-Wessel-Lied kam, lässt es sich heute nicht mehr mit eindeutiger Gewissheit sagen, wie das Gericht schlussendlich entschieden hätte. Kein Zweifel besteht jedoch darüber, dass das Reichsgericht in diesem Urteil von seiner restriktiven Auslegung urheberrechtlichen Schutzes abrückte, indem es nationalsozialistische Maßstäbe entwickelte.

b) Urteil zum Hitler-Portrait

Am 28.04.1942 hatte der erste Zivilsenat des Reichsgerichts zu entscheiden, ob die Benutzung einer Lichtbildaufnahme Adolf Hitlers als Vorlage für ein Ölgemälde, von dem später Postkarten und Bilder größeren Formats hergestellt und gewerbsmäßig vertrieben wurden, eine freie Benutzung oder unerlaubte Nachbildung darstellt.[60] Grundsätzlich ist die Nachahmung eines Werkes nicht gestattet. Nach § 16 KUG ist die Benutzung eines Werkes aber ausnahmsweise dann zulässig, wenn dadurch eine „eigentümliche Schöpfung" hervorgebracht wird. In diesem Fall besteht keine unerlaubte Nachbildung, sondern ein eigener urheberrechtlicher Schutz für das nachgeahmte Werk.

---

58 Tagebucheintrag vom 30.11.1938 in: Die Tagebücher von Joseph Goebbels, Bd. 6 (Fn. 39), S. 206.

59 Tagebucheintrag vom 30.06.1937 in: Die Tagebücher von Joseph Goebbels, Bd. 4 (Fn. 56), S. 204.

60 RGZ 169, S. 109–117.

Bei der Lichtbildaufnahme handelt es sich um ein Brustbild Hitlers in bürgerlicher Kleidung; der Kopf ist im Halbprofil nach rechts gewandt. Das Ölgemälde hingegen bildet Hitler bis zu den Knien ab, in feldgrauem Rock und mit verschränkten Armen. Die Kopfhaltung und Blickrichtung des Gemäldes entsprechen der des Lichtbildes. Aufgrund dieser Ähnlichkeit hatte der Fotograf eine unerlaubte Nachbildung angenommen und auf Unterlassung der gewerbsmäßigen Vervielfältigung und Verbreitung des Ölgemäldes sowie auf Schadensersatz geklagt.[61]

aa) Urteilsbegründung durch großzügige Auslegung der „eigentümlichen Schöpfung"

Bei der Urteilsbegründung fällt zunächst auf, dass kein Gutachten der Sachverständigenkammer im Sinne des § 46 KUG angefordert wurde. Der Senat war vielmehr der Ansicht, er wäre selbst in der Lage den „technisch-malerisch-ästhetischen Sachverhalt" vollständig erfassen zu können.[62] Auffällig ist zudem, dass der Senat in dieser Entscheidung von seiner bisherigen strengen Rechtsprechung abgewichen ist und die Anforderungen an die für eine freie Benutzung erforderliche „eigentümliche Schöpfung" herabgesetzt hat. Zur Begründung wird angeführt, dass „ein Lichtbild auch dann Schutz genießt, wenn es keinerlei charakteristische Eigenart aufweist", sodass „ein unter Benutzung des Lichtbildes geschaffenes Gemälde ihm gegenüber selbst dann noch eine eigentümliche Schöpfung sein kann, wenn es selbst nicht den Rang eines Kunstwerks erreicht".[63] Auch wenn das „Vorbild aus dem späteren Werk [...] hervorleuchtet", könne noch eine „eigentümliche Schöpfung" angenommen werden.[64] Weiter heißt es, dass die „Verwendung von Lichtbildern als Unterlage vielfach üblich" sei; insbesondere bei „hervorragenden Männern der Zeitgeschichte". Der Senat geht sogar so weit zu behaupten, dass bei zu hohen Anforderungen an die „eigentümliche Schöpfung" die Gefahr bestünde, dass die „malerische oder zeichnerische Wiedergabe hervorragender Persönlichkeiten der Zeitgeschichte erschwert", wenn nicht sogar versperrt würde.[65]

Aufgrund dieser Ausführungen überrascht es nicht, dass der erste Zivilsenat eine freie Benutzung des Lichtbildes angenommen und das Gemälde als „eigentümliche Schöpfung" bewertet hat. Der Kopf sei zwar der zeichnerischen Grundlage nach aus dem Lichtbild entnommen, „ihm gegenüber aber durch besondere malerische Mittel ins Charakteristischere, innerlich Gespanntere und

---

61 RGZ 169, S. 109, 110f.
62 RGZ 169, S. 109, 111.
63 RGZ 169, S. 109, 114.
64 RGZ 169, S. 109, 112.
65 RGZ 169, S. 109, 115f.

Kraftvollere gesteigert" worden.[66] Dadurch habe sich „Art und Maß von innerer Wesensschau des Dargestellten" so geändert, dass das „Gemälde dem Lichtbilde gegenüber als eigentümliche Schöpfung" erscheine.[67]

bb) Bewertung des RG-Urteils aus heutiger Sicht

In dieser Entscheidung zeigt sich, mit welch steigender Bereitwilligkeit sich das Reichsgericht den Interessen der NS-Regierung beugt und die Autonomie des Rechts zugunsten politischer Interessen verrät. Während in den meisten Urheberrechtsstreitigkeiten eine restriktive Rechtsprechung angewandt wurde, präsentierte sich der Senat bei der Bewertung des Hitler-Portraits hingegen ausgesprochen großzügig. Das Gericht wich vom Werkbegriff, wie er bislang von der Rechtswissenschaft und Rechtsprechung geprägt wurde, ab und passte ihn entsprechend den politischen Interessen an. Es ließ dadurch den Gedanken des autonomen Rechts in den Hintergrund treten und folgte stattdessen einer politischen Argumentation. Dieser Fall verdeutlicht, dass die Rechtspraxis nur dahingehend kohärent erscheint, wenn sie den Machthabern nützt.[68] Führt die gängige Rechtspraxis zu einem für die Machthaber unliebsamen Ergebnis, wird von dieser abgewichen oder diese gar nicht erst erwähnt.

c) Urteil zum Schallplatten-Fall

Im Schallplatten-Urteil ging es um die Frage, ob die Reichs-Rundfunk-GmbH, die im Deutschen Reich Radiofunk veranstaltete, Tonträger in ihren Sendungen wiedergeben durfte, ohne den Inhabern der Urheberrechte an diesen Tonträgern Tantiemen dafür zu zahlen.[69] Eine ausgesprochen heikle Angelegenheit in diesem Fall war, dass die Beklagte, die Reichs-Rundfunk-GmbH, vollständig im Eigentum des durch den Reichsminister für Volksaufklärung und Propaganda Joseph Goebbels vertretenen Deutschen Reiches stand.[70]

aa) Urteilsbegründung mithilfe des Parteiprogramms

Als Begründung ihres Rechtes, die Tonträger entgeltfrei für ihr Rundfunkprogramm zu verwenden, führte die Reichs-Rundfunk-GmbH aus, dass sich „im nationalsozialistischen Staate die Stellung des Einzelnen zur Volksgemeinschaft von Grund aus verändert" habe und demnach eine Anpassung des Rechts voll-

---

66 RGZ 169, S. 109, 117.
67 RGZ 169, S. 109, 116f.
68 Diese Behauptung steht natürlich unter der Ausnahme des Schallplatten-Urteils, bei dem das Reichsgericht das erste und einzige Mal so eindeutig gegen die Interessen der Regierung entschied. Siehe hierzu unten III 1 c).
69 RGZ 153, S. 1–29.
70 RGZ 153, S. 1, 1f.

zogen werden müsse.[71] So vertrage sich beispielsweise der seit langem praktizierte Grundsatz, dass der Urheberberechtigte an jeder Verwertung seiner Leistung mitpartizipieren solle, nicht mehr mit dem „jetzigen Rechtsdenken", welches die Interessen des Einzelnen hinter jene der Volksgemeinschaft zurücktreten lasse.[72]

Das Reichsgericht widersprach diesem Standpunkt und bezeichnete ihn mit folgender Argumentation als ungerechtfertigt:

> „Wiederholt und nachdrücklich hat die Rechtsprechung hervorgehoben, daß das Urheberrecht – wie viele andere Befugnisse – „sozial gebunden", d. h. aus Rücksichten auf die Volksgemeinschaft eingeschränkt und mit Pflichten belastet ist (RGZ. Bd. 140 S. 270, Bd. 144 S. 112/113). Diese aus wiedererstehenden deutschrechtlichen Gedanken geschöpfte Erkenntnis steht aber nicht im Widerspruch zu der Notwendigkeit, dem Urheberberechtigten tunlichst von den Vorteilen etwas zukommen zu lassen, die aus der Verwertung des Werkes (oder seiner Bearbeitung) entspringen. Wohl muss – selbstverständlich auch im Urheberrecht – Gemeinnutz vor Eigennutz gehen (Programm der NSDAP. Nr. 24 Abs. 2 a.F.; RGZ. Bd. 144 S. 112). Der Einzelne genügt jedoch seiner Pflicht, [...] übereinstimmend mit den Belangen der Allgemeinheit, zum Nutzen aller geistig oder körperlich zu schaffen (Programm der NSDAP. Nr. 10), dann am besten, wenn die ihm dafür gewährten Bedingungen die Erfüllung der Pflicht begünstigen und fördern. Das geschieht, wenn auch der Urheber [...] für sein Tun der alten Wahrheit gewiß sein darf, dass der Arbeiter seines Lohnes wert ist. Nicht nur ihn, sondern auch andere von gleichen oder ähnlichen Gaben für schöpferische Leistung regt dies zum Wirken im Dienste der Allgemeinheit an. Und so kann mittelbar, was billigen Wünschen des Einzelnen entspricht, der Persönlichkeit Ansporn und Lohn gibt, zu Nutz und Frommen der Volksgemeinschaft Früchte tragen".[73]

bb)   Bewertung des RG-Urteils aus heutiger Sicht

Mit dieser Entscheidung vom 14.11.1936 erteilte der Senat der Reichs-Rundfunk-GmbH eine Absage und entschied dadurch gewissermaßen auch gegen das NS-Regime.[74] Die Entscheidung erzürnte insbesondere Goebbels, der als Reichsminister für Volksaufklärung und Propaganda für jegliche Angelegenheiten der Reichs-Rundfunk-GmbH in der Verantwortung stand. Laut ihm hätten „die Juristen [...] einen Defekt im Gehirn und im Herzen".[75] Doch dem NS-Regime war es aufgrund der eleganten Begründung des Reichsgerichts nicht möglich gegen die Entscheidung vorzugehen. Indem der Senat anführt, dass die

---

71 RGZ 153, S. 1, 22.

72 RGZ 153, S. 1, 22.

73 RGZ 153, S. 1, 22 f.

74 *Walter L. Pforzheimer*, Copyright Protection for the Performing Artist in his Interpretive Rendition, in: Copyright Law Symposium I (1939), S. 9–59, 55 f.; *Apel*, Das Reichsgericht, das Urheberrecht und das Parteiprogramm der NSDAP (Fn. 2), S. 142.

75 Siehe den Tagebucheintrag vom 18.11.1936, in: Die Tagebücher von Joseph Goebbels (hg. von Elke Fröhlich), Teil I (Aufzeichnungen 1923–1941), Bd. 3/II: März 1936-Februar 1937, München 2001, S. 255.

Allgemeinheit stärker von ihren Urhebern profitiert, wenn diese für die Nutzung ihres Werkes stets einen Lohn erhielten, haben sie ganz im Sinne des Leitspruchs „Gemeinnutz vor Eigennutz" gehandelt und die Regierung mit ihren eigenen Waffen geschlagen.[76] Die Entscheidung des Reichsgerichts war somit gegen die Interessen der Machthaber unangreifbar. Überdies fällt auf, dass die Richter ihre Begründung auf lange Verweisungsketten der bisherigen Rechtsprechung stützen und juristisch anhand des genauen Wortlauts der Gesetze argumentieren; politische Erwägungen wurden außen vorgelassen.

2.   Resümee

Die Nationalsozialisten pervertierten das Urheberrecht dahingehend, dass der „Gemeine Nutzen" stets als Auslegungskriterium herangezogen wurde und die Individualinteressen zurückdrängte. Spätestens mit der Transponierung des Parteiprogramms in geltendes Recht Anfang 1936[77], folgte auch der erste Zivilsenat dieser Argumentationslinie. Die restriktive Rechtsprechung, die Einführung der Reichskulturkammern sowie die Ersetzung des Sachverständigen durch die Sicht eines Volksgenossen hatten das Ziel, „nicht-arische" Künstler aus ihrem Wirkungskreis zu entfernen und unliebsame ‚undeutsche' Kunst zu unterbinden. Die Richter waren jedoch nicht nur willige Vollstrecker von NS-Recht, sondern auch in der Lage, sich den Machthabern mit juristischer Handwerkskunst zu widersetzen, wie es das Schallplatten-Urteil gezeigt hat. Das Beeindruckende dabei ist, dass zwar mit nationalsozialistischem Gedankengut argumentiert, gleichwohl aber gegen die Interessen der Machthaber entschieden wurde. Zur Entscheidungsfindung wurden weder moralische, ethische noch politische Maßstäbe herangezogen. Dies lässt den Schluss zu, dass das Reichsgericht – zumindest im Jahr 1936 – noch nicht vollständig in das nazistische System integriert war, wie größtenteils angenommen.[78]

Mit dem Schallplatten-Urteil statuierte der Senat ein Exempel; das erste und einzige Mal stellte sich der erste Zivilsenat des Reichsgerichts so offensichtlich gegen die NS-Regierung. Diese war nicht zufrieden, denn mit dem Urteil zeigte

---

76 Apel, Das Reichsgericht, das Urheberrecht und das Parteiprogramm der NSDAP (Fn. 2), S. 143. Eher kritisch sieht das *Willy Hoffmann* in seiner Entscheidungsbesprechung „Das Schallplatten-Urteil des Reichsgerichts" in: UFITA 1937, S. 133–144, 140.

77 Am 14. 01. 1936 stufte Hans Frank, Reichsrechtsführer der NSDAP, das Parteiprogramm und Äußerungen des Führers als „Grundlage der Auslegung aller Rechtsquellen" ein. Siehe für weitere Informationen zum Parteiprogramm: *Hans-Detlef Heller*, Die Zivilrechtsgesetzgebung im Dritten Reich. Die deutsche bürgerlich-rechtliche Gesetzgebung unter der Herrschaft des Nationalsozialismus. Anspruch und Wirklichkeit, Münster 2015, S. 15–38.

78 Vgl. *Friedrich Kaul*, Geschichte des Reichsgerichts, Bd. IV: 1933–1945, Göttingen 1971, S. 240.

das Gericht, dass es durchaus möglich war, sich dem NS-Regime zu widersetzen. Das Schallplatten-Urteil erregte daher großes Aufsehen und die Richter standen nach der Entscheidung unter besonderem Druck und Überwachung.[79] Im Dritten Reich konnten bereits kleinste Widersprüche zum Austausch der Richterbank und zur Beendigung der Karriere führen. Die nur kurz nach dem Schallplatten-Urteil veröffentlichte Entscheidung zum Horst-Wessel-Lied ist unter diesen Umständen daher neu zu bewerten. Mit der Einführung des Kriteriums „Wirkungen auf die Volksgemeinschaft" bezog sich das Gericht zwar auf nationalsozialistisches Denken, fällte letzten Endes aber kein rechtskräftiges Urteil. Dieser Vorgehensweise ist angesichts des massiven Drucks, dem die Richter im Dritten Reich ausgesetzt waren, mehr Beachtung zu schenken. Nach Ansicht der Vorinstanzen und der bisherigen Rechtsprechung hätte dem Horst-Wessel-Lied kein Urheberrechtschutz zugesprochen werden dürfen, da aufgrund der nur geringfügigen Änderungen und der fehlenden eigenen künstlerischen Tätigkeit keine eigenständige Bearbeitung angenommen werden könne. Doch so kurz nach dem Schallplatten-Urteil war die Gefahr zu groß, in gewisser Weise erneut gegen das NS-Regime zu entscheiden. Es erscheint daher wahrscheinlich, dass sich die Richter aus Gründen des Selbstschutzes gezwungen sahen, Überlegungen anzustrengen, wie das Horst-Wessel-Lied doch noch als eigenständige Bearbeitung angesehen werden könnte. Da der Senat die Klage zurückverwies und es nie zu einem rechtskräftigen Urteil kam, blieb es allerdings nur bei Überlegungen. In Unrechtsstaaten können bereits vermeintlich unbedeutende Handlungen – wie das Nichtentscheiden – ein Zeichen für Widerstand darstellen. Indem das Gericht kein rechtskräftiges Urteil fällte, entzog es sich der Aufgabe eine unangenehme und öffentlichkeitswirksame Entscheidung treffen zu müssen. Die Nichtentscheidung kann daher durchaus als bewusst gewählter taktischer Schachzug gewertet werden, mit dem der Senat die Aufmerksamkeit von sich ablenken wollte.

IV. Schlussbetrachtung

Beginnend mit der Machtübernahme Hitlers am 30.01.1933 erhöhte das Reichsgericht die Anforderungen an den urheberrechtlichen Schutz und setzte beim Werkbegriff nationalsozialistische Maßstäbe um. Die geltenden Gesetze entsprachen nicht den Vorstellungen der Nationalsozialisten und so wurden

---

79 Siehe den Tagebucheintrag vom 18.11.1936, in: Die Tagebücher von Joseph Goebbels, Bd. 3/II (Fn. 75), S. 255.

die Forderungen – auch in den Richterreihen[80] – nach neuen Urheber- und Patentgesetzen immer lauter. Der Senat legte das KUG und LUG anhand des Parteiprogramms aus und brachte seine Judikatur zunehmend mit den politischen Anforderungen der NS-Ideologie in Einklang. Die strenge Rechtsprechung des ersten Zivilsenats des Reichsgerichts wird dort durchbrochen, wo sie den Machthaber nutzt oder ein symbolischer Bezug zur NS-Ideologie hergestellt werden kann. Das Reichsgericht wurde den NS-Vorstellungen also durchaus gerecht, doch die Motivation dahinter ist noch weiter zu erforschen. Geschah dies aus voller nationalsozialistischer Überzeugung oder aus Angst vor dem totalitären Staat? Bei der Bewertung der Rechtsprechung des Reichsgerichts im NS-Staat ist stets zu berücksichtigen, dass das Reichsgericht unter der Diktatur eines Terrorstaates stand und nicht mit den Verhältnissen der heutigen Rechtsprechung gleichgesetzt werden kann.

Zusammenfassend lässt sich sagen, dass der erste Zivilsenat entgegen der Aussage Hermann Weinkauffs[81] keineswegs unpolitisch war, sondern sich von nationalsozialistischen Bestimmungen und Vorstellungen leiten ließ. Die politische Entscheidungsfindung wurde in vielen Fällen der rechtlichen Argumentation vorgezogen; politische Bestrebungen waren also durchaus wahrnehmbar. Nichtsdestotrotz besaßen die Richter auch den Mut, sich am 14. 11. 1936 mit dem Schallplatten-Urteil gegen die NS-Diktatur zu stellen und standhaft für das Recht von Kunstschaffenden einzustehen. Auch die Nichtentscheidung im Urheberrechtsstreit um das Horst-Wessel-Lied lässt Spuren des Zweifels erkennen. Diese Umstände dürfen nicht außer Acht gelassen werden, denn dadurch setzten die Richter ein Zeichen, nicht bloß willige Vollstrecker des Unrechts zu sein. Der erste Zivilsenat ist insofern schwer einzuordnen, da er einerseits das Recht anhand der NS-Ideologie ausgelegt hat, sich anderseits aber auch den Bestrebungen des NS-Staats widersetzt hat. Es bleibt somit weiterhin zu untersuchen, ob und inwiefern sich der erste Zivilsenat des Reichsgerichts seine rechtliche Autonomie bewahrt hat.

---

80 Siehe z. B. *Fritz Lindenmann*, Das neue Patentrecht und die Rechtsprechung, in: GRUR 1938, S. 214–221. Voll „Bewunderung" spricht Lindenmann von den Ausführungen Hitlers zum nationalsozialistischen Patenrecht in dessen Werk „Mein Kampf". Lindenmann war von 1933–1945 Präsident des ersten Zivilsenats am Reichsgericht und ab 1950 auch Richter am Bundesgerichtshof.

81 Richter des ersten Zivilsenats am Reichsgericht und nach Kriegsende der erste Präsident des Bundesgerichtshofs.

Bastiaan D. van der Velden

Danh Vō & Bert Kreuk: The new box of the collector

On July 13, 2015, the *New York Times* published a lengthy article about a judgment from a court of first instance in Rotterdam. The article described the dispute as 'a tug of art over mistrust and claims of broken promises, with a ruling that appears to be a first in Dutch legal history'. According to the media, it could be placed among the '10 Biggest International Art Scandals of 2014'[1], and it was one of the '18 Most Appalling International Art World Scandals of 2015'[2]

What type of dispute led to this court decision? From a legal perspective, the conflict between the artist Danh Vō and collector Bert Kreuk centered around the breach of contract and the interpretation of verbal agreements. In the high-end art market network, the platform where Danh Vō, his gallery, and Bert Kreuk were allegedly conducting business, some parties involved claim that a different set of rules is applicable as the Civil Code of the Dutch courtroom. Social control of the art world includes the implementation of more or less effective sanctions. The dispute resulted in a wave of posts on the internet and Twitter, as if this digital public sphere was the actual battleground for both parties and their legal advisors. When analyzing the case from a legal perspective and taking into consideration Dutch law, it was primarily a case characterized by missed opportunities and weak legal arguments. The key legal issue is whether a court can compel an artist to provide specific performance.

1 https://news.artnet.com/art-world/the-10-biggest-international-art-scandals-of-2014-197494.
2 http://www.huffingtonpost.com:the-18-most-appalling-international-art-world-scandals-of-2015.

A show in the Gemeentemuseum

The Dutch-American art collector Bert Kreuk was invited by the Gemeentemuseum in The Hague to serve as a guest curator for the exhibition 'Grensverleggend / Transforming the Known' in 2013.[3] This exhibition featured exclusively artworks from the private collection of Bert Kreuk (born 1965), a retired self-made entrepreneur in the aviation industry. He is often referred to in the media as a 'US based Dutch businessman'[4], residing either in Switzerland[5], the Netherlands (Rotterdam), Florida, and Panama[6], while operating from multiple art warehouses worldwide.[7]

One of the artists selected for the exhibition in The Hague was the Danish-Vietnamese artist Danh Võ[8] (born 1975). He claims to lead a nomadic lifestyle without a permanent residence, fixed domicile or studio, despite being professionally engaged and having bases in Berlin, New York, and Mexico.[9] Danh Võ, a rising star in the art world at that moment, was granted a prominent place in one of the most stunning spaces of the Gemeentemuseum. He was invited to create a new artwork for the exhibition.[10] To familiarize himself with the specific situation of the room chosen for his installation work, Danh Võ and gallery owner Isabella Bortolozzi who organized several of Võ's expositions, visited the museum on January 8 and 9, 2013. It appears that Danh Võ was satisfied with the spot he could use, and the gallery owner agreed verbally on a certain price to be paid upon delivery of the installation. After the visit, there was an email correspondence about the project between Bert Kreuk, the gallery owner Isabella Bortolozzi, and an employee of Danh Võ's studio, until a hitch occurred. On April 24, 2013, Isabella Bortolozzi Gallery sent an email to Bert Kreuk, explaining that Danh Võ's

---

3 Bert Kreuk & Hans Janssen, *Grensverleggend = Transforming the known: Collection Bert Kreuk* (Den Haag: Gemeentemuseum Den Haag 2013).

4 M. Rappolt, 'Bert Kreuk: Other People and Their Ideas', *Art Review*, no. 7, http://artrevie w.com/features/summer_2013_great_collectors_bert_kreuk/.

5 Joris Zwetsloot, 'Ze noemen mij een artflipper, Interview Bert Kreuk, kunstverzamelaar' *Volkskrant*, 25 July 2015.

6 Sandra Smallenburg, 'De zaak Kreuk versus Danh Võ', *NRC*, 25 Sept. 2014.

7 http://zomerexpo.nl/2015/03/10/kunstverzamelaar-bert-kreuk-in-jury-zomerexpo-ik-ben-o pzoek-naar-het-unieke. See also the autobiography (in Dutch) of Bert Kreuk: B. Kreuk, *Art Flipper* (Karakter: Uithoorn 2017) p. 210–211.

8 Danh Võ has been using Danish legal entities for his company. You can find more information about this on the website: http://datacvr.virk.dk/.

9 Andrew Berardini, *Danh Vo Relics* (Mexico DC: Air Mexico 2015) p. 11–12; Michael Slenske, 'Uncovering Danh Võ's Revelatory Practice', *Blouin Artinfo*, 22 Sept. 2014. http://www.blo uinartinfo.com/news/story/1054772/uncoveringdanhvosrevelatorypractice (also published in *Modern Painters*, Sept. 2014). Võ was de facto based in Berlin when the court case started: B. Kreuk, *Art Flipper* (Karakter: Uithoorn 2017) p. 154.

10 B. Kreuk, *Art Flipper* (Karakter: Uithoorn 2017) p. 137.

father had suffered a brain hemorrhage. The question remains open as to whether Danh Vō will still be able to participate in the exhibition, as the collaboration with his family members is an important aspect for him in creating his artworks, his father often writes the texts chosen by Danh.[11] However, the Gallery promised in an email, 'I am going to do what I can to enable you to have a presence of Danh Vō's work at the Museum'.[12] The collector continues to write emails to the gallery and receives various evasive responses, such as: 'Isabella Bortolozzi would say 'he is a little monster,' he also lets us know nothing. But do not worry, it'll be fine.'[13]

Clearly, something is going wrong. Shortly before the show opens, a small package arrives at the museum. When unwrapped, it contains a cardboard box by Danh Vō with words in gold leaf painted on it, for 'which the museum signed a loan form.'[14] The box is the size of a large banana box. Similar artworks by Vō were recently sold at auction for half a million dollars, but this is certainly not the room-filling installation Mr. Kreuk had in mind. Furthermore, it was evident that this loan to the museum could not become part of Mr. Kreuk's personal collection. The title of the work seems to indicate that there was already a dispute. The golden words say: "Fiat Veritas," an abbreviation of the sentence 'fiat veritas pereat vita' (Let Truth be done, though life may perish), a variation on the classical phrase 'fiat justitia et pereat mundus' (Let justice be done, even if the world perish).

When the exposition ends, the art collector files a lawsuit against Vō and the gallery at the District Court of Rotterdam. To begin with, Kreuk is demanding the seizure of the box that was on loan. Next to this, Kreuk files several claims. The collector is seeking damages for the loss of reputation because Vō did not provide 'a unique installation' for the museum exhibition.[15] He claims that the Vō and the gallery were jointly liable and had to deliver three unspecified pieces of art. The artist and gallery would have to create these works of art and sell them at the original purchase price (contract price) of USD 350,000.00 (approximately €260,000,–). When compliance is not possible, the court had to condemn the two defendants jointly to pay damages for loss of profits, amounting to €778,000.00. In addition, a penalty was imposed to expedite compliance.

---

11 Sabeth Buchmann, 'Geschichte auf dem Prüfstand', *Parkett* 93 2013, p. 158.
12 Rechtbank Rotterdam, 24 June 2015, ECLI:NL:RBROT:2015:4417.
13 Rechtbank Rotterdam, 24 June 2015, ECLI:NL:RBROT:2015:4417.
14 Rechtbank Rotterdam, 24 June 2015, ECLI:NL:RBROT:2015:4417. The arrival of the box is shown 'life' in the Dutch television program 'Kunstuur' of 13 June 2013.
15 Rechtbank Rotterdam, 23 July 2014, ECLI:NL:RBROT:2014:6962. Kreuk is of the opinion that: 'I want to make clear that the claim is a reflection of the value in the secondary market and has zero to do with profit losses.' 'On Art Markets, Art Collecting, And 'Flipping': Bert Kreuk Responds', 8 Sept. 2014, http://www.blouinartinfo.com.

An initial judgment was issued on July 23, 2014. The court determined that a contract existed based on statements in an email dated April 24, 2013, sent by the Isabella Bortolozzi Gallery to Kreuk. Bortolozzi mentioned in the email that new artwork by the artist would be showcased in the exhibition. The court considered: 'Since Isabella Bortolozzi Gallery has not delivered a new and specially commissioned works by Danh Vō for this exhibition, the gallery has failed to fulfill its contractual obligation' (par. 4.10). However, compensation for the reputation damage of the plaintiff and the museum (as demanded by Kreuk in par. III.a) is not sufficiently substantiated, so these costs are not recoverable according to the court, because the missing artwork did not incur any additional costs, and the museum was not a party in this lawsuit.[16]

The court came to the verdict that there was a contract based on an oral agreement. The court required additional evidence to determine the contents of the contract and ordered the parties to submit further evidence (par. 5.1). Bert Kreuk had to prove that on January 9, 2013, there was an agreement between 'Kreuk and Vō or Isabella Bortolozzi Gallery regarding the acquisition after the exhibition of an artwork by Bert Kreuk and the transfer of ownership of the work – or works – made by Danh Vō for the exhibition at the Gemeentemuseum.'[17]

It takes some time for the parties to issue a statement. The witness testimonies supporting Kreuk are included in the second judgment, which is dated June 24, 2015. The defendants submitted only two written statements to the court. The court believes that the statements presented by the defendants' lawyer can only be considered 'free evidence' but these documents cannot be regarded as sworn witness statements with binding proof (par. 2.3).[18] The Amsterdam copyright law professor Dommering, finds it extremely surprising that the defendants' lawyers were unable to present a statement with binding proof in court within one year.[19] It remains unclear why the lawyer has not made any efforts to, for example, to obtain a statement from the defendants in the presence of a notary.[20] The judge did not appreciate the defendants' lawyer's failure to clearly explain why Isabella Bortolozzi Gallery and Danh Vō were unable to appear in court to testify under oath within the twelve-month period.

The following is a summary of the statements made by the witnesses, including Mr. Kreuk's uncle who acted as his art consultant, as well as the director and a curator of the Gemeentemuseum, regarding what happened during the

---

16 Rechtbank Rotterdam, 23 July 2014, ECLI:NL:RBROT:2014:6962, par. 4.10.
17 Rechtbank Rotterdam, 23 July 2014, ECLI:NL:RBROT:2014:6962.
18 'free evidence', 'vrij bewijs', and it is up to the judge to decide in what extend it will be used in the court proceeding. Rechtbank Rotterdam, 24 June 2015, ECLI:NL:RBROT:2015:4417.
19 E. Dommering, 'De zaak Kreuk versus Danh Vō', 9 Augustus 2015, http://www.egbertdomme ring.nl/?p=778.
20 Art. 157 Wetboek van Burgerlijke Rechtsvordering (Code of Civil Procedure).

meeting. Kreuk, the museum staff, Isabella Bortolozzi, and Danh Vō took a tour of the Gemeentemuseum. On January 9, 2013 they examined the rooms designated for the exhibition and determined where the artwork could be placed. When asked if the artist could make a work for a specific room, Danh Vō responded affirmatively. However, he indicated a preference for the staircase. However, in order to utilize this space, an artwork by Sol Lewitt would need to be painted over, which was not feasible. Later this day, Kreuk spoke with gallery owner Isabella Bortolozzi, discussing a payment of 350,000 $ to be made immediately upon delivery. Eventually, Danh Vō made a small, joyful leap. At this moment, hands were being shaken between a number of people, which is not an uncommon gesture in the Western world. Danh Vō seemed pleased with the outcome, as evidenced by a video recording of the meeting.[21]

The defendants are questioning the credibility of the witness supporting the plaintiff, particularly because two witnesses, who served as curator and director of the Gemeentemuseum, had for an extended period a close working relationship with Bert Kreuk. This collaboration was beneficial for the museum. The court considers that this fact does not imply that one should doubt the truth of their statements.[22] It remains incomprehensible why the defendants' lawyer did not mention the fact that the Gemeentemuseum has received several important and valuable artworks as a donation from Kreuk in the previous period. This information is publicly available through press statements from the museum.[23] The judge is surprised that the defendants' lawyer 'did not invoke force majeure' due to Vō's father's poor health.[24]

In par. 2:16 of the judgment, the court concludes that Bert Kreuk has successfully provided evidence. According to the judge, there was a contract between Kreuk and Isabella Bortolozzi Gallery on January 9, 2013 'on the acquisition and ownership after the exhibition by Bert Kreuk of the work – or works – made by

---

21 B. Kreuk, *Art Flipper* (Karakter: Uithoorn 2017) p. 188.
22 Rechtbank Rotterdam, 24 June2015, ECLI:NL:RBROT:2015:4417.
23 The Gemeentemuseum Den Haag received a work by Kaari Upson, titled Recollection Hysteria, as a gift from Bert Kreuk in 2012. (http://www.villadarte.nl/kunstgids/expo-grensve rleggend-de-collectie-bert-kreuk). In February 2014, the museum received two paintings by Jacob Kassay and Ned Vena as a gift from Kreuk. (http://www.gemeentemuseum.nl/organisa tie/nieuws/gemeentemuseum-den-haag-krijgt-schenking-uit-de-bert-kreuk-collection). See on the loans also B. Kreuk, *Art Flipper* (Karakter: Uithoorn 2017) p. 169.
24 Rechtbank Rotterdam, 24 June 2015, ECLI:NL:RBROT:2015:4417. 'Ten onrechte gaan Danh Vō en Isabella Bortolozzi Galerie in hun verklaringen, en gaat [de advocaat van gedaagden] in zijn conclusie na enquête, geheel voorbij aan het feit dat Isabella Bortolozzi Galerie zelf aan Bert Kreuk heeft bevestigd dat Danh Vō nieuw werk voor de expositie zou maken (zie 2.6.4) en dat zij naar aanleiding van de gezondheidsproblemen van Danh Vō's vader aan Bert Kreuk heeft bericht dat, kort gezegd, Danh Vō deze toezegging misschien niet gestand kon doen (zie 2.6.8)' tussen haakjes volgt dan: '(een beroep op overmacht is in dit verband overigens niet gedaan).'

Danh Võ for the exhibition in the Gemeentemuseum.'[25] From a legal perspective, it seems strange that the court decided that Bert Kreuk would acquire ownership of the artworks only 'after the exhibition'. According to Dutch law, property acquisition takes place at the moment of transfer of a property (art. 3:84 BW), when there is no mutually agreed contractual moment. This is the moment of delivery at the doors of the museum. There are no rules in the Dutch Civil Code indicating a transfer of title or acquisition of property at the end of exhibitions.[26]

The Gallery concluded a contract with Kreuk, until now Danh Võ remained out of the picture. How and why was the artist ordered to specific performance? In paragraph 2.18 the court addresses this question. Isabella Bortolozzi Gallery collaborated with the artist 'to raise awareness by exhibiting and selling works of Danh Võ.'[27] Moreover, the three parties maintained contact with each other throughout the period leading up to the exhibition.[28] According to the court, Danh Võ was fully aware of the contract concluded by Isabella Bortolozzi Gallery during the museum visit. The gallery is a representative according to the court, whose legal acts, performed within the limits of their authority, only produce legal effects for their principal, Mr. Võ (art. 3:66 BW). But the court 'by raising additional ex officio grounds' (art. 25 Rv), uses art. 7:407 par. 2 BW, making the artist and the Gallery jointly liable: 'If two or more service providers have jointly engaged themselves under a service provision agreement towards one client to perform a service, then each of them is towards the client joint and several liable for a failure in the performance of any obligation from this agreement, unless this failure is not attributable to him.'[29] The court comes to the conclusion that 'Isabella Bortolozzi Gallery and Danh Võ are obligated to fulfill the contract jointly.' This means that, in this specific case, according to the court, Danh Võ is obligated to create and manufacture an artwork. This artwork should be made available to Isabella Bortolozzi Gallery, and the gallery must then deliver it and transfer ownership to Bert Kreuk.[30] However, a specific article (art. 3:296 BW) of the Dutch Civil Code contains a provision regarding specific performance in cases involving works of an artistic nature: 'Where a person is legally obliged towards another person to give, to do or not to do something, the court shall order him, upon a request or claim of the entitled person, to carry out this

---

25 Rechtbank Rotterdam, 24 June 2015, ECLI:NL:RBROT:2015:4417.
26 One possibility would be the delivery ex art. 3:115 par. 3 BW. But such transfer of possession, where a third person held the underlying thing prior to the transfer for the alienator and will hold it afterwards for the acquiring party, does not seem applicable to the contract between Bert Kreuk and Danh Võ.
27 Rechtbank Rotterdam, 24 June 2015, ECLI:NL:RBROT:2015:4417.
28 Rechtbank Rotterdam, 24 June 2015, ECLI:NL:RBROT:2015:4417.
29 Rechtbank Rotterdam, 24 June 2015, ECLI:NL:RBROT:2015:4417.
30 Rechtbank Rotterdam, 24 June 2015, ECLI:NL:RBROT:2015:4417.

specific performance, unless something else results from law, the nature of the obligation or a juridical act'. However, neither the court nor the defendants' attorneys addressed this article.

The artwork and the owner

The judge extensively discusses the question of who would become the owner of the artwork after the exhibition. There are only three possible answers according to the court: the collector, the museum, or the artist. In par. 2:11: 'That Bert Kreuk would pay to commission a work and then exhibit it without becoming the owner is not considered by any of the parties as a possibility. In the view of the court, this scenario is neither logical nor plausible.'[31] The court ordered Danh Vō to create an artwork, and to deliver and transfer the title through the Isabella Bortolozzi Gallery to Bert Kreuk.[32] When we examine artists' practices and the artworks produced today, especially within the body of work of Danh Vō, this narrow concept of a work used by the judge contradicts contemporary art practices and restricts the artist in the way he is accustomed to realizing his concepts.

The judge overlooks the possibility that no one would become the owner, especially when there is nothing tangible left, such as after a performance.[33] Danh Vō 'is an artist who works in the field of conceptual art and performance art' in the wording of the judgment of 23 July 2014. There is more to say about the artist. From an economic perspective, he has been successful in recent years. In 2015, his works were sold at auction, generating a total revenue of 5 million.[34] But also a fascinating story can also be told about the artist Danh Vō and his use of the law. Perhaps it is necessary to provide a brief explanation of the terms "conceptual art" and "performance art." In performance art, the artist creates a situation within an art institution or in public spaces where spectators are confronted with a live performance or happening. Marina Abramovic, for example, sat for 700 hours (6 days a week, 7 hours per day) at a table in the Museum of Modern Art in New York. Visitors had the opportunity to sit in a chair across from the artist for a couple of minutes. After such a performance, there is no need objects

---

31 *'Dat Bert Kreuk voor het maken van het werk zou betalen en het zou mogen exposeren maar daarvan geen eigenaar zou worden, is door geen van partijen als mogelijkheid naar voren gebracht en komt ook de rechtbank niet logisch of aannemelijk voor.'* Rechtbank Rotterdam, 24 June 2015, ECLI:NL:RBROT:2015:4417.

32 Rechtbank Rotterdam, 24 June 2015, ECLI:NL:RBROT:2015:4417.

33 See for example in the Ulay / Abramovic court decision, Amsterdam court of first instance, 21 Sept. 2016, ECLI:NL:RBAMS:2016:5983.

34 Tim Schneider, 'How Danh Vo Rocketed to Market Stardom With Art Designed to Confound Collectors', April 27, 2018, https://news.artnet.com/market/danh-vo-market-1274057.

to remain. The classical conceptual art revolves around the idea of the artwork, placing emphasis on the conceptual creation rather than the physical creation of the concept. A simple sketch on an envelope is enough to convey the artist's intentions. Additionally, the storylines of the concept are an integral part of this type of art. Both directions in modern art originated in the 1960s and 1970s.[35] It should be noted that artists such as Võ also create site-specific installations that express a deeply personal narrative in response to a particular environment. These installations often consist of objects that serve little or no purpose in any other location. What can be said about the issue of ownership in Dutch civil law and its relevance to contemporary artworks? At least five scenarios can be imagined – all within Danh Võ's body of work, where the artwork ends up with completely different owners. First of all, there is the scenario where nothing tangible remains. Or only props remain, or a video recording. A painting or writing on the wall could remain. Finally, in several occasions only a site-specific installation remains.

Nothing tangible remained when Danh Võ instructed the staff at Marian Goodman London in January 2015 to say aloud the titles of his new works to the collectors and art lovers: 'Your mother sucks cocks in Hell' and 'Shove it up your ass, you faggot'.

Quite often, only paintings on the walls of galleries remain in Danh Võ's practice. In many exhibitions, Danh Võ used the gallery walls as a canvas. In an October 2013 exhibition at the Brussels-based gallery Etablissement d'En Face, a work entitled 'Dirty dancing' filled the walls: a large reproduction of the Coca-Cola logo with accompanying texts written on the windows. Similar works were exhibited at Xavier Hufkens' Gallery in Brussels in 2013. According to Dutch law, when paintings on the wall are created by an artist, the ownership is indisputable. In art. 3:4 par. 2 BW 'All that is attached to another principal thing in such a way that it cannot be separated from it without causing meaningful damage to one of the parts, becomes a component of the principle thing.' As a result, it is owned by the owner of the principal thing. A mural, as a permanent fixture, becomes part of the immovable, and a mural commissioned by someone (Mr. Kreuk) and painted on the wall of the Gemeentemuseum, becomes the property of the building owner. From the perspective of Dutch real property law, another legal issue arises when a text is written on the wall of a house owned by Kreuk, as suggested by Võ to comply with the court order. By writing a text on a wall in one of the houses of Kreuk, it is impossible to meet the requirements of the judgement (par. 2.19) regarding the transfer of title of the artwork via the Gallery, one of the re-

---

35 It is interesting to see that Kreuk created his own definition of these terms, simply that when it is not about the colors and forms, but the artist 'concept' or 'intends.' 'Kunstuur' van 13 June 2013. B. Kreuk, *Art Flipper* (Karakter: Uithoorn 2017) p. 94–101.

quirements that must be fulfilled by Vō and the gallery.[36] The judge ruled that a work of art must be created by Danh Vō, and he must hand it over to the gallery. In this manner, Isabella Bortolozzi Gallery can transfer the title of the artwork and the artwork itself to Bert Kreuk. According to Dutch law, when a text is painted on a wall, the owner of the wall immediately becomes the owner of the text through accession (art. 3:4 par 2 BW), and there is no possibility for the Gallery to transfer ownership in this scenario.[37]

Suppose a site-specific installation is commissioned for an exhibition. A site-specific work, such as installations or performances, is often unique and conceived for a particular type of event or site. At the Mexican Kurimanzutto gallery, Danh Vō installed a large wall covered with beer boxes during his "log dog show" in September 2013.[38] When accused by Bert Kreuk, claiming that the object was 'his object' or the object to be placed in The Hague, Danh Vō explained that every installation he creates is a site-specific object, made for a particular location and set of circumstances. In Mexico, he painted the names of Mexican beer brands like 'Leon' and 'Sol' in gold on the boxes. In the Netherlands, names of other brands would be painted on the boxes, as stated by Vo. This problem first addresses the question of the extent to which the removal of a site-specific work of art is permitted, and still has artistic value separated from the site. This issue appears to be inherent to the temporary nature of the exhibition.[39] The second question concerns the fate of the elements created for a site-specific installation, as well as the question of the artistic value and role when a site-specific work is exhibited in a completely different context. The preservation or destruction of site-specific installations is closely tied to the artist's ability to exercise their moral rights and to reject the inclusion of works in their oeuvre. Even if Kreuk were to acquire the immense and impressive work, Danh Vō has the possibility to diminish the market value of the artwork by refusing to acknowledge it as part of his body of work. Recently, there was a contentious case in California involving the art dealers operating under the name Ellis King Ltd. and Simcor LLC and the artist Ibrahim Mohammed Mahama (June 15, 2015 at the California Central District Court) disputing elements that previously formed a site specific art-

---

36 Rechtbank Rotterdam, 24 June 2015, ECLI:NL:RBROT:2015:4417.
37 Article 3:4 par 2 BW: 'A thing that is attached to another principal thing in such a way that it cannot be separated from it without causing meaningful damage to one of the things, becomes a component of the principle thing.'
38 http://www.kurimanzutto.com/en/exhibitions/log-dog.
39 Eric M. Brooks, 'Tilted Justice: Site-Specific Art and Moral Rights after U.S. Adherence to the Berne Convention', 77 *Cal. L. Rev.* 1431 (1989); Douglas A. Johnston, 'Legal I: Site-specific art and changing circumstances', *International Journal of Museum Management and Curatorship*, Volume 7, Issue 3, September 1988, p. 298–300.

work.[40] Since Bert Kreuk has expressed his comments and opinions on this matter on Twitter, it seems that he is already aware of this legal issue.[41]

But the artist also explores the boundaries of the legal concept of property. Danh Võ created a tombstone for his father inscribed with the words 'Here lies one whose name was writ in water', a quote taken from John Keats' tombstone. The Tombstone for Phùng Võ was exhibited in 2010 at the Isabella Bortolozzi gallery. The stone was for sale, but the artist insists that upon the death of Phung Võ, it must be transferred to Vestre Kirkegård, a large cemetery in Copenhagen, to serve its intended purpose. However, the buyer will retain ownership of the stone.[42] In 2012, the Walker Art Center purchased it.[43] At a moment – in the future – the stone will be placed in a graveyard in Denmark, and in exchange, the museum will receive a Dupont lighter, an American military class ring, and a Rolex watch. Danh's father, Phùng Võ 'bought them originally because as a recent immigrant from Communist Vietnam, they symbolized a particularly Western brand of success and masculinity.' The work includes, as a performance scripted by a series of documents such as the 'contract, the will, export papers, etc. – that enacts itself over many years and involves many players, from Vo family and Walker staff members to the lawyer whose expertise was needed to ensure the purchase'.[44]

Also, in his most recent work, the artist appears to find amusement in the concepts of ownership. The NY Public Art Fund displayed replicas of parts of the Statue of Liberty in a public space in New York. These parts were commissioned by Danh Võ. The work is entitled 'We the People,' the first words of the preamble to the US Constitution. Before the official opening, one of the pieces was already stolen: a 40-pound chain, owned by his Parisian art dealer Chantal Crousel. An art website states, 'Most artists wouldn't revel in the notion of their work's being stolen, but Võ is interested less in the glorification of his art than in people's engagement with it.'[45]

---

40 Ellis King Ltd. and Simcor LLC v. Ibrahim Mohammed Mahama, California Central District Court, Filed 15 June 2015, Case Number: 2:2015cv04539.

41 Bert Kreuk via @BertKreuk on Twitter on 26 Aug. 2015. See also: B. Kreuk, *Art Flipper* (Karakter: Uithoorn 2017) p. 113–114.

42 Ana Teixeira Pinto, 'Danh Võ's "All your deeds shall in water be writ, but this in marble" at Isabella Bortolozzi Galerie, Berlin', *Art Agenda,* 27 Oct. 2010, http://www.artagenda.com/re views/danhvosallyourdeedsshallinwaterbewritbutthisinmarbleatisabellabortolozzigalerieber lin/.

43 Michael Newmann, 'Intimate bonds: the art of Danh Vo', *Parkett* vol. 93, 2013, p. 168.

44 http://www.walkerart.org/magazine/2012/tombstone-for-phung-vo.

45 Michael Slenske, 'Uncovering Danh Võ's Revelatory Practice', *Blouin Artinfo,* 22 sept. 2014. http://www.blouinartinfo.com/news/story/1054772/uncoveringdanhvosrevelatorypractice (also published in *Modern Painters,* sept. 2014).

Returning to the Kreuk-Vō case. The court sentenced Danh Vō to create an artwork, and he must deliver and transfer the title via the Isabella Bortolozzi Gallery to Bert Kreuk.[46] It is a rather peculiar obligation that the artist must fulfill. Especially since art. 3:296 of the Dutch Civil Code states that in certain cases, the particular circumstances of the obligation to perform may lead to the conclusion that specific performance should be denied, particularly when it involves a personal obligation to create something.[47] According to the Explanatory Memorandum to the Dutch Civil Code, personal service commitments encompass activities like writing a book.[48] Normally, a performance that the debtor must fulfill to meet his obligation can be carried out by someone other than the debtor, unless the nature or essential requirements of the obligation suggest otherwise (art. 6:30, first paragraph, BW). These (very) personal obligations cannot be performed by another person, nor enforced, because compliance 'puts heavy demands on the personal freedom of the debtor.'[49] The judge in the Kreuk/ Vō case ordered the parties to resolve the case in a professional manner. In fact, this court decision means that the Gallery is obligated to perform something they will never be able to fulfill, and the artist is ordered by the court to create a work of art.

The judgment in June 2015 generated significant media attention. The Dutch *NRC* newspaper published a four-page article on the case several weeks before the verdict, on May 7, 2015. The judgment even made the headlines of the *New York Times*, as mentioned in the first paragraph of my article.[50]

The Dutch newspaper *NRC* published an article on May 7, 2015, presenting arguments that were not raised in court. The article explained why the artist was unwilling to comply with the contract with Kreuk in any way. After the exhibition at the Dutch museum, there was a show at a London gallery (called S | 2) owned by the Sotheby's group, where several pieces from the Kreuk collection were sold. These artworks had previously been exhibited in The Hague. According to Danh Vō, Kreuk was an 'art flipper'. A burger flipper is a colloquial term for a low-paid employee of a fast food chain who prepares hamburgers, an 'art flipper' would be a person who impersonates a collector, but actually speculates with artworks by young artists. They purchase these artworks in galleries, exhibit them in museums to attract public attention, and then sell them shortly after at a reputable

---

46 Rechtbank Rotterdam, 24 June 2015, ECLI:NL:RBROT:2015:4417.

47 Jongbloed, in: *GS Vermogensrecht*, art. 3:296 BW, aant. 6b (online, 1 april 2013).

48 Stolker, in: *T&C BW*, art. 3:296 BW, aant. 2 (online, 1 februari 2013).

49 D. Haas, *De grenzen van het recht op nakoming* (Deventer: Kluwer 2009) p. 71.

50 Doreen Carvajal, 'Danh Vō and Bert Kreuk's Legal Battle Pits Artist Against Collector', *New York Times* [online], 13 July 2015. A printed version was published on 14 July 2015, on page C1 of the New York edition van de *New York Times*, with the headline: 'The Rising Artist Versus the Collector'.

auction house for a multiple of the original purchase price.[51] Kreuk is deeply affected by these allegations and states that the sale was simply necessary to declutter his extensive collection.

Internet and Media War

After the rulings in 2014 and 2015, there was a flood of messages on the Internet.[52] All three parties posted statements on websites related to art, with the plaintiff's law firm even celebrating the case as a "win" on Kreuk's Twitter account.[53]

On July 16, 2015, Danh Võ announced a solution to the legal struggle via the website ArtnetNews. The website indicates that Võ's proposal is not suitable for everyone, stating: '***Warning this letter contains language that some readers may find offensive'.[54] Danh Võ suggested that his father paint the text "SHOVE IT UP YOUR ASS, YOU FAGGOT" on a wall in one of the houses of Kreuk in a letter font of his choice. This work seems to be consistent with the artist's more recent pieces, such as those displayed at the Danish Pavilion during the 56th Venice Biennale in 2015.[55] During an exhibition at the London gallery of Marian Goodman in the spring of 2015, Danh Võ had the gallery employees verbally announce the titles of the works on display in the show, such as "Your mother sucks cocks in Hell" and "Shove it up your ass, you faggot," which are quotes from the movie *The Exorcist* (1973) and similar in nature.[56] Why choose "The Exorcist"? The artist's mother had a passion for horror movies, but they scared her so much that she made her very young children watch them with her. During these movie sessions, no one in the Võ household would even dare to go to the bathroom. This was the artist's explanation of the situation.[57] During this ex-

---

51 Milan Todorovic & Ali Bakir, *Rethinking Strategy for Creative Industries: Innovation and Interaction* (Routledge); Christian Saehrendt & Steen T. Kittl, *Ist das Kunst oder kann das weg? Vom wahren Wert der Kunst* (Köln: Dumont 2016).

52 See also B. Kreuk, *Art Flipper* (Karakter: Uithoorn 2017) p. 164–168; 178–180.

53 Een bericht dat wederom door Bert Kreuk is geretweet: 'Ten Holter Noordam @THNadvocaten · 20 jul. [2015] Onze advocaat Thilly Broere stond @BertKreuk succesvol bij in de zaak tegen Danh Võ. Kreuk doet Võ een mooi voorstel:'.

54 'Danh Võ Tells Collector Bert Kreuk To "Shove It" in Stunning Private Letter After Contentious Court Ruling', artnetNews, 16 July 2015, https://news.artnet.com/people/danhvotell sbertkreuktoshoveit317385.

55 Yilmaz Dziewior, *Danh Vo Ydob eht ni mraw si ti* (Cologne: Museum Ludwig 2016) p. 27.

56 Lydia Yee, 'Danh Võ Revisits The Exorcist at Marian Goodman London', 22 Jan. 2015, *Artnet News*, https://news.artnet.com/artworld/danhvorevisitstheexorcistatmariangoodmanlondon 217634.

57 Adam Carr, 'Artists at Work: Danh Võ', *Afterall*, 9 aug. 2007, http://www.afterall.org/online /artists.at.work.danh.vo#.VbICBLPtmkq. Danh Võ: 'Nobody dared to go alone to the toilets

hibition at Goodman Danh's, Phung Võ, his father, painted these texts on the floor as part of the exhibition.

In the first instance, Bert Kreuk was taken aback by this proposal, especially since the artnetNews website published the message even before he received a letter with similar content from Danh Võ.[58] The media war persisted. On July 25, 2015, Kreuk gave an interview to the Dutch newspaper *De Volkskrant*. A brief conversation with Võ was published on August 1, 2015, in the same newspaper.[59] Kreuk believed that the artist's proposal did not comply with the court ruling, as both parties were expected to maintain a professional attitude while resolving the dispute. In a second press release addressed to Danh Võ, Kreuk rejects the proposal and suggests writing on his wall the line 'FROM ANGER, HATRED, AND ALL ILL WILL'.[60] Võ was unwilling to do this, so Kreuk came up with a second proposal: Võ had to donate $350,000 or its equivalent in art to an American or Dutch art institute, and Kreuk was even willing to match this amount.[61] The case was not over yet. On July 6, 2015, the Dutch *NRC* newspaper published a new article in which Kreuk complains that the artist was sentenced by the court to pay Kreuk's attorney fees, but 'nothing has been heard of them, ever since', according to the collector.[62] On July 28, 2015, Võ announced that it would file an appeal because the collector had rejected its proposal.[63]

On August 5, 2015, the Dutch newspaper *Telegraaf* reported that the art dispute between the artist Võ and art collector Bert Kreuk had escalated to a new level. The newspaper reported that Võ's lawyer attempted to intimidate the witnesses. Kreuk is considering filing a complaint with the dean of the Bar Association because Võ's lawyer has leaked Kreuk's private correspondence to

---

after the movies, so we would do it all together. We peed in the bathtub, sink and toilet all at the same time…I guess I was raised to share my fears, my sorrows and love with other people.'

58 Marion Maneker, 'Bert Kreuk Responds', *Artmarket monitor*, 16 July 2015. http://www.artma rketmonitor.com/2015/07/16/bertkreukresponds/, tevens opgenomen in: 'Danh Võ Tells Collector Bert Kreuk To "Shove It" in Stunning Private Letter After Contentious Court Ruling', *artnetNews*, 16 July 2015, https://news.artnet.com/people/danhvotellsbertkreuktos hoveit317385.

59 Joris Zwetsloot, 'Ik doe het niet voor het geld, dat interesseert me geen bal', *Volkskrant*, 25 July 2015; Joris Zwetsloot, 'Ik kan niet werken onder dwang', *Volkskrant*, 1 August 2015.

60 A quote from the film *Rite of Exorcism*; B. Kreuk, *Art Flipper* (Karakter: Uithoorn 2017) p. 183. http://conversations.eflux.com/t/troublinglegalprecedentsetinkreukvsvobortolozziruling/20 21.

61 Joris Zwetsloot, 'Ik doe het niet voor het geld, dat interesseert me geen bal', *Volkskrant*, 25 July 2015.

62 'Kreuk legt weer beslag op werk Vo', *NRC Handelsblad*, 6 July 2015; 'Beslag gelegd op kunstwerk', *AD/Rotterdams Dagblad*, 4 July 2015.

63 'Rechtszaak over levering kunstwerk Võ wil geschil met Kreuk in hoger beroep uitvechten', *NRC*, 28 July 2015; 'Conflict kunstenaar en verzamelaar escaleert', *De Telegraaf*, 1 August 2015.

the press.[64] As a result of this complaint, barrister Van den Berg withdrew from the case. However, the law office is still advertising as Vō Lawyers on their website.[65]

Assignment Agreement, sale and acceptance of work

For the contract concluded between Kreuk, the artist, and the gallery, there are theoretically three different legal institutes possible under Dutch law. First, the acceptance of work, in addition, the purchase agreement, and finally the assignment agreement.[66] The court decided by applying art. 7:407 paragraph 2 BW, that the agreement should be regarded as a contract with a service provider.[67] This judgment reflects the predominant view on the development of the concept, asserting that the artist incorporates his family and third parties in creating his works: his father's calligraphy, the Thai gold leaf artists, and a Chinese coppersmith factory. The creation of this box with gold lettering is like the 'work of a freelance journalist or sculptor creating a physical work – a newspaper article, an artwork – but the material performance is minor to the intellectual and creative achievement, so it will be in those cases of contractual agreement rather than contracted work.'[68] It remains uncertain what 'work' the gallery can accomplish under these circumstances, given the highly personal nature of the matter to be performed.

It remains a matter of speculation what the exact intention of the legislator was. Can a conviction for violating intellectual achievement, a priori not be honored, and can the judge change this ex officio in damages. Or does the creator/debtor still have a chance to comply and deliver? Dommering wrote about the absence of a defense based on Art. 3: 296 BW: 'One would expect the nature of the performance to be discussed in the process, but you will find nothing about it in the verdict. Apparently, Danh Vō and/or his lawyer have not pursued this line of defense.'[69] The question in art. 3:296 paragraph 1 BW or the

---

64 B. Kreuk, *Art Flipper* (Karakter: Uithoorn 2017) p. 186.

65 http://www.berghstoop.com/nieuws/gert-jan-van-den-bergh-en-bindu-de-knock-staan-danh-vo-en-galerij-bortolozzi-bij/ [17 March 2016].

66 Foskea A.J. van der Ven, 'Eden versus Whistler, De opdracht tot het maken van een portret: aanneming van werk, overeenkomst van opdracht of koop van een toekomstige zaak?', *GROM* XXX (2013).

67 Rechtbank Rotterdam, 24 June 2015, ECLI:NL:RBROT:2015:4417.

68 R.M. Beltzer, E. Verhulp, K. Boonstra, D. Christe, J. Riphagen, *Flexibele arbeidsrelaties* (Deventer: Kluwer 2002) p. 18; Pitlo/Croes e.a 1995, p. 223.

69 Egbert Dommering, 'De zaak Kreuk versus Danh Vō', published on 9 August 2015, http://www.egbertdommering.nl/?p=778 'Je zou verwachten dat er in het proces over de aard van de

traditional principle 'pacta sunt servanda', or the artistic freedom of the artist must prevail. French law has sided with the artist throughout the legislative history, art. 1142 Civil Code demonstrates the drafters' respect for individual freedom by allowing the enforcement of commitments to do something (or not do) any breach of contract can be enforced, and the commitment dissolves in damages. Of course the imposition of imprisonment can to achieve compliance under Art. 587 Rv ad ultimum creates possible conflict with the European Convention on Human Rights (ECHR). Dondorp concludes, "The afore-mentioned reasons are not sufficient legitimacy to exempt creative and in-tellectual achievements from the principle of pacta sunt servanda. Creative professions differ from other types of occupations. Contracts commit parties to perform, even if the debtor has to fulfill the obligation in person. The nature of the obligation is not the determining factor; rather, the specific circumstances of the case – taking into account the interests of both the creditor and debtor – who cannot impose the claimed penalty payment is justified in a particular case."[70]

Another question is if under Article 7:17 BW the supplied good must be in conformity with the sale agreement, must this article be understood that the work meets the wishes of the client?

In addition to the art. 3:296 BW formulated an exception to the performance claim, the moral rights of the artist must also be taken into account. Art. 25 of the Dutch Copyright Act outlines the moral rights, which include the artist's right to determine when a work has been completed and can be shown to the public. And according to art. 1 Copyright Act the creator of a copyrighted work has the droit de publication. He also has the right to prevent disclosure.[71]

The End

The appeal by Võ and Bortolozzi marks the next stage in the legal dispute.[72] In December 2015, the Court of Appeal summoned both parties to The Hague. After six hours of court proceedings and negotiations, Võ and Kreuk resolved their legal dispute by reaching an agreement that Võ was not obligated to create the large artwork commissioned by Kreuk in 2013. The *New York Times* now reports: 'With the settlement, both are resolute that they will not have anything to do with each other in the future. Mr. Kreuk said he has sold the seven works he had

---

prestatie is gediscussieerd, maar daarover vind je niets in het vonnis. Kennelijk hebben Danh Võ en/of zijn advocaat dit verweer niet gevoerd.'

70 H. Dondorp, 'Laat kunst zich afdwingen? Art. 3:296 lid 1 BW in perspectief', *RMThemis* 2011, p. 104.

71 Hof Amsterdam, 1 dec. 1970, *NJ* 1971, 205, r.o. 12.

72 B. Kreuk, *Art Flipper* (Karakter: Uithoorn 2017) p. 187.

collected by Mr. Vō and will never buy another one.' Two weeks later, on December 15th, the Gemeentemuseum announced that they had acquired "The Tomb" (2010), a sculpture by the American artist Matthew Day Jackson. The artwork was a gift from Bert Kreuk. He stated, 'If you possess a key work of an artist and you know when it is in a museum collection, such as the Gemeentemuseum, it is better placed, it is almost your duty to show it there in public. A donation is almost inevitable.'[73]

The End?

For the Gemeentemuseum Den Haag, the case was not yet over, sparking a debate about the role of private collector's in the museum. The board of The Vincent Award, an award presented by the Broere Charitable Foundation and the Gemeentemuseum Den Haag, announced that artist Nairy Baghramian has withdrawn as a nominee for The Vincent Award 2016. Baghramian refused to be a nominee in response to the dispute between Danh Vō and Kreuk. 'I have to question the role of the Museum in the law case between the artist Danh Vō and the collector De [sic] Kreuk,' Bagharian wrote in a message to the award committee and jury.[74] 'Based on my insights, it seems safe to say that the museum didn't assume a neutral stance in the private confrontation between two parties, but rather played an active role in this legal dispute and even stood against the artist who was invited to and exhibited in the museum,' she continued. 'This makes the whole situation at hand seem quite precarious to me and it makes me feel weakened in my position as an artist in the context of institutional representation. In my understanding, the museum as an institution of the public sphere should have remained independent – or, it at least should have kept a neutral position in a private affair, if it didn't feel capable of standing in for and protecting the artist it had invited to exhibit.'[75] According to the museum, the two employees were 'called to appear as witness. In court, the museum answered questions under oath of both the judge and both parties' lawyers. Gemeentemuseum Den Haag was never party to this case. Nevertheless, Nairy Baghramian

---

73　http://www.gemeentemuseum.nl/organisatie/nieuws/belangrijke-schenking-matthew-day-j ackson-the-tomb.

74　http://hyperallergic.com/267076/two-nominees-for-european-art-award-pull-out-over-artist collector-feud/.

75　http://hyperallergic.com/267076/two-nominees-for-european-art-award-pull-out-over-artist collector-feud/.

has withdrawn as a nominee for the award, citing the dispute.'[76] Of course, the fact that the museum staff was summoned to court as witnesses and had to give their statements under oath, which has little to do with independence. However, there may have been some issues the museum ought to have considered when they started collaborating with Kreuk. I will discuss this in one of the following paragraphs.

In January 2016, the artists Elmgreen & Dragset declined to collaborate with the Gemeentemuseum on a project.[77] According to Michael Elmgreen: 'The museum is in the pocket of a private party', as he told artnet News: 'It took me about 30 seconds to decide [...] There's no reason for this in a heavily state-funded country like Holland [...]. Especially there, it's insane for the museum to have to depend on private parties this way. When they behave in the interest of the collector against the artist, I have no interest in working with them. It's also very weird to have public institutions working to increase the value of a private collection.'[78]

Here we see the inevitable negative outcome of this legal struggle for the Museum: artists refuse to cooperate with the institution. Allegations about the sale of artworks displayed in the museum are not something Kreuk wants to defend himself against. He considers himself free to do as he likes with his private property and believes that he is only helping museums during times of financial difficulties.[79] When considering the 2013 ICOM Code of Ethics for Museums, which applies to the Gemeentemuseum, it is difficult to find a place for Mr. Kreuk's work within this Code.[80] Is he a volunteer curator (1.18), or is he an art dealer (8.15) and the museum a showcase for this particular merchant? What kind of approach is expected from the museum staff towards him? The Gemeentemuseum, an independent foundation that relies on sponsors to make things happen, believed they had found an ideal art connoisseur in Kreuk. However, it seems that he is not a museum professional. It is often said that art sales have to be made outside the museum walls, but this is not always possible, especially when it comes to site-specific installations like those created by Danh Võ, which require an on-the-spot visit.

It appears that something is missing from the ICOM Code of Ethics for Museums. In these times when governments are withdrawing from the cultural field,

76 01/07/2016; http://www.gemeentemuseum.nl/en/organisation/news/the-vincent-award-announces-withdrawal-two-nominees; B. Kreuk, Art Flipper (Karakter: Uithoorn 2017) p. 200–201.

77 https://news.artnet.com/art-world/artists-boycott-gemeentemuseum-kreuk-danh-vo-403535.

78 https://news.artnet.com/art-world/artists-boycott-gemeentemuseum-kreuk-danh-vo-403535.

79 B. Kreuk, *Art Flipper* (Karakter: Uithoorn 2017) p. 149.

80 See also on this problem: Egbert Dommering, 'De zaak Kreuk versus Danh Võ', published on 9 Augustus 2015, http://www.egbertdommering.nl/?p=778.

there is a need to fill these gaps through close cooperation with collectors. Therefore, it is necessary to establish rules for when the museum serves as a showcase for collectors.[81] Transparency in the acquisition, whether through market sales or donations, is essential. Additionally, the need for collection plans is essential, although it is only partially addressed by the ICOM Code of Ethics.

Danh Võ

For Danh Võ, his work as well as his life as an artist are a constant struggle with bureaucracy, official documents, and the role of law in society. It is a fine line between his personal life and professional work.[82] At the age of four, Danh Võ fled Vietnam with his parents to escape the regime of Pol Pot. At high sea, the refugees on the self-built boat (later rebuilt by the artist Tobias Rehberger as 'American Traitor Bitch' and simultaneously considered a work of art in the oeuvre of Danh Võ[83]) were picked up by a Danish cargo ship, and Danh Võ was finally granted political asylum in Denmark.[84] Danh attends both a regular school and an art school in this country.

In 2005, some friends of Danh Võ organized an exhibition. Michael Elmgreen and Ingar Dragset constructed a Prada store in Marfa, Texas, located in the midst of the desert.[85] However, Danh was unable to attend the vernissage because he could not afford the trip. He devises a strategy to travel to America in order to

---

81 Since transparency is important, it must be mentioned that the author of this article has been involved in providing loans for expositions in museums several times. For example, the author provided loans for the 'Holland Dada and the International Context' exhibition at Museum Dr8888, Drachten, from 24 April 2016–17 January 2017, and for the 'Surreële Werelden' exhibition at Centraal Museum in Utrecht in 2014; and 'Barrikadenwetter, Image Acts of Insurrection', with Arsenale Institute, Venice, 20 Sept. 2023–18 Feb. 2024, Macro, Roma.

82 Adam Carr, 'Artists at Work: Danh Võ', *Afterall*, 9 aug. 2007, http://www.afterall.org/online /artists.at.work.danh.vo#.VbICBLPtmkq. Danh Võ: 'I have a very exotic relationship to certificates and documents. I like the idea of doing something with your body that ends up in just a piece of paper. I was sitting in a detention centre in the Bangkok airport for five days because my passport wasn't proper (it was broken in two parts, and taped up) and I was seeing all these bodies that were imprisoned because they didn't have the right papers. It was an experience that really made me aware of the relationship between body and paper. I see the documents as equivalent to my performances, since our society has already determined our movements and actions through papers and documents.'

83 Adam Carr, 'Artists at Work: Danh Võ', *Afterall*, 9 aug. 2007, http://www.afterall.org/online /artists.at.work.danh.vo#.VbICBLPtmkq.

84 Michael Slenske, 'Uncovering Danh Võ's Revelatory Practice', *Blouin Artinfo*, 22 sept. 2014. http://www.blouinartinfo.com/news/story/1054772/uncoveringdanhvosrevelatorypractice (also published in *Modern Painters*, sept. 2014).

85 Maria A Slowinska, *Art/Commerce : the convergence of art and marketing in contemporary culture* (Bielefeld : Transcript, 2014) p. 29.

attend the event. He requested an official government grant to photograph the opening. Paperwork signed by the two artists has been submitted to the Danish Arts Council. Of course, the signatures have been falsified, but the application is approved, and Danh Vō can go to America, 'I was using his signature in order to invent a reality for a bureaucratic system, and then I tried to construct this reality parallel to my private interest. It's a very common strategy of lower class refugees, something that has been part of my education and upbringing.'[86] In 2003, Vō published the artist book 'Self portrait (Leif) (2004)', which led to a police no-tification fining Vō for exposing his buttocks to a group of policemen. The notification was signed by a certain Leif Enemark Sørensen.[87]

In his work 'Vō Rocasco Rasmussen' (2003-ongoing) the relationship between law and identity is investigated.[88] Vō's objective is to change his name and acquire a new identity: 'I wanted to use the marriage institution to marry people that had been important to me, but I wanted to get divorced immediately afterwards because I have another agenda. I only wanted their names. I'm not interested in any rights related to marriage because most rights turn out to be repressive after a short while. I'm only interested in amending my name by having their last name, as a memory. I can take the name with me, a name that has been produced by the very institution that previously wanted to exclude me. It's a kind of revenge, a softcore revenge.'[89] But also the long enduring legal procedures do fascinate the

---

86 The solo exposition 'Not a Drop but the Fall' (2005) in the Berlin gallery Klosterfelde. Adam Carr, 'Artists at Work: Danh Vō', *Afterall*, 9 aug. 2007, http://www.afterall.org/online/artists.a t.work.danh.vo#.VbICBLPtmkq. In the same interview Vō told: 'To scam the Arts Council or my boyfriend was not arbitrary. I wanted to blow the codes for what was seemingly right and wrong, I wanted to not give a fuck about the conventional views on privacy and authorship and relationship, and I wanted to take the risk of ending up in this beautiful mess, where trust was all that would be left.'

87 Jörg Heiser, 'Exorcism of the self', *Frieze* no. 171, may 2015, p. 192.

88 Also calles 'Marriage project' (2003); Sascha Wölck, *"Untitled" et al. Irritation von Geschichts- und Identitätskonstruktionen in der Kunst Danh Vōs* (Berlin: Regiospectra, 2011). Sabeth Buchmann, 'Putting History tot he test', *Parkett* vol. 93, 2013, p. 164; Andrew Berardini, *Danh Vo Relics* (Mexico DC: Air Mexico 2015) p. 67–68.

89 Adam Carr, 'Artists at Work: Danh Vō', *Afterall*, 9 Aug. 2007, http://www.afterall.org/online /artists.at.work.danh.vo#.VbICBLPtmkq. Here the institute of marriage becomes the play-ingfield of the artist: 'In the staged clash between bureaucracy and biography, the dismaying outcome is not that bureaucracy might impair biography but that biography is an effect of bureaucracy. Though it is true that a marriage marks a relationship between two people and the state apparatus, it remains nonetheless so that "marriage" provides the mold for all other monogamous, i.e., committed, love affairs, whose rules obviously include not duping your partner into signing fake papers, so you can follow him to Marfa. Danh Vō doesn't believe in personal history though. All identity is a matter of cultural artifice, and being Vietnamese, gay or a refugee, have no intrinsic meaning. Which is not to say they are of no use: the artist's sleight of hand is in finding the added value in the cheeky use of it all, be it family, gender orientation or ethnicity.' Citation from: Ana Teixeira Pinto, 'Danh Vō's "All your deeds shall in water be writ, but this in marble" at Isabella Bortolozzi Galerie, Berlin', *Art Agenda*, 27 Oct.

artist: 'I have been married twice and divorced twice. It's a project that takes time. You have to be separated for half a year before you can get the divorce (unless you go to Las Vegas) … and then another thing is that it's not that easy to convince people to marry you.'[90] Sabeth Buchmann writes: 'Vo addresses not only the constitutive and heterosexual logic of bourgeois institutions for (artistic) identities but also deals with the growing importance of affects-such as love, friendship, and emotional commitment-within a network-based economy'.[91]

Danh's interpretation of the law and his use of law, legislation, and justice to create his own artistic mythology contradict the ordering function of the law in society. In the case of Kreuk, he attempts to lure the collector/investor out of their safe environment. Even if Kreuk wins the legal battle, his reputation as a philanthropist will suffer severe damage.

2010, http://www.artagenda.com/reviews/danhvosallyourdeedsshallinwaterbewritbutthisin marbleatisabellabortolozzigalerieberlin/.

90 Adam Carr, 'Artists at Work: Danh Vō', *Afterall*, 9 Aug. 2007, http://www.afterall.org/online /artists.at.work.danh.vo#.VbICBLPtmkq.

91 Sabeth Buchmann, 'Putting History to the test', *Parkett* vol. 93, 2013, p. 164.

Thomas Rüfner

Aus der Vor- und Frühgeschichte des Computerrechts

Als Zeugnisse der Frühgeschichte des Computerrechts werden im Folgenden die ersten praktischen Fälle behandelt, in denen sich die (west-)deutschen Rechtsprechung mit Computern, das heißt mit durch ein im Arbeitsspeicher vorgehaltenes Programm gesteuerten digitale Rechnern[1] beschäftigen musste. Welche Rechtsprobleme standen beim Erstkontakt von Computertechnik und Rechtsordnung im Vordergrund? Inwieweit spiegeln sich Stand und Entwicklung der Technik im juristischen Umgang mit ihr?

Wegen des hardware- und praxisnahen Ansatzes deckt sich das Thema nicht mit der Disziplingeschichte der Rechtsinformatik, zu der bereits verschiedene Beiträge vorliegen.[2] Die Rechtsinformatik in Deutschland, verstanden als „Theorie über die Voraussetzungen, Möglichkeiten und Folgen der EDV im Recht",[3] sah in den praktischen Rechtsfragen, die beim Einsatz der neuen Technologien auftraten, allenfalls ein Teilgebiet ihres Gegenstandes und war stark an Fragen der Organisation juristischer Information und der Automatisierung der Rechtsanwendung (und deren rechtstheoretischen Voraussetzungen) interessiert. – Außer Betracht bleiben auch die (akademischen) Überle-

---

1 Zur Definition des modernen Computers und insbesondere zur Bedeutung der Speicherprogrammierung *Bruderer*, Meilensteine der Rechentechnik, Bd. 2, 3. Auflage, 2020, 3–36; aus der Perspektive der Computer-Frühzeit: *Ebert*, Neue Berufsbilder im Gefolge der Automation im Büro, BB 1966, 1149–1154 (1152 f.).

2 *Hoeren/Bohne*, Rechtsinformatik – Von der mathematischen Strukturtheorie zur Integrationsdisziplin, in: Traunmüller/Wimmer (Hg.), Informatik in Recht und Verwaltung, 2010, 22–36; *Gräwe* Die Entstehung der Rechtsinformatik. Wissenschaftsgeschichtliche und -theoretische Analyse einer Querschnittsdisziplin, 2011, passim; *Weber*, Recht digital: Kreis oder Pfeil? 50 Jahre Rechtsinformatik – 25 Jahre IRIS – und wie weiter?, Tagungsband IRIS 2022.

3 *Steinmüller*, Rechtsinformatik. Elektronische Datenverarbeitung und Recht, JR 1971, 1–9 (3); zum Bestimmung des Gegenstandsbereichs und des Erkenntnisinteresses der Rechtsinformatik auch *Fiedler*, Automatisierung im Recht und juristische Informatik I, JuS 1970, 432–436 (433): „anwendungsorientierte Strukturtheorie der Informationsverarbeitung" für den juristischen Bereich und V, JuS 1971, 228–233 (232): Daten- und Informationsrecht als Gegenstück zur Rechtsinformatik; vgl. außerdem *Reisinger*, Rechtsinformatik, 1977, 42 f.; *Haft*, Einführung in die Rechtsinformatik, 1977, 9.

gungen zu einem Informationsrecht als neuem Teilgebiet der Rechtsdogmatik, das die Information als solche in den Mittelpunkt stellen sollte.[4]

Mehr zufällig hat die Recherche zur Frühgeschichte des Computerrechts zur „Universal-Rechner-Entscheidung" des Reichsgerichts aus dem Jahr 1928 geführt. Der im Mittelpunkt dieses Falles stehende „Universal-Rechner" war kein digitaler Rechner; der Fall wirft aber einige interessante Schlaglichter auf die weitere Entwicklung. Daher wird er als Kapitel aus der „Vorgeschichte" des Computerrechts vorangestellt.

Als Endpunkt der Betrachtung der Frühgeschichte wurde das Jahr 1975 gewählt. Schon in der ersten Hälfte der 1970er Jahre finden sich immer mehr Entscheidungen mit EDV-Bezug, darunter auch solche, die keine Rechtsprobleme der neuen Technik behandeln, aber beiläufig erkennen lassen, dass Computer zu einem alltäglichen Wirtschaftsgut und Arbeitsmittel geworden waren.[5] Es wird daher mit dem Fortschreiten der Zeit immer schwieriger, auf begrenztem Raum einen sinnvoller Überblick über diejenigen Entscheidungen zu geben, die für die Frage nach der Wechselbeziehung von technischer und rechtlicher Entwicklung aufschlussreich sind. Der Beginn der Mikro- und Heimcomputerära wird durch das Erscheinen des Altair 8800 im Jahr 1975 und des Apple I im Jahr 1976 markiert. Daher erschien es nicht gänzlich willkürlich, die Betrachtung (unbeschadet einiger Ausblicke auf die weitere Entwicklung) mit dem Jahr 1975 enden zu lassen.

I.   Vorgeschichte: Der Universal-Rechner und das Fernsprechbuch

Sucht man in der juristischen Datenbank beck-online nach Gerichtsentscheidungen zum Stichwort „Computer" ohne den Suchbegriff in Anführungszeichen zu setzen, so wird automatisch auch nach „Rechner" gesucht, weil das Abfrageprogramm „Computer" und „Rechner" als Synonyme ansieht. Aus der Zeit vor 1970 werden daher zahlreiche Gerichtsentscheidungen gefunden, in denen „Rechner" als Berufs- bzw. Funktionsbezeichnung erscheint.[6] Schon diese Ent-

---

4 Dazu *Gräwe*, Rechtsinformatik (Fn. 2) 154–175.
5 Vgl. BGH, 21.06.1972, VIII ZR 96/71, WM 1972, 1092 (Vertrag über den Vertrieb von Klein-Computern); BGH, 16.02.1973, I ZR 160/71, BGHZ 60, 296 (Erwähnung der Adressspeicherung im Computer im Zusammenhang mit unerwünschten Werbebriefen); OLG Stuttgart, 28.02.1974, 2 U 133/77, NJW 1975, 1930 (computergestützte Partnervermittlung).
6 BGH, 04.12.1951, 1 StR 594/51, NJW 1952, 234 (schwerer Fall der Untreue, weil der Angeklagte „den bisher untadeligen Rechner" einer Spar- und Darlehenskasse „um Ehre und Ansehen gebracht" hatte); BGH, 16.02.1954, I StR 578/53, NJW 1954, 649 (Angeklagter war Rechner

scheidungen lassen den Kultur- und Sprachwandel erkennen, den die Digitalisierung gebracht hat. In den 1950er und 1960er Jahren konnte „Rechner" noch die Hauptbeschäftigung eines Menschen bezeichnen.

Noch aufschlussreicher ist indes die Universal-Rechner-Entscheidung des Reichsgerichts.[7] . Sie wird bei beck-online indirekt über eine redaktionelle Anmerkung in der GRUR zu einem Urteil des BGH aus dem Jahr 1961 gefunden, das seinerseits den urheberechtlichen Schutz eines Fernsprechbuchs zum Gegenstand hat.[8]

Da das Urteil knapp ein Jahrzehnt vor dem Bau des ersten programmgesteuerten Digitalcomputers durch Konrad Zuse erging, ist der „Rechner", um den es geht, naturgemäß kein elektronischer Rechner. Vielmehr handelt es sich um eine vom Kläger herausgegebene Sammlung von Multiplikations- und Divisionsergebnissen in Tabellenform, die kaufmännische Rechnungen erleichtern sollten.[9] Der vom Hersteller des Universal-Rechners in Buchform in Anspruch genommene Verlag vertrieb ein ähnliches Werk unter dem Titel „Rekord-Rechner". Dies suchte ihm der Kläger wegen Verletzung seines Urheberrechts nach § 1 des LitUrhG von 1901 zu untersagen.

In kulturgeschichtlicher Perspektive markierte der „Universal-Rechner" eine der letzten Entwicklungsstufen eines Hilfsmittels bei mühsamen Rechnungen, das seit Jahrtausenden in Gebrauch war. Sammlungen von Rechenergebnissen in Tabellenform gab es schon bei den Sumerern um die Mitte des dritten Jahrtausends vor Christus.[10] Im 19. und frühen 20. Jahrhundert waren gedruckte Tafeln mit Rechenergebnissen für den kaufmännischen Gebrauch in Europa verbreitet. Besonders beliebt waren so genannte *ready reckoners* in Großbritannien wegen der komplizierten Umrechnungen, die durch die britische Währung und die Maße und Gewichte des so genannten imperialen Systems notwendig wurden.[11]

---

einer Genossenschaft); BGH, 18.09.1962, I StR 245/62, BGHSt 18, 55 = NJW 1963, 118 (Angeklagter als Rechner bei einer Artilleriebatterie der Bundeswehr).

7 RG. 30.06.1928, I 29/28, RGZ 121, 357 = GRUR 1928, 718.

8 BGH, 23.06.1961, I ZR 105/59, GRUR 1961, 631.

9 Es muss sich nach den (anonymisierten) Angaben um das Werk *Bergmann*, Universal-Rechner für Dutzend-, Meter–, Stück-, Paar, Kilo- etc. Berechnungen, 21. Auflage, 1924, handeln.

10 Als früheste Rechtentafel gilt die aus der sumerischen Stadt Shuruppag stammende und im Vorderasiatischen Museum in Berlin aufbewahrte Tafel VAT 12593, die auf die Zeit um 2600 v. Chr. datierbar ist, vgl. *Neugebauer*, Mathematische Keilschrift-Texte, 1935, Neudruck 1973, 91 f., *Robson*, Tables and tabular formatting in Sumer, Babylonia, and Assyria, 2500 BCE – 50 CE, in: Campbell-Kelly/Croarken/Flood/Robson (Hg.), The History of Mathematical Tables, 2003, 19–47 (27).

11 *Campbell-Kelly/Croarken/Flood/Robson*, Introduction, in: dies. (Hg.), The History of Mathematical Tables, 2003, 1–16 (1 und 3).

Im Deutschen wurden vergleichbare Tafelwerke als „Rechner" vertrieben.[12] Der „Universal-Rechner" des Klägers zeichnete sich nach Ansicht des Reichsgerichts dadurch aus, dass er gerade die für den kaufmännischen Bedarf wichtigsten Rechenergebnisse (insbesondere in der kaufmännischen Praxis häufige Bruchteile für jede aufgenommene Zahl) ausgewählt und in übersichtlicher Form zugänglich gemacht hatte. Der Autor des Universal-Rechners, Jean Bergmann, war Inhaber verschiedener Patente für analoge Rechenhilfen. Er musste während der NS-Zeit als Jude aus Deutschland fliehen und emigrierte in die Schweiz; dort produzierte er weiter Rechenhilfen.[13] Die Entwicklung der Digitalrechner machte Rechtentafel und analoge Rechenmaschinen schnell obsolet. Heute ließe sich der gesamte Inhalt des Tafelwerks von Bergmann mit einem einfachen Computerprogramm in wenigen Sekunden berechnen und in einer Datei abspeichern.

Rechtshistorisch gehört die Universal-Rechner-Entscheidung des Reichsgerichts (wie auch die Entscheidung des BGH zu Telefonbüchern von 1961) zur Diskussion um den urheberrechtlichen Schutz von Datensammlungen[14] und damit zur Vorgeschichte des Datenbankschutzes durch die heutigen §§ 4 Abs. 2 und 87a ff. UrhG. Problematisch war im Hinblick auf Rechentabellen ebenso wie bei Telefonbüchern die Frage, ob die Zusammenstellung der als solche nicht schutzfähigen Daten als persönliche geistige Schöpfung angesehen werden konnte.[15] Das Reichsgericht vertrat bezüglich der erforderlichen Schöpfungshöhe eine großzügige Linie. Beim Universal-Rechner ließ es 1928 die geschickte Auswahl der aufzunehmenden Rechenergebnisse als „eigenpersönliche geistige[] Arbeitsleistung" genügen.[16] In seiner ersten Entscheidung zu einem Telefonverzeichnis 1909 betonte das Reichsgericht ebenfalls das Erfordernis, dass die Zusammenstellung der Daten aufgrund der „Formgebung, Sammlung, Eintei-

---

12 Das erste englischsprachige Werk mit diesem Titel, *Daniel Fenning*, The Ready Reckoner, zuerst London 1757, wurde als Der Geschwinde Rechner, Germantown 1774 ins Deutsche übersetzt, vgl. zu Fenning und früheren Werken gleicher Art, die sich noch nicht als *reckoners* bezeichneten, *Williams/Johnson*, Ready Reckoners, IEEE Annals of the History of Computing 27.4 (2005) 64–80 (64); *Raven*, Publishing Business in Eighteenth Century England (2014) 194–196. Zu deutschen „Rechnern", einschließlich des Werks von Bergmann *Williams/ Johnson* 73.

13 Zur Lebensgeschichte von Jean Bergmann vgl. die Angaben bei https://www.rechnerlexiko n.de/artikel/Bergmann%2C_Jean (zuletzt abgerufen am 9. Januar 2024); Bergmann führte als erfolgreicher Unternehmer auch im Ausland Prozesse, vgl. Hof Amsterdam, 07.12.1921, Nederlandse Jurisprudentie 1923, 395.

14 Vgl. auch die Beiträge von Runge, Schutz von Fernsprech- und Adreßbüchern, GRUR 1962, 504–507; Reichel, Die Formgebung und die Formgestaltung von Schriftwerken und ihr rechtlicher Schutz, GRUR 1963, 124–129 (125f.).

15 Zur Geltung dieses Maßstabes sowohl nach dem litUrhG von 1901 als auch nach dem geltenden UrhG *Leistner*, Der Rechtsschutz von Datenbanken im deutschen und europäischen Recht, 2000, 270 Fn. 93.

16 RGZ 121, 357 (361).

lung und Anordnung" des Stoffes als „Ergebnis der individuellen geistigen Arbeit" erscheinen musste.[17] Es ließ dafür aber schon die alphabetische Anordnung genügen. Bezeichnenderweise ging es 1909 noch nicht um die Namen der Besitzer eines Fernsprechanschlusses, sondern nur um ein alphabetisch sortiertes Register, in dem „alle[] deutschen Plätze, die ein eigenes Fernsprechamt oder einen Fernsprechanschluß an ein in einem anderen Orte befindliches Fernsprechamt haben". Das Reichsgericht betont, dass die „überaus zahlreichen Orte auf Grund kostspieliger und mühsamer Arbeiten" alphabetisch sortiert wurden.[18] Es nähert sich damit der Position der Gerichte in Großbritannien an, die für das Copyright an Adressbüchern und ähnlichen Zusammenstellungen generell nicht auf eine schöpferische Leistung, sondern allein auf den für die selbständige Erstellung erforderlichen Aufwand (*labour and expense*) abstellten.[19]

Trotz dieser ähnlichen Ausgangspunkte bei der Beurteilung Zusammenstellungen von Daten entwickelte sich das britische Recht anders als das deutsche und andere kontinentale Urheberrechte. In Großbritannien verzichteten die Gerichte konsequent auf das Erfordernis einer originellen Schöpfung. In Deutschland stellte der BGH zwar in seiner Entscheidung von 1961 die Auffassung, dass ein Telefonverzeichnis schutzfähig sein kann, nicht in Frage,[20] doch stellten die deutschen Gerichte in der Folgezeit erhöhte Anforderungen an die für den Schutz von Datenzusammenstellungen erforderliche Schöpfungshöhe.[21]

Im Zusammenhang mit digitalen Datenbanken wurden die Voraussetzungen erst überraschend spät diskutiert. Die ersten rechtswissenschaftlichen Stellungnahmen zu urheberrechtlichen Problemen im Zusammenhang mit Datenbanken konzentrierten sich auf die Frage, unter welchen Voraussetzungen die Aufnahme von (eventuell urheberrechtlich geschützten) Elementen in eine Datenbank zulässig ist.[22] Erst ab Ende der 1980er Jahre wurde die Frage nach dem

---

17 So die Formulierungen des Reichsgerichts in der Entscheidung vom 27. 11. 1908, II 739/08, DJZ 1909, 268.
18 RG, 27. 11. 1908, II 739/08, DJZ 1909, 268; vgl. auch RG, 06. 12. 1928, II 663/28, RGSt 62, 398 (399); schon zuvor hatte das Reichsgericht ausgesprochen, dass Adressbücher urheberechtlichen geschützt sein können: RG, 02. 01. 1888, I 2663/87, RGSt 17, 195 (197 f.) (zum UrhG von 1870); in RG, 02. 04. 1884, I 465/83, RGZ 12, 113, blieb die Frage noch offen.
19 *Morris v. Ashbee* (1868) LR Eq. 34, 41; vgl. zum englischen Recht *Leistner*, Rechtsschutz (Fn. 14) 5–9.
20 BGH, 23. 06. 1961, I ZR 105/59, GRUR 1961, 631.
21 *Leistner*, Rechtsschutz (Fn. 14) 271 f. mit Hinweis u. a. auf BGH, 01. 03. 1984, I 32/82, GRUR 1984, 659.
22 *Ulmer*, Datenbanken und Urheberrecht, 1971; *Goose*, Die urheberrechtliche Beurteilung von elektronischen und Mikrofilm-Datenbanken, 1975; weitere Nachweise bei *Mehrings*, Der Rechtsschutz computergeschützter Fachinformation unter besonderer Berücksichtigung von Datenbanken, 1990, 117 Fn. 127.

Schutz der Datenbanken selbst zunehmend diskutiert.[23] Der Umstand, dass in Großbritannien „selbst trivialste Sammlungen" unter dem Schutz des Copyright standen, wurde als Ursache dafür angesehen, dass die große Mehrzahl der Anbieter von Datenbanken innerhalb Europas ihren Sitz in Großbritannien genommen hatten. Die großen Unterschiede bei den Schutzrechten waren auch Grund für die Forderung nach einer Rechtsvereinheitlichung.

Die europäische Rechtsvereinheitlichung kam im Jahr 1996 mit der EU-Datenbank-Richtlinie (Richtlinie 96/9/EG). Zu ihrer Umsetzung wurde § 4 UrhG neugefasst und erwähnt Datenbankwerke nun als Sonderform des Sammelwerks in § 4 Abs. 2 UrhG. Außerdem wurde in §§ 87a–87e UrhG das besondere Leistungsschutzrecht des Datenbankherstellers normiert, für das es gerade nicht auf den Werkcharakter der Datensammlung ankommt, sondern nur darauf, dass die Zusammenstellung der Daten „eine nach Art und Umfang wesentliche Investition erfordert" hat. Sowohl § 4 Abs. 2 UrhG wie auch §§ 87a ff. UrhG gelten nicht nur für digitale Datenbanken, sondern auch für solche, die in gedruckter oder sonstiger analoger Form vorliegen. Insofern ist gesetzlich anerkannt, dass mit den neuen Vorschriften eine Problematik geregelt wird, die schon vor der Digitalisierung existierte.

Mit Inkrafttreten der Novelle zum 1.1.1998 wurde im deutschen Recht erstmals ein vom Vorliegen einer schöpferischen Leistung unabhängiges Schutzrecht für Datenzusammenstellungen geschaffen. Das dies erst im Zuge der Digitalisierung geschah, ist einerseits gut nachvollziehbar, weil wegen der prinzipiell unbegrenzten Möglichkeit zur verlustfreien Kopie digitaler Inhalte der Aufwand für die Ausnutzung der von einem anderen erbrachten Leistungen zur Erstellung einer Datensammlung im Vergleich zur vordigitalen Zeit viel geringen und der Anreiz zum Kopieren damit viel größer geworden ist. Zudem sind durch die Digitalisierung Einsatzmöglichkeiten für große Datensammlungen entstanden, an die zuvor nicht zu denken war. Andererseits ist die Schaffung des neuen Schutzrechts erst 1998 fast paradox, denn der sprichwörtliche *sweat of the brow* des Datenbankherstellers ist durch digitale Technik enorm vermindert worden: Die „kostspielige[n] und mühsame[n] Arbeiten" der alphabetischen Sortierung, auf die das Reichsgericht 1909 abhob, ließen sich heute mit einem Mausklick erledigen.

Paradox ist im Übrigen auch, dass gerade die europäische Rechtsangleichung unter dem Eindruck des hohen Schutzniveaus in Großbritannien dazu führte, dass sich die deutsche Rechtsprechung endgültig von der früheren Linie zum Urheberrechtsschutz von Telefonverzeichnissen verabschiedete: Gleich die erste Entscheidung des Bundesgerichtshofs zum neuen Recht betraf diese altbekannte

---

23 *Katzenberger*, Urheberrecht und Datenbanken, GRUR 1990, 94–100 (98 f.); *Mehrings* (Fn. 21) 25 f.

Problematik.[24] Eine Tochter der Deutschen Telekom als Klägerin suchte den Vertrieb einer Telefon-CD zu verhindern, auf der sämtliche deutsche Telefonteilnehmer verzeichnet sein sollten. Die Daten waren durch Einscannen der gedruckten Telefonbücher gewonnen worden. Der Bundesgerichtshof stellte im amtlichen Leitsatz pauschal fest, Telefonbüchern komme „ungeachtet des komplexen Regelwerks, das ihrer Erstellung zugrunde liegt, im allgemeinen kein urheberrechtlicher Schutz" zu. Zugleich sprach der Bundesgerichtshof aus, dass die (gedruckten) Telefonbücher, die von der Beklagtenseite ausgewertet wurden, als Datenbanken durch das Leistungsschutzrecht nach §§ 87a ff. UrhG geschützt sind.

Damit ging das Gericht deutlich auf Distanz zur früheren Rechtsprechung, ohne dass dies in den Entscheidungsgründen deutlich zum Ausdruck käme. Die Entscheidung wurde auch deshalb kritisiert, weil eine europarechtskonforme Auslegung des neuen § 4 Abs. 2 UrhG eher eine Absenkung der Anforderungen an die Schöpfungshöhe nahe gelegt hätte.[25] Es dürfte aber gerade die Existenz des neuen Leistungsschutzrechts in §§ 87a ff. UrhG gewesen sein, die dem Bundesgerichtshof die Entscheidung gegen einen Schutz als persönliche geistige Schöpfung erleichterte.

II.   Frühgeschichte

1.   Rentenbescheid aus dem Magnettrommelrechner

a)   Neue Rechner für die neue Rentenformel

Die womöglich früheste veröffentlichte Entscheidung eines deutschen Gerichts, in der es wirklich um einen elektronischen Rechner ging, ist eine Entscheidung des Landessozialgerichts Schleswig-Holstein.[26] Sie erging im März des Jahres 1961 und bezog sich auf einen Rentenbescheid, der im Herbst 1959 erlassen worden war. Hintergrund waren Änderungen der Rentenberechnung nach der Reichsversichersicherungsordnung durch das Arbeiterrenten-Neuregelungsge-

---

24 BGH, 06.05.1999, I ZR 199/96, GRUR 1999, 923.

25 Deswegen kritisch *Leistner*, Der Schutz von Telefonverzeichnissen und das neue Datenbankherstellerrecht, MMR 1999, 636–642 (637f.); jetzt aber zustimmend *Leistner*, in: Schricker/Loewenheim, Urheberrecht, 6. Auflage, 2020, § 4 Rn. 22. Vgl. zu den Anforderungen an ein Datenbankwerk auch *Ullmann*, Die Einbindung der elektronischen Datenbanken in den Individualgüterschutz, in: Festschrift Brandner, 1996, 507–524 (518).

26 LSG Schleswig-Holstein, 08.03.1961, L 4 J 405/60, ZfS 1961, 359. Zu diesem Urteil als der ersten in der Juris-Datenbank dokumentierten Entscheidung mit EDV-Bezug *Reichert*, Analyse der Rechtsprechung zur Informationstechnologie mit Hilfe der Rechtsinformatik, in: Festschrift Herberger (2016) 781–800 bei Fn. 5.

setz (ArVNG) von 1957[27]. Die Rentenreform von 1957 ist eine wichtige Wegmarke in der Geschichte der bundesdeutschen Sozialpolitik. Sie führte das Prinzip des Generationenvertrages ein und beteiligte die Rentner an den Erträgen des Wirtschaftswunders der Nachkriegszeit.[28] Zugleich vergrößerte sie den Arbeitsaufwand der Versicherungsträger erheblich, weil die Rentenberechnung komplizierter wurde. Dadurch gab sie einen Anstoß für die Digitalisierung der Rechenvorgänge.[29]

Die zuständige Landesversicherungsanstalt, vermutlich die Landesversicherungsanstalt Schleswig-Holstein mit Sitz in Lübeck, hatte in ihren Bescheid über die Altersrente der Klägerin zu Unrecht eine Vergleichsrechnung nach altem und neuem Recht aufgenommen. Da der Auszahlungsbetrag nach altem Recht mehr als zweieinhalbmal so hoch war (76 DM statt 29,10 DM), wurde die Rente nach altem Recht festgesetzt. Tatsächlich war eine Vergleichsrechnung nach altem und neuem Recht und die eventuelle Festsetzung nach altem Recht nicht statthaft, weil die Klägerin im Zeitraum nach 1957 nicht genügend Beiträge eingezahlt hatte, um sich die Anwartschaft auf eine Rente nach altem Recht entsprechend der gesetzlichen Übergangsvorschrift (Art. 2 § 42 S. 2 ArVNG) zu erhalten. Als die Landesversicherungsanstalt den Fehler nach wenigen Tagen bemerkte, erließ sie einen neuen Bescheid, der die Rente auf den nach neuem Recht geschuldeten Betrag von nur 29,10 DM festsetzte. Während das Sozialgericht in erster Instanz einer Klage der Rentnerin stattgab und die Landesversicherungsanstalt zur Zahlung der Rente nach altem Recht verurteilte, hielt das Landessozialgericht die Änderung des Rentenbescheides für die – analog § 138 SGG über die Berichtigung von Urteilen – zulässige Korrektur eines Rechenfehlers. Heute wäre § 38 SGB X einschlägig.

Das Landessozialgericht schildert recht anschaulich, wie die Arbeitsteilung zwischen Mensch und Maschine gestaltet war. Der zuständige Sachbearbeiter erließ zunächst eine interne Verfügung als Arbeitsanweisung für das weitere Verfahren. In dieser war im entschiedenen Fall korrekt vermerkt, dass die Klägerin keine Ansprüche auf eine Rente nach altem Recht hatte, so dass eine Alternativrechnung nach altem und neuem Recht verzichtbar gewesen wäre. Diese Verfügung wurde dann an „hierfür besonders ausgebildete Kräfte" übergeben, die „mit Hilfe der Elektronenrechner" die Rentenberechnung ausführten. Der Fehler war bei der Bedienung des elektronischen Rechners passiert. Wie das Gericht ausführt, ließ sich der Vorgang nicht exakt rekonstruieren, weil die

---

27 Gesetz zur Neuregelung des Rechts der Rentenversicherung der Arbeiter vom 23. Februar 1957, BGBl. I, 45.

28 Dazu *Abelshauser*, Deutsche Wirtschaftsgeschichte. Von 1945 bis zur Gegenwart, 2. Auflage, 2011, 193–199; *Kasper*, Wie der Sozialstaat digital wurde, 2020 (digitaler Reprint 2023) 45–51.

29 *Kasper*, Sozialstaat (Fn. 27) 51; aus zeitgenössischer Sicht vgl. *Anonym (tn)*, Hinter den Kulissen, Sozialer Fortschritt 6 (1957) 62–64.

„Kommandokarte" verloren gegangen war: Demnach wurde wohl grundsätzlich die Lochkarte oder der Kartensatz, der die Eingabedaten für die Rentenberechnung enthielt, zu den Akten genommen. Da das im konkreten Fall nicht geschehen war, konnte das Gericht nur vermuten, dass entgegen der Verfügung des Sachbearbeiters eine „Kommandokarte 0" verwendet worden war. Dadurch wurde der Rechner angewiesen, die Vergleichsberechnung, „die von der Maschine stets ausgeführt wird", auch mitauszudrucken. So erschien der höhere Betrag nach altem Recht als Endergebnis. Das Gericht formuliert, dieser Betrag sei dann „mechanisch nach Blatt 1 Ziffer 3 des Bescheides übertragen" worden.[30] Ob in diesem Satz „mechanisch" einen automatischen Vorgang beschreibt oder erläutern soll, dass die Hilfskräfte das Rechenergebnis ohne Nachdenken auf die erste Seite des Bescheides übertrugen, ist nicht ganz klar. Jedenfalls wurde der Bescheid sodann durch den Sachbearbeiter unterschrieben und an die Klägerin versandt.

Nicht zuletzt wegen der Herausforderungen durch die Rentenreform von 1957 gehörten die Rentenversicherungsträger – gemeinsam mit den Finanzbehörden[31] zu den ersten öffentlichen Stellen in der Bundesrepublik, die elektronische Rechner einsetzten[32]. Welche Art von „Elektronenrechner" im Jahr 1959 bei der Landesversicherungsanstalt Schleswig-Holstein zur Verfügung stand, lässt sich aber nicht rekonstruieren. Im Jahr 1966 berichtet Fiedler, dass alle 18 Landesversicherungsanstalten (für Arbeiter) und die Bundesversicherungsanstalt für Angestellte elektronische Rechner einsetzen. Er nennt die Typen IBM 1401, Remington UNIVAC III sowie Siemens 2002 und 3003.[33] Von diesen Maschinen, die zur zweiten Generation der Digitalrechner gezählt werden, wurde der Siemens 2002 ab 1959 ausgeliefert, die anderen Modelle noch später. Als der fragliche Rentenbescheid erlassen wurde, dürfte also ein Gerät älterer Bauart eingesetzt worden sein, vermutlich ein Magnettrommelrechner IBM 650 wie ihn die Bundesversicherungsanstalt für Angestellte seit 1956 einsetzte,[34] oder ein Bull Gamma 3-b, wie er 1957 von der Landesversicherungsanstalt Rheinprovinz in Düsseldorf angeschafft wurde.[35] Beide Rechner werden der ersten Generation der speicherprogrammgesteuerten elektronischen Rechner zugeordnet. Sie waren noch nicht mit Transistoren, sondern mit Röhren ausgestattet und nutzten als Hauptspeicher eine Magnettrommel, die im Fall des IBM 650 ursprünglich 1.000

---

30 LSG Schleswig-Holstein, ZfS 1961, 359 (360).
31 Nach Fiedler wurde die Festsetzung der Einkommensteuer erstmals für den Veranlagungszeitraum 1958 bei einigen Finanzämtern mit Hilfe elektronischer Rechner durchgeführt, *Fiedler*, Rechenautomaten in Recht und Verwaltung, JZ 1966, 589–596 (590).
32 *Kasper*, Sozialstaat (Fn. 27) 10.
33 *Fiedler* (Fn. 30) JZ 1966, 591.
34 *Kasper*, Sozialstaat (Fn. 27) 57.
35 *Kasper*, Sozialstaat (Fn. 27) 66.

oder 2.000, später bis zu 10.000 Datenworte speichern konnte, von denen jedes eine zehnstellige Dezimalzahl oder eine Folge von fünf Buchstaben repräsentierte. Die Eingabe von Daten und Instruktionen erfolgte über Lochkarten. Die Ergebnisse konnten wieder auf Lochkarten gespeichert und gedruckt werden.[36] – Dass ein Rechengeräte ohne Steuerung durch ein im Speicher gehaltenes Programm verwendet wurde, wie etwa der UNIVAC 120, der nur über Schalttafel programmierbar war, dürfte angesichts der vom LSG skizzierten, relativ komplizierten Programmierung nicht anzunehmen sein. Denkbar ist allerdings, dass die LVA keine selbst angeschafften Geräte, sondern solche der Bundespost nutzte.[37]

Der frühe Entwicklungsstand der Digitaltechnik, die den Vorgang der Rentenberechnung immer noch recht mühsam gestaltete, spiegelt sich womöglich nicht nur in der Schilderung des Geschehensablaufs, sondern auch in der juristischen Bewertung durch das Landessozialgericht: Aus heutiger Sicht läge es näher, einen Eingabefehler bei der Bedienung des Computers, der zu einer Rechnung auf falscher Grundlage und indirekt zum Ausdruck eines fehlerhaften Bescheides führt, als Schreibfehler einzustufen.[38] Das LSG nimmt demgegenüber ausdrücklich einen Rechenfehler an. Diese Einordnung begründet das Gericht mit der Arbeitsteilung bei der Rentenfestsetzung. Aufgabe des Sachbearbeiters ist die Erstellung der Rentenverfügung. Alle Fehler bei der anschließenden „schwierige[n] und umfangreiche[n] Errechnung der Rente" sollen Rechenfehler sein, gleich ob es sich um einen „Fehler der Rechenmaschine" (den das Gericht prinzipiell gleichfalls für möglich hielt) einen „Fehler im Kopfrechnen" oder einen Bedienungsfehler handelte. – Die Vermutung liegt nahe, dass das Gericht, das ja die Tätigkeit der „besonders ausgebildete[n] Kräfte" hervorhebt, eine Parallele zur früheren Arbeitsweise zieht, als die Berechnung der Rente ohne elektronische Hilfe ein einheitlicher Vorgang war, der menschlichen Rechnern oblag, so dass auch nur Rechenfehler im eigentlichen Sinne unterlaufen konnten.

---

36 Vgl. die eingehende Beschreibung des IBM 650 bei *Kaisler*, Birthing the Computer: From Drums to Cores, 2017, 3–24; ferner *Hamilton/Kubie*, The IBM magnetic drum caculator type 650, IEEE Annals of the History of Computing 8.1 (1986) 14–19.

37 Vgl. zum Einsatz des UNIVAC 120 und zur Unterstützung der Rentenversicherungsträger durch die Bundespost *Kasper*, Sozialstaat (Fn. 27) 59 f.

38 So ausdrücklich OLG Karlsruhe, 25. 10. 2002, 2 UF 98/02, FamRZ 2003, 76; *Saenger*, in: Saenger, Zivilprozessordnung, 10. Auflage, § 319 Rn. 8; *Elzer*, in Vorwerk/Volk, BeckOK ZPO, 01. 12. 2023, 51. Edition, § 319 Rn. 20.

b)   Weitere Bedienfehler bei der LVA Schleswig-Holstein

Nur sechs Wochen nach dem Urteil des Landessozialgerichts Schleswig-Holstein erging eine Revisionsentscheidung des Bundessozialgerichts, die womöglich die erste veröffentlichte Entscheidung eines obersten Bundesgerichts mit Bezug zur EDV anzusehen ist.[39] Vorinstanz war das LSG Schleswig-Holstein. Der Sachverhalt war ähnlich wie bei der Entscheidung, die dem gerade besprochenen Urteil des LSG vom März 1961 zugrunde lag, wurde jedoch anders beurteilt: Die beklagte Landesversicherungsanstalt (vermutlich wiederum die LVA Schleswig-Holstein) hatte bei der Erteilung eines Rentenbescheides am 1. November 1957 bestimmte „Ausfall- und Zurechnungszeiten nach den §§ 1259, 1260 RVO" (in der Fassung des ArVNG) berücksichtigt und dies nachträglich korrigiert. Das Landessozialgericht war der Auffassung, die Ausfall- und Zurechnungszeiten seien zu Recht berücksichtigt worden, so dass eine Korrektur analog § 138 SGG nicht in Betracht komme. Demgegenüber sah das BSG im Revisionsverfahren die Berücksichtigung der Zeiten als fehlerhaft an. Obgleich die beklagte LVA geltend machte, „[b]ei der Rentenberechnung mit Elektronenrechnern seien infolge eines technischen Übertragungsfehlers die Ausfall- und Zurechnungszeiten irrtümlich angerechnet worden"[40], nahm das BSG einen Berechnungsfehler, nicht „einen aus dem Inhalt des Bescheides für jedermann erkennbaren einfachen Rechenfehler" an und hielt deshalb eine Berichtigung nicht für zulässig.

Im Gegensatz zur Entscheidung des Landessozialgerichts vom März 1961 lassen sich dem Urteil des BSG vom April keine Einzelheiten zum technischen Ablauf der Rentenberechnung entnehmen. Das BSG ging davon aus, dass die fraglichen Zeiten angerechnet wurden, „obwohl die gesetzlichen Voraussetzungen hierfür nicht vorlagen"; demnach sah das Gericht, obgleich es von einem Berechnungsfehler sprach, letztlich eine fehlerhafte Rechtsanwendung durch die Behörde. Dazu, welche „Elektronenrechner" der LVA Schleswig-Holstein im November 1957, also zwei Jahre früher als in dem zuerst geschilderten Fall, schon zur Verfügung standen, lässt sich dem Urteilstext nichts entnehmen.

Ein drittes Mal machte die LVA Schleswig-Holstein einen Fehler bei der Rentenberechnung „mit Hilfe der Elektronenrechner" in einem Fall geltend, in dem das BSG Ende 1963 zu entscheiden hatte. Der Ausgangsbescheid war im Oktober 1959 erlassen worden. Wohl in Anlehnung an das Urteil des LSG von 1961 betonte die LVA Schleswig-Holstein die Unterscheidung zwischen der Tätigkeit des zuständigen Verwaltungsbeamten und der Rentenberechnung durch den Elektronenrechner und das zu dessen Bedienung ausgebildete Hilfspersonal. Bei der Rentenberechnung seien „[w]illensbestimmte Handlungen von

---

39 BSG, 20.04.1961, 4 RJ 217/59, Breithaupt 1961, 912 = BSGE 14, 154.
40 BSG, 20.04.1961, 4 RJ 217/59 (insoweit nur bei juris).

Bediensteten und maschinelle Vorgänge [...] so eng miteinander verbunden, daß alle Fehler, die während dieses Vorganges unterliefen" einheitlich als Rechenfehler zu werten seien. Das BSG nahm zu dieser Argumentation nicht Stellung. Es sah den nach dem Vorbringen der LVA fehlerhaften Bescheid als weiterhin existent an, weil ein Berichtigungsbescheid nicht ergangen sei.

c)   Bewertung

Dass Elektronenrechner in der Bundesrepublik zuerst in der Rechtsprechung der Sozialgerichte eine Rolle spielten, zeigt die Bedeutung der Rentenreform von 1957 als Anstoß für Automatisierung und Digitalisierung und die Vorreiterrolle der Sozialverwaltung bei der Einführung der elektronischen Rechner. Da auch die Steuerverwaltung frühzeitig digitale Elektronenrechner einsetzte, entspricht es den Erwartungen, dass der Bundesfinanzhof ebenfalls schon früh Gelegenheit hatte, sich zur Problematik von Bedienfehlern bei der rechnergestützten Erstellung von Bescheiden zu äußern.[41] – Hingegen überrascht es ein wenig, dass gerade die LVA Schleswig-Holstein in sämtlichen frühen sozialgerichtlichen Entscheidungen auf Beklagtenseite steht, denn als Vorreiter unter den Rentenversicherungsträgern werden die BfA und die LVA Rheinprovinz angesehen. Ob die Inzidenz von Fehlern bei der rechnergestützten Rentenberechnung bei dieser Landesversicherungsanstalt höher war als bei anderen Versicherungsträgern, ob sich die LVA Schleswig-Holstein Fehler bevorzugt mit Computerproblemen entschuldigte, oder ob sich um einen bloßen Überlieferungszufall handelt, muss offenbleiben.

Bemerkenswert ist jedenfalls, dass es in den ersten überlieferten Entscheidungen um Bedienfehler geht. Es zeichnete sich schon in den frühen Entscheidungen die Einsicht ab, die sich seither immer wieder bewahrheitet: Bei vielen scheinbaren Fehlern der EDV liegt das Problem in Wahrheit zwischen den Ohren des Benutzers.

2.   Weitere Probleme der EDV-gestützten Textproduktion

Neben der Behandlung von Fehlern in Bescheiden, die mithilfe von digitalen Rechnern hergestellt wurden, musste die Rechtsprechung bald weitere Rechtsfragen im Zusammenhang mit der automatischen, rechnergestützten Erstellung von Schriftstücken beantworten. Das Bundesverwaltungsgericht entschied 1969, dass die Ersetzung eines „ö" durch „oe" im Namen eines Fernsprechteilnehmers

---

41 BFH, 05.10.1967, IV R 84/67, BFHE 90, 106 (zu § 92 Abs. 2 Reichsabgabenordnung 1919, entspricht heute § 129 S. 1 AO).

in den mittels EDV erstellten Rechnungen der deutschen Bundespost den Betroffenen nicht in seinem allgemeinen Persönlichkeitsrecht verletzte.[42] – Aus heutiger Sicht mutet die öffentlich-rechtliche Ausgestaltung des Fernmeldewesens archaisch an. Hingegen sind die technischen Schwierigkeiten von EDV-Anlagen mit der Verarbeitung von Umlauten auch in der Gegenwart, mehr als dreißig Jahre nach der Veröffentlichung des Unicode-Standards, noch nicht überall überwunden.

Mehrfach mussten sich die Gerichte mit der Frage beschäftigen, ob amtliche Schriftstücke ohne Unterschrift rechtlich wirksam werden konnten. Die Erörterung dieser Frage durch Spruchkörper verschiedener Gerichtszweige[43] kann im Rahmen dieses Beitrages nicht im Einzelnen nachgezeichnet werden. Es sei aber auf die Entscheidung des LG Berlin zur Form einer zivilprozessualen Erinnerung hingewiesen. Nach dieser Entscheidung war ein mithilfe von „Computer- und Faksimiledruck" erstellter Schriftsatz zur Einlegung der Erinnerung ungeeignet.[44] Die genaue Gestaltung des Schriftstücks ist den veröffentlichten Entscheidungsgründen nicht zu entnehmen, doch dürfte die Erwähnung von „Faksimiledruck" auf eine faksimilierte Unterschrift des Rechtsanwalts hindeuten. Die Entscheidung weist insofern voraus auf die erst jetzt zu Ende gehende Epoche der Einreichung bestimmender Schriftsätze per Fax und auf den Streit um die Zulässigkeit der Übermittlung durch Computerfax mit eingescannter Unterschrift, der im Jahr 2000 nur durch eine Entscheidung des Gemeinsamen Senats der Obersten Gerichtshöfe des Bundes beigelegt werden konnte.[45]

3.   Dienstvertrag mit einer Datenverarbeitungsanlage?

Die erste zivilrechtliche Entscheidung mit Bezügen zur elektronischen Datenverarbeitung ließ deutlich länger auf sich warten als die ersten Aussprüche zu verfahrensrechtlichen Fragen. Soweit ersichtlich handelt es sich um ein Urteil des Landgerichts Karlsruhe aus dem Jahr 1966:[46] Zwei Firmen stritten um einen Vertrag über die Mitbenutzung der „IBM-Datenverarbeitungsanlage" der Klägerin durch die Beklagte. Die Beklagte zahlte monatlich 950 DM dafür, dass sie Lohnabrechnungen und Ähnliches durch die Klägerin auf deren Anlage erledigen lassen konnte, wobei Hilfspersonal der Beklagten mitwirken sollte. Die Zahlung der Gebühr war nach der getroffenen Vereinbarung unabhängig davon,

---

42 BVerwG, 31.01.1969, VII C 69/67, VerwRspr. 1969, 397.
43 BPatG, 29.01.1970, 5 W (pat) 94/69, BPatGE 11, 80; BGH, 11.03.1971, X ZB 26/70 – Hopfenextrakt, BGHZ 56, 7; OLG Frankfurt, 03.11.1975, 1 Ws (B) 189/75 OWiG, NJW 1976, 337.
44 LG Berlin, 30.10.1975, 81 T 490/75, MDR 1976, 407.
45 GmS-OGB, 05.04.2000, GmS-OGB 1/98, BGHZ 144, 160.
46 LG Karlsruhe, 16.02.1966, I S 166/65, BB 1966, 427.

ob die Anlage im betreffenden Monat überhaupt genutzt wurde. Als die Beklagte das Mitnutzungsverhältnis beenden wollte, kam es zum Streit über die Länge der Kündigungsfrist. Die Klägerin wollte die Vereinbarung als Werkvertrag klassifizieren und darüber (wohl über § 649 BGB a. F., jetzt § 648 BGB) dazu kommen, dass der Werklohn bis zum Ende des laufenden Monats zu zahlen war. Demgegenüber betrachtete die Beklagte das Vertragsverhältnis als Mietvertrag über eine bewegliche Sache und nahm deshalb die nur dreitägige Kündigungsfrist des § 565 Abs. 2 BGB a. F. (jetzt § 580a Abs. 3 BGB) für sich in Anspruch.

Das Landgericht wies zunächst darauf hin, dass „[a]usgehend von der amerikanischen Wirtschaftspraxis" „in den letzten Jahren" der Leasing-Vertrag in Deutschland Fuß gefasst habe, und dass „[a]uch die Firma IBM" „die von ihr hergestellten äußerst kostspieligen Datenverarbeitungsgeräte" auf diesem Wege vertreibe. – Diesem Hinweis auf die Bedeutung der Datenverarbeitungstechnologie Technik für die Rezeption des Leasingvertrages wäre vielleicht nachzugehen. – Indes stellt das Gericht gleich fest, dass es sich bei dem Verhältnis zwischen Klägerin und Beklagter keinesfalls um Leasing handelt.

Einen Mietvertrag will das Landgericht ausschließen, weil die Arbeiten von der Klägerin – das heißt wohl von Mitarbeitern der Klägerin, die die Datenverarbeitungsanlage bedienten – ausgeführt wurden, und demnach die Beklagte die Anlage nicht (unmittelbar) benutzte – obgleich ja Hilfskräfte der Beklagten mitwirkten. Ein Hindernis für die Annahme eines Mietvertrages sieht das Landgericht zudem auch darin, dass der Vertrag keine Überlassung des Besitzes an der Maschine vorsah. Einen Dienstvertrag schließt das Landgericht ohne längere Diskussion deshalb aus, weil sich die Leistung der Klägerin nicht auf eine „reine Tätigkeit" beschränke. Einen Werkvertrag lehnt das Gericht gleichfalls ab, weil die Klägerin (bzw. ihre Angestellten) keine „selbständige[] individuelle[], das Ergebnis beeinflussende[] Leistung" erbringe, sondern sich nur darauf beschränke, „die Anlage unter Gewährleistung für deren richtiges Funktionieren sachgemäß zu bedienen". Das Gericht kommt so zu dem Schluss, dass ein typengemischter Vertrag vorliege, bei dem auch nicht ein bestimmter Vertragstyp dominiere. Daher komme die Anwendung der Kündigungsvorschriften für einen der gesetzlich geregelten Vertragstypen nicht in Betracht.

Unter Berufung auf §§ 157 und 242 BGB gelangt das Gericht letztlich zu einer Kündigungsfrist zum Monatsende. Für dieses Auslegungsergebnis stützt sich das Gericht maßgeblich darauf, dass die Parteien das Entgelt nach Monaten bemessen hatten. Das Gericht kam also zu dem Ergebnis, das die Beklagte aus dem Werkvertrag hergeleitet hatte und das sich auch über § 621 BGB hätte begründen lassen können.

Aus heutiger Sicht ist die Begründung für die Ablehnung eines Mietvertrages nicht tragfähig, denn ein Mietvertrag setzte bis zur Einführung von § 548a BGB zum 1. 1. 2021 zwar prinzipiell eine Sache als Objekt voraus, nicht aber die

Überlassung des unmittelbaren Besitzes an dieser Sache. Im Kontext des EDV-Rechts hat der Bundesgerichtshof dies erst im Jahr 2006 entschieden, als er einen Vertrag über die Nutzung von auf einem Server laufende Software (ASP-Vertrag) als Mietvertrag qualifizierte.[47] Zuvor hatte der BGH schon 1992 festgestellt, dass ein Vertrag über die zeitweilige Nutzung eines Großrechners unabhängig davon als Mietvertrag zu qualifizieren sei, ob der Zugriff auf den Rechner in den Räumen des Rechenzentrums oder aus der Ferne via Datex-P erfolgte.[48]

Bereits das Reichsgericht hatte aber im Jahr 1933 festgehalten, dass es der Annahme eines Mietvertrages nicht entgegenstehe, wenn der der Besitz „nur beschränkt, ja vielleicht gar nicht erforderlich" sei. Nach Ansicht des Reichsgerichts war nicht nur der Vertrag über die Nutzung eines Bankschließfaches, um die es im konkreten Fall ging, als Mietvertrag zu betrachten, sondern beispielsweise auch ein Vertrag über die Nutzung eines Straßenbahnwagens als Werbefläche.[49] Es wäre also für das Landgericht Karlsruhe durchaus vertretbar gewesen, einen Mietvertrag anzunehmen.

Von welchem Typ die „IBM-Datenverarbeitungsanlage" war, um die es in dem Fall ging, lässt sich dem veröffentlichten Urteil nicht entnehmen. Die allgemeine Bezeichnung als „Datenverarbeitungsanlage" und die Betonung der hohen Anschaffungskosten legt aber nahe, dass es sich um einen echten speichergesteuerten Computer handelte und nicht um eine Kombination aus elektrischer Schreib- und Rechenmaschine wie die Buchungsmaschine IBM 632.[50] Die Entscheidung des LG Karlsruhe beleuchtet demnach die wirtschaftlichen Bedingungen des Einsatzes fortgeschrittener digitaler Technik Mitte der 1960er Jahre: Die Systeme waren so leistungsfähig, dass sie nicht ohne Weiteres von einem Unternehmen allein ausgelastet werden konnten. Die hohen Anschaffungskosten legten eine Vermietung bzw. die Vereinbarung einer Mitnutzung nahe.

4.   Software-Probleme

a)   Problemprogrammierer

Schon früh kommt in Entscheidungen der ordentlichen Gerichte die Bedeutung der Software für die digitale Technik in den Blick, zunächst freilich eher beiläufig.

---

47 BGH, 15.11.2006, XII ZR 120/04, NJW 2007, 2394 Rn. 19; vgl. auch BGH, 04.03.2010. II ZR 79/09, NJW 2010, 1449 Rn. 19.
48 BGH, 28.10.1992, XII ZR 92/91, NJW-RR 1993, 178.
49 RG, 16.05.1933, VII 50/33, RGZ 141, 99, 102.
50 Um eine solche, einfachere Maschine (bezeichnet als „Abrechnunganlage"), die noch nicht als digitaler Computer anzusehen ist, ging es in der Entscheidung des BGH, 16.05.1968, VII ZR 40/66, BGHZ 50, 175.

Ein Strafurteil des Bundesgerichtshofs aus dem Jahr 1965 vermerkt, dass der Angeklagte nach seinem Ausscheiden aus dem Bundesamt für Verfassungsschutz eine „Ausbildung als Programmierer für elektronische Datenverarbeitung" begonnen habe.[51] Diese womöglich erste Bezugnahme auf die Digitaltechnik in einem Strafurteil ist allerdings in dem – zeitgeschichtlich sehr bedeutsamen – Urteil gegen den ehemaligen Beamten Werner Pätsch, der auf die Tätigkeit früherer SS-Angehöriger und auf grundgesetzwidrige Abhörpraktiken im BfV hingewiesen hatte, ohne größere rechtliche Bedeutung. Gleichwohl zeigt sich, dass die neue Technik nicht nur den alten Beruf des „Rechners" überflüssig gemacht, sondern schon in den 1960er Jahren auch ein neues Berufsfeld hervorgebracht hatte.

Wenige Jahre später hatte die Rechtsprechung Anlass, sich eingehender mit dem neuen Beruf auseinanderzusetzen: Das OLG Celle hatte 1970 über die Klage des kommerziellen Anbieters eines „Programmierer-Lehrgangs" gegen einen arbeitslosen Maurer zu befinden.[52] Der beklagte Maurergeselle hatte den einjährigen Kurs zu einem Preis von über 1.500 DM gebucht, weigerte sich dann aber, den Preis zu bezahlen, unter anderem, weil ihm im Nachhinein klar wurde, dass er zu den am Ende vorgesehenen Prüfungen wegen fehlender schulischer Vorbildung (offenbar wurde ein Abitur oder Realschulabschluss vorausgesetzt) nicht zugelassen werden konnte. Das Oberlandesgericht folgte dem erst in der Berufungsinstanz zusätzlich vorgebrachten Argument des Beklagten, der Vertrag sei mangels Bestimmtheit der vom Anbieter zu erbringenden Leistung nichtig. In diesem Sinne hatte schon 1969 das LG Hannover in einem ähnlichen Fall entschieden.[53] Zur Begründung führte das OLG an, ein einheitliches Berufsbild des Programmierers existiere nicht. Vielmehr würden in Stellenanzeigen „Programmierer/Systemanalytiker", „Systemprogrammierer" oder auch „Problemprogrammierer" gesucht. In der Literatur, konkret in einer 1969 in der Zeitschrift für Datenverarbeitung erschienen Übersicht von Heiß,[54] würden verschiedene Stufen vom „Programmierassistent[en]" bis zum „Systemprogrammierer" unterschieden.

Die Begründung überzeugt nicht vollständig. Das Gericht erwähnt auch eine Stellenanzeige, in der schlicht ein Programmierer ohne weitere Attribute gesucht wird. Zudem kennt die vom Gericht zitierte Taxonomie der EDV-Berufe von

---

51 BGH, 08. 11. 1965, 8 StE 1/65, zitiert nach juris, insoweit nicht abgedruckt in BGHSt 20, 342; zum Hintergrund vgl. die Berichterstattung des „Spiegel": Absolut sichere Quelle, Der Spiegel 40/1963; Gerhard Mauz, Ein Gulliver im Land der Riesen, Der Spiegel 47/1965 und Wägen, Wägen, Der Spiegel 13/1966.

52 OLG Celle, 08. 05. 1970, 8 U 118/69, zitiert nach juris, verkürzt in BB 1970, 900.

53 LG Hannover, 11. 06. 1969, 13 O 30/69, MDR 1969, 839.

54 *Heiß*, Datenverarbeitung – ein Berufsbereich mit Zukunft?, Zeitschrift für Datenverarbeitung 7 (1969) 183–188.

Peter Heiß den Beruf des „Programmierers" als zweite Stufe über dem „Programmierassistenten"[55]. Demnach könnte man vermuten, dass es seinerzeit durchaus das Berufsbild eines Programmierers ohne die vertieften Kenntnisse eines Systemprogrammierers gab. Es ist möglich, dass das OLG Celle in dem Bestreben, dem Beklagten zu helfen, der ein für ihn ungeeignetes, sehr kostspieliges Angebot gebucht hatte, das Ergebnis seiner empirischen Recherche zum Berufsbild etwas überzeichnet hat. – Nicht ganz überzeugend ist übrigens auch die allgemeine Aussage des Gerichts, mit der Bezeichnung als „Programmierer" könne „noch" kein „bestimmter Beruf" verbunden werden. Tatsächlich belegen die vom Gericht angeführten Quellen eher, dass „Programmierer" schon Ende der 1960er Jahre ein eigenständiger Beruf mit Qualifikationsstufen und Spezialisierungen geworden war.

b)   Lieferprobleme

Knapp ein Jahr später war der Bundesgerichtshof – soweit ersichtlich erstmals – mit einem Vertrag über die Entwicklung von Software befasst.[56] Der Kläger übte den damals noch existierenden Beruf eines Steuerbevollmächtigten aus, der im Unterschied zum Steuerberaterberuf kein Hochschulstudium voraussetzte (§ 6 SteuerberatungsG 1961[57]) Die Beklagten hatten sich verpflichtet, für den Kläger Programme zu erstellen und mit deren Hilfe Auswertungsarbeiten vorzunehmen, die dem Kläger die Führung des Rechnungswesens für seine Mandanten erleichtern sollten. Die erstellte Software sollte also nicht auf eigenen Computern des Klägers laufen, sondern auf solchen der Beklagten, die nur die Ergebnisse an den Kläger zu liefern hatten. Wie in dem wenige Jahre zuvor entschiedenen Fall des LG Karlsruhe handelt es sich um eine Kombination von Leistungen, die sich nicht leicht unter die Vertragstypen des BGB subsumieren lässt. Die Gestaltung des Vertrages erklärt sich aus den technischen Gegebenheiten: Der Betrieb eigener Hardware für die Datenverarbeitung kam – vermutlich aus Kostengründen – für den Kläger nicht in Betracht. Er kaufte lediglich „Datenerfassungsmaschinen". Ferner standen für die Routineaufgaben im Rechnungswesen, die der Kläger mit Hilfe elektronischer Rechner ausführen wollte, noch keine Standardprogramme zur Verfügung, so dass die Beklagten eine offenbar komplexe Neuentwicklung angehen mussten.

Probleme bereitete allerdings nicht die atypische Vertragsgestaltung, sondern die Programmierung der Software. Es gelang den Beklagten über längere Zeit nicht, korrekt ablaufende Programme zu erstellen. Der Bundesgerichtshof

---

55 *Heiß* (Fn. 54), Zeitschrift für Datenverarbeitung 7 (1969) 185.
56 BGH, 11.02.1971, VII ZR 170/69, BB 1971, 677.
57 BGBl. 1961 I 1305.

sprach Schadenersatz wegen Verzuges zu (§ 286 a. F. BGB). Dass – wie die Beklagtenseite geltend machte – „die Datenerfassung vielfältige Fehlermöglich-
keiten enthalte" rechtfertigte die Verspätung naturgemäß nicht. Die frühe Entscheidung des BGH zur Softwareherstellung brauchte rechtsdogmatisch kein
Neuland zu betreten. Später diskutierte Fragen wie die nach der Sachqualität von
Software[58] traten noch nicht auf. Der zugrundeliegender Sachverhalt mit der
erheblichen Verzögerung eines größeren Software-Projekts ist (ungeachtet aller
technischen Fortschritte) bis heute für die Erstellung für die Entwicklung von
Individualsoftware typisch.[59]

c) Patentprobleme

Dogmatisch schwierig und wirtschaftlich bedeutsam war die Frage nach dem
patent- und urheberrechtlichen Schutz von Computerprogrammen. Die Frage,
ob Computerprogramme patentierbar sind, wurde in der Literatur schon seit
Mitte der 1960er Jahre diskutiert,[60] taucht aber in veröffentlichten Gerichtsentscheidungen erst Anfang der 1970er Jahre auf. Jedoch war das Bundespatent-
gericht schon viel früher mit dem Problem befasst. Eine erste Entscheidung[61]
erging im September 1961 und damit nur ein halbes Jahr nach dem oben als erste
veröffentliche Gerichtsentscheidung mit Bezug zur Digitaltechnik vorgestellten
Urteil des LSG Schleswig-Holstein. Der Beschluss des BPatG, mit dem Patentschutz gewährt wurde, blieb aber ebenso unveröffentlicht, wie weitere Entscheidungen für die Erteilung von Patenten aus den Jahren 1969–1971[62]. Daher
lässt sich auch nicht ermitteln, welcher Art die jeweils zu patentierenden Algorithmen oder Programme waren.

Die erste veröffentlichte Entscheidung stammt aus dem Jahr 1973. Das BPatG
entschied, dass ein algorithmisches Verfahren zur Umrechnung von binärko-

---

58 Dazu – unter Zitierung des Urteils von 1971 – erst BGH, 04. 11. 1987, VIIII ZR 314/86, BGHZ
    102, 135 (es ging vermutlich um den Kauf eines Basic-Compilers und Interpreters der Firma
    Microsoft für das Unix-Derivat Xenix).
59 Vgl. nur *Redeker*, in: ders. (Hg.), IT-Recht, 8. Auflage, 20223, R, 352 („häufig eintretende
    Leistungsstörung") sowie beispielsweise BGH, 28. 06. 1994, X ZR 95/92, NJW-RR 1994, 1469
    (Ablehnung der Leistung durch die Bestellerin nach zweieinhalbjähriger Entwicklungszeit);
    LG Wiesbaden, 30. 11. 2016, 11 O 10/15, MMR 2017, 561 und OLG Frankfurt, 17. 08. 2017,
    5 U 152/16, MMR 2018, 100 (Projektabbruch nach mehr als zwei Jahren Entwicklungsarbeit im
    SCRUM-Verfahren für eine Internetplattform ohne brauchbares Ergebnis).
60 Zur Diskussion vgl. *Pierson*, Der Schutz der Programme für die Datenverarbeitung im System
    des Immaterialgüterrechts, 1991, 28f.
61 BPatG, 12. 09. 1961, 17 W 1/61, zitiert nach *Kolle*, Technik Datenverarbeitung und Patentrecht.
    Bemerkungen zur Dispositionsprogramm-Entscheidung des Bundesgerichtshofs, GRUR
    1977, 58–74 (58 Fn. 6).
62 BPatG, 20. 6. 1969, 17 W (pat) 9/65; BPatG, 14. 5. 1970, 17 W (pat)6/68; BPatG, 30. 11. 1971, 17 W
    (pat) 91/70, alle zitiert nach Kolle (Fn. 54), GRUR 1977, 58 Fn. 7.

dierten Dezimalzahlen (BCD) in reine Binärzahlen mittels eines Computers patentiert werden konnte. Das Erfordernis, dass es sich um eine technische Lehre handeln müsse (und nicht nur um eine prinzipiell auch von Menschen umsetzbare Rechenanweisung), war aus Sicht des Gerichts deshalb erfüllt, weil das Programm vom Computer automatisch, „ohne Mitwirkung eines Menschen" ausgeführt werden sollte.[63] Die Entscheidung ist auch deshalb bemerkenswert, weil sich das BPatG in bewussten Widerspruch zum Obersten Gerichtshof der Vereinigten Staaten setzte, der für denselben Algorithmus den Patentschutz verweigert hatte.[64] Später waren die US-Gerichte bei der Erteilung von Software-Patenten erheblich großzügiger als die deutschen.[65]

Ein Jahr später schwenkte das BPatG um. In zwei Entscheidungen des Jahres 1974 stellte es sich auf den Standpunkt, das Algorithmen grundsätzlich keine Erfindungen auf dem Gebiet der Technik sein könnten und daher auch nicht patentierbar seien.. Es handele sich nicht um eine technische Erfindung, wenn ein Algorithmus oder ein aus dem Algorithmus abgeleitetes Programm lediglich durch Aneinanderreihung der bei einer dem Stand der Technik entsprechenden Datenverarbeitungsanlage möglichen Teiloperationen ein Problem löse. Eine Erfindung auf dem Gebiet der Technik im Sinne des Patentgesetzes könne nur vorliegen, wenn sie auf die „konstruktive Aus- oder Weiterbildung" einer Datenverarbeitungsanlage oder „die besondere Zusammenschaltung oder Ausnutzung oder Anpassung ihrer Baugruppen" zum Gegenstand habe.[66]

Erst im Jahr 1976 und damit jenseits der für diesen Beitrag prinzipiell gezogenen zeitlichen Grenze bestätigte der Bundesgerichtshof diese Linie: Eine Lehre sei nur dann technisch, wenn sie „einen neuen, erfinderischen Aufbau einer solchen Anlage erfordert und lehrt oder wenn ihm die Anweisung zu entnehmen ist, die Anlage auf eine neue, bisher nicht übliche und auch nicht naheliegende Art und Weise zu benutzen".[67] – Wie sich später zeigen sollte, war die Annahme, dass schon eine neuartige Nutzung der Anlage (oder in den Worten des BPatG eine Lehre zur „Ausnutzung … ihrer Baugruppen") genüge, um die im Programm enthaltene Lehre zu einer technischen zu machen, ein Einfallstor für die Patentierung bestimmter Programme.[68]

---

63 BPatG, 28.05.1973, 17 W (pat) 71/70, Datenverarbeitung im Recht 4 (1975) 185 (188).

64 *Gottschalk v. Benson*, 409 U.S. 63 (1972), deutsche Übersetzung GRUR Int. 1973, 75.

65 Vgl. zur Entwicklung der Rechtsprechung in den USA *Lejeune/Sickmann*, Softwarepatente in den USA und die aktuelle Entwicklung in Deutschland und der EU. Analyse der Entscheidung des U.S. Supreme Court i.S. Bilski v. Kappos, MMR 2010, 741–745 (741 f.).

66 So der Leitsatz von BPatG, 23.07.1974, 17 W (pat) 58/72, BlPMZ 1975, 202; vgl. auch BPatG 23.07.1974, 17 W (pat) 11/72.

67 BGH, 22.06.1972, X ZB 23/74 – „Dispositionsprogramm", GRUR 1976, 96 (98).

68 Vgl. BGH, 11.06.1991, X ZB 13/88 – „Seitenpuffer", GRUR 1992, 33 (34); zur weiteren Entwicklung auch *Kilian*, Entwicklungsgeschichte und Perspektiven des Rechtsschutzes von Computersoftware in Europa, GRUR Int. 2011, 895–901.

Vorerst allerdings war mit den Entscheidungen des BPatG und des BGH die Frage nach der Patentierbarkeit von Software im verneinenden Sinn beantwortet. Zudem wurde 1980 § 1 PatG geändert und schloss seitdem in Abs. 3 Nr. 3 ebenso wie Art. 52 Abs. 2 c) des Europäischen Patentübereinkommens „Programme für Datenverarbeitungsanlagen" als solche vom Patentschutz aus.

Einen gewissen Ersatz für den weithin fehlenden patentrechtlichen Schutz von Computerprogrammen bietet der Schutz durch das Urheberrecht. Auch dieser beschäftigte die Gerichte erst relativ spät, obgleich er schon seit den 1960er Jahren diskutiert wurde[69]. Die Grundsatzentscheidung des Bundesgerichtshofs, mit der die urheberrechtliche Schutzfähigkeit bejaht wurde, stammt aus dem Jahr 1985[70]. Fast zeitgleich mit dieser Grundsatzentscheidung wurde die urheberrechtliche Schutzfähigkeit von Programmen für Datenverarbeitung erstmals im Urheberechtsgesetz verankert.[71]

III.   Fazit

Der Streifzug durch die Vor- und Frühgeschichte des Computerrechts hat erwartungsgemäß gezeigt, wie die technische Entwicklung die Evolution der rechtlichen Regelungen beeinflusste. So entstanden wegen der hohen Kosten der frühen Datenverarbeitungsanlagen und ihrer enormen Leistungsfähigkeit neuartige Vertragsgestaltungen. Die Möglichkeiten der maschinellen Texterstellung brachten neue Fehlerquellen und neue Rechtsfragen mit sich. Mit der steigenden Bedeutung von Software führten ihre Programmierung und auch der neu entstandene Beruf des Programmierers zu juristischen Problemen. – In den frühen Entscheidungen zur Digitaltechnik Computerrechts spiegelt sich aber nicht nur die Technikgeschichte, sondern auch die politische Geschichte der jungen Bundesrepublik.

Auffällig ist, dass manche Probleme, die für lange Zeit aktuell bleiben sollten, schon früh in den Blick der Gerichte kamen, etwa das Problem der eigenhändigen Unterschrift computergenerierter Dokumente. Hingegen wurden die wirtschaftlich zentralen Fragen des patent- und urheberechtlichen Schutzes von Software erst relativ spät Gegenstand publizierter Entscheidungen. Der Schutz von Datensammlungen war schon in der analogen Welt als Problem bekannt. Als Fragestellung des EDV-Rechts kam er gleichfalls erst spät ins Blickfeld der Gerichte. Gänzlich unbekannt sind in der gerichtlichen Praxis – wenige Jahre vor

---

69 Vgl. *Pierson*, Schutz (Fn. 54) 46–50.
70 BGH. 9. 5. 1985, I ZR 52/83 – „Inkasso-Programm", BGHZ 94, 276.
71 Dazu *Pierson*, Schutz (Fn. 54), 53–55.

Erlass des Volkszählungsurteils[72] – noch Fragen des Datenschutzes, obgleich die Frage nach einem möglichen „Funktionswandel der Demokratie und der Sozialstaatlichkeit ... durch Informationssysteme größeren Umfangs" und nach „den technischen und juristischen Möglichkeiten der Beseitigung dieser Gefahren"[73] im akademischen Diskurs bereits sehr präsent war.

Allemal sollte der Überblick, der keine Vollständigkeit beansprucht und der womöglich, soweit er den Anspruch erhebt, die jeweils erste Entscheidung zu einem Problem benannt zu haben, in Zukunft noch berichtigt werden muss, gezeigt haben, dass es in der Frühzeit der Digitaltechnik noch viele interessant Rechtsgeschichten zu entdecken und zu erzählen gibt.

---

72 BVerfG, 15.12.1983, 1 BvR 209/83 u.a., BVerfGE 65, 1.
73 *Steinmüller* (Fn. 3), JR 1971, 9.

Ulrich J. Grimm

B2B (Business-to-Business) Licensing of Software-Based Internet Platforms

Development and value of intellectual property in software

In recent years, there has been a hype around innovation and especially digi-
talization activities. Huge investments have taken place across all industries
trying to disrupt existing business models. Following the examples of Airbnb or
Uber as leaders of their industry without inventory in form of physical hotels or
taxis, many corporations have developed new internet platforms and market-
places. Now, realizing that the business case is not yet working out or additional
investment is required, many organizations are reconsidering these activities,
especially if they are not their core business. The awareness increases that platforms are usually better managed by independent organizations. For example,
a Mercedes-Benz platform for used cars will not attract BMW cars, unless
managed by an independent organization like mobile.de. In all such cases, the
question arises how to maximize the return on investment through efficient and
compliant sale or licensing of the intellectual property.

The 19th century was already dominated by temporary and territorial priv-
ileges as well as a general discussion on the idea of intellectual property and legal
protection of copyrights.[1] Intellectual property rights or IP-rights are also described as intangible property rights. Intangible goods are immaterial but present
an economic value or goodwill. Intangible property rights are usually divided
into commercial legal protection and copyrights. Commercial legal protection
includes the protection of technical inventions in form of patents and utility
models on one hand, and trademarks on the other hand.[2] Intangible goods form a

---

1 *Thomas Gergen*, Die Nachdruckprivilegienpraxis Württembergs im 19. Jahrhundert und ihre
  Bedeutung für das Urheberrecht im Deutschen Bund (Schriften zur Rechtsgeschichte,
  Heft 137), Berlin 2007, pp. 29, 36, 46.
2 *Ulrich J. Grimm*, Nachweis der rechtserhaltenden Benutzung von Marken in einem internationalen Konzern (EIKV-Schriftenreihe zum Wissens- und Wertemanagement no. 36, European Institute for Knowledge & Value Management), Luxembourg, 2020, p. 8. Am 6. Juli 2024

significant part of the value of the company.[3] Since the end of the 20th century, software is to be considered as an intangible good. The value of intangible assets over tangible assets of the Standard & Poor's 500 Index companies has grown from 17% in 1975 to 90% in 2020.[4] Such intangible assets consist of patents, brand value, customer data, and software. Already in 2008, the turnover with license agreements cumulated worldwide at 200 billion US dollars.[5] Recent examples show the magnitude of the sale or licensing of software. The best examples of recent sales of software-based internet platforms are the acquisitions of Instagram, which was sold for 1 billion US dollars in 2013 as a company of 13 employees[6], and WhatsApp when acquired by Facebook for 19 billion US dollars in 2014[7]. This demonstrates the immense value behind software-based internet business models.

The question for each company is how to materialize such intangible assets and create value in the form of profit whilst also benefitting long-term from the in-house developed intangible assets. The dilemma in the case of digestion of such intangible assets is how to merge the conflicting interests between seller and buyer. Finding a common denominator between the involved parties leads to a win-win situation if the goals and interests of both sides are evaluated upfront. If carefully planned, this provides the seller with many options and levers in finding a sustainable solution. Targeting a successful future for such a platform whilst maintaining some core benefits of the proficiently tailored software requires a thoroughly thought-through agreement. Software licensing is a topic that has only developed in recent years. Several different laws and approaches have to be considered and especially in the case of B2B there is very little experience or blueprints publicly available. Special focus shall be on short- and long-term targets of the selling corporation having innovated and brought to market a software-based internet platform. Most corporations have very little experience with such sales, which is why it is vital to define the targets of the seller upfront

---

wurde die Arbeit in Luxemburg verteidigt. Sie erscheint als Band 54 der vorgenannten EIKV-Schriftenreihe.

3   *Gergen*, Mediation und Translation im Recht des Geistigen Eigentums, Baden-Baden, 2015, p. 19.

4   *Aran Ali,* Visual Capitalist, The Soaring Value of Intangible Assets in the S&P 500, https://www.visualcapitalist.com/the-soaring-value-of-intangible-assets-in-the-sp-500 [08.12.2023], *passim.*

5   *Jochen Pagenberg/Dietrich Beier,* License Agreements, Patents, Utility Models, Know-how, Computer Software, 6th ed., Köln, 2008, p. V.

6   *Salvador Rodrigues,* CNBC, As calls grow to split up Facebook, employees who were there for the Instagram acquisition explain why the deal happened https://www.cnbc.com/2019/09/24/facebook-bought-instagram-because-it-was-scared-of-twitter-and-google.html [08.12.2023].

7   *Charlie Warzel/Ryan Mac,* BuzzFeed. News, These Confidential Charts Show Why Facebook Bought WhatsApp, https://www.buzzfeednews.com/article/charliewarzel/why-facebook-bought-whatsapp [08.12.2023].

and identify an approach that maximizes target achievement. A comprehensive, clearly documented, and compliant solution from the bidding process to the closure of the agreement for international enterprises is vital.

Options for in-house developed internet platforms and targets of the involved parties

Before entering into the sale or exclusive licensing the seller has to pose the question of how to proceed with its in-house developed internet platform. As size matters, sooner or later a company arrives at the crossroads where they have to decide between growing by investing further into development, marketing and acquiring other companies or letting loose by bringing new partners on board or selling/licensing the solution to others. Investing has the benefit of staying in-dependent, but requires cash-out, often in an area that is not considered the key business. In addition, the platform remains linked to the original corporation and is not regarded as independent. An additional investment is again a com-mitment for a longer period. Having another partner join, e.g., by the means of joint venturing, helps reduce the financial burden of growth and provides an opportunity for bringing on board a complementary partner with fitting com-petence. However, the efforts and required decisions (e.g. percentage of shares, majority stake…) of realizing a joint venture are not to be neglected. It is again a long-term commitment going forward and can be very time-consuming until the joint venture is established and prospering. After debating the pros and cons of all options often the decision matures that through exclusive licensing the goals of the initial developer are best met. The goal can be achieved in a relatively short period of time, leads to immediate cash-in, reduces risks and responsibilities, and also provides an opportunity for the platform itself. By finding an in-dependent, well-chosen new business-partner ties can be loosened providing new opportunities for the growth of the platform. Exclusive licensing provides the best opportunities for all involved parties. The future success and develop-ment of the platform now depend on the new partner, which is why the selection of such a partner should be carefully planned and laid out. To a huge extent the seller can influence the prospects of the platform, e.g., in the form of special arrangements in the license agreement.

The targets of the licensor and the goals of the licensee do usually differ. It is in the interest of both parties to understand each other's positions in order to find and document the common ground in an agreement. When the target achieve-ment for both parties is maximized, a win-win agreement can be concluded. This is the baseline for a successful deal and a lasting relationship between the parties.

The most important target for the licensor is usually to maximize the return on investment by achieving a high price. The one-off price is important, however in case, the internet platform will remain successful, the licensor wants to participate also from such success in the long run. Having developed the internet platform from scratch and brought it to market the selling party tends to be emotionally attached to the software and wants to ensure lasting success. With the internet platform being tailored to the needs of the seller, the seller is often interested in further using the platform and enhancing its functionality to its benefit as a key-user. Therefore, enterprises tend to have an interest in ensuring that the software will be competitive and successful going forward. On the one hand, you want to achieve a high market price that exceeds the investment to date it. On the other hand, it is equally important to pick a buyer that has the financial strength to enhance the software, increase the number of end-users, invest in marketing, and endeavor new markets.

The buyer wants to ensure that the ownership of the title transfers as quickly as possible granting the new owner freedom to move forward. Intellectual property such as brand name but also know-how of the previous owner shall be relaying as quickly and smoothly as possible. However, still being in a position to pick the brains of the previous developer and ensuring long-term know-how transfer from an industry-specialist could also be a target of the buyer. For existing users of the platform such transfer from one party to the other shall be seamless and swift.

Both parties usually want to conclude the deal in a short period of time. The seller in order to get rid of responsibilities and the buyer in order to avoid competition and be able to move ahead. Even though timelines for the transition are usually challenging, both parties still share the common goal of applying due diligence and finding a legally bulletproof agreement in order to avoid future surprises or disputes.

By licensing the software, the disadvantages of a sale (timelines, competition law, transfer of employees…) can be avoided. The enterprise remains the owner of the software and has certain levers as part of a licensing agreement that can help achieve its targets and ensure long-term success. This approach is very popular and usually preferred due to its flexibility over the full transition of rights for economic exploitation.[8] The advantages of licensing start with the fact that the rights remain in the hands of the licensor. In addition, the licensor is benefitting from the economic success of the licensee through license fees e.g., linked to turnover. Furthermore, the licensee supports the licensor by investing in rollout and marketing. Finally, the licensor still contributes to the success of the platform as a key-user with in-depth industry-background and knowledge.

---

8 *Eva Inés Obergfell/Ronny Hauck*, Lizenzvertragsrecht, 2nd ed., Berlin/Boston, 2020, p. 3.

Granting rights in the form of a license agreement with different options

Usage rights on intangible assets are usually being granted in the form of a license. "Licere" is Latin and stands for "granting permission".[9] A license agreement assigns the usage rights of IP from a licensor to a licensee and defines the legal side-rails for the business relationship of two corporations. Intangible goods are usually licensed. By the means of a license, the intangible property rights of a company can be exploited economically. License agreements are agreements sui generis and not contracts that are specifically regulated by an individual law or do fall into the system of types of agreement as defined in the Code Civil[10], which provides a lot of flexibility in drafting such agreements.[11] However, for a license many areas of civil law as well as antitrust law and other legal areas have to be considered in order to legally authorize the usage of intangible products, especially in a B2B environment that often also is embedded in an international cross-border context.

German Code Civil

License agreements fall as contractual agreements under the law of obligations, that in the lack of special regulations for intangible property rights must follow the general *in personam* regulations of the Code Civil.[12] The standard paragraphs of the German Civil Code do apply to start already with *culpa in contrahendo* in the phase when negotiating the agreement up to claims for compensation and damages or the right of withdrawal.

Copyright

The primary source for copyrights under German law is the Act on Copyright and Related Rights (UrhG) of 9 September 1965. The Act on Copyright and Related Rights protects intellectual creations as works in the literary, scientific, and artistic domains. The implementation of the software directive from 1991 (RL 91/250/EWG) does include computer programs specifically. Makers of databases are also protected once they have made an investment in collecting works, data, or

---

9 *Obergfell/Hauck*, p. 1.
10 *Obergfell/Hauck*, p. 3.
11 *Obergfell/Hauck*, p. 3.
12 *Obergfell/Hauck*, p. 2.

other independent elements in a systematic or methodical way. The protection under the Copyright Act stretches from the moral rights of the author like recognition of authorship to exploitation rights. Special provisions under the Copyright Act applying to computer programs, e.g. allowing back-up copies or reverse engineering, are defined. The copyright is not transferrable, but the marketability of such rights is enabled by granting usage rights through licensing.[13]

Antitrust and Competition Law

Compliance with antitrust and competition laws is vital in a global world and international business. Monopolies and market domination shall be avoided in order to protect consumers. The EU competition and antitrust laws as well as other international agreements such as GATT (General Agreement on Tariffs and Trade), WTO (World Trade Organization) and TRIPS (Trade Related Aspects of IP Rights) have to be considered as well.

The term software license is very general. Different license types include agreements for beta testing, end user license agreements, and software as a service, just to name a few.[14] For B2B exclusive software licensing very few blueprints are available. The levers in negotiating such licenses are in the first place depending on exclusivity. An exclusive license opposed to a non-exclusive license does grant one party exclusive exploitation rights. A single license just allows a limited non-exclusive form of usage. In addition, limitations may be negotiated. A license can be limited to certain areas. For example, may one exclusive license apply to Europe, whilst another applies to the territory of North America.

The scope of the license determines to which extent the licensee can exploit the license granted by the licensor. There are different aspects to be differentiated and documented in the license agreement:
- Perpetual/Non-Perpetual
  A perpetual license is permanent in the sense that the licensee has ongoing rights granted by the licensor unless the licensee violates the terms or conditions.[15] In contrast to the perpetual license a non-perpetual license is time-limited instead of permanent, e.g., as a monthly subscription.[16]

---

13 *Obergfell/Hauck*, p. 34.
14 *Mike Young*, Software Licensing Agreements, Quick Legal Guides, Internet Attorneys Association LLC, USA, 2019, p. 15.
15 *Young*, p. 7.
16 *Young*, p. 8.

- Irrevocable/ Revocable
  Licenses are in general revocable. Even perpetual licenses usually have provisions for termination in case of misconduct by the licensee. A license may be revocable and aims to identify provisions for termination e. g., in case of non-payment, misconduct, or material breach of the agreement.[17]
- Transferable/Non-Transferable
  A transferable license can be transferred to a third party by licensee. Upon transfer, the third party assumes all rights and responsibilities as new licensee and the transferring party does not possess usage rights any longer. A non-transferable license cannot be transferred by licensee to any other third party.[18] In practice the licensor will try to avoid such transfer of a license unless certain conditions are met and licensor has agreed to such transfer in writing.
- Assignable/Non-Assignable
  An assignable software license is similar to a transferable license. The licensee may assign some or all rights and responsibilities under the license agreement to a third party (assignee), however the license still exists between the licensor and the licensee. In such cases, the licensee is still responsible to the licensor for complying with the license.[19] This does also apply if the assignee violates the terms or conditions of the license.
- Sublicensable/Non-Sublicensable
  A sublicensable license permits the licensee to issue a new license to a third party (sublicensee) for some or all rights and responsibilities obtained under the original license. In such case, there would be two licenses, one between the licensor and the licensee and one between the licensee and the sublicensee.[20] Similar to a transferable or assignable license this usually requires written consent from the licensor.
- Limited to certain user groups or industries / unlimited
  The license granted may be limited to application for certain user groups or in specified industries only. This way the license can be granted to different licensees that are each specialist in different industries, e. g. aviation versus automotive.

---

17 *Young*, p. 9.
18 *Young*, p. 11.
19 *Young*, p. 12.
20 *Young*, p. 13.

Process

The process for entering into an exclusive license agreement is very generic. In first place prior to starting the bidding process all software, source code, documentation, etc. has to be prepared and readily available along with the latest business information like turnover, number of users, business plan, etc. In the next step, the expectations and targets of the licensor when bringing the platform to market shall be documented.

In order to start the tender and bidding process a market analysis is recommended. The outcome should be a shortlist of potential bidders that may be interested and fit into seller's framework. All such parties may be contacted upfront. This helps identifying the point of contact in the other organization, where to send the request for proposal to and personalize it. They then receive an invitation to participate in the tender along with a Non-Disclosure Agreement (NDA) to be signed and returned. Once parties are interested in participating in the bid and have returned the executed NDA additional information will be shared. The full tender package includes a description of the software, business model, marketing information, timelines for response and bidding process as well as questionnaire for the bidder and most importantly a draft version of the desired license agreement. Sending out the agreement draft and asking for consent when placing the bids, helps speed up the whole process and shortens legal negotiations. For this to be achieved, the license agreement has to be prepared upfront. Based on the desired outcome for the license agreement blanks shall be left for the individual bidders to fill in. This approach requires more time in the preparation phase, but it avoids pitfalls and surprises at the end when finalizing agreements. The blanks to be filled in can stretch from one-off payment, license fees, term of the agreement to other areas of commitment like future investments or markets to be addressed. With the bids all being returned in the same format the commercial aspects of the license agreement are easily compared. This also helps with the renegotiation of the commercial aspects in the next bidding rounds.

Along with the commercial aspects of the bids, a decision matrix will help in identifying the best candidate and document the decision process clearly. In best case, the commercials of all bidders are easily comparable after several rounds of negotiations. The decision has to be prepared based on soft and hard facts about the bidders, its companies, financial strengths, bidding process as well as business plan and strategy for the upcoming years. All criteria need to be weighed in a certain format. Practical experience shows that a simple approach and equal balancing is sufficient and helps identify differences in the individual bids and related companies in order to choose the optimal business partner.

In practice, it has proven vital to document and communicate the achieved result clearly. The whole agreement will only be read by very few, however it is required for many to understand special aspects and obligations of the agreement. Therefore, an executive summary needs to be prepared and distributed. This may be used as a checklist while finalizing the agreement. The first part of such summary could give an overview of the licensee, the agreement, targets and approach of negotiation, commercial aspects, and target achievement with the contract closure. The second part should provide a checklist regarding the comprehensiveness of legal aspects and rights or obligations by showing the target solution and comparing this to the achieved solution for each individual aspect. The target achievement per aspect could be provided in form of a simple smiley. This eases reading for executives and provides a quick overview. A third part provides the outlook, e. g., for the next five years.

Regardless of how well the negotiations are going, the transfer of any intellectual property shall only start once the ink of both parties has dried under the agreement. An agreement in the desired form has only been entered into with signature. This includes electronic signatures that have become more and more common recently.

Christoph Sorge

Urheberrecht im Underground. Erinnerungen an Albrecht Götz von Olenhusen – 8. November 1935–22. Oktober 2022 mit einer Bibliographie ausgewählter Schriften[*]

Besonders in seinen urheberrechts-, literatur- und medienhistorischen Beiträgen überraschte Albrecht Götz von Olenhusen die Leserschaft gerne mit lehrreichen Parabeln, schicksalhaften Wendungen und bildgewaltigen Montagen. Manchmal gab der Titel schon einen Vorgeschmack auf die im Beitrag weiter ausgeführte Narration: „Old Shatterhand unter Gangstern"[1], „Die ‚Casta Diva' und der ‚König des Humbugs'"[2] oder „Die heißen und die kalten Klaviere der Macht"[3].

I.   Ein Archivgänger als Stilist

Die gepflegte Kunstform war für Albrecht Götz von Olenhusen nicht einfach ästhetisches Beiwerk, sondern beruhte vielmehr auf einem planmäßigen Vorgehen. Der Zweck bestand darin, die minutiös aufbereiteten Archivalien und Themen mit Leben zu füllen und auf diese Weise alle historischen Fakten ins rechte Licht zu setzen. Mit seinen dramaturgischen Fähigkeiten bewies der Forensiker und Geschichtsforscher ein Talent,[4] das nur wenigen gegeben ist und das

---

[*] Nachweise in spitzen Klammern beziehen sich auf die fortlaufende Nummerierung in der angehängten Bibliographie.

1 Vollst.: Old Shatterhand unter Gangstern – Siegfried Kracauer und Karl May, in: Mitteilungen der Karl-May-Gesellschaft 143 (2005), S. 42–48 <Nr. 351>; erneut in J.Seul (Hg.), Albrecht Götz von Olenhusen. Old Shatterhand unter Gangstern. Ausgewählte Beiträge zu Karl May (2020), S. 101–110 <Nr. 178>.

2 Vollst.: Die „Casta Diva" und der „König des Humbugs" (Jenny Lind und P.T. Barnum). Vertragsrecht und Vertragsbruch von Sängerinnen im 19. Jahrhundert in Europa und den USA, in: UFITA 2014/II, S. 435–513 <Nr. 424>.

3 Vollst.: Die heißen und die kalten Klaviere der Macht. Die Prozesse des Hans Gross: Entmündigungs-, Kuratel- und Erbrecht, in: G.M.Dienes/ders./G.Heuer/G.Kocher (Hg.), Gross gegen Gross (2006), S. 111–171 <Nr. 74>.

4 Geschult freilich an der hohen Kunst der Parodie und Satire; vgl. nur *G.v.Olenhusen*, Satire – eine Ehrensache. Beiträge zu Satire, Rechts- und Zeitgeschichte (2010) <Nr. 110>; *ders.*, Der Satiriker Erich Mühsam als Gegenstand von Karikatur und Satire, in: Erich Mühsam-Hefte 2003, S. 110–115 <Nr. 59>; *ders.*, Satire, Parodie, das ewige Recht und andere Unglücksfälle,

der große Filmtheoretiker und Soziologe Siegfried Kracauer (1889–1966) treffend als Darstellung in „Kamera-Realität"[5] bezeichnete.

Kamera-Realität bündelt die durch die Linse eingefangene Wirklichkeit des filmisch-photographischen Materials. Sie besteht, so Kracauer, einerseits aus *objektiven* Fakten, die möglichst originalgetreu wiedergegeben werden, um den Ansprüchen des Publikums an Realismus und an Wahrheit zu genügen. Andererseits sei die vermittelte Wirklichkeit auch geformt von einer *subjektiven*, kunstvollen Konfiguration des Zufälligen, das die Sinne anregt, verborgene Dinge zum Erscheinen bringt und das Publikum zur vertieften Reflexion herausfordert. Nur im Zusammenspiel von objektiv-realistischen und subjektiv-formgebenden Effekten trage die Kamera-Realität alle „Kennzeichen der *Lebenswelt* an sich"[6] und könne das ganze Panorama des Alltäglichen zeigen: „leblose Objekte, Gesichter, Massen, Leute, die sich mischen, leiden und hoffen; ihr großartiges Thema ist Leben in seiner Fülle, Leben, wie wir es gemeinhin erfahren."[7]

Albrecht Götz von Olenhusens Werk offenbart viel von Kracauers Kamera-Realität: Man findet inszenierte „leblose Objekte", vornehmlich in Gestalt illegaler Drucke, unveröffentlichter Manuskripte und weiterer Fundstücke der materiellen und immateriellen Kultur.[8] Es werden „Gesichter" in ungewohnter Perspektive porträtiert, wie etwa ein verlagsrechtlich versierter Karl May,[9] ein Scherz und Ernst verbindender Common-Law-Jurist namens Alan Patrick Herbert[10] sowie eine Vielzahl von politisch engagierten Schriftstellern, darunter Walter Benjamin[11], Charles Dickens und Mark Twain,[12] Honoré Balzac[13] und

---

unter: Literaturkritik.de – Schwerpunktausgabe: Literatur und Recht I/II v. 6.7.2015 (https://literaturkritik.de/id/20769; zuletzt abgeruf. 15.12.2023) <Nr. 980>.

5 *Kracauer*, Geschichte – Vor den letzten Dingen, zit. nach Schriften, Bd. 4 (1969/71), S. 63.

6 *Kracauer*, Geschichte – Vor den letzten Dingen, zit. nach Schriften, Bd. 4 (1969/71), S. 63 [Hervorheb. i.O.].

7 *Kracauer*, Geschichte – Vor den letzten Dingen, zit. nach Schriften, Bd. 4 (1969/71), S. 63.

8 Dazu sogleich unter „II. Unter Räubern, Druckern und Verlegern".

9 *G.v.Olenhusen*, Karl May und das Urheber- und Verlagsrecht im 19. Jahrhundert, in: J.Seul (Hg.), Albrecht Götz von Olenhusen. Old Shatterhand unter Gangstern. Ausgewählte Beiträge zu Karl May (2020), S. 24–42 [zuerst: UFITA 2002/II, S. 427–450] <Nr. 178/332>. Auch der in Freiburg i. Br. ansässige Verleger Friedrich Ernst Fehsenfeld (1853–1933) kam dabei nicht zu kurz; seine Verdienste würdigte Albrecht Götz von Olenhusen in mehreren Beiträgen (teilw. wiederabgedr. in: aaO., S. 58–63, 64–74, 75–93); wegen rechtlicher Analysen hervorgehoben sei „Karl Mays Erbe und die Gründung des Karl-May-Verlages", in: aaO., S. 75–93 [zuerst in: UFITA 2001/II, S. 535–558] <Nr. 178/322>.

10 *G.v.Olenhusen*, Factum clarum jus nebulosum, in: UFITA 2005/III, S. 861–877 <Nr. 357>. Der auf der Weimarer Tagung „Arbeitskreis Geschichte des Urheberrechts" im September 2005 gehaltene Vortrag hinterließ bei einigen Mitgliedern einen bleibenden Eindruck; vgl. *Seifert*, Happy Birthday to Albrecht Götz von Olenhusen, in: MR-Int 12 (2015), S. 123–124, 124.

11 Vgl. nur *G.v.Olenhusen*, ‚Der Weg vom Manuscript zum gedruckten Text ist länger, als er bisher je gewesen ist', 1. Aufl. 1997/2. Aufl. 1998 <Nr. 26/29>; *ders.*, Engel am Abgrund: Walter

Louis Blanc[14], die sich teils als Agitatoren oder Lobbyisten für die rechtspolitischen Interessen der geistigen Arbeiter einsetzten. Und für die von Kracauer erwähnten „Massen" und „Leute, die sich mischen, leiden und hoffen", hat Albrecht Götz von Olenhusen als Anwalt häufig die Prozessführung übernommen und seine Expertise zur Verfügung gestellt. Sie erscheinen, zumindest mittelbar, unter juristischen Formen oder hinter rechtlichen Wertungen in zahlreichen Fachbeiträgen zu tarifvertraglichen Problemen, zu prekären Arbeitsbedingungen von abhängigen Redakteuren, zu freien Mitarbeitern in den Medien sowie zu Künstlern, die durch befristete Kettenverträge und wegen sogenannter „Verschleißtatbestände" hohen Beschäftigungsrisiken ausgesetzt waren.[15]

Auch mit Siegfried Kracauer beschäftigte sich Albrecht Götz von Olenhusen über eine längere Zeit hinweg, was sich in mehreren Abhandlungen niedergeschlagen hat. Hervorzuheben sind etwa die aufgedeckten Zusammenhänge bei der Rekonstruktion der „Dreigroschenprozesse" von Bertolt Brecht und Kurt Weill[16] sowie die lesenswerte Einzelstudie „Old Shatterhand unter Gangstern",

---

Benjamin liest Karl May, in: Jahrbuch der Karl-MayGesellschaft 2006, S. 99–125 <Nr. 362>; *ders.*, Walter Benjamin und die Unsterblichkeit der Sterne, in: Aus dem Antiquariat N.F. 9 (2011), S. 82–87 <Nr. 403>.

12 *G.v.Olenhusen*, Lobbyisten für ein internationales Copyright im 19./20. Jahrhundert – Charles Dickens und Mark Twain im Vergleich, in: UFITA 2016/II, S. 401–416 <Nr. 436>.

13 *G.v.Olenhusen*, Der Code Littéraire des Honoré de Balzac, in: UFITA 2002/III, S. 809–824 <Nr. 328>.

14 *G.v.Olenhusen*, Geistige Arbeit und Recht auf Arbeit, in: UFITA 2003/II, S. 398–440 <Nr. 338>.

15 Vgl. nur *G.v.Olenhusen*, Zeitverträge, Kündigungsschutz und Tarifautonomie am Beispiel der sog. Künstlerverträge, in: UFITA 75 (1976), S. 25–52 <Nr. 246>; *ders./Stechl*, Die tarifvertragliche Regelung der Nebentätigkeit von Redakteuren an Tageszeitungen und Zeitschriften, in: UFITA 92 (1982), S. 61–80 <Nr. 280>; *ders.*, Der Redakteur im Medienrecht, in: UFITA 95 (1983), S. 1–40 <Nr. 286>; *ders.*, Zeitverträge und Probearbeitsverhältnisse im Orchesterbereich, auch der Rundfunkorchester, in: UFITA 2005/II, S. 397–425 <Nr. 348>; *ders.*, Der Arbeitnehmer-Urheber im Spannungsfeld zwischen Urheber-, Urhebervertrags und Arbeitsrecht, in: ZUM 2010, S. 474–482 (zum 75. Geburtstag von Manfred Rehbinder) <Nr. 390>. Ebenfalls dokumentiert in seinen zahlreichen Praxishandbüchern, Kommentaren und Werken der Fachliteratur, u.a.: Handbuch des Medienrechts – T.1: Rundfunkrecht; T.2: Versorgungsrecht (Bd. 1: Rundfunk und Fernsehen; Bd. 2: Presse, KSVG, Bühne,...) <Nr. 13/ 14/15>; T.3: Filmarbeitsrecht, 1988–1991 (UFITA-Schriftenreihe) <Nr. 19>; Film und Fernsehen, 2001 <Nr. 38>; Freie Mitarbeit in den Medien, 2002 <Nr. 42>; Medienarbeitsrecht für Hörfunk und Fernsehen, 2004 (zugl. Diss. Freiburg i.Br.) <Nr. 60>; Der Journalist im Medien-, Arbeits- und Medienrecht, 1. Aufl. 2008/2. Aufl. 2015 [3. Aufl. gemeinsam mit S.Apel in Vorbereitung] <Nr. 173>.

16 *G.v.Olenhusen*, Der Zufall, das Glück und der Dreigroschenfilm, in: C. Bachhiesl/S.M. Bachhiesl u.a. (Hg.), Zufall und Wissenschaft (2019), S. 268–302, 284 <Nr. 172>; *ders.*, Filmkünstler und Filmproduzenten zwischen Urheberrecht und gewerblichem Rechtsschutz, in: T. Gergen (Hg.), Vom Reichshofrat zur Reichsfilmkammer (2019), S. 325–401, 343f. <Nr. 167>; *ders.*, Das Droit Moral des Urhebers und der Film der Zwanziger Jahre, ZGE 9 (2017), S. 210–232 <Nr. 152>.

wo das Werk Karl Mays durch die Brille des Filmkritikers der Frankfurter Schule gesehen und bewertet wird.[17]

Man könnte die Reihe mit dem Kracauer-, Benjamin-, Brecht-, Hans und Otto Gross-, May- und Erich Wulffen-Forscher Albrecht Götz von Olenhusen beliebig fortführen und aus seinem reichhaltigen, nahezu alle Kulturgebiete durchschreitenden Oeuvre endlos weiter berichten. Um Wiederholungen zu vermeiden, seien dafür allerdings andere Veröffentlichungen zur Lektüre empfohlen: In den letzten beiden Jahren nach seinem Tod hat Albrecht Götz von Olenhusen einige Nachrufe von Freunden und Kollegen erfahren, die Person und Werk unter verschiedenen Blickwinkeln bereits eingehend gewürdigt haben und auf die an dieser Stelle verwiesen wird.[18]

Nachfolgende „Erinnerungen" sollen nur einige Schlaglichter auf das Werk von Albrecht Götz von Olenhusen werfen. Lange Jahre hat er an dem Arbeitskreis „Geschichte und Zukunft des Urheberrechts" schöpferisch und inspirierend mitgewirkt und die turnusmäßigen Tagungen sehr bereichert – mit Vorträgen und Publikationen sowie durch anregende Interventionen und durch fachkundigen Rat, den er gerne und stets mit größter Bescheidenheit in unscheinbaren Nebensätzen der nachfolgenden Generation *pro bono* erteilte.[19] Vor Vollendung

---

17 *G.v.Olenhusen*, Old Shatterhand unter Gangstern – Siegfried Kracauer und Karl May, in: J. Seul (Hg.), Albrecht Götz von Olenhusen. Old Shatterhand unter Gangstern. Ausgewählte Beiträge zu Karl May (2020), S. 101–110 [zuerst: Mitteilungen der Karl-May-Gesellschaft Nr. 143/2005, S. 41–47] <Nr. 178/351>.

18 Aus dem Arbeitskreis ist ein Nachruf von *Thomas Gergen*, „In den Schluchten der Verträge" – Eine Würdigung zum Tod von Herrn Rechtsanwalt Professor Dr. iur. Albrecht Götz von Olenhusen, in: JEHL 14 (2023), S. 236–238, erschienen, in dem äußerst hilfreich weitere Hinweise zum monumentalen Werk gegeben werden. Hingewiesen sei ferner auf die persönliche wie höchst informative Geburtstagsadresse von *Fedor Seifert*, Happy Birthday to Albrecht Götz von Olenhusen, in: MR-Int 12 (2015), S. 123–124. Einblicke in das bewegte Leben eines ‚Forschungsreisenden zwischen Recht und Literatur' gewährt *Jürgen Seul*, Abschied von einem Grandseigneur der Karl-May-Welt. Zum Tode von Prof. Dr. Albrecht Götz von Olenhusen, in: KMG-Nachrichten Nr. 214, mit dem er zahlreiche Projekte und Publikationen, zuletzt insbesondere zu Karl May und zu Erich Wulffen, unternahm. Für eine Perspektive auf die anwaltlichen Tätigkeiten einschließlich rechtspolitischer Ansichten über die Zukunft des Urheberrechts im 21. Jahrhundert empfehlen sich die u.a. auch im Internet publizierten Interviews, vgl. etwa *Thomas Anz*, Publikationsfreiheit und ihre Grenzen. Ein Gespräch über Open Access, Google, Raubdrucke und das Urheberrecht: https://literaturkritik.de/id/12964 [zuletzt abger. 25.01.2024].

19 Zur Geschichte des Arbeitskreises mit Übersichten zu Tagungsorten, Vortragenden und Fundstellen eingehend *Rehbinder*, Abschied und Neuanfang des Arbeitskreises zur Geschichte und Zukunft des Urheberrechts, in: St. Meder (Hg.), Geschichte und Zukunft des Urheberrechts, Bd. 1 (2018), S. 9–24; vgl. auch *Wadle*, Urheberrecht im Horizont historischer Disziplinen, in: ders. (Hg.), Beiträge zur Geschichte des Urheberrechts. Etappen auf einem langen Weg (2012), S. 29–38, 29f. [zuerst in: M.Senn/C.Soliva (Hg.), Rechtsgeschichte & Interdisziplinarität. FS Clausdieter Schott (2001), S. 303–314].

seines 87. Lebensjahres ist Albrecht Götz von Olenhusen nun am 22. Oktober 2022 in Kaiserswerth nach kurzer, schwerer Krankheit verstorben.

II.   Unter Räubern, Druckern und Verlegern

Im Jahre 1972 ging Albrecht Götz von Olenhusen wieder einmal auf die Jagd nach Raubdrucken, um das erst einige Jahre zuvor ins Leben gerufene Projekt zur Erfassung sämtlicher, seit 1968 in Deutschland illegal verlegter Drucke mit frischen Nachweisen zu versorgen. Vornehmlich hatte er es auf Bücherware der Studentenbewegung abgesehen. Ins Visier nahm er dabei Nachdrucke vergriffener Klassiker der marxistischen, psychoanalytischen und pädagogischen Theorie sowie jüngere Texte zur politischen Ökonomie und zur materialistischen Ästhetik.[20] Dieses Mal befand sich der Tatort indes nicht wie gewöhnlich unter der Ladentheke der politischen Buchhandlung, sondern er ‚ergab‘ sich vielmehr auf einem der endlos langen Flure der „Deutschen Bibliothek" zu Frankfurt a. M.

Als der zuständige Archivar Dr. Bertold Picard und der detektivisch begabte Anwalt für Urheber-, Verlags- und Medienrecht an einem „feinmaschigen Drahtverbau" mit Büchern vorbeischritten, kam es beim Anblick dieses „Büchergefängnis[ses]" für Albrecht Götz von Olenhusen zu einer Art Erweckungserlebnis.[21] Obwohl die Untersuchungshaft nicht wegen eines fehlenden Copyrights, sondern wegen unanständiger Inhalte und konkreter Verlustgefahr durch eigenes Personal angeordnet wurde, war für den Raudruckexperten fortan klar,

> „dass ich versuchen würde, eine spezielle, möglichst vollständige, zugängliche, allerdings auch gegen allzu gierige Anwandlungen spezifischer Bibliophilie – platonisch, erotisch oder auch sonst – abgesicherte Sammlung von Raubdrucken, ein Archiv mit dazu gehörigen Archivalien und eine Bibliothek mit einschlägiger und Sekundärliteratur anzulegen, um sie vor öffentlich-rechtlicher Haft in Schutz zu nehmen und weiterhin privat zur künftigen allgemeinen Nutzung, Forschung und Erbauung zu bewahren."[22]

Nach diesem „Schlüsselerlebnis"[23] nahm das gemeinsam mit der Bibliothekarin Christa Gnirß und dem Antiquar und Redakteur des SWF Bernhard Wette ent-

---

20 Vgl. *G.v.Olenhusen/Gnirß*, Theorie und Klassenkampf. Sozialisierte Drucke und proletarische Reprints, in: dies., Handbuch der Raubdrucke, Bd. 2 (1973), S. 11–42, 13f. <Nr. 3>.

21 *G.v.Olenhusen*, Abenteuer eines Bibliomanen im Underground, in: Imprimatur N.F. 27 (2021), S. 271–290, 276 <Nr. 179>.

22 *G.v.Olenhusen*, Abenteuer eines Bibliomanen im Underground, in: Imprimatur N.F. 27 (2021), S. 271–290, 276 <Nr. 179>.

23 *G.v.Olenhusen*, Abenteuer eines Bibliomanen im Underground, in: Imprimatur N.F. 27 (2021), S. 271–290, 276 <Nr. 179>.

wickelte (Lebens-)Projekt an Fahrt auf und wurde schließlich ausgebaut zu
dem international bekannten Forschungs- und Sammlungsprojekt „Freiburger
Raubdruck-Archiv".[24] In der 1973 publizierten Erstauflage „Handbuch der
Raudrucke 2. Theorie und Klassenkampf. Sozialisierte Drucke und proletarische
Reprints. Eine Bibliographie" präsentierten die Herausgeber dann erstmalig ihre
langjährigen Ermittlungen und Dokumentationen gebündelt dem Publikum.[25]

Albrecht Götz von Olenhusens ‚Jagd nach Raubdrucken', nach Verlegern mit
Fantasienamen, die angeblich in Havanna und Amsterdam residierten, und nach
Druckern, die in Kellern gutbürgerlicher Klinkerhäuser Heidelberger Offset-
druckmaschinen betrieben,[26] darf durchaus als Ausdruck eines persönlichen
Anwalts- und Wissenschaftsethos gelten: ‚Unterdrückten und Zensierten' sollte
über das Urheber-, Verlags-, Medien- und Arbeitsrecht eine Stimme gegeben
werden. Seine publizistische Tätigkeit bildete mithin das Ventil einer Leidens-
genossenschaft für viele Vergessene, Randständige, Störenfriede, Querschläger
und Nonkonformisten, kurz: für Vielschreibende als Lebens-Künstler, denen er
nicht nur auf dem Gebiet des Raubdrucks, sondern überall in seinem beein-
druckenden Oeuvre eine Bühne geboten hat.[27] Bei jedem Engagement war es für
ihn stets entscheidend, eine humanistische „Haltung"[28] zu bewahren und gefäl-
ligen Opportunismus jeglicher politischer Couleur schroff abzuweisen. Dass er
sich im letzten Lebensdrittel etwa in das Werk Erich Wulffens (1862–1936) ver-
senkte, ein sächsischer Staatsanwalt, Kriminalpsychologe und clandestiner Ro-

---

24 In kleinerem Umfang existierte das Archiv bereits 1968. Aus den Anfangsbeständen ging
    probeweise bereits kurze Zeit später eine erste Bibliographie zu 70 Drucken hervor; vgl. dazu
    G.v.Olenhusen, Entwicklung und Stand der Raubdruckbewegung, in: H.L.Arnold (Hg.), Li-
    teraturbetrieb in Deutschland (1971), S. 164–172 <Nr. 1>. Eingehend zu Geschichte und
    Systematik des Archivs: *ders.*, Rezeption und Repression, in: UFITA 139 (1999), S. 253–264
    <Nr. 311>.
25 Mit Ergänzungen und einer umfangreichen Dokumentation zu Walter-Benjamin-Raubdru-
    cken als CD-ROM im Jahr 2002 erschienen (Nachpressung 2005) <Nr. 43/63>. An einer
    erweiterten Auflage zum „Nach- und Raubdruck" einschließlich urheberrechtskonformer,
    sonstiger subversiver Literatur hatte Albrecht Götz von Olenhusen bis zuletzt noch gearbeitet
    <Nr. 113>. Damals ist das Handbuch als Band 2 erschienen, da die Veröffentlichung des nur
    als Manuskript vorhandenen ersten Bands in historisch-aktueller Konzeption an Einwänden
    des Verlegers und an ‚szenenaher Kritik' scheiterte. Vgl. *G.v.Olenhusen*, Abenteuer eines
    Bibliomanen im Underground, in: Imprimatur N. F. 27 (2021), S. 271–290, 274 <Nr. 179>.
26 Dies aus einem persönlichen Erfahrungsbericht von Albrecht Götz von Olenhusen. Auf-
    schlussreich zu den damaligen Produktionsmethoden vgl. *Bogun*, Produktion und Vertrieb
    der Raubdrucke der 68er-Bewegung, in: I.G.v.Olenhusen/A.G.v.Olenhusen (Hg.), Von Goethe
    zu Google (2011), S. 119–124 <Nr. 115>.
27 Nachdem der Verfasser ihn auf die von Dieter Thomä im Anschluss an historische Muster
    entwickelte Philosophie des *puer robustus* hinwies, kam er häufiger darauf zurück und be-
    absichtigte, wozu es indes nicht mehr kommen sollte, sich näher mit diesem Urbild des
    Außenseiters zu beschäftigen.
28 So charakteristisch bei *G.v.Olenhusen*, Nachwort, in: N.Gladitz, Leni Riefenstahl. Karriere
    einer Täterin (2020), S. 409–420, 412 <Nr. 177>.

manautor, könnte sogar als geistige Wahlverwandtschaft aufgefasst werden.[29] Wulffen interessierte sich nicht nur für die Verwicklungen und Vergehen Karl Mays, sondern schrieb 1923 auch eine „Psychologie des Hochstaplers" und befasste sich mit dem Heiratsschwindler Georges Manulescu (1871–1908), der als „Fürst der Diebe" in die Annalen der Kriminalistik eingegangenen ist.[30]

III.   Auf schwierigem Terrain und im Gerichtssaal

Albrecht Götz von Olenhusen scheute auch nicht davor zurück, sich auf umstrittene Themen einzulassen und unebenes Terrain zu betreten, wie etwa in dem Beitrag „Carl Schmitt gegen die NS-Filmindustrie", wo der Kineast Schmitt ein schöpferorientiertes Urheberrecht gegen die ökonomische Herstellertheorie beim Filmwerk ins Spiel brachte und u. a. die Drehbuchautoren selbst gegen Widerstand der herrschenden Meinung vehement verteidigte.[31] Auch sperrige Schriftsteller wie Ezra Pound, der wie Schmitt ein „notorischer Antisemit" war und dem Faschismus nahestand, behandelte Albrecht Götz von Olenhusen literaturhistorisch fundiert und erläuterte Pounds Reformvorschlag zu einem naturrechtlich fundierten Copyright mit Zwangslizenmodell in einer sachlich differenzierten Weise.[32]

Das Thema des nationalsozialistischen Unrechts beschäftigte Albrecht Götz von Olenhusen von Anbeginn. Bereits in den 1960er-Jahren veröffentlichte er zwei Beiträge zur NS-Rassepolitik an deutschen Hochschulen.[33] Ferner gehören

---

29 Gemeinsam mit Jürgen Seul veröffentlichte Albrecht Götz von Olenhusen neben der 2017 anspruchsvoll edierten May-Biographie von Erich Wulffen „Karl Mays Inferno" (1928) <Nr. 154> verschiedene Beiträge und Bände zu dem facettenreichen Kriminologen.

30 *Seul/G.v.Olenhusen*, Einführung, in: dies. (Hg.), Erich Wulffen – Zwischen Kunst und Verbrechen (2015), S. 7–35, 11 <Nr. 133>.

31 *G.v.Olenhusen*, Carl Schmitt gegen die NS-Filmindustrie. Das Filmurheberrecht in der Akademie für Deutsches Recht 1934–1939, in: Myops 32 (2018), S. 52–60 <Nr. 159>; ferner *ders.*, Georg Roeber und das Filmurheberrecht in der Zwischenkriegszeit und die Kontroverse Georg Roeber vs. Carl Schmitt, in: ders./T.Gergen (Hg.), Kreativität und Charakter. FS Martin Vogel (2017), S. 85–210 <Nr. 156>; *ders.*, Filmkünstler und Filmproduzenten zwischen Urheberrecht und gewerblichem Rechtsschutz, in: T. Gergen (Hg.), Vom Reichshofrat zur Reichsfilmkammer (2019), S. 325–401, 378–395 <Nr. 167>.

32 *G.v.Olenhusen*, Ezra Pounds Copyright Statut mit einem Seitenblick auf James Joyce, in: PhlN 89/2020, 28 S. unter https://web.fu-berlin.de/phin/phin89/p89t1.htm [zuletzt abger. 15.01. 2024] <Nr. 448>. In verkürzter Fassung unter „Ezra Pounds Copyright-Plan 1918 und James Joyce ‚Ulysses'" auf der Tagung Geschichte und Zukunft des Urheberrechts im September 2017 in Hannover vorgetragen.

33 Vgl. *G.v.Olenhusen*, Die nationalsozialistische Rassenpolitik und die jüdischen Studenten an der Universität Freiburg i. Br. 1933–1945, in: Freiburger Universitätsblätter 1964, S. 71–80 <Nr. 183>; *ders.*, Die „nichtarischen" Studenten an den deutschen Hochschulen. Zur nationalsozialisti-

hierher der kenntnisreiche rechtswissenschaftsgeschichtliche Beitrag „Zur Entwicklung völkischen Rechtsdenkens. Frühe rechtsradikale Programmatik und bürgerliche Rechtswissenschaft"[34] und seine in den 1980er-Jahren übernommene Verteidigung der Schriftstellerin Nina Gladitz gegen die Unterlassungsklage der Filmregisseurin Leni Riefenstahl.[35] Gladitz hatte in ihrem WDR-Dokumentarfilm „Zeit des Schweigens und der Dunkelheit" über das an Sinti und Roma begangene Unrecht unter der Herrschaft des Nationalsozialimus berichtet. Die dokumentarische Aufarbeitung handelte von kleinen Kindern einer ausgegrenzten und entrechteten Minderheit, die während der NS-Diktatur in Filmen, darunter auch in Riefenstahls „Tiefland", zwangsweise Komparsenrollen spielen mussten. Nach Drehschluss wurde etliche Komparsen in Konzentrationslagern in den Tod geschickt.[36]

Im Verfahren ‚Riefenstahl gegen Gladitz' war streitig, ob die prominente Regisseurin von dem grauenhaften Schicksal wusste und ob sie bewusst falsche Versprechungen machte.[37] Am Ende der tragischen Film- und Prozessgeschichte stand ein Buch, in dem Gladitz ihre dokumentarische „Spurensuche"[38] zu einer großen zeithistorisch-kritischen Studie ausweitete und dank investigativer Re-

---

schen Rassenpolitik 1933–1945, in: Vierteljahrshefte für Zeitgeschichte 2 (1966), S. 175–206 <Nr. 184>.

34 Erschienen in: H.-J.Vogel/H.Simon/A.Podlech (Hg.), Die Freiheit des Anderen. FS Martin Hirsch (1981), S. 88–108 <Nr. 10>.

35 Vgl. die zurückgewiesene Berufung des OLG Karlsruhe, Urt. v. 13.03.1987–14 U 197/85 = NJW-RR 1988, 739.

36 Dazu näher G.v.Olenhusen, Nachwort, in: N.Gladitz, Leni Riefenstahl. Karriere einer Täterin (2020), S. 409–420 <Nr. 177>. An der Universitätsbibliothek Freiburg i.Br. veranstaltete Sabine Rollberg unter dem Titel „Allein gegen Riefenstahl" am 26.4.2022 ein Symposium mit Filmvorführung, auf dem Albrecht Götz von Olenhusen zum Prozessgeschehen ausführlich referierte und anschließend einen lesenswerten Tagungsbericht dazu verfasste; siehe https://c ulturmag.de/crimemag/albrecht-goetz-von-olenhusen-zum-gladitz-symposium-in-freiburg /143487 [zuletzt abger. 16.01.2024].

37 Mit minimalen, durch das OLG Karlsruhe, NJW-RR 1988, 739, 742 unter V. präzisierten Korrekturen hätte das vom WDR erlassene Sendeverbot im Übrigen aufgehoben werden können, was indes nicht geschah.

38 Der Begriff der „Spurensuche", den Albrecht Götz von Olenhusen im Nachwort zur Studie und dezidiert bereits im Prozess in Bezug auf Gladitz' Arbeitsweise verwendete, wurde auch vom Senat des OLG Karlsruhe aufgegriffen (NJW-RR 1988, 739, 741). Spurensuche verweist dabei nicht nur vage auf detektivisches Vorgehen oder auf eine historische Methode, sondern ist hier ganz konkret auch im Sinne von ‚Spurensicherung' zu verstehen. Als Entzifferung einer Andeutung, eines Hinweises oder auch eines trüglichen Scheins zeigt es zudem Verbindungen auf zu Walter Benjamins Konzept des Habhaftwerdens von zwar naheliegenden, aber dennoch abwesenden Dingen und Umständen (vgl. Benjamin, Der Flaneur [M 16a, 4], in: Passagen-Werk I, hrsg. v. R.Tiedemann, 1982, S. 560). Vgl. auch die Bezüge bei G.v.Olenhusen, Der Fänger des Augenblicks: Fotografie als Spurensuche, in: Badische Zeitung. BZ-Magazin v. 4.12.1983, S. 3 <Nr. 283>.

cherchen alle bisherigen biographischen Werke ähnlichen Zuschnitts „in den Schatten"[39] stellen konnte.

Dass Albrecht Götz von Olenhusen bei der Übernahme des Mandats neben der Aufgabe, für individuelle Gerechtigkeit und für Wahrung der Pressefreiheit zu sorgen, die geschichtliche Dimension des NS-Unrechts vor Augen stand, steht außer Zweifel. In diesem Geiste der Aufklärung und Aufarbeitung hielt er auch einen Vortrag zu „Gustav Radbruch – Wissenschaft zwischen Macht und Recht", den er anlässlich der Lübecker Radbruch-Woche am 13. Mai 2009 im Gebäude des Landgerichts gehalten hat.[40]

## IV.	Anwalt als Beruf – Schriftsteller, Forscher, Verteidiger aus Berufung

Die über 1000 Titel verzeichnende Bibliographie zeugt von einer enormen Schaffenskraft des langjährigen Mitglieds des Arbeitskreises für Geschichte und Zukunft des Urheberrechts. Bei der Durchsicht der Publikationen ist zu bedenken, dass Albrecht Götz von Olenhusen frei- und hauptberuflich als niedergelassener Anwalt in Freiburg i. Br. tätig war, die Literaturproduktion also lange Zeit nur im Nebenamt ausüben konnte.

Dass die Arbeit in der Schreibwerkstatt häufig von dem anwaltlichen Fristenkalender durchkreuzt wurde, lag nicht nur an der äußerst prominenten Mandantschaft, darunter etwa Friedrich Dürrenmatt, Georges Simenon und Franz Alt. Vielmehr ruhte seine publizistische Tätigkeit auch bei der Behandlung der vielen medial für Furore sorgenden Gerichtsverfahren, z. B. während der Prozessführung gegen eine öffentlich-rechtliche Sendeanstalt, um zahlreichen gekündigten, nunmehr ‚doppelt freien' Mitarbeitern die Wiedereinstellung zu ermöglichen. Hinzu traten Lehraufträge und Lehrverpflichtungen u. a. an der Journalisten-Akademie in Stuttgart, an seiner Heimatuniversität in Freiburg i. Br. sowie zuletzt als Honorarprofessor an der Heinrich-Heine-Universität Düsseldorf, wo der Anwalt und Forscher vor allem als ein ausgezeichneter Lehrer und Didakt geschätzt wurde.

Geboren ist Albrecht Götz von Olenhusen am 8. November 1935 in Bodenfelde bei Göttingen. Nach dem Besuch der humanistischen Gymnasien Göttingen und Stein a. d. Traun/Obb unternahm er in London und Mailand zunächst Sprachstudien, um anschließend das Studium der Rechts- und Staatswissenschaft sowie

---

39	*G.v.Olenhusen*, Nachwort, in: N.Gladitz, Leni Riefenstahl. Karriere einer Täterin (2020), S. 409–420, 410 <Nr. 177>.

40	Unter gleichnamigem Titel 2010 als eigenständige Schrift publiziert, ausgewiesen als „Veröffentlichung der RA-Kanzlei Dr. Götz von Olenhusen & Kollegen, Freiburg i. Br." mit 49 S.

der Volkswirtschaft in Göttingen, Freiburg i. Br. und Zürich zu absolvieren. Nach beiden Staatsexamina nahm er seine Anwaltstätigkeit in Freiburg auf und spezialisierte sich in den Bereichen des Urheber-, Verlags-, Medien-, Wettbewerbs-, Arbeits- und Sozialrechts. Die Universitätsstadt im Breisgau sollte fortan zu einer dauerhaften Wirkungsstätte werden. Neben dem Anwaltsberuf promovierte Albrecht Götz von Olenhusen hier zum Doktor der Rechte und engagierte sich lange Zeit in der Kommunalpolitik, u. a. als Stadtrat und als Angehöriger von Freiburger Ausschüssen, Gremien und Institutionen.

Sein Forschungsdrang sollte ihn zunächst aber erneut an die Alma Mater ziehen, wo er unter Hans Thieme (1906–2000) das rechtshistorische Handwerk ,von der Pike auf' erlernte und der ihm das Rüstzeug für seine Archivforschungen und Quellenanalysen mit auf den Weg gab. Die Fühler in Richtung Wissenschaft hatte Albrecht Götz von Olenhusen bereits im Studium ausgestreckt, besuchte er doch neben dem rechtstheoretischen Seminar bei Fritz von Hippel ebenfalls das rechtshistorische Kolleg von Thieme. Während des parallel begonnenen Referendariats unterstützte er den Urheber- und Verlagsrechtler Walter Bappert (1894–1985), in dessen Kanzlei Albrecht Götz von Olenhusen in erster Linie sein wissenschaftlich-publizistisches Talent entfalten konnte. Neben der Unterstützung bei Bapperts Arbeiten zur Urheberrechtsgeschichte[41] beschäftigte er sich hier, im Tagesgeschäft, auch erstmals intensiv mit dem Verlagsrecht. Für das zu diesem Zeitpunkt noch in der Ferne liegende Raudruckprojekt bildeten die bei Bappert veranstalteten verlagsrechtlichen Tiefbohrungen wichtige Prägeerfahrungen. Die baldige Aufnahme von Albrecht Götz von Olenhusen in Bapperts Kanzlei als Sozius bedeutete vorerst das Ende aller rechtshistorischen Feld- und Archivforschungen. Erst in den Jahren 1998/99 nahm er den Faden zur Urheberrechtsgeschichte wieder auf und verstärkte dann die Forschungen deutlich seit seiner erstmaligen Teilnahme an der Tagung des Arbeitskreises „Geschichte und Zukunft des Urheberrechts" vom 7.–9.9.2001 in Brig (Wallis).

Nicht weniger einschneidend war Albrecht Götz von Olenhusens Zusammenarbeit mit Georg Roeber (1901–1983) – der Koryphäe auf den Gebieten des Film- und Fernsehrechts sowie Mitherausgeber von „Film und Recht" und des „Archivs für Urheber-, Film-, Funk-, und Theaterrecht (UFITA)".[42] Roeber hat

---

41 Vgl. dazu *G.v.Olenhusen*, Wege zum Verlags- und Urheberrecht. Walter Bappert (1894–1985) als Verlagsrechtler und Rechtshistoriker, in: UFITA 2003/III, S. 743–767 <Nr. 342>; *ders.*, Walter Bappert, Rechtsanwalt, in: Baden-Württembergische Biographien III, hrsg. v. B.Offnad/F.L.Sepaintner (2002), S. 7–9 <Nr. 45>.

42 Vgl. *G.v.Olenhusen*, Nachruf auf Georg Roeber (1901–1983), in: Film und Recht 1983, S. 171–173 <Nr. 284>. Neben Beiträgen zu seinen Ehren schrieb Albrecht Götz von Olenhusen auch eine aufschlussreiche zeitgeschichtliche Abhandlung: Georg Roeber und das Filmurheberrecht in der Zwischenkriegszeit und die Kontroverse Georg Roeber vs. Carl Schmitt, in: ders./ T.Gergen (Hg.), Kreativität und Charakter. FS Martin Vogel (2017), S. 85–210 <Nr. 156>.

die Archivzeitschrift bekanntlich nach zehnjähriger Sendepause 1954 aus der Taufe gehoben und konnte damit die von der internationalen Urheberrechtszene so schmerzlich beklagte „echte Lücke"[43] für mehr als ein halbes Jahrhundert schließen. Nur mit vereinten Kräften, unter denen sich auch der langjährige Mitarbeiter und Redakteur Albrecht Götz von Olenhusen befand, konnte der hohe Anspruch des Archivs an die Wissenschaftlichkeit des Urheberrechts gewährleistet werden.

V.   „Copyright oder Copywrong?" – von der Zeitgeschichte zu den Zukunftsfragen

Dass die Forschungen und Publikationen von Albrecht Götz von Olenhusen aus heutiger Sicht die Signatur ihrer Zeit tragen, erscheint evident. So bildet sein vielschichtiges Werk auch eine Art Enzyklopädie oder ein Kompendium der jüngsten Urheberrechtsvergangenheit, jedenfalls aber ein wichtiges Dokument der juristischen Zeitgeschichte. Es erzählt den Nachgeborenen etwa von einer 1982 verhandelten „Klage eines Kameramanns auf Festanstellung"[44] bei einer Fernsehanstalt, berichtet im Jahre 2000 über die erste Reform des Urhebervertragsrechts unter der damaligen Justizministerin Däubler-Gmelin[45] und prüft 2007 einen möglichen „Urheberrechtsschutz von Antiquariatskatalogen"[46]. Darüber hinaus hinterlässt Albrecht Götz von Olenhusen durch sein Rezensionswerk eine monumentale Bücherschau, die praktisch wie ein Findbuch und fachkundig wie ein Kommentar einen Großteil der urheber- und verlagsrechtlichen Literatur seiner Zeit dokumentiert.[47] Der Verfasser liefert damit einen wichtigen Schlüssel, mit dem sich die heutige Urheber-, Verlags- und Medienrechtswissenschaft ungeachtet des sich immer schneller wandelnden positiven Rechts selbst zu beschreiben vermag. Gerade dies ermöglicht die bis heute unverzichtbaren Kontinuitätsdiskurse der jeweiligen Fachgebiete.[48]

Weniger auf der Hand liegt dagegen, ob einige seiner Themen und Fragestellungen über eine Selbstvergewisserung hinaus weisen und auch eine ur-

---

43 *Roeber*, Zum Geleit!, in: UFITA 18 (1954), S. 1f. [n.pag.].

44 In: Film und Recht 1982, S. 184f. <Nr. 277>.

45 *G.v.Olenhusen*, Der Gesetzentwurf für ein Urhebervertragsrecht, ZUM 2000, S. 736–739 <Nr. 318>.

46 In: Aus dem Antiquariat 3 (2007), S. 199–202 [Teil 1] <Nr. 369>; Rechtsschutz von Antiquariatskatalogen und Bibliographien. Eine Ergänzung, in: aaO. 4 (2007), S. 289–290 [Teil 2] <Nr. 370>.

47 Vgl. dazu die über 400 verzeichneten Rezensionen im bibliographischen Anhang (unter III. Besprechungen).

48 Dazu *Meder*, Savignys Weg in die juristische Moderne (2023), S. 339–402.

heberrechtliche ,Applikation', d.h. eine Anwendung der zutage beförderten Rechtserkenntnisse auf das geltende Recht erlauben. Bei genauerer Durchsicht der Beiträge von Albrecht Götz von Olenhusen dürfte eine solche Anwendungsperspektive klar zu bejahen sein. Zu den applikationsfähigen Themen ist an erster Stelle sicherlich der Raub- und Nachdruck zu nennen, den auch Elmar Wadle in seiner lehrreichen Abschiedsvorlesung für eine Aktualisierung nutzte, indem er über die „Wercke der Finsternis" von Daniel Nikolaus Chodowiecki (1726–1801) einen „Blick in das ,Morgen'"[49] der digitalen Verwertungen wagte. Aus dem Repertoire von Albrecht Götz von Olenhusen passt dazu der gemeinsam mit seiner Frau, der Geschichtsprofessorin Irmtraud Götz von Olenhusen 2011 herausgegebene Band „Von Goethe zu Google. Geistiges Eigentum in drei Jahrhunderten". Im Unterschied zu Wadles Abschiedsvorlesung bemerkt man hier allerdings einen skeptischen gewordenen Verfechter des positiven Rechts, der mit einem Blick in das ,Morgen' keine allzu großen Hoffnungen mehr hegte, dass die „partikulär wirkende Reparatur-Reform des Urheberrechts" mit der digitalen Revolution Schritt halten könne.[50]

In Bezug auf die Frage nach ,Applikation' verdient auch ein betagterer Beitrag von 1993 ganz besonderer Hervorhebung. Aus Anlass der sog. Bellagio-Deklaration wurde Albrecht Götz von Olenhusen damals um einen Vortrag gebeten, den er auf der im italienischen Bellagio vom 8.–12. 3. 1993 veranstalteten Konferenz „Cultural Agency/Cultural Authority: Politics and Poetics of Intellectual Property in the Post-Colonial Era" halten sollte. Die Konferenz widmete sich in Anknüpfung an die „Model Provisions" der UNESCO/WIPO von 1982[51] und weiterer Abkommen der heute wieder aktuell gewordenen Frage nach einem immaterialgüterrechtlichen Kulturgüterschutz im Kontext von Dekolonialisierung und *cultural commons*.[52] So diskutierte die interdisziplinäre Wissenschaftlergruppe vor allem über Möglichkeiten, prekäres traditionelles Wissen wie

---

49 *Wadle*, Urheberrecht zwischen Gestern und Morgen, in: ders. (Hg.), Beiträge zur Geschichte des Urheberrechts. Etappen auf einem langen Weg (2012), S. 11–27, 22 [überarb. Fassung der Abschiedsvorl. v. 17. 11. 2006].

50 *G.v.Olenhusen*, „Zerschlagt das bürgerliche Copyright!". Von der Theorie zum Kommerz, in: ders./I.G.v.Olenhusen (Hg.), Von Goethe zu Google. Geistiges Eigentum in drei Jahrhunderten (2011), S. 107–118, 117 <Nr. 117>. Der Band ging hervor aus einem gemeinsam veranstalteten Projektseminar an der Heinrich-Heine-Universität Düsseldorf und war verbunden mit einer Ausstellung der Universitäts- und Landesbibliothek v. 16.11.2011–8.1. 2012, wo diverse Leihgaben und andere urheberrechtsgeschichtliche Exponate gezeigt wurden.

51 Abrufbar unter https://www.wipo.int/tk/en/docs/1982-folklore-model-provisions.pdf [zuletzt 05. 01. 2024].

52 Vgl. zur Entwicklung etwa *Hilty*, Rationales for the Legal Protection of Intangible Goods and Cultural Heritage, in: IIC 2009, S. 883–911; *Fikentscher/Ramsauer*, Traditionelles Wissen – Tummelplatz immaterialgüterrechtlicher Prinzipien, in: Ganea/Heath/Schricker (Hg.), Urheberrecht gestern – heute – morgen. FS Adolf Dietz (2001), S. 25–42.

Folklore und andere Ausdrucksformen des Kulturerbes unter den Schutz des geistigen Eigentums, der Leistungsschutzrechte oder auch des Patentrechts zu stellen. Im Mittelpunkt standen dabei Volksgruppen und Minderheiten des globalen Südens, die sich, ausgestattet mit immaterialgüterrechtlichen Rechtspositionen, vor einer Kommodifizierung des Kulturerbes durch internationale Modehäuser und Großkonzerne schützen können sollten.[53] Albrecht Götz von Olenhusen brachte hierzu einen Grundlagenbeitrag und referierte über Schnittstellen und Konfliktzonen zwischen Urheberrecht, Urhebervertragsrecht und Arbeitsrecht. Unter dem Titel „The Fabrication of Fictions"[54] erörterte er in Anspielung auf Carl Einsteins Kulturkritik einige „idealistische Scheinpositionen"[55] der deutschen Urheberrechtsdoktrin und konfrontierte diese mit der Realität umfänglicher Rechteübertragung durch sog. Normalverträge der Medien- und Verlagshäuser.

Nicht nur die Konstellation in Bellagio, sondern auch die weitere Publikationsgeschichte des Vortrags ist interessant, bleibt sie doch auf der Spur der ‚Applikation' und lässt weitere Aktualisierungen für das geltende Urheber- und Immaterialgüterrecht zu. Einige Jahre später lieferte Albrecht Götz von Olenhusen nämlich eine Übersetzung der Bellagio-Deklaration nebst eines Wiederabdrucks seines Vortrags in deutscher Fassung für einen der berühmt-berüchtigten Bände „Der Grüne Zweig" von Werner Pieper. Die Idee zum Generalthema „Copyright oder Copywrong?" (Nr. 182) verdankte der Herausgeber Pieper, in der Kulturszene als schillernder Schriftsteller, Kolumnist und Verleger alternativer Bewegungen bekannt, in erster Linie dem Bellagio-Beitrag Albrecht Götz von Olenhusens. In der Einleitung resümiert er die Editionsgeschichte wie folgt:

> „Der erste Gedanke für dieses Buch kam in Form des kopierten Beitrages von A. Götz von Olenhusen, einem Rechtsanwalt, der nicht nur die größte Sammlung von Raubdrucken im Lande pflegt, sondern auch grundlegende dickbändige Werke zu den Themen Rundfunk- und Fernsehrecht verfaßt hat. Sein Artikel ‚Die Fabrikation der

---

53 Eingehend dazu: *Löhr*, Wem gehört die Kultur? Die UNESCO zwischen geistigem Eigentum, Folklore und kulturellem Erbe in den 1960er und 1970er Jahren, in: dies./A.Rehling (Hg.), Global Commons im 20. Jahrhundert (2014), S. 135–162, 135–144. Nach eigenen Auskünften hatte Albrecht Götz von Olenhusen besonders „viel profitiert" von dem Dialog mit U.-S.-amerikanischen Juristen, Literaturwissenschaftlern, Anthropologen und weiteren Intellektuellen, die einen Gegenpol zur damals herrschenden „Chicago-School" und deren Organ „Cardozo Arts & Entertainment Law Journal" formierten und eine rein ökonomische Analyse der *intellectual property rights* ablehnten.

54 Unv. engl. Ms. <Nr. 22> in dt. Fassung: Schattenlinien Nr. 8/9 (1994), S. 49–61 <Nr. 302>; erneut in: W.Pieper (Hg.), Copyright oder Copywrong (1997?), S. 11–24, 13 (Der Grüne Zweig 182) <Nr. 25>.

55 *G.v.Olenhusen*, Die Fabrikation der Fiktionen, in: W.Pieper (Hg.), Copyright oder Copywrong (1997?), S. 11–24, 13 (Der Grüne Zweig 182) <Nr. 25>.

Fiktionen' regte mich an, etwas neugieriger zu werden. Götz von Olenhusen steuerte auch seine Übersetzung der Bellagio-Deklaration bei und machte mich auf den Beitrag von Dr. Darell Addison Posey, ‚Probleme einer globalen Umwelt- und Entwicklungs-Strategie' aufmerksam."[56]

Ein engerer Kontakt zwischen Werner Pieper und Albrecht Götz von Olenhusen entstand allerdings nicht erst mit dem „kopierten Beitrag". Vielmehr begegneten sie sich zuvor bereits in einem Raubdruckprozesses vor Gericht – der eine als Zeuge, der andere als Gutachter und beide auf derselben Seite stehend. Es ging um den Nachdruck der Reden eines Südseehäuptlings, die von einigen Raubdruckern wiederentdeckt und in Umlauf gebracht worden sind und die ein Verlagshaus daraufhin alleinig verwerten wollte. Die gemeinsame Prozesserfahrung ließ einen intensiveren, thematisch auf das Urheberrecht bezogenen Austausch entstehen und mündete schließlich in „Copyright oder Copywrong?".[57]

Pieper arbeitete seit den 1980er-Jahren im Übrigen eng mit dem „Chaos Computer Club" zusammen und verlegte dessen Hausorgan, die „Hackerbibeln"[58]. Daher findet sich unter den Beiträgen auch die für die heutige Krypto- und Blockchainszene zum kanonischen Text zählende Programmschrift John Perry Barlows „Selling Wine Without Bottles: The Economy of Mind on the Global Net"[59] in deutscher Übersetzung. Barlow handelte von digital freigesetzten, vollständig entsubstantialisierten Informationen, von verfehlten Rechtsformen, die den ‚digitalen Wein ohne greifbare Flaschen' nicht mehr fassen könnten, und von der Bedrohung der Meinungs- und Gemeinfreiheit durch monopolisierendes Copyright. Grenzenloser Cyberspace traf in Piepers Band folglich auf vernakuläre Kultur – eine brisante Mischung.

Im Rückblick auf den sorgfältig edierten und künstlerisch gestalteten Band, versehen mit juristisch zwar kontrovers zu beurteilenden, aber höchst anregenden Kommentierungen Werner Piepers zu neuen Herausforderungen des Urheberrechts, erscheint Albrecht Götz von Olenhusens Bellagio-Beitrag in einem neuen Licht. Denn im Band werden so unterschiedliche Strömungen wie De-

---

56 *Pieper*, Einleitung. Die Gedanken sind frei – wer will sie verbraten?, in: ders. (Hg.), Copyright oder Copywrong? (1997?), S. 7–9, 8.

57 Vgl. auch die spätere Zusammenarbeit bei einem Rückblick auf die 68er-Bewegung: „Lasst 1000 Raubdrucke blühen!": Copyright und Copywrong. In: W.Pieper (Hg.), Alles schien möglich… (2007), S. 210–216 (Der Grüne Zweig 252) <Nr. 83>.

58 Teile 1 u. 2 ebenfalls erschienen in der Reihe „Der Grüne Zweig" als Nr. 98 u. 124.

59 Zuerst ersch. unter dem Titel „The Economy of Ideas", in: WIRED Mar. 1, 1994; erneut in: Duke Law & Technology Review 18 (2019), S. 8–31. John Perry Barlow (1947–2018) war nicht nur der Songtexter der Rockband „Greatful Dead", sondern engagierte sich in den Vereinigten Staaten auch als Bürgerrechtler und betrieb eine eigene „Rechtshilfe für Computer-Hacker als Gegenmacht zur in den USA politisch angesagten Zentralisierung", wie Pieper in der Einleitung schrieb (in: ders. [Hg.], Copyright oder Copywrong [1997?], S. 7–9, 8).

kolonialisierung, Dezentralisierung, U.S.-amerikanische Bürgerrechtsbewegung, globale Programmiererszene und linksintellektuelles Milieu nicht nur versammelt, sondern vielmehr über das Thema „Urheberrecht" in ein reges Gespräch verwickelt. Dass Albrecht Götz von Olenhusen zu diesem ‚monopolfreien' Meinungsaustausch seinen Beitrag und die Übersetzung beigesteuert hat, kann nicht verwundern: Der Band dürfte seinem ganzen Wesen entsprochen haben.

Anhang: Bibliographie ausgewählter Schriften von Albrecht Götz von Olenhusen

Die Werke und sonstigen Schriften wurden gesammelt und ausgewählt sowie in einer Handreichung „Zur Erinnerung" zusammengestellt von Irmtraud Götz von Olenhusen. Der Verfasserin sei an dieser Stelle für die freundliche Überlassung der Bibliographie ausdrücklich gedankt.

Einen Anspruch auf Vollständigkeit können die folgenden Angaben nicht erheben. In der Handreichung bemerkt die Verfasserin unter dem Punkt „Desiderata", dass kleinere Werke und Gelegenheitsschriften, wie z.B. Veröffentlichungen in Tageszeitungen, Interviews, Rundfunk- und Fernsehbeiträge, pseudonym publizierte Artikel und viele Kurzbeiträge unberücksichtigt geblieben sind bzw. nur in einer Auswahl mit aufgenommen wurden. Die folgende Wiedergabe verzichtet zudem auf die in der Handreichung gelisteten Vorträge, Manuskripte und akademischen Verpflichtungen, was hier durch ein Auslassungsvermerk kenntlichgemacht wird. Die ursprüngliche durchgehende Zählweise bleibt dabei erhalten. Versehentliche Sprünge im Original sind stillschweigend korrigiert worden.

Der Bearbeitungsstand der bibliographischen Angaben entspricht dem Jahr 2022. Bis auf vereinzelt nachgetragene Rezensionen in der „Zeitschrift integrativer europäischer Rechtsgeschichte" (ZIER) wurden keine weiteren Ergänzungen vorgenommen.

I. Bücher. Monografien. Beiträge

Selbständige Veröffentlichungen, auch als Herausgeber oder Mitherausgeber. Beiträge zu Büchern, Festschriften und Sammelbänden.

1971

1. Entwicklung und Stand der Raubdruckbewegung. In: Heinz Ludwig Arnold (Hrsg.), Literaturbetrieb in Deutschland. München: Richard Boorberg Verlag 1971, 164–172.

1972

2. Schriftsteller, Recht und Gesellschaft. Freiburg i. Br.: Universitätsverlag Becksmann 1972. 227 S.

1973

3. Handbuch der Raubdrucke. Theorie und Klassenkampf. Eine Bibliografie. Vorwort A. Götz von Olenhusen. München-Pullach: Verlag Dokumentation 1973 (mit Christa Gnirß). 509 S. [in erweiterter Fassung als CD-ROM 2002 und 2005 veröffentlicht].
4. Urheber- und Persönlichkeitsrechtsschutz bei Briefen und Dokumentationsfreiheit. In: Festschrift für Georg Roeber, hrsgg. von Wilhelm Herschel, Friedrich Klein, Manfred Rehbinder, Berlin: Schweitzer 1973, 431–450.

1974

5. (Hrsg.) Produktionsverhältnisse in der Kulturindustrie. Überbau. 1974. Mit Beiträgen von Frank Benseler, György Boytha, Hans G. Helms, Albrecht Götz von Olenhusen, Heinz Püschel. Gießen: Focus-Verlag 1974. 99 S.
Monopolmißbrauch der GEMA: In. ebd.
6. (Hrsg.) Adolf Freiherr Knigge, Ueber den Bücher-Nachdruck An den Herrn Johann Gottwerth Müller Doctor der Weltweisheit in Itzehoe. Hamburg: Benjamin Gottlob Hoffmann 1792. Reprint des Originals. Mit einem Nachwort und mit textkritischen Anmerkungen hrsgg. von Albrecht Götz von Olenhusen. Wiesbaden: Verlag Norbert Kubatzki 1974. 72 S.

1977

7. Immaterielle Wirtschaftsgüter im Steuerrecht unter Berücksichtigung des Urheber-
    und Verlagsrechts (mit Elisabeth Martens). In: Georg Roeber, Manfred Rehbinder,
    Wilhelm Herschel (Hrsg.), Benvenuto Samson zum 90. Geburtstag. Berlin: Schweitzer
    1977, 25–46.

1978

8. Die steuerliche Privilegierung wissenschaftlicher, künstlerischer und schriftstelleri-
    scher Tätigkeit nach§ 34 Abs. 4 EStG. Freiburg i. Br. 1978. (Mit Elisabeth Martens). 15 S.

1979

9. Zigeuner heute – in Köln, in Rüsselsheim… In: Anita Geigges / Bernhard W. Wette,
    Zigeuner heute. Verfolgung und Diskriminierung in der BRD. Bornheim-Merten:
    Lamuv Verlag 1979, 94–135.

1981

10. Zur Entwicklung völkischen Rechtsdenkens. Frühe rechtsradikale Programmatik und
    bürgerliche Rechtswissenschaft. In: Hans-Jochen Vogel, Helmut Simon, Adalbert
    Podlech (Hrsg.), Die Freiheit des Anderen. Festschrift für Martin Hirsch, Baden-
    Baden: Nomos 1981, 88–108.

1982

11. Der Aufbau von Feinbildern: Ursachen und Folgen einer Perversion des Rechtsden-
    kens. In: Die Justiz und der Nationalsozialismus, Bad Boll 1982, Bd. 3, S. 17–20.
12. „Ewiges geistiges Eigentum" und „Sozialbindung" des Urheberrechts in der Rechts-
    entwicklung und Diskussion im 19. Jahrhundert in Frankreich und Deutschland. In:
    Wilhelm Herschel, Heinrich Hubmann, Manfred Rehbinder (Hrsg.), Festschrift für
    Georg Roeber zum 10. Dezember 1981, Freiburg i. Br.: Hochschulverlag 1982, 83–111.

1988

13. Rundfunkrecht. Darstellung der Rechtsgrundlagen des Bundes, der Länder und der
    öffentlich-rechtlichen Rundfunk- und Fernsehanstalten. Freiburg i. Br.: Hochschul-

verlag 1988. (Handbuch des Medienrechts. Teil 1. Schriftenreihe der UFITA Ed. 69/1). 510 S.

14. Versorgungsrecht einschließlich Künstlersozialversicherungsgesetz (KSVG). Band 1: Rundfunk und Fernsehen. Freiburg i. Br.: Hochschulverlag 1988. (Handbuch des Medienrechts. Teil 2. Schriftenreihe der UFITA Ed. 69/2). 413 S.

15. Versorgungsrecht einschließlich Künstlersozialversicherungsgesetz (KSVG). Band 2: Presse, KSVG, Bühne, Orchester, Sozialfonds. Freiburg i. Br.: Hochschulverlag 1988. (Handbuch des Medienrechts. Teil 2. Schriftenreihe der UFITA Ed. 69/2). 480 S.

1989

16. (Hrsg.) Ellic Howe, Rudolph Freiherr von Sebottendorff (unveröff. Typoskript, London 1968), hrsgg. und mit einer Zeittafel zur Biographie Sebottendorffs und einer vorläufigen kommentierten Bibliographie seiner Schriften versehen von Albrecht Götz von Olenhusen, Freiburg i. Br.: lim. u. num. Privatdruck 1989. 4 Abb., 109 S. (unveränderter priv. Reprint 2009).

1990

17. (Hrsg.) Wege und Abwege. Beiträge zur europäischen Geistesgeschichte der Neuzeit. Festschrift für Ellic Howe zum 20. September 1990. Hrsgg. von Albrecht Götz von Olenhusen in Verbindung mit Nicolas Barker, Herbert Franke und Helmut Möller. 1. Auflage, Freiburg i. Br.: Hochschulverlag 1990, 21 Abb., 217 S.

18. Bürgerrat, Einwohnerwehr und Gegenrevolution. Freiburg 1918–1920. Zugleich ein Beitrag zur Biographie des Rudolf Freiherr von Sebottendorff. In: Wege und Abwege. Beiträge zur europäischen Geistesgeschichte der Neuzeit. Festschrift Ellic Howe zum 20. September 1990. Hrsgg. von Albrecht Götz von Olenhusen in Verbindung mit Dr. Nicolas Barker, London, Prof. Dr. Herbert Franke und Helmut Möller. Göttingen. Freiburg i. Br.: Hochschulverlag 1990, 115–134.

1991

19. Filmarbeitsrecht. Kommentar. [zu den TVen TVFF, eMTVBFF und BTV] Freiburg i. Br.: Hochschulverlag 1991. (Handbuch des Medienrechts. Teil 3. Schriftenreihe der UFITA Ed. 69/3). 576 S.

20. Medienrecht. In: Claudia Mast, Karl Geibel (Hrsg.), Stuttgarter Sommerakademie 1990. Dokumentation über ein gemeinsames Projekt des Fachgebietes Journalistik der Universität Hohenheim und des Deutschen Journalisten-Verbandes Baden-Württemberg mit Journalisten aus der DDR, Stuttgart 1991, S. 167–170.

1993

21. (Hrsg.) Wege und Abwege. Beiträge zur europäischen Geistesgeschichte der Neuzeit. Festschrift für Ellic Howe zum 20. September 1990. Hrsgg. von Albrecht Götz von Olenhusen in Verbindung mit Nicolas Barker, Herbert Franke und Helmut Möller. Freiburg i. Br.: Hochschulverlag 1990, 21 Abb., 217 S. 2. erweiterte Auflage, Freiburg i. Br. 1993, 292 S. [ergänzt um die Nachrufe auf Ellic Howe].

22. The Fabrication of Fictions. Beitrag für die Konferenz Cultural Agency/Cultural Authority: Politics and Poetics of Intellectual Property in the Post-Colonial Era, Bellagio Study and Conference Center, Bellagio, Italien 8.–12. März 1993. Freiburg i. Br. 1993 (Masch.Ms.). (Englisch). Sh. deutsche Fassung II. 1994 und I. 1997.

23. Zur Morphologie der Komik in Gesetz und Recht. 6 S. (Ms. unveröffentlicht).

1996

24. Rechtliche Grundlagen der Psychotherapie. In: Wolfgang Senf, Michael Broda (Hg.), Praxis der Psychotherapie. Integratives Lehrbuch. Stuttgart, New York: Thieme 1996, 492–494.

1997

25. Die Fabrikation der Fiktionen. Das Konzept Urheber, Urheberschaft, Urheberrecht und die Organisation der Arbeit. Die Bellagio Declaration Geistiges Eigentum, kulturelles Erbe und wirtschaftliche Ausbeutung, (Der Grüne Zweig, 182), 11–30.

26. „Der Weg vom Manuscript zum gedruckten Text ist länger als er je gewesen ist." Walter Benjamin im Raubdruck 1967–1997. Lengwil a. B. 1. Auflage 1997. 116 S. Rez. Markus Bauer, Medienwissenschaft 3, 1998, 321–323; Martin Hielscher, FAZ 11.02.1998, Momme Brodersen IFB 6, 1998, 1–2.

27. Satire – Eine Ehrensache. In: Nils Folckers / Wilhelm Solms (Hrsg.), Was kostet der Spaß? Wie Staat und Bürger die Satire bekämpfen, Marburg: Schüren 1997, 95–109, 125–126.

1998

28. Satire – Eine Ehrensache. Freiburg i. Br. 1998 (Sonderdruck, 15 S.)

29. „Der Weg vom Manuscript zum gedruckten Text ist länger, als er bisher je gewesen ist.", Walter Benjamin im Raubdruck 1967–1997. 2. Auflage, Lengwil a. B.: Libelle 1998. 116 S.

30. (Hrsg.) Beachcomber, Das Zwergen-Zerwürfnis. The Case of the Twelve Red bearded Dwarfs, Lengwil a. B. 1998. Übersetzt von Albrecht Götz von Olenhusen und Susan Jones. Mit einem Nachwort des Hrsg. (Text von Beachcomber auch Englisch).

31. Adolph Freiherr Knigge: Ueber den Bücher-Nachdruck. An den Herrn Johann Gott-werth Müller Doctor der Weltweisheit in Itzehoe. Mit einem Nachwort herausgegeben von Albrecht Götz von Olenhusen. Verlag Norbert Kubatzki. Wiesbaden, Querfeld-straße 3., 1974 (Nachwort). Auch in: Wirkungen und Wertungen: Adolph Freiherr Knigge im Urteil der Nachwelt (1796–1994). Eine Dokumentensammlung. Hrsgg. von Michael Schlott, Carsten Behle. Göttingen: Wallstein 1998, 311–314 [m.Anm.].

32. Psychoanalyse und Anarchismus: „Die Eroberung des Luftreiches". Otto Gross, Erich Mühsam und Johannes Nohl 1904–1919. In: Anarchismus und Psychoanalyse zu Be-ginn des 20. Jhdt. Der Kreis um Erich Mühsam und Otto Gross, Lübeck 2000, 84–100. (Schriften der Erich-Mühsam-Gesellschaft. 19).

33. „Il poeta bello" oder Der Mann, der immer dabei war. Der Anarchist, Literat und Psychologe Johannes Nohl (1882–1963) und Erich Mühsam, Otto Gross und Hermann Hesse. In: 1. Internationaler Otto Gross-Kongreß Bauhaus-Archiv, Berlin 1999, hrsgg. v. Raimund Dehmlow & Gottfried Heuer, Marburg: LiteraturWissenschaft.de, Han-nover: Laurentius 2000, 101–110.

34. Kollektives Rechtsbewußtsein im Wandel: Die Revolution in Frankreich und Deutsch-land. 1848/49 als Beispiel. In: Jürgen Brand, Dieter Strempel (Hrsg.), Soziologie des Rechts. Festschrift für Erhard Blankenburg zum 60. Geb., Baden-Baden 1998, 387–403 (mit Irmtraud Götz von Olenhusen).

35. Kritische Theorie, Benjamin-Rezeption und Studentenbewegung. Freiburg i. Br. 1998. 18 S. (Sonderdruck).

1999

36. Robin der Bär gegen Robby die Robbe. Robin the Bear versus Robby the Seal. In: Robin der Bär. Robby the Bear. Marie's Bären/Bears by Marie. Zülich: Verlag Marianne Zieslik 1999, 84–85.

2000

37. National Report. Germany. Criminal Procedures. Enforcement of Copyright. The Role National Legislation in Copyright Law. (Bericht für Tagung der ALAI, Berlin 1999). In: Adolf Dietz (ed.): Enforcement of Copyright. München: ALAI 2000, 418–419, 440–454 (englisch/deutsch. Mit Tina Wieneke).

2001

38. Film und Fernsehen – Arbeitsrecht. Tarifrecht. Vertragsrecht – Deutschland, Öster-reich, Schweiz. Kommentar und Handbuch mit Vertragsmustern. Baden-Baden: Nomos 2001. 946 S.

39. „Eine kriminelle Vereinigung ohne festen Sitz." – Im Dreieck zwischen Frankfurt, Gießen und Berlin. In: Michel Foucault, Hans-Jürgen Krahl, Albrecht Götz von Olenhusen, Lothar Wolfstetter: 58er, 68er und 78er heute I. Theorieevaluation, Literaturrezeption, Editionspraxis I mit weiteren Beiträgen. Biberach: Materialis 2001, 79–108.

40. Rezeption und Repression. Bericht über das Freiburger Raubdruckarchiv 1968–1999 (erweiterte Fassung). Sonderdruck. Freiburg i. Br. 2001, 43 S.

2002

41. (Vorwort) Ursus Wehrli: Kunst aufräumen. Zürich: Kein & Aber 2002. 1. Aufl., 47 S. III.

42. Freie Mitarbeit in den Medien: Arbeits-, Tarif-, Vertragsrecht. Honorare, Urheberrecht. Leistungsschutz. Baden-Baden: Nomos 2002. 369 S.

43. Götz von Olenhusen, Albrecht: Handbuch der Raubdrucke. Erweiterte und überarbeitete Auflage des Handbuchs von 1973 mit einer Dokumentation, CD-ROM, Freiburg i. Br. 2002. (unveränd.Neuauflage 2005). [Das Handbuch von 1973 enthält die Raubdrucke der „Neuen Linken" 1967–1973. Die Bestandsaufnahme wurde, auch durch eine Dokumentation, vom Verf. gegenüber der Printausgabe von 1973 bearbeitet und erweitert].

44. Der Karl-May-Verleger Friedrich Ernst Fehsenfeld. Bamberg: Karl-May-Verlag 2002, hg. v. Lothar und Bernhard Schmid. 22 S. (mit Peter Kalchthaler und Karlheinz Eckhardt). (Unveränderte 2. Auflage Bamberg: KMV 2012.)

45. Walter Bappert, Rechtsanwalt. In: Baden-Württembergische Biographien, Bd. III, hrsgg. von Bernd Offnad, Fred Ludwig Sepaintner, Stuttgart 2002, 7–9.

46. (Vorwort) Plädoyer für eine ordentliche Kunst (Vorwort zu: Ursus Wehrli, Kunst aufräumen, Zürich: Kein & Aber 2002, 48 S. (Auch als verkleinerte Ausgabe; inzwischen in mehreren Auflagen).

47. Die Sorge des Hausvaters. Die Prozesse von Hans Gross gegen Otto und Frieda Gross. In: Gottfried Heuer (Hrsg.), 2. Internationaler Otto Gross-Kongreß: Burghölzli, Zürich 2000, Marburg: LiteraturWissenschaft.de 2002, 183–206. (auch: Sonderdruck: Freiburg i. Br. 2002).

48. „Tiefland": Leni Riefenstahls Erinnerung. Vortrag bei der Tagung der Gesellschaft für Antiziganismusforschung am 18. und 19. 10. 2002 an der Universität Marburg a. d. L. In: Christina Kalkuhl, Wilhelm Solms (Hrsg.), Antiziganismus heute. Beiträge zur Antiziganismusforschung Tagungsband Marburg a. d. L. 2004, S. 65–76. (auch in: Satire-eine Ehrensache. München, Wien: Medien & Recht 2010).

2003

49. (Vorwort) Ursus Wehrli: Tyding up art. Prestel 2003. 48 S. Abb. [Das Vorwort von A. Götz von Olenhusen wurde nicht vom Verf. übersetzt].

50. Geistige Arbeit und Recht auf Arbeit. Louis Blanc und das geistige Eigentum. Freiburg i. Br. 2003. 42 S. (Sonderdruck).

51. „Aufklärung durch Aktion". Kollektiv-Verlage und Raubdrucke. In: Buch, Buchhandel und Rundfunk. 1968 und die Folgen, hrsgg. v. Monika Estermann und Edgar Lersch, Wiesbaden: Harrassowitz 2003, 196–212. (Mediengeschichtliche Veröffentlichungen. 3, hrsgg. v. d. Rist. Kommission d. Börsenvereins d. Dt. Buchhandels u.d. ARD i. V. m.d. Dt. Rundfunkarchiv).

52. (Vorwort) Ursus Wehrli: Tidying up Art. München, Berlin, London, New York: Prestel 2003, 48 S. (Introduction: A Plea for Tidy Art, S. 5).

53. „Aufklärung durch Aktion". Kollektiv-Verlage und Raubdrucke. Freiburg i. Br. 2003, 16 S. (Sonderdruck).

54. Carl Schmitt, Otto Gross und die Boheme. In: Raimund Dehmlow, Gottfried Heuer (Hrsg.), Boheme, Psychoanalyse und Revolution. 3. Internationaler Otto Gross-Kongreß München 2001, Marburg: LiteraturWissenschaft.de 2003, 53–79. (Dasselbe als Sonderdr. Freiburg 2003).

55. Macht der Psychiatrie und Rechtskontrolle. Die Internierung und Entmündigung des Dr. med. Otto Gross durch Prof. Dr. Hans Gross und die Befreiungskampagne 1913/14. In: Gerhard M. Dienes, Ralf Rother (Hrsg.), Die Gesetze des Vaters, Katalog zur gleichnamigen Ausstellung Graz 2003, Wien 2003, 126–139.

56. Der Schutz geistiger Eigentumsrechte in der Welthandelsordnung. In: Jörg Becker, Karl-Ludolf Hübener, Werner Oesterheld (Hrsg.), Medien im Globalisierungsrausch, Düsseldorf 2003, 16–18. (mit Jan Franzen)

57. Business-TV – Eine Form moderner Unternehmenskommunikation am Beispiel des Firmen-TV der DaimlerChrysler AG. In: Jörg Becker, Karl-Ludolf Hübener, Werner Oesterheld (Hrsg.), Medien im, Düsseldorf 2003, 28. (mit Jan Franzen)

58. (Hrsg.) Hans Gross gegen Otto Gross. Die Geschichte eines Prozesses 1913/1914. Berichte. Dokumente. Bibliographie, hg. von Albrecht Götz von Olenhusen, Freiburg i. Br. 2003. CD-ROM; 12 cm & Beil. (2 Bl.). Darin: Albrecht Götz von Olenhusen: Die Geschichte eines Prozesses; ders.: Der Prozess des Prof. für Strafrecht Dr. Hans Gross, Graz, gegen seinen Sohn Dr. med. Otto Gross, ehemals Privatdozent für Psychopathologie in Graz; ders.: Dokumente des Prozesses 1913/14; ders.: Otto Gross im Ersten Weltkrieg 1914–1917 – Neue Archivfunde.

59. Der Satiriker Erich Mühsam als Gegenstand von Karikatur und Satire. In: Erich Mühsam-Hefte Hrsgg. v. d. Erich Mühsam-Gesellschaft, 10. Juli 2003, 110–115.

2004

60. Medienarbeitsrecht für Hörfunk und Fernsehen in Deutschland unter Berücksichtigung von Luxemburg, Österreich und der Schweiz. Mit Rundfunktarifverträgen auf CD-ROM. Konstanz: Universitätsverlag 2004. 340 S. [Besprechung: Achim Lepke, in: UFITA 2005, I, 285–292; Brent Schwab in: AuR 5, 2005, 390–391].

61. Arno Schmidt & der Weg dorthin. In: Rudi Schweikert (Hg.): „Da war ich hin und weg." Arno Schmidt als prägendes Leseerlebnis. 100 Statements und Geschichten. Frankfurt a. M.: Bangert & Metzler 2004, 53–58.

62. (Vorwort) Atelierbesuch bei Meister Wehrli. Vorwort zu: Noch mehr Kunst aufräumen. Zürich: Kein & Aber 2004, S. 5 (inzwischen in mehreren Auflagen und als Ta-

schenbuch bzw. verkleinerte Ausgabe und in anderen Sprachen, französisch, englisch, italienisch, holländisch).

2005

63. Handbuch der Raubdrucke. Handbuch mit einer Dokumentation. CD-ROM Freiburg i. Br. 2005. (Nachpressung der Ausgabe 2002).
64. (Hrsg.) Gross gegen Gross. Ein paradigmatischer Generationskonflikt. Hrsg. v. Gerhard M. Dienes, Albrecht Götz von Olenhusen, Gottfried Heuer, Gernot Kocher, Marburg a. d. Lahn: LiteraturWissenschaft.de 2005. 207 S. Abb.
65. Präsentation des Grazer Kongressbandes 2003, in: ebd., 87–94.
66. Wahnsinn in den Zeiten des Krieges: Otto Gross, Franz Jung und das Kriegsrecht. Luxemburg: 2005, 45 S.
67. Von Fata Morganas, Vandalen und anderen Wundern der Wissenschaft. Dokumentarischer Anhang: Schriftsatz vom 23. Juni 1914 an das Bezirksgericht Graz für Frieda Gross von Otto Pellech. – Luxemburg: 2005, 59 S.
68. Fehsenfeld, Friedrich-Ernst, Verleger. In: Badische Biographien, N. F., hrsgg. v. Fred L.Sepaintner, Bd. 5, Stuttgart; Kohlhammer 2005, 73–75. (auch als Sonderdruck und im Netz www.leo.-bw.de.)
69. (Hrsg.) Die Gesetze des Vaters: 4. Internationaler Otto Gross-Kongress, Robert StolzMuseum, Karl-Franzens-Universität Graz, 24.–26. Oktober, 2003/Robert-Stolz-Museum, Karl-Franzens-Universität. Hrsg. von Albrecht Götz von Olenhusen und Gottfried Heuer, Marburg an der Lahn: Verl. LiteraturWissenschaft.de, 2005. 497 S. (mit Gottfried Heuer).
70. (Hrsg.) Gross gegen Gross. Symposium Graz. Stadtmuseum Graz 30. 4. 2005. Rede von Sophie Templer-Kuh. Textcollage von Gerhard Balluch und Gerhard Dienes. Tondokumente. Freiburg i. Br. 2005. CD ROM.
71. „Tiefland". Leni Riefenstahls Erinnerungen. In: Christina Kalkuhl, Wilhelm Solms, Hrsgg., Antiziganismus heute. Seeheim 2005, 65–76. [auch in: ders., Satire – eine Ehrensache, Beiträge zur Rechts- und Zeitgeschichte München, Wien 2010].
72. Chez Maria oder Über einige Wirkungen von Literatur. In: Anna Mikula, Peter Haag (Hrsg.): Der große Bär und seine Gestirne. Festschrift für Harry Rowohlt. Zürich. Kein & Aber 2005, 85–90.
73. Der Verleger Peter Haag im Kampf für die Freiheit der Pinguine. In: Ode an die feine Nase. Loblieder und Geschichten auf Peter Haag [Festschrift] Zürich: Mein & Haager 2005. Mit Ill. [Nur in einem Exemplar gedruckt. Wieder Abgedruckt in: Albrecht Götz von Olenhusen Satire-eine Ehrensache, Wien 2010].

2006

74. Die heißen und die kalten Klaviere der Macht: Die Prozesse des Hans Gross: Entmündigungs-, Kuratel- und Erbrecht. Dok. Anhang. In: Gross gegen Gross: Hans und Otto Gross; ein paradigmatischer Generationskonflikt. Gerhard M. Dienes, A. Götz

von Olenhusen, Gottfried Heuer, Gernot Kocher (Hrsg.). Marburg an der Lahn: Verlag LiteraturWissenschaft.de, 2006, 111–171.

75. Gross gegen Gross: Freiburg i. Br. 2006, 60 S. (Sonderdruck)

76. (Vorwort) Noch mehr Kunst aufräumen. Von Urs Wehrli. Mit einem Vorw. von Albrecht Götz von Olenhusen. Königstein/.Ts.: Kein & Aber 2006. [Auch als verkleinerte Ausgabe in mehreren Auflagen].

77. Max Weber und die Anarchisten. In: „......da liegt der riesige Schatten Freud's nicht mehr auf meinem Weg", hrsg. v. Raimund Dehmlow, Ralph Rother, Alfred Springer. Marburg: Verlag LiteraturWissenschaft.de, 2006, 184–198.

78. Ansprache zur Feier von Sophie Templer-Kuhs 90. Geburtstag am 23. November 2006 in Berlin. In: Ebd. 2006, 521–523.

79. Wien um 1900. Otto Gross und Otto Mühl im Film. In: Gottfried Heuer (Hrsg.): Utopie und Eros. Der Traum von der Moderne, Marburg/Lahn: Literaturwissenschaft.de, 2006, 267–275.

80. „Magnetische Anomalie": Harald Szeemann (1933–2005) zum Gedenken. In: Utopie und Eros. Hrsg. von Gottfried Heuer, Marburg: LiteraturWissenschaft.de 2006, 44–48.

81. Der Traum von der Moderne. In: Gottfried Heuer (Hrsg.): Utopie und Eros. Der Traum von der Moderne. Marburg/Lahn: Verlag LiteraturWissenschaft.de 2006, 429–431, in engl. Übers. ebd. 432–433.

82. Factum clarum jus nebulosum: Alan Patrick Herberts Beitrag zum englischen Urheberrecht und Uncommon Law. In: Raimund Jakob (Hrsg.): Recht & Psychologie: gelebtes Recht als Objekt qualitativer und quantitativer Betrachtung. FS für Manfred Rehbinder. Bern (u. a.): Lang 2006, 361–376.

2007

83. „Lasst 1000 Raubdrucke blühen!": Copyright und Copywrong. In: Alles schien möglich.... Hrsg. von Werner Pieper, Löhrbach 2007, 210–216.

84. Karikaturisten! Alle mal herhören! Satire – ja, aber bitte authentisch und immer über der Gürtellinie von Kopf bis Zeh! In: Caricatura V – Die Bestandsaufnahme. Hrsgg. von Nils Folckers und Martin Sonntag, Oldenburg 2007, 32–37.

85. Auf den Spuren von Karl May. In: 1000 Jahre Wiehre. Ein Almanach 1008–2008. Freiburg: Promo 2007, 148–151.

86. Europäische Medienpolitik und ihre Alternativen. Berlin 2007. (Mit Jörg Becker, Christian Flatz).

87. (Vorwort) Erich Wulffen: Kriminalpsychologie und Psychopathologie in Schillers Räubern (1807). Hrg. v. Jürgen Seul. Berlin: BWV 2007.

2008

88. (Hrsg.) In Budapest im Untergrund: Interview mit Prof. Rudolf Schönwald; Festgabe zum 30. Juni 2008. Privatdruck, lim. und num. Aufl. von 30 Exemplaren. – Freiburg

i. Br.: Autor u. Hrsg. 2008. – 38 S. mit Zeichnungen von Rudolf Schönwald. (Unv. Nachdruck in: DIE AKTION, 2008, 82–99. Ill.).

89. Ehre. Ansehen, Frauenrechte – Max Weber als Prozessjurist. In: Das Recht und seine historischen Grundlagen. Festschrift für Elmar Wadle zum 70. Geburtstag, Hrsgg. v. Tiziana T. Chiusi, Thomas Gergen u. Heike Jung, Berlin: Duncker & Humblot 2008, 297–315. (auch als Sonderdruck 2009).

90. Der Journalist im Arbeits- und Medienrecht: ein Leitfaden, mit einem Vorwort von Karl Geibel. München: Verl. Medien und Recht, 2008. 268 S. (Reihe: Medienrecht, Medienwissenschaft, Medienpraxis; 1). [besprochen in: UFITA 2010, I, 302–303].

91. (Mithrsg.) Reihe: Medienrecht, Medienwissenschaft, Medienpraxis, München, Wien: M & R 2008 ff. (mit Heinz Wittmann).

92. (Mithrsg.) MR-Int (mit Heinz Wittmann u. a.) Zeitschrift, fortlaufend.

93. Rambazamba. Ansprache zur Präsentation der Festschrift für Veit Gärtner, Alexander Graf Schlippenbach und Otto Graf Westerholt. zum 15. 6. 2008, Rottach-Egern. Ms. Freiburg i. Br. 2008. 10 S. Masch. (unveröffentlicht).

94. (Hrsg.) Rambazamba. Für Veit & Consorten. Eine illustrierte Festschrift. Hrsg. v. Antje Landshoff-Ellermann, Silvelin v. Scanzoni, Albrecht Götz von Olenhusen, Guidotto Henckel von Donnersmarck, Wilhelms zu Solms-Lich. Freiburg i. Br. 2006. Priv., lim., 50 num. Ex. 58 S. (FS f. Veit Gärtner, Otto v. Westerholt, Alexander v Sehlippenbach anlässlich einer Geburtstagsfeier in Rottach/Egern).

95. Winnetous Werke – „Sensation und Bombengeschäft". Karl May: Briefwechsel mit Friedrich Ernst Fehsenfeld. Bad. 1: 1891–1906. Sonderdruck, Aus dem Antiquariat NF 6, 418–419.

2009

96. Ehre, Ansehen, Frauenrechte. Max Weber als Prozessjurist. In: Tiziana I. Chiusi, Thomas Gergen, Heike Jung (Hrsg.), Das Recht und seine historischen Grundlagen. Festschrift für Elmar Wadle zum 70. Geburtstag. Berlin: Duncker & Humblot 2008, 297–316. Freiburg i. Br. 2009 [Sonderdruck, 20 S.].

97. „Sozialisierte Drucke" und „proletarische Reprints". Die Rezeption von Georg Lukacs' Werken durch Raubdrucke in der Studentenbewegung. In: Rüdiger Dannemann (Hrsg.): Lukacs und 1968. Bielefeld: Aisthesis 2009, 309–338.

98. „Sozialisierte Drucke" und „proletarische Reprints": Sonderdruck, Freiburg i. Br. 2009. 29 S.

99. Auf den Spuren von Karl Mays Inferno. Erich Wulffen und die kriminalgeschichtliche Erforschung Karl Mays (mit Jürgen Seul). In: Karl-May-Welten III. Hrsg. von Wehnert und Petzel. Bamberg: Karl-May-Verlag 2009, 63–79. Mit Abb.

100. (Hrsg.) Ellic Howe, Rudolph Freiherr von Sebottendorff (unveröff. Typoskript, London 1968), hrsgg. und mit einer Zeittafel zur Biographie Sebottendorffs und einer vorläufigen kommentierten Bibliographie seiner Schriften versehen von Albrecht Götz von Olenhusen, Freiburg i. Br.: lim. u. num. Privatdruck 1989. 4 Abb., 109 S. (unveränderter priv. Reprint 2009).

101. Publikationsfreiheiten, Arbeitnehmer und Urheberrecht. Freiburg i. Br. 2009. 76 S. (Vorwort) Sylvia Bader/Jürgen Seul: Surfen im Internet. München, Wien: M & R 2009. Mit einem Vorwort von Albrecht Götz von Olenhusen. (Reihe: Medienrecht, Medienwissenschaft, Medienpraxis; 2).

2010

102. (Hrsg.) Psychoanalyse und Expressionismus. Kongressband des Int. Otto Gross Kongresses, Dresden 2008. Marburg 2010. 570 S. LiteraturWissenschaft.de (mit Werner Felber, Gottfried Heuer und Bernd Nitzschke). (Redaktion: Albrecht Götz v. Olenhusen).

103. Über Bess Brenck Kalischer. In: Werner Felber u. a. (Hrsg.): Expressionismus und Psychoanalyse. Marburg: Literaturwissenschaft.de 2010, 25–31.

104. „A kind of genius" unterwegs zur deutschen Revolution. Otto Gross 1919 in Dresden und Hellerau. In: Ebd., 2010, 364–401.

105. Laudatio auf Emanuel Hurwitz zur Verleihung der Würde des Ehrenpräsidenten. In: Ebd. 2010, 101–103.

106. Die Vatersucherin. In: Ebd. 2010, 104–107.

107. Kulturtatort. Frankfurt (Oder). Grußwort anlässlich der Verleihung des Hans-GrossPreises in Frankfurt a. d. Oder 4. März 2009. In: Ebd. 2010, 550–552.

108. „A kind of genius" unterwegs zur deutschen Revolution. Anhang: Rudolph E. Morris: Memories. Freiburg i. Br. 2010. 51 S. (Sonderdruck).

109. Gustav Radbruch – Wissenschaft zwischen Recht und Macht. Freiburg i. Br. 2010. 49 S.

110. Satire – eine Ehrensache. Beiträge zu Satire, Rechts- und Zeitgeschichte. München, Wien: Medien & Recht 2010. 116 S. [Rez. Nobert P. Flechsig in: ZUM 4/2011, 366].

111. (Hrsg): Oben Bleiben!!! Manifeste und Bilder des Protests. Hrsgg. von Albrecht Götz von Olenhusen und Gerd Paulus. Zürich: Kein & Aber 2010. 207 S. (Redaktion: Irmtraud Götz von Olenhusen, mit Beiträgen von Joe Bauer, Wiglaf Droste, Irmtraud Götz von Olenhusen, Albrecht Götz von Olenhusen, Cornelius Götz von Olenhusen, Otto Jägersberg, Ludger Lütkehaus, Harry Rowohlt und Klaus Theweleit. Fotos: Gerd Paulus). (Div. Rez.).

2011

112. Sigmund Freud, Max Weber and the Sexual Revolution. In: Gottfried Heuer (ed.), Sexual Revolutions. Psychoanalysis, History and the Father. London, New York: Routledge 2011. 304 S. Chapter 6, 89–103. (Auch als Sonderdruck 2012).

113. Handbuch der Raubdrucke. Bibliographie 1965–2016. Mit Abb. und Dokumentation. Freiburg i. Br. (Ms. Veröffentlichung in Vorbereitung). [Die Bibliografie raisonnee der mehr als 3000 Drucke beruht auf der Sammlung im Raubdruck-Archiv; s. dazu die Artikel unter II., 1998, 1999, 2001 über das Archiv in: Leipziger Jahrb. f. Buch-

geschichte 1998, in: Archiv für die Geschichte des Widerstands und der Arbeit 1999 und in: UFITA 1999].

114. Das Genie und die Geschäfte. Der Konflikt Dr. Johann Peter Eckermanns, Weimar, mit dem Verlag F.A. Brockhaus, Leipzig, über „Goethes Gespräche mit Eckermann". Zum Autor-Verleger-Verhältnis in 19. Jahrhundert. Freiburg i. Br. 2011 [Sonderdruck, 47 S.].

115. Götz von Olenhusen, Irmtraud und Albrecht (Hrsg.): Von Goethe zu Google. Geistiges Eigentum in drei Jahrhunderten. Düsseldorf: university press 2011. 262 S. m. Abb. [div. unver.Nachdrucke 2012].

116. Götz von Olenhusen, Irmtraud und Albrecht: Geistiges Eigentum – von der Piratenflagge zum globalen Spinnennetz. In: Irmtraud und Albrecht Götz von Olenhusen (Hrsg.): Von Goethe zu Google. Geistiges Eigentum in drei Jahrhunderten. Düsseldorf: university press 2011, S. 17–30.

117. Götz von Olenhusen, Albrecht: „Zerschlagt das bürgerliche Copyright!" Von der Theorie zum Kommerz. In: Irmtraud und Albrecht Götz von Olenhusen (Hrsg.): Von Goethe zu Google. Geistiges Eigentum in drei Jahrhunderten. Düsseldorf: university press 2011, S. 107–118.

118. Medienrecht: Skriptum für das Seminar „Medienrecht", SoSem 2011, Heinrich Heine-Universität Düsseldorf, Ms. Freiburg i. Br. 2011, 120 S.

2012

119. (Vorwort) Ulli Schauen: Das WDR-Dschungelbuch. 2. Aufl.Köln 2012. 288 S., 12 ff.

120. Götz von Olenhusen, Irmtraud und Albrecht: Siegfried Kracauer – Zur Entwicklung der professionellen Filmkritik in der Weimarer Republik. In: Isabella Löhr, Matthias Middell, Hannes Siegrist (Hg.): Kultur und Beruf in Europa. Stuttgart: Franz Steiner 2012, S. 116–124. (auch im Internet verfügbar: clio online. Europäische Geschichte).

2013

121. Götz von Olenhusen, Irmtraud, Götz von Olenhusen, Albrecht, Jacob Frank: Der Germanenorden 1912–1922. In: Jacob Frank (Hg.): Geheimgesellschaften. Würzburg 2013, 181–213.

122. (Nachwort) Klaus Kunze: Die Geistesbrüder, Husum 2013.

123. Götz von Olenhusen, Irmtraud u. Götz von Olenhusen, Albrecht, „Nazisuppe" oder: Pathologien der Erinnerung. In: Festschrift für Rudolf Schönwald zum 30. 6. 2013. Hrsgg, von Britta Schinzel. Freiburg 2013, 1. und 2. Auflage Freiburg 2013 (mit Irmtraud Götz von Olenhusen), S. 85 ff. <auch im Netz: literaturkritik.de 30. 07. 2013>.

124. Urheber vs. Eigentümer et vice versa? Zur Problematik des urheberrechtlichen Zugangsrechts. In: Winfried Bullinger, Eike Gunert, Claudia Ohst, Kirsten-Inger Wöhrn (Hrsg.): Festschrift für Artur-Axel Wandtke zum 70. Geburtstag am 26. März 2013, Berlin 2013, 279–286.

125. „Der Konflikt zwischen dem Recht am Eigentum am Werkstück und dem Urheberrecht am Werk". In: UFITA 2013, II, 335–352, Hrsgg. von Manfred Rehbinder.
126. May und Fehsenfeld. Zum Rätsel ihrer Verbindung und ihres Erfolges. In: Wiener Karl May-Brief 4, 2013, 14–17.
127. Eigentum. Hausrecht. Urheberrecht. Anmerkung zu BGH, Urt. v. 1.3.2013 – Preußische Schlösser. In: MR-Int. 3–4/2013, 74–77.

2014

128. (Vorwort) Ursus Wehrli, Kunst aan de Kant. Amsterdam: De Harmonie 2013. 47 S. Fotos. (Übersetzung).
129. Götz von Olenhusen, Albrecht/Jürgen Seul: Der Kriminologe Erich Wulffen und „Karl Mays Inferno". Zum Verhältnis von Kriminologie, Kriminalpsychologie und Literatur. In: Christian Bachhiesl, Sonja Maria Bachhiesl, Johanna Leitner (Hrsg.): Kongressband 100 Jahre Kriminologie in Graz, Wien: Böhlau 2014, 325–339. (jetzt auch in: Kriminalistik und Kriminologie. Austria-Forum, Wissenssammlungen/Essays/Kriminalistik und Kriminologie, 3/2021).
130. Maggi Pur. Karl May und Arno Schmidt als Objekt und Vehikel zeitgenössischer literarischer Polemik. In: Barbara Kalender/Jörg Schröder: Erwähnungsgeschäft. Festschrift und Treuegabe zur 60. Folge von ‚Schröder erzählt'. Mit Beiträgen von Jan-Frederik Bandel, Diedrich Diederichsen, Albrecht Götz von Olenhusen, Henning Herrmann-Trntepohl, Wolfgang Raible und Georg Stanitzek. Berlin: MÄRZ Desktop VERLAG 2014. 114 S., 61–73. (Nachdruck aus: Die Aktion I, 2000, Heft 195–200, Hamburg: Edition Nautilus 2000).

2015

131. (Mithrsg.) Psychoanalyse & Kriminologie. Hans und Otto Gross. Kongress der Int. Otto Gross Gesellschaft in Graz 2011. Hrsgg. von Christian Bachhiesl, Gerhard Dienes, Albrecht Götz von Olenhusen, Gottfried Heuer, Gernot Kocher, Marburg 2015. 620 S. (Redaktion: Albrecht Götz von Olenhusen).
132. Psychoanalyse & Kriminologie. Libido & Macht. Hans und Otto Gross in Netz. 1875–1920. In: Christian Bachhiesl, Albrecht Götz von Olenhusen, Gottfried Heuer, Gernot Kocher (Hg.): Hans und Otto Gross. Libido und Macht. Internationaler Gross Kongress, Graz 2011. Marburg 2015. 620 S.
133. (Mithrg.) Erich Wulffen: Erich Wulffen – Zwischen Kunst und Verbrechen. Kriminalpsychologische Aufsätze und Essays. Gedruckte und ungedruckte Texte. Hrsgg. und eingeleitet von Albrecht Götz von Olenhusen und Jürgen Seul. Berlin: Elektrischer Verlag 2015. 236 S.
134. Okkultismus und Nationalsozialismus. Der Grenzgänger Rudolf von Sebottendorff (1875–1956/7?). In: Hans Thomas Hakl (Hrsg.): Oktagon. Bd. 1. Gaggenau: Scientia Nova 2015, 425–442.

135. (Mithrg.) Karl May – Medienstar. Hrsgg. von Albrecht Götz von Olenhusen / Michael Rudloff / Karl Schäfer. Vorträge vom 2. Karl-May-Symposium in Freiburg 2015. Husum 2015.

136. (Einleitung) Proudhon, Pierre-Joseph: Die literarischen Majorate. Hrsgg. v. Lutz Roemheld. Weimar b. Marburg: Metropolis 2015. 215 S.

137. Der Rebell und die Patriarchen. Otto Gross zwischen Sigmund Freud, C. G. Jung und Max Weber. In: Psychoanalyse. Texte zur Sozialforschung, Hrsgg: von Andre Karger u. Bertram von der Stein, Gießen 2015.

138. Der Journalist im Medien-, Arbeits- und Urheberrecht. 2. erweiterte und aktualisierte Auflage, München, Wien: Medien und Recht 2015. 272 S.

139. Nationalsozialismus und Okkultismus. Der Grenzgänger Rudolf von Sebottendorff (1875–1956/7?). In: Hans Thomas Hakl (Hg.), Octagon.Bd. 1. Gaggenau: Scientia Nova 2015, 425–442 (Sonderdruck 2015).

2016

140. Max Weber und das Presse-, Medien- und Urheberrecht. In: Inge Gräfin Dohna, Albrecht Götz von Olenhusen (Hrsg.), Im Dienste des Architekten-, Bau- und Urheberrechts. FS f. Klaus Neuenfeld zum 80. Geburtstag. Hamburg: Kovac 2016, 295–311.

141. Hintergründe zu Max Weber Presse-Enquete und das Presse- und Urheberrecht seiner Zeit (Sonderdruck aus UFITA 2015, III, 763–833). Freiburg/Br. 2016. 16 S.

142. (Mithrsg): In Dienste des Architekten-, Bau- und Urheberrechts. Festschrift für Klaus Neuenfeld zum 80. Geburtstag. Hamburg: Kovac 2016, 336 S. (mit Inge Gräfin Dohna) (Studien zur Rechtswissenschaft. 367). 250 S.

143. (Vorwort): Altes und Neues aus einer Anstalt (SWF): Norwin Dwinger, Beschleunigtes Leben. Erinnerungen. Karlsruhe: Info Verlag 2016. 574 S., S. 11–15.

144. Der Rebell und die Patriarchen. In: Christian Bachhiesl (Hrsg.), Vorträge zur Tagung Universität Graz, 9.12.2015, anlässlich des 100. Todestages von Hans Gross.

145. Audaciter calumnare semper aliquid haeret. Vortrag anlässlich der Übergabe der Festschrift für Klaus Neuenfeld, 27. Februar 2016, Weimar (Ms., 12 S., ungedruckt).

146. Ezra Pound und das Copyright (unv.Ms. 2016).

147. Dreigroschen – Oper, Film, Prozess (unv.Ms. 2016).

148. Walter Benjamin und der Erste Weltkrieg (unv.Ms. 2016).

149. Arno Schmidt und Karl May – Die Geschichte einer Kontroverse (unv.Ms. 2016).

2017

150. Vom Germanenorden bis zum NSU. Zur Entstehung rechtsextremer Gruppen nach dem 1. und 2. Weltkrieg. In: Erich Mühsam-Gesellschaft (Hrsg.): Rassismus, Antisemitismus, politische Gewalt und Verfolgung. Wechselwirkungen und Widersprüche. Tagungsband der Tagung 6.5.–8.5.2016, Malente, von EMG und IOGG. Malente. Lübeck: EMG 2017, 154–162.

151. (Mithrsg.): Festschrift. Kreativität und Charakter. Festschrift für Martin Vogel zum 70. Geburtstag. Hamburg: Dr. Kovac 2017. 600 S. (mit Thomas Gergen).

152. Das droit moral des Urhebers und der Film der Zwanziger Jahre. Der Dreigroschenprozess Revisited. In: Zeitschrift für Geistiges Eigentum, 2017, 232–242. (Die Nummer der Zeitschrift als Festgabe für Martin Vogel).

153. Fluchtpunkt Freiburg. In: Locus Occultus. Hrsgg. von Uwe Schellinger. 2017. (mit Arvid Dittmann).

154. (Autor & Herausgeber) Albrecht Götz von Olenhusen/Jürgen Seul: Erich Wulffen, Karl Mays INFERNO. Annotierte und kommentierte Edition der ersten Biographie Karl Mays. Nach dem Ms. E.Wulffen (200 S. 1928) Bamberg, Radebeul: KMV 2017. 500 S. Rez (Auswahl): G.Sperveslage, M-KMG 197/2018; H.Langsteiner, Karl May & Co 2020; J.Helfricht, BILD 2018; C.Bachhiesl, KrimJ 2018; Schmidt in: Jb-KMG 2018; Bruno Jahn in: Germanistik 61, H. 3–4, 2020.

155. Arno Schmidt liest Karl May. Freiburg i. Br. (unv.Ms..) mit Abb. 160 S.

156. Georg Roeber und das Filmurheberrecht in der Zwischenkriegszeit und die Kontroverse Georg Roeber vs. Carl Schmitt. In: Albrecht Götz v. Olenhusen, Thomas Gergen (Hrsg.), Kreativität und Charakter. Festschrift für Martin Vogel. Hamburg: Dr. Kovac 2017. 520, 85–210.

157. Ezra Pounds Copyright-Plan 1918 und James Joyce „Ulysses". Vortrag bei der Tagung Geschichte & Zukunft des Urheberrechts. Sept. 2017. Leibniz-Univ. Hannover. (Ms.). Teilveröff.PhiN 89/2020.

158. Raubdruck. In: Jörn Morisse, Felix Gebhard: Bücherkisten: Von Büchern und Menschen. Mainz: Ventil 2017 (Interview).

2018

159. Carl Schmitt gegen die NS-Filmindustrie in der Akademie für deutsches Recht. In: MYOPS 12, 2018, 32, 52–60.

160. Kleiner Versuch über Blutorgeln, Torpedokäfer und Schmähtandler. In: Britta Schinzel (Hrsg.): Rudi Schönwald – Grafik erzählt. Wien, Berlin: Mandelbaum 2018, 100–110. Abb. (Festschrift für Rudi Schönwald zum 90.Geb.).

161. Annett Gröschner/Christian Hippe (Hrsg.): Laxheit in Fragen geistigen Eigentums. Berlin: Verbrecherverlag 2018, 39–77 (Statement: Im Prokrustesbett des Urheberrechts und Diskussion mit P. Theison, Moderation: Jörg Magenau).

162. Films Traum. In: Winand Herzog (Hrsg.), Arno Schmidt. Mönchengladbach: paroikia 2018, 120–124. (Nachdruck eines Beitrags von 2007 aus Mitt. KMG 156, 2008).

163. Die Parodie nach neuem Unionsrecht und deutschem Urheberrecht. In: Silke von Lewinski, Heinz Wittmann (Hrsg.): Urheberrecht! Festschrift für Michel M. Walter zum 80. Geburtstag. Wien: Medien und Recht 2018, 488–498.

164. (Mithrsg., Vorwort, Autor): „Mehr Licht!" ‚Tabuthemen' der Karl-May-Forschung. Vorträge des 4. Freiburger Karl-May-Symposiums 2017. Husum: 2018. 158 S. Sonderheft der KMG 159, 2018. (Mit Michael Rudloff, Karl Schäfer, Joachim Biermann, Roland Birkle).

165. Karl May und Einer seiner Bewunderer. Arno Schmidt, SITARA und Karl May – Geschichte einer Kontroverse. Mit 3 Anhängen. In: Ebd. Husum 2018, S. 31–58.

166. „Mehr Licht!" Vorwort. In: Ebd. Husum 2018, 3–6.

2019

167. Filmkünstler und Filmproduzenten zwischen Urheberrecht und Gewerblichem Rechtsschutz. – Die Filmurheberrechtsreform in der Zwischenkriegszeit 1929–1939. In: Thomas Gergen (Hrsg.): Vom Reichshofrat zur Reichsfilmkammer. Berlin: Duncker & Humblot 2019, 325–402.

168. (Vorwort) Jürgen Seul: Die Akte Rudolf Lebius. Bamberg: KMV 2019.

169. Os-ko-mon. Chief der Yakima. Interkulturelle Beziehungen in punkto Indigenious Red Indians USA-Frankreich-Großbritannien-Deutschland 1900–1960. In: JbKMG 2019, 245–297. Abb.

170. (Mithrsg.): Karl May: Freunde. Feinde. Zeitgenossen. 5. Karl May-Symposium 2018. Mit Michael Rudloff, Karl Schäfer, Joachim Biermann. Husum: KMG 2019.

171. Lemmata: Germanenorden, Rudolph von Sebottendorf(f). In: Helmut Reinalter: Handbuch der Verschwörungstheorien. Leipzig: Salier 2019.

172. Der Zufall, das Glück und der Dreigroschenfilm. Die Dreigroschenprozesse von Bertolt Brecht und Kurt Weill und der Dreigroschenfilm revisited. In: Zufall und Wissenschaft. Interdisziplinäre Perspektiven. Hrsgg. v. Christian Bachhiesl et. al. 588 S. Velbrück Wissenschaft 2019, 268–302.

2020

173. Der Journalist im Urheber-, Medien- und Arbeitsrecht. 3. erweiterte und neu bearbeitete Auflage. Passau, Wien: MUR. In Vorbereitung für 2021 mit Simon Apel u. a.

174. Für eine höhere Ordnung im Chaos. Festschrift-Beitrag zum 60. Geburtstag von Peter Haag. Hrsgg. Anuschka Roshani, Sara Schindler, Franziska Sonderer als „Objekt". Zürich 2020 (unv. Ms.).

175. (Hrsg.) Karl May als Erzähler. Vorträge des 6. Karl-May-Symposiums...16./17.3. 2019. Husum 2019. 128 S. (mit Karl Schäfer, Michael Rudloff, Joachim Biermann). Darin: Zwischenbemerkung.

176. Ein Brückenbauer in Geschichte und Kultur. Nachruf auf den verdienstvollen Grazer Historiker und Ausstellungsmacher Gerhard Dienes (1953–2020). In: Literaturkritik.de 2020.

177. (Nachwort) Nina Gladitz: Leni Riefenstahl. Karriere einer Täterin Zürich: Orrell Füssli 2020, (14 S.).

178. Old Shatterhand unter Gangstern. Ausgewählte Beiträge zu Karl May. Hrsgg. Jürgen Seul. Bamberg, Radebeul: KMV 2020. 228 S. Abb. Angezeigt: literaturkritik.de 05.02.21; Rez.: Gunnar Sperveslage, in: KMG-Nachrichten 207, 3, 2021, 24–25.

2021

179. Abenteuer eines Bibliomanen im Underground. In: Imprimatur. Jahrbuch für Bücherfreunde NF XXVII, 2021, 271–290, Abb. Hrsg. Ute Schneider, Mainz.
180. Antreten zum Sitzen fürs Portrait. Ein Nachmittag bei Meister Schönwald. In: Rudolf Schönwald – Grafikzyklen aus sieben Jahrzehnten 1950–2020. Monografie und Werkverzeichnis. Hrsg. Semirah Heilingsetzer. Wien: Verlag der Provinz 2021. Mit Zeichnung des Verf.

2022

181. SITARA und der Weg dorthin und dawider. Arno Schmidt, Hans Wollschläger und der Karl-May-Verlag. In: JbKMG 2022, ed. von Hans Zeilinger.
182. „A Fellow of Infinite Jest, of Most Excellent Fancy". Nachruf auf Rechtsanwalt Dr. Klaus Neuenfeld, Weimar, 17.12.1935–1905.2021. In: Geschichte und Zukunft des Urheberrechts III, hrsg. v. Stephan Meder. Göttingen: V & R unipress 2022.

II.   Veröffentlichungen in Zeitschriften und Zeitungen

1964

183. Die nationalsozialistische Rassenpolitik und die jüdischen Studenten an der Universität Freiburg i. Br. 1933–1945. In: Freiburger Universitätsblätter 1964, 71–80.

1966

184. Die „nichtarischen" Studenten an den deutschen Hochschulen. Zur nationalsozialistischen Rassenpolitik 1933–1945. In: Vierteljahrshefte für Zeitgeschichte 2, 1966, 175–206.

1968

185. Europarecht und Heilmittelwerbung. In: Film und Recht 1968, 32–41.
186. Zum Rechtsschutz gegen akustische und fotografische „Minispione". In: Film und Recht 1968, 247–253.

1969

187. Berichte aus dem Knast. In: Vorgänge. Zeitschrift für Bürgerrechte und Gesellschaftspolitik 1969, 416–418.

1970

188. Zur Novellierung des Urheberrechtsgesetzes. In: Frankfurter Hefte 1970, 687–689.
189. Recht auf geistiges Eigentum und Raubdrucke. In: Kritische Justiz 1970, 36–47.
190. Nachdruck, Urheberrecht und Informationsfreiheit. In: Buchmarkt 1970, 59–64.
191. Zur Absicherung der Informations- und Meinungsfreiheit. In: Film und Recht 1970, 103–105.
192. Massenmedien und Demokratie. In: Film und Recht 1970, 141–144. In: Vorgänge. Zeitschrift für Bürgerrechte und Gesellschaftspolitik 1971, 137–139.
193. Recht und Praxis der „Mini-Spione" in Handel und Werbung. In: Film und Recht 1970, 159–165, 190–198.
194. Autor und Verwertungsvertrag. In: Film und Recht 1970, 285–290.
195. Folgerecht und Urheberrechtsreform. In: Film und Recht 1970, 326–332.
196. Zur Presse- und Meinungsfreiheit. In: Vorgänge. Zeitschrift für Bürgerrechte und Gesellschaftspolitik 1970, 137–139.
197. Vom Waisenhaus ins Zuchthaus: Strafvollzug im Übergang. Ein Literaturbericht. In: Vorgänge. Zeitschrift für Bürgerrechte und Gesellschaftspolitik 1970, 359–361.

1971

198. „Sozialisierte Drucke und proletarische Reprints". Bericht über eine Bibliographie (mit Christa Gnirß). In: Buch und Bibliothek 1971, 1123–1124.
199. Politische Literatur und politische Justiz. In: Frankfurter Hefte 1971, 430–433.
200. Die Schriftsteller und ihr Recht. Zum Schriftstellerkongreß vom 20. bis 23. Nov. 1970 in Stuttgart. Mit einer Dokumentation. In: Film und Recht 1971, 6–20.
201. Massenmedien und Demokratie. In: Film und Recht 1971, 193–193.
202. Strafvollzug im Wandel. In: Vorgänge. Zeitschrift für Bürgerrechte und Gesellschaftspolitik 1971, 225–226.
203. Demonstrations- und Versammlungsfreiheit. In: Vorgänge. Zeitschrift für Bürgerrechte und Gesellschaftspolitik 1971, 310–311.
204. Massenmedien und Comics. In: Film und Recht 1971, 159–162.
205. Urheberrecht und Entwicklungshilfe. In: Film und Recht 1971, 296–298.
206. Betrachtungen zum Titelschutz. In: Film und Recht 1971, 325–329.
207. Der Informationsanspruch des Strafgefangenen. In: Film und Recht 1971, 381–387.
208. Dr. Georg Roeber 70 Jahre. In: Film und Recht 1971, 403–404.

1972

209. Heimarbeit und Industrie. Mit einer Dokumentation zum Urhebervertragsrecht. In: Kürbiskern 1972, 551–557, 774–791.
210. Schwarze Kunst und rote Bücher. (mit Christa Gnirß). In: Gutenberg-Jahrbuch 1972, 273–284.
211. Literatur und Beleidigung. In: Buchmarkt 1972, 70.
212. Zum gegenwärtigen Stand der Filmsoziologie. In: Film und Recht 1972, 200–205.
213. Werbung und Information. In: Film und Recht 1972, 260–264.
214. Das Informationsrecht im Strafvollzug. Mit Anmerkungen zu den Entwürfen für ein neues Strafvollzugsgesetz. (mit Peter Keiner). In: Vorgänge. Zeitschrift für Bürgerrechte und Gesellschaftspolitik 1972, 67–72.

1973

215. Entwicklungsland Kultur. Der 2. Schriftstellerkongreß des VS in Hamburg vom 19.–22.1.1973. In: Film und Recht 1973, 111–127.
216. Persönlichkeitsrecht und Abhörverbot. In: Film und Recht 1973, 158–166.
217. Zum Problem der Inneren Rundfunkfreiheit. In: Film und Recht 1973, 281–292.
218. Zur Situation der freien Mitarbeiter im Medienbereich. In: Film und Recht 1973, 371–375.
219. Schutz gegen Werbemaßnahmen durch das allgemeine Persönlichkeitsrecht und das Wettbewerbsrecht. In: Film und Recht 1973, 417–424.
220. Mitbestimmung durch Redaktionsstatute. In: Film und Recht 1973, 496–502.
221. Medienpolitik in der Bundesrepublik. In: Film und Recht 1973, 544–553.
222. Zum Problem der Pressekonzentration. In: Film und Recht 1973, 607–614.
223. Urheber- und Persönlichkeitsrechtsschutz bei Briefen und Dokumentationsfreiheit. In: UFITA 67, 1973, 57–76.
224. Strafvollzug in Deutschland: BRD und DDR. (mit Peter Keiner). In: Vorgänge. Zeitschrift für Bürgerrechte und Gesellschaftspolitik 1973, 115–128.
225. Genosse Copyright und sein Kapital. Stellungnahme zu Helmut Schoeck „Die Lust am schlechten Gewissen". Freiburg i. Br. 1973. In: Börsenblatt für den Deutschen Buchhandel 1973, 1142, 1144.
226. Massenmedien im Strafvollzug. (mit Peter Keiner). In: Zeitschrift für Rechtspolitik 1973, 105–109.

1974

227. Zur Freiheit der Wissenschaft und Kunst nach Art. 5 Abs. 3 GG. In: Film und Recht 1974, 26–28.
228. Informationsrecht und Strafvollzug. In: Film und Recht 1974, 95–99.

229. Hochschulrechtliche und urheberrechtliche Probleme des Fernstudiums im Medienverbund. In: Film und Recht 1974, 167–168.

230. Rechtsfragen der Datenverarbeitung. In: Film und Recht 1974, 226–231.

231. Film als Ware. In: Film und Recht 1974, 310–313.

232. Das Gegendarstellungsrecht in Hörfunk und Fernsehen. In: Film und Recht 1974, 367–371.

233. Zur Reform des Rechts der Allgemeinen Geschäftsbedingungen. In: Film und Recht 1974, 560–570.

234. Der Bühnenvertriebsvertrag. In: Film und Recht 1974, 628–631.

235. Entwicklungstendenzen im internationalen Urheberrecht. In: UFITA 71, 1974, 11–14.

236. Copyright und Informationsfreiheit. In: Recht und Gesellschaft 1974, 162–164.

1975

237. Phantasie und Verantwortung. Der 3. Schriftstellerkongreß des VS vom 15.–17.11. 1974 in Frankfurt. In: Film und Recht 1975, 14–33.

238. Zur steuerrechtlichen Beurteilung von immateriellen Wirtschaftsgütern. Verlagsarchiv als Testfall. In: Film und Recht 1975, 372–375.

239. Die Festanstellung sog. freier Mitarbeiter der Medien (mit Gisela Roth). In: Film und Recht 1975, 450–456.

240. Zur rechtlichen und sozialen Lage der Künstler. In: Film und Recht 1975, 833–838.

1976

241. Kunst und Recht. In: Film und Recht 1976, 26–36.

242. Schriftsteller und Gewerkschaft. In: Film und Recht 1976, 147–165.

243. Die Benutzung von Filmen als Beweismittel im Zivilprozeß. In: Film und Recht 1976, 419–422.

244. Zum Rundfunkthema: Ausgewogenheit und Objektivität. In: Film und Recht 1976, 579.

245. Fragen der Verletzung des Persönlichkeitsrechts durch eine Dokumentarsatire. In: Film und Recht 1976, 724–727.

246. Zeitverträge, Kündigungsschutz und Tarifautonomie am Beispiel der sog. Künstlerverträge. In: UFITA 75, 1976, 25–52.

1977

247. Der Rechtsanspruch des sog. freien Mitarbeiters auf Festanstellung. Grundsatzurteile des BAG. In: HÖRFUNK, FERNSEHEN, FILM 1977, 16.

248. L'utilisation des films comme pieces a conviction dans les proces civils en Grande Bretagne. In: Film echange 1977/1978, 35–38.

249. Film als Ware. In: Filmjournal 1977.

250. Immaterielle Wirtschaftsgüter im Steuerrecht unter Berücksichtigung des Urheber- und Verlagsrechts. (mit Elisabeth Martens). In: UFITA 79, 1977, 25–46.

251. Verbraucherschutz unter medienpolitischen Aspekten. In: Film und Recht 1977, 20–27.

252. Die freien Mitarbeiter der Medien und § 12a TVG. In: Film und Recht 1977, 98–102.

253. Die steuerliche Begünstigung von Nebeneinkünften aus wissenschaftlicher, künstlerischer oder schriftstellerischer Tätigkeit (§ 34 Abs. 4 EStG) (mit Elisabeth Martens). In: Film und Recht 1977, 719–734.

1978

254. Der Versicherungsfall in der Rechtsschutzversicherung. In: Versicherungsrecht 1978, 296–298.

1979

255. Horten kontra Delius oder: Wie gefährlich leben die Dichter? In: Badische Zeitung, 16./17. 06. 1979, S. 25.

256. „Zettelpädagogik" und Zensur In: GEW Lehrerzeitung 7/8, 1979, 174–175 (mit Etta Schwanitz).

1980

257. Vom Raubdruck zur Medien-Mafia. In: Buchmarkt 1980, 43–45.

258. Ästhetik als Vermittlung – Ästhetik des Alltags. Bazon Brocks Medientheorie. In: Filmjournal 1980, 14–19.

259. Zur Mitbestimmung des Personalrates bei der Verwaltung von Wohlfahrtseinrichtungen öffentlich-rechtlicher Rundfunkanstalten sowie der Presseunternehmen. In: Film und Recht 1980, 285–291.

260. Der Arbeitnehmerstatus einer Rundfunksprecherin. In: Film und Recht 1980, 516–528.

261. Zigeuner heute – in Köln, in Rüsselsheim. In: Publikation 1980, 5–8.

262. Das Urheberrecht und seine sozialen Schranken. In: Publikation 1980, 12–13.

263. Hierarchie und Profession. In: Publikation 1980, 17–18.

264. Der Moderator als Löwenbändiger. In: Publikation 1980, 37–38.

265. „Um die bessere Ordnung" – Jugendbewegung vor dem Ersten Weltkrieg. In: Badische Zeitung. Beilage Wochenend-Magazin, 20./21. 12. 1980, 2–3.

1981

266. Der Urheber als Gesellschafter im Steuerrecht. In: Film und Recht 1981, 190–196.
267. Befristete Arbeitsverträge im Arbeitsrecht der Medien. In: Film und Recht 1981, 344–357.
268. Zur Bindungswirkung eines Verweisungsbeschlusses und zur Wirksamkeit tarifvertraglicher Vereinbarung der örtlichen Ausschließlichkeitszuständigkeit des Arbeitsgerichts (mit Hans-Albert Stechl). In: Film und Recht 1981, 469–472.
269. Nebenbei: Zur Nebentätigkeit von Redakteuren (mit Hans-Albert Stechl). In: Journalist 1981, 14–16.
270. Vom Klassikererbe zum Urhebernachfolgerecht. In: Publikation 1981, 3–4, 13.
271. Am 1. Juli 1911 erschien die „Volkswacht". In: Badische Mieterzeitung 9, 1981, S. 3.
272. Das Mittagessen auf den Schultern der Riesen. Der „Kulturpfennig" ist im Gespräch: Werden unsere Autoren zu Erben der Klassiker? In: Badische Zeitung, 02.06.1981, Nr. 125, S. 12.
273. Karl May. Ein Autor und sein Verleger. In: Badische Zeitung. Beilage Wochenend Magazin, 18./19.07.1981, 1–2.
274. Irmtraud Götz von Olenhusen, Walter Benjamin, Gustav Wyneken und die Freistudenten vor dem Ersten Weltkrieg (mit einer Edition zweier Briefe Walter Benjamins). In: Jahrbuch des Archivs der deutschen Jugendbewegung 1981, 98–128.
275. Der Polizeibeamte als Person der Zeitgeschichte (mit Hans-Albert Stechl). In: Strafverteidiger 1981, 412–415.

1982

276. Schwarze Kunst. Eine Spionagegeschichte. In: Badische Zeitung. Beilage Wochenend Magazin, 09./10.1982 (mit Irmtraud Götz von Olenhusen). <Über Ellic Howe, Meisterfälscher im Britischen Secret Service 1940–1945>.
277. Klage eines Kameramanns auf Festanstellung. In: Film und Recht 1982, 184–185.
278. Professor Benvenuto Samson zum 95. Geburtstag. In: Film und Recht 1982, Nr. 4, Sonderdruck (2 S.) = Film und Recht 4, 1982, 229–230.
279. Zeitverträge im Hochschul-, Medien- und Bühnenbereich. In: Film und Recht 1982, 298–302.
280. Die tarifvertragliche Regelung der Nebentätigkeit von Redakteuren an Tageszeitungen und Zeitschriften. (mit Hans-Albert Stechl). In: UFITA 92, 1982, 61–80.
281. Der Aufbau von Feindbildern. In: Die Justiz und der Nationalsozialismus: Folgen und Ursachen einer Perversion des Rechtsdenkens. Protokolldienst Evangelische Akademie Bad Boll, 25, 1982, 17–20.

1983

282. Tonband-, Bild-, Rundfunk- und Fernsehaufnahmen in Kommunalparlamenten. (mit Jürgen Hermanns). In: AfP 1983, 437–446.
283. Der Fänger des Augenblicks: Fotografie als Spurensuche. In: Badische Zeitung. BZ Magazin 04./04. 12. 1983, S. 3.
284. Nachruf auf Georg Roeber <1901–1983>. In: Film und Recht 1983, 171–173.
285. Der Schutz gegen unerlaubte Bildveröffentlichung und seine Schranken. In: Film und Recht 1983, 189–196.
286. Der Redakteur im Medienrecht. In: UFITA 95, 1983, 1–40.
287. Wenn die Kripo Bücher kauft. Wie unartig darf Literatur sein? In: Buchmarkt 1983, 102–107.
288. Der Pazifist Emil Julius Gumbel (1891–1966). In: Vorgänge. Zeitschrift für Bürgerrechte und Gesellschaftspolitik 1983, 172–176.

1984

289. Historische Live-Aufnahmen, Rundfunkarchive und Informationsfreiheit. (mit Werner Unger). In: UFITA 97, 1984, 59–86.

1985

290. Stellungnahme zu der Entgegnung von Schorn. (mit Werner Unger). In: UFITA 99, 1985, 127–129.
291. Der geschichtliche Augenblick. Pionier des modernen Bildjournalismus: Zum Tod des Fotografen Felix H. Man. In: Badische Zeitung, 2./3.1985, 13.
292. Menschen am Scheideweg. Der Freiburger Schriftsteller Hans Joachim Sell wird 65. in: Badische Zeitung, 25. 7. 1985, 7.
293. Robert Grumbach (1875–1960). Der erste sozialdemokratische Stadtrat in Freiburg. In: Wiehremer Bote. Stadtteilzeitung der SPD Nr. 38, November 1985.

1986

294. Zur automatischen Speicherung von Telefondaten im Medienbereich. In: Medien und Recht 2, 1986, 34–35.

1987

295. Historische Live-Aufnahmen ausübender Künstler im Bereich klassischer Musik. (mit Werner Unger). In: ZUM. Zeitschrift für Urheber- und Medienrecht 1987, 154–167.

1990

296. Karl May und die grünen Bände. Vor hundert Jahren gründete Ernst Fehsenfeld in Freiburg seinen Buchverlag. In: Badische Zeitung. BZ-Magazin 07./08. 04. 1990, 1–2.
297. Legal, Especial Copyright Problems Concerning Communication Systems for the Handicapped. In: Rainer F. V. Witte, Pier Luigi Emiliani (Hrsg.), Communication Systems For The Blind. Proceedings of an European Workshop. Marburg/Lahn 1990, 61–66.

1991

298. Die arbeitnehmerähnliche Person im Presse- und Medienrecht. In: ZUM. Zeitschrift für Urheber- und Medienrecht 1991, 557–561.
299. Ellic Howe (1910–1991) – Ein Nachruf. In: Zeitschrift für Parapsychologie und Grenzgebiete der Psychologie, 1991, 268–270. Auch in: Quattuor Coronati, Jahrbuch 29, 1996, 173–174.
300. Die Ein- und Umgruppierung von Mitarbeitern der öffentlich-rechtlichen Rundfunkund Fernsehanstalten. In: ZUM. 1993, 116–124.
301. Vorsicht: Zeitverträge! In: Blickpunkt. Zeitschrift des DJV-Baden-Württemberg 3, 1993, 12.

1994

302. Die Fabrikation der Fiktionen. Das Konzept Urheber, Urheberschaft, Urheberrecht und die Organisation der Arbeit. In: Schattenlinien, Zeitschrift, Berlin 8 & 9/1994, 48–65. (Engl. Fassung, I. 22).

1995

303. FELIX H. MAN mit und ohne Kamera. In: Ausstellungskatalog zu Felix H. Man Freiburg i. Br. 1995, 15–19.
304. Vom Federkiel zum PC. Urheberrecht und digitale Technik. In: Zeitschrift für Kulturaustausch 4, 1995, 600–603.

1997

305. Christos Reichstag, Holbeinpferd und Hobbymaler. Urheberrecht und Panorama-freiheit – ein aktuelles Urteil. In: Journalist 5, 1997, 37–38.

1998

306. „Die freie Assoziation der Produzenten." Kollektiv- und Autorenverlage 1918–1973. In: Leipziger Jahrbuch für Buchgeschichte 1999, 303–331.
307. „… es hat angefangen und ist bei mir weitergegangen bis heute". Interview mit Jörg Schröder, MÄRZ-Verlag. In: Die Aktion 1999, Heft 186/190, Ausgabe I, 19–31.
308. Rezeption und Repression. Bericht über das Freiburger Raubdruckarchiv 1968–1998. In: Leipziger Jahrbuch für Buchgeschichte 8, 1998, 355–363.
309. Kritische Theorie, Benjamin-Rezeption und Studentenbewegung. In: Die Aktion 175/180, Ausgabe I, 1998, 98–116. Nachgedruckt in: Walter Benjamin: Geschichtsphilo-sophische Thesen und Briefe. Liechtenstein: edition archiv in memoriam 1995 (sic!), 82–99. <Raubdruck, vermutlich 1999, Orts- und Verlagsangabe unzutreffend>.
310. Zitatenschatz. In: Journalist 48. 1998, 44–47.

1999

311. Rezeption und Repression. Bericht über das Freiburger Raubdruckarchiv 1968–1999. In: UFITA 139, 1999, 253–265 (erweiterte Fassung).
312. Redaktionsrat gegen „Mannheimer Morgen". In: M 7, 1999, 39.
313. Etappensieg für Redaktionsrat. In: Journalist 49, 1999, 20.

2000

314. Die Reform des Urheber-Vertragsrechts. In: Zeitschrift für Rechtspolitik 2000, 526–529 (mit Heinrich N. Steyert).
315. Jörg Schröder erzählt: „MAGGI PUR". Karl May und Arno Schmidt als Objekt und Vehikel zeitgenössischer literarischer Polemik. In: Die Aktion Heft 195–200, Aus-gabe I, 2000, 77–88.
316. Walter Benjamin liest Kant, Kierkegaard, Karl May, Eugenie Marlitt, Lawrence Sterne und anderes Triviales im Dienste der Wissenschaft. In: Mitteilungen der Karl-May Gesellschaft 125, 2000, 43–53.
317. Das Recht am Manuskript und sonstigen Werkstücken im Urheber- und Verlags-recht. In: ZUM 2000, 1056–1063.
318. Der Gesetzesentwurf für ein Urhebervertragsrecht. In: ZUM 2000, 736–740.
319. Nato-Schlag und Zungenschlag. In: M. Menschen machen Medien 10, 2000, 32–33.

2001

320. Betriebliche Altersversorgung bei den Rundfunkanstalten. In: M. Menschen machen Medien 3, 2001, 42.
321. Das Urheberstrafrecht und die Multimedia-Kriminalität. In: UFITA 2001, II, 333–354.
322. Karl Mays Erbe und die Gründung des Karl-May-Verlages. In: UFITA 2001, II, 535–558.
323. Karl Mays Erbe und die Gründung des Karl-May-Verlages. Mit einer Dokumentation. In: Mitteilungen der Karl-May-Gesellschaft 127, 2001, 24–49.
324. Rezeption und Repression. Bericht über das Freiburger Raubdruck-Archiv, 1968–1999. In: Archiv für die Geschichte des Widerstandes und der Arbeit 16, 2001, 537–576.
325. Der Fall V. Dammann – Zu den Grenzen journalistischer Informationsbeschaffung. In: MR = Medien und Recht 4, 2001, 214–218.
326. Befristung: Einzelfallbegründung muß Dauer rechtfertigen. In: M. Menschen machen Medien 4, 2001, 49.

2002

327. Der Anspruch auf Auskunft gegenüber Internet – Providern bei Rechtsverletzungen nach Urheber- bzw. Wettbewerbsrecht. (mit Andreas Crone). In: WRP 2002, 164–170.
328. Der Code Litteraire des Honore de Balzac. In: UFITA 2002, III, 809–824.
329. Franz Werfel und Karl May. In: Mitteilungen der Karl-May-Gesellschaft 133, 2002, 46–48.
330. Der Urheber- und Leistungsrechtsschutz der arbeitnehmerähnlichen Personen. In: GRUR 2002, 11–18.
331. Die Nichtverlängerungsmitteilung im Medienrecht. In: ZUM. Zeitschrift für Urheber und Medienrecht 2002, 621–626.
332. Karl May und das Urheber- und Verlagsrecht im 19. Jhdt. – Der Münchmeyer-Prozeß. In: UFITA 2002, II, 427–450. Und In: Mitteilungen der Karl-May-Gesellschaft 132, 2002, 8–20 (gekürzte Fassung).
333. Bertolt Brecht im Raubdruck. In: Dreigroschenheft 2, 2002, 22–25.
334. Zweimal Zettels Traum mit Dame. In: Buchmarkt 37, 2002, 11, 64–65.
335. Was haben Arno Schmidts „Zettels Traum" im Original und als Raubdruck sowie der Säkularmensch Karl May miteinander zu tun? In: Mitteilungen der Karl-May-Gesellschaft 134, 2002, 45–49.

2003

336. Gerichtsshows. In: ZRP 6, 2003, 217.
337. Digitale Informations- und Wissensgesellschaft und das Urheberrecht. In: ZRP 7, 2003, 232–235.

338. Geistige Arbeit und Recht auf Arbeit. Louis Blanc und das geistige Eigentum. In: UFITA 2003, 1–43.
339. Ein SWR-Krimi? Die „Höllenfahrt" des Gunter Haug. In: Buchmarkt 3, 2003, 50–53.
340. „Winnetou" als Marke und Werktitel. In: KMG-Nachrichten 137, 2003, 37–41.
341. „Winnetous Rückkehr" vor Gericht. In: KMG-Nachrichten 138, 2003, 38–39.
342. Wege zum Verlags- und Urheberrecht. Walter Bappert (1894–1985) als Verlagsrechtler und Rechtshistoriker. In: UFITA 2003, III, 743–767.
343. Parodie und Urheberrechtsverletzung in der Schweiz und in Deutschland, insbesondere im Bereich der bildenden Künste. In: UFITA 2003, III, 695–724. (mit Peter Ling).
344. „Haben Sie Tagträume?" Karl May und Wilhelm Stekel. In: Mitteilungen der Karl May-Gesellschaft 137, 2003, 22–30.

2004

345. Gelehrte aus Freiburg – Karl May und Friedrich Ernst Fehsenfeld. In: KMGNachrichten 140, 2004, 8–9.
346. Ein Adept Karl Mays: Franz Sättler, der frühe Gefolgsmann. In: KMG-Nachrichten 142, 2004, 26–27.
347. Karl May und Adolf Hitler – Die Hitler-Bibliothek in den USA. In: Mitteilungen der Karl-May-Gesellschaft 42, 2004, 45–50.

2005

348. Zeitverträge und Probearbeitsverhältnisse im Orchesterbereich, auch der Rundfunkorchester. In: UFITA, 2005, II, 397–425 (mit Jan Franzen).
349. G.F. Unger: „Allein gegen ein Rudel gnadenloser Feinde." In: Mitteilungen der Karl May-Gesellschaft 146, 2005, 57–60.
350. „Der Schatz im Silbersee" als Bestseller im „Dritten Reich". In: Mitteilungen der Karl-May-Gesellschaft 143, 2005, 34–40.
351. Old Shatterhand unter Gangstern. In: Mitteilungen der Karl-May-Gesellschaft 143, 2005, 42–48.
352. Rudolf Lebius vs. Karl May et vice versa. In: Karl-May-Nachrichten 143, 2005, 7–11.
353. Karl May zwischen katholischer Romantik und Modernismus. In: KMG-Nachrichten 143, 2005, 30.
354. Der Prozess des Strafrechtsprofessors Hans Gross gegen seinen Sohn Otto Gross. In: NJW 9, 2005, 554–558.
355. Grazer Symposium zu Hans und Otto Gross (30. 4. 2005). In: Archiv für Kriminologie 216, H. 1 u. 2, Juli/August 2005, 54.
356. Ursus Wehrli – Kunst aufräumen. In: Caricatura. Zentralorgan. Mitteilungsblatt der Galerie Caricatura, Kassel, 2005, 3.
357. Factum clarum jus nebulosum: Alan Patrick Herberts Beitrag zum englischen Urheberrecht und Uncommon law. In: UFITA 2005, III, 861–877.

358. Der Maler, Erzähler und Reisende Fritz Mühlenweg. In: MittKMG 144, 2005, 49–51.

2006

359. Walter Benjamins virtuelle Bibliothek. In: KMG-Nachrichten 150, 2006, 23–24.
360. „Schwätzer, Maulhelden und Anarchisten-Gesindel": Max Weber, Franz Jung und der juristische Beginn des Falles „Otto Gross vs. Hans Gross". In: Gegner, H. 18, 2006, 35–46.
361. Der „heimlich geliehene Karl-May" im Hause des Reichsgerichtsrats. In: Mitteilungen der Karl-May-Gesellschaft 140, 2006, 41–50.
362. Engel am Abgrund: Walter Benjamin liest Karl May. In: Jahrbuch der Karl-May Gesellschaft, Husum: Hansa 2006, 99–125.
363. „Baare Münze". Ein dissonantes Trio: Karl May, Friedrich Ernst Fehsenfeld und Felix Krais. In: Der Beobachter an der Elbe, 2006, 6, 13–18.
364. Schöpferisches im Foto geschützt. In: DJV-Blickpunkt August 2006, 18.
365. „Sind wir auf Sternen? Sind wir schon da?" Rio Reiser: Musikalische Zeitreise nach Ardistan. In: Karl May & Co. 3, 2006, 66–67.
366. Wenn ein Liedermacher seinen Verlag verläßt. In: ZRP 6, 2006, 192–193. Und in: In: Die Feder, September 2006, 15.
367. Ein Schuss, ein Schrei... In: Mitteilungen KMG 149, 2006, 52–55.

2007

368. Lichtbildwerke, Lichtbilder und Fotoimitate: abhängige Bearbeitung oder freie Benutzung? In: UFITA. 2007, II, 435–480 (mit Jan Franzen).
369. Zum Urheberschutz von Antiquariatskatalogen. In: Aus dem Antiquariat 3, 2007, 199–202.
370. Rechtsschutz von Antiquariatskatalogen und Bibliographien. Eine Ergänzung. In: Aus dem Antiquariat. Zeitschrift für Antiquare und Büchersammler 4, 2007, 289–290.
371. Goethe und Karl May – zwei Klassiker. Vortragsbericht. In: KMG-Nachrichten 152, 2007, und In: Freiburger Goethe-Blätter 16, 2007.

2008

372. Balzac und das Urheber- und Verlagsrecht. In: UFITA 2008, II, 441–463.
373. Der Fall „Moskau-Petuschki" – zur Wirksamkeit eines Verlagsvertrages nach französischem Recht. In: MR-Int., 2, 2008, 44–48.
374. Films Traum: Sebastian Schadhausers „Arno Schmidt" (1973/74) – eine Fundgrube, wiedergefunden. In: Mitteilungen der Karl-May-Gesellschaft, 156, 2008, 46–50.

375. Nachdruck in: Winand Herzog (Hrsg.): Arno Schmidt. Mönchengladbach: paroikia 2018, 120–124.
376. Im Untergrund. Budapest 1943. Rudolf Schönwald. Interview von Albrecht Götz von Olenhusen. Mit Abb. des Künstlers und Auszügen aus Franz Jung: Der Weg nach unten. Neuwied 1963 (Hamburg 1988). In: Die Aktion H. 214, 2. Lfg. 2008, 82–99. Abb.
377. „Die Jahre vor Hitler: Bei Lebzeiten." Eva und Valeriu Marcu. Mit Texten von Eva Marcu und Valeriu Marcu im Anhang. Mit 3 Abb. In: Archiv für die Geschichte des Widerstandes und der Arbeit 18, 2008, 321–364.
378. Winnetous Werke. Sensation und Bombengeschäft. In: Aus dem Antiquariat 6, 2018, 418–419.
379. Schadensersatzansprüche wegen Nichtumsetzung einer EG-Richtlinie. Das Urteil des LG Berlin v. 28.11.2007–23 O 37/07. In: MR-Int. 5, 2008, 6–11.
380. Tannöd – der Mord als schöne Kunst und Klio, Muse der Geschichte. In: DJV Blickpunkt 2, 2008, 10; und in: KMG-Nachrichten 157, 2007, 50–51.

2009

381. Polizeieinsatz und Pressefotografie. Zugleich Anm. zum Urteil des VG Stuttgart v. 18.12.2008–1 K 5415/07. In: MR-Int. 2009, 20–25.
382. Hurra, die Krise ist vorbei! In: DJV Blickpunkt 2, 2009, 20.
383. Nachteilsausgleich bei Betriebsänderungen unter besonderer Berücksichtigung des Medienbereichs. (Mit Alexandra Puff). In: NZA-RR 2009, 1–18.
384. Lu Fritsch vor Gericht. In: Mitteilungen der Karl-May-Gesellschaft 160, 2009, 61–64.
385. Publikationsfreiheit und ihre Grenzen. Ein Gespräch über Open Access, Google und das Urheberrecht. Von Thomas Anz und Albrecht Götz von Olenhusen. In: KMG Nachrichten 160, 2009, 42–49. [auch „http://www.literaturkritik.de/" www.literatur kritik.de 4/2009].
386. (Nachruf) Zum Tode von Norbert Rupp. 15.12.2009. In: Schule Schloss Stein e.V.: Schuljahr 2009/2010, Stein a.d.Traun (2010), 123–124. <Prof. Norbert Rupp, Alt-philologe, war seit 1954 Lehrer am Altsprachlichen Gymnasium LEH Stein, danach in Wien, Theresianum>.
387. Max Weber in Freiburg. In: Wiehre Journal 16, 2009, 17.
388. Campus-TV Baden-Württemberg – wichtige Zentren zur Fortentwicklung des Aus-bildungs- und Wirtschaftsstandorts Baden-Württemberg, 3 S. Ms., auch In: LFK Stuttgart, 2009, Website: Aktuelles (Reden).
389. Wiederholungssendungen in Rundfunk und Fernsehen. In: ZUM 2009, 889–896 (Anm. z. BAG-Urteil v. 17.02.2009).

2010

390. Der Arbeitnehmer-Urheber im Spannungsfeld zwischen Urheber-, Urhebervertrags und Arbeitsrecht. (Zum 75. Geb. von Manfred Rehbinder). In: ZUM 6/2010, 474–482.

391. Das Genie und die Geschäfte. Der Konflikt Dr. Johann Peter Eckermanns (Weimar) mit dem Verlag F.A. Brockhaus (Leipzig) über „Goethes Gespräche mit Eckermann". Zum Autor Verleger-Verhältnis im 19. Jahrhundert. In: UFITA 2010, III, 747–794.

392. Leidenschaften für Märchen und Karl May (Zugleich Hinweise auf Jean-Michel Palmier: Walter Benjamin, Frankfurt a. M. 2009). In: KMG-Nachrichten 163, 2010, 48–49.

393. Der Seewolf gegen Der Seewolf. Zum Titelschutz von Romanen und Filmen. In: KMG-Nachrichten 164, 2010, 27–30.

394. Harry Rowohlt-mit Karl May auf Lesereise. In: KMG-Nachrichten 164, 2010, 45–46.

395. „Old Shatterhand vor Gericht". In: Mitt-KMG 163, 2010, 55–59. <Zugl. Besprechung des gleichnamigen Buchs von Jürgen Seul, Bamberg, Radebeul 2009>.

396. Die internationale Zuständigkeit bei Persönlichkeitseingriffen im Internet. In: MR 4/2010, 189–191.

397. Nationalsozialistische Literaturpolitik und das Buch- und Verlagswesen der Kriegswirtschaft im 2. Weltkrieg. In: Mitt.-KMG 166, 2010, 50–54.

398. Dieser ingeniöse Aventurier. Leopold Ziegler und Georg Lukacs als Leser von Karl May. In: KMG-Nachrichten 166, 2010, 45–46.

399. Entspanntes Fußbad im Blute der Feinde. [Zu Heino Jäger] In: KMG-Nachrichten 166, 2010, 47–48.

400. Begegnung im Grandhotel. [Betr. Alexander Kluge] In: Mitt.-KMG 172, 2010, 43–46.

2011

401. Im Spinnen-Netz der Gelehrtenrepublik und der Republik der Gelehrten. Winand Herzogs Relektüre und Revision seiner Studie von 1975. [Zu Arno Schmidt]. In: Mitt.KMG, 167, 2011, 58–61.

402. Weltliteratur, Paragraphenkunst und die Kunst der Beleidigung. In: KMG-Nachrichten 167, 2011, 23–24.

403. Walter Benjamin und die Unsterblichkeit der Sterne. In: Aus dem Antiquariat NF 9, 2011, Nr. 2, 82–87.

404. Satire und die Gürtellinie der Justiz. Beitrag zur Ausstellung: Satire und Justiz. Ausstellung des Deutschen Kabarettarchivs (Jürgen Kessler) 16.05. bis 09.09.2011, Staatsanwaltschaft Mainz. Jubiläumsausstellung 50 Jahre Deutsches Kabarettarchiv 1961–2011.

405. Die Unsterblichkeit der Sterne. Zur Rekonstruktion von Walter Benjamins Bibliothek. In: Mitt.-KMG 170, 2011, 44–52.

406. „Literarische Rangordnung." Siegfried Kracauer über Karl May. In: KMG-Nachrichten 169, 2011, 72–74.

2012

407. Das Spannungsverhältnis zwischen Urheberrecht und AGB-Recht – Zugleich Anmerkung zu LG Braunschweig, Urteil vom 21. September 2011–9 O 1352/11 (ZUM 2012, 66). In: ZUM 5/2012, 389–392. (mit Anastasia Gialeli).
408. Theodor Däublers „Nordlicht" bei Arno Schmidt – mit Seitenblicken auf Karl May und andere Zeitgenossen. In: Mitt.-KMG 174, 2012, 52–54.

2013

409. Pressefotografie und Polizei. In: MR 2013, 3–5.
410. Karl May und Fehsenfeld. In: Wiener Karl May-Brief 2013, 14–17.
411. Fotografien von historischen Bauwerken. In: MR 2013, 71–76.
412. Berichterstattung über Tagesereignisse. In: MR Int. 2013, 58–62.
413. Der unbekannte B. Traven. In: Der Beobachter an der Elbe, 2013, 9–13.
414. Positionenwandel. Mit Freuden und mit Leiden. Karl May, der Verlag Pustet und das Publikum. Eine Homestory der Prominenz im ‚Deutschen Hausschatz' von 1896. In: KarlMay-Jahrbuch 2013, 93–156.
415. In den Schluchten der Verträge. Karl May und seine Verleger 1888–1912. In: UFITA 2013, II, 429–460.
416. Verdachtsberichterstattung. In: MR 2013, 119–121.
417. 418. Happy Birthday to You-Happy Birthday for All. In: MR-Int. 1–2/2013, 3–8.
418. Der Konflikt zwischen dem Recht am Eigentum am Werkstück und dem Urheberecht am Werk. In: UFITA 2013, II, 335–352.
419. „Das Beschriebene ist etwas anderes als die Wahrheit." In: KMG-Nachrichten 178, 42–46.
420. Jenny Lind – Die „schwedische Nachtigall" und der „König des Humbugs", Phineas T. Barnum. In: Lübeckische Blätter 14, 2013, 249–251.
421. Berichterstattung über Tagesereignisse. Ein Beitrag zu den Grenzen des Urheberrechtschutzes am Beispiel des§ 50 (deutsches) UrhG. In: MR Int 2013, 58–62.
422. Mieten, Wechsel und Legenden. In: Mitt.KMG 45, 2013, 61–64.

2014

423. Autor und Verleger – Abenteuer im Geiste. 100 Jahre Karl-May-Verlag. Die Festschrift zum Verlagsjubiläum. In: KMG-Nachrichten 2014,
424. Die „Casta Diva" und der „König des Humbugs" (Jenny Lind und P.T. Barnum). Vertragsrecht und Vertragsbruch von Sängerinnen im 19. Jahrhundert in Europa und den USA. In: UFITA 2014, II, 435–513.
425. Medienfreiheit und Persönlichkeitsrechtsschutz in der Online-Berichterstattung. In: UFITA 2014, 1, 85–108.

426. Karl May und Arno Schmidt als Objekt und Vehikel zeitgenössischer literarischer Polemik. In: „Schröder erzählt": Erwähnungsgeschäft. Treueband zur 60. Folge, hrsgg. von Barbara Kalender und Jörg Schröder. Berlin: März Desktop Verlag 2014 (Nachdruck aus Die Aktion 195/200, I, 77–88).

427. Zur wirtschaftlichen Begründung der Pressefreiheit im Vormärz. Johann Paul Harl (1772–1842) Mit Anhang: Johann Paul Harl: Höhere Gesichtspunkte für die Würdigung der teutschen Preßfreiheit, dieses Palladiums teutscher Freiheit, nebst einigen nationalökonomischen und finanziellen Ansichten der Preßfreiheit. Ein Versuch. In: UFITA 2014, III, 729–743.

428. In den Schluchten der Verträge. Karl May und seine Verleger 1888–1912. In: Karl Mäy in Leipzig. Nr. 97, 98, 99, 2014.

2015

429. Der Rebell und die Patriarchen. Otto Gross zwischen Sigmund Freud, C. G. Jung und Max Weber (Beitrag zum 80. Geburtstag von Bernd Nitzschke). Vortrag vom 6.6. 2014. In: Sigmund Freuds wiederständiges Erbe. Bernd Nitzschke zum 70. Geburtstag. Hrsgg. von Andre Karger /Bertram von der Stein. 2/2015. (Rez. Zvi Lothane in Int. Forum of Psychoanalysis 2016, 1–3).

430. Ludwig Giesecke zum 90. Geburtstag. Mit einer Bibliografie seiner urheberrechtlichen Schriften. In: UFITA 2015 II, 327–334.

431. Hintergründe von Max Webers Presse-Enquete und das Presse- und Urheberrecht seiner Zeit. In: UFITA 2015, III, 763–833.

432. Happy Birthday to You – gemeinfrei. Anm. zum Urteil des District Court Los Angeles. In: MR 2015, 3–8.

433. Abwerben von Mitarbeitern und gute Sitten (mit Christoph Werner). In: MR 2015, 111–113.

2016

434. Karl May kauft ein: 1897 in Komotau. In: KMG-Nachrichten 187, 2016, 40–41.

435. Zwischen Scheitan und Edelmensch? In: KMG-Nachrichten 187, 2016, 26–28.

436. Lobbyisten für ein internationales Copyright im 19./20. Jahrhundert – Charles Dikkens und Mark Twain im Vergleich. In: UFITA 2016, II, 401–416.

437. Der Rebell und die Patriarchen. Erweiterte Fassung des Vortrags vom 6.6.2014 und 9. 12.2015, Graz, Karl-Franzens-Universität. Vortrag anlässlich einer Tagung zum 100. Todestag von Hans Gross, Graz, Ms.

438. Batmobile – ein „character" im Sinne des US-Copyright. In: MR-Int 1, 2016, 5–9.

439. Ludwig Gieseke zum 90. Geburtstag. In: MR-Int. 2016, 44.

440. Charme. Laudatio auf Cuno Götz von Olenhusen jun. In: Buchmarkt 51, 2016, 2, 146.

441. „Winnetou" der edle Indianerhäuptling am Marterpfahl des EU-Rechts als Gemeinschaftsmarke. In: MR-Int 1, 2016, 36–39.

442. J.P. Eckermann prozessiert gegen seinen Verleger Brockhaus. Teil 1 und 2. (mit Helmut Hinkfoth). In: Winsener Anzeiger Extra; 3. und 12.12.2016.

2017

443. Der Dreigroschenprozess von Bertolt Brecht und Kurt Weill. Revisited. In: Zeitschrift für Geistiges Eigentum (ZGE) 2017, 285–310. <Festgabe für Martin Vogel>.

2018

444. Carl Schmitt und die Reform des Filmurheberrechts 1933–1939. In: MYOPS 2018, 52–60. (Auch als Sonderdruck).
445. VG WORT – und kein Ende. Essay. In: Literaturkritik.de. Marburg/Lahn. 25-08-2017. (Sonderdruck 2018).
446. Kleinode aus den Welten von Phantasie und Wissenschaft. In: Mitt.KMG 50, 2018, 1, 49–52.
447. Karl May in der Presse des „Dritten Reichs". In: Mitt.KMG 198, 52–62.

2019

448. Ezra Pound und James Joyce im Abgrund des US- und Internationalen Copyrights. Ezra Pounds radikaler Copyright-Plan. In: PhiN 89/2020, hrsgg. von Alexander Nebrig u. a.
449. Os-ko-mon. Ein „falscher" indigenious American Indian in den USA und Europa – 1920–1960. In: JbKMG 2019, 245–297. Abb.

2020

450. Rudolf von Sebottendorf(f) (1875–1956/7) – Ein Verschwörungstheoretiker. In: IF, Zeitschrift für Internationale Freimaurer-Forschung 42 & 43, 2019–2020, 70–78, hrsg.v.Helmut Reinalter. (Mit Arvid Dittmann).
451. Der Autor als Hochstapler – Der ehrbare Kaufmann – Gegenstrebiges Denken? In: KM-Nachrichten 2020.
452. Brückenbauer zwischen Literatur und Kultur. Nachruf auf den Historiker und Ausstellungsmacher Gerhard Dienes (1953–2020). In: Literaturkritik.de 2020.
453. In memoriam Dr. phil. Gerhard Dienes (1853–2020). In: ArchKrim 245: 165–166 (2020).

2021

454. Karl May als Trancemedium und der Geist von St. Ottilien. In: KM-Nachrichten 209, 202. 119–120.
455. Karl May, die FIFA und die SOKO Fußballfieber. In: KM-Nachrichten 209, 2021, 37.

2022

456. „Abenteurer im Geiste". Dem Karl-May-Verleger Bernhard Schmid zum 60. Geburtstag am 29. März 2022. In: Buchmarkt 3/2022, 150 (mit Jürgen Seul, gekürzte Fassung, Langfassung Buchmarkt Online und Wiedergabe durch die KMG 3/2022). Dass.in: KMG-Nachrichten 212/2022, 19–20 (mit Jürgen Seul, Langfassung).

III.   Besprechungen

1967

457. Simon Wiesenthal: Doch die Mörder leben. München, Zürich: Droemer-Knaur 1967. In: Freiburger Rundbrief XIX, 69/72, 1967, S. 172.
458. Ernst Israel Bomstein: Die lange Nacht. Frankfurt: Europ. Verlagsanstalt 1967. 244 S. In: Freiburger Rundbrief XIX, 69/72 m 1967, S. 160–161.
459. Hans-Peter Bleuel, Ernst Klinnert: Deutsche Studenten auf dem Weg ins Dritte Reich. Gütersloh: Mohn 1967. 294 S. In: FreiburgerRundbriefXIX, 69/72, 1967, S. 159–160.
460. Adolph Asch: Geschichte des KC. (Kartellverband jüdischer Studenten). London: Selbstverlag 1964. 138 S. In: Freiburger Rundbrief XIX, 69/72, 1967, S. 135.
461. Franz Josef Heyen: Nationalsozialismus im Alltag. Boppard: Boldt 1967. 372 S. In: Freiburger Rundbrief XIX, 1967, 158.
462. David Herstig: Die Rettung: Stuttgart: Seewald 1967. 308 S. In: Freiburger Rundbrief XIX, 69/72, 1967, 157–158.
463. Helmut Heiber: Walter Frank und das Reichsinstitut für Geschichte des neuen Deutschlands. Stuttgart: DVA 1966. 1274 S. In: Freiburger Rundbrief XIX, 69/72, 1967, 163–164.
464. Janusz Gumkowski, Adam Rutkowski u. a. (Hrsg.): Briefe aus Litzmannstadt. Köln: Middelhauve 1967. In: Freiburger Rundbrief XIX, 69/72, 1967, 162.
465. Hans David Leuner: Deutschlands stille Helden. 1939 bis 1945. Wiesbaden: Limes 1967, 223 S. In: BK 4, 1967, 154.
466. Rudi Ver: Requiem auf einen Rechtsstaat. Berlin, Neuwied: Luchterhand 1967. 83 S. In: BK 4, 1967, 154.
467. Alfred A. Häsler: Das Boot ist voll. Zürich: Fretz und Wasmuth 1967. 346 S. Werner Rings: Advokaten des Feindes. Düsseldorf: Econ 1966. 207 S. In: BK 3, 1967, 103.

468. Frank Arnau: Die Strafunrechtspflege in der Bundesrepublik. München: Desch 1967. 222 S. In: BK 1967. Chaim Perelmann: Über die Gerechtigkeit. München: Beck 1967. 163 S. ln: BK 1967.

469. Leonhard Reinisch (Hrsg.): Die deutsche Strafrechtsreform. München: Beck 1967. S. in: BK 1967.

470. Herbert Jäger: Verbrechen unter totalitärer Herrschaft. Olten: Walter 1967. 388 S. In: BK 3, 1967, S. 122.

471. Alexander und Margarete Mitscherlich: Die Unfähigkeit zu trauern. München: Piper 1967. 371 S. In: BK 1967.

472. Hermann Glaser (Hrsg.): Erkennen und Handeln. Freiburg: Rombach 1967. 142 S. In: BK4, 1967, S. 153.

1968

473. Jizschak Lejb Perez: Der Golem. Hrsgg. von Peter Richter. Sign. u. num. Freiburg: Syrinx Presse 1968. In: Allg. Wochenzeitung der Juden XXII, 51, 1968, S. 41.

474. Roger Loewig. <Zu Lithographien und Zeichnungen des Zeichners und Lithographen>. In: EMUNA, Bl. f. christlich-jüdischen Zusammenarbeit III. Nr. 1, März 1968, S. 56–58. Abb.

475. Christian Petry: Studenten aufs Schafott. München: Piper 1968. 252. S. In: Freiburger Rundbrief 9, XX, 73/76, 1968, S. 138.

476. Walter W. Jacob Oppenheimer: Jüdische Jugend in Deutschland. München: Juventa 1967. 207 S. In: Freiburger Rundbrief XX, 73/76, 1968, S. 124.

477. Franz Hundsnurscher, Gerhard Taddey: Die jüdischen Gemeinden in Baden. Stuttgart: Kohlhammer 1968. 327 S. Abb. In: Freiburger Rundbrief XX, 73/76, 1968, S. 120–121.

478. Sender Freies Berlin (Hrsg.): Darauf kam die Gestapo nicht. Widerstand im Rundfunk. Berlin: SFB 1966. In: Freiburger Rundbrief XIX, 69/72, 1967, S. 169.

1969

479. Gert Buchheit: Richter in roter Robe. München: List 1968. 295 S. Abb. In: BK 3, 1969, S. 21.

480. Otto Kimminich: Asylrecht. Neuwied: Luchterhand 1968. 100 S. In: BK 3, 1969, S. 21.

481. Wolfgang Böhme (Hrsg.): Weltanschauliche Hintergründe der Rechtsprechung. Karlsruhe: C.F.Müller 1968. 156 S. In: BK I, 1969.

482. Iris Hamel: Völkischer Verband und nationale Gewerkschaft. Frankfurt: Europ. Verlagsanstalt. 290 S. In: BK I, 1969.

483. Saggel, Bodo: Die Kriminalität der Schwarzen Roben. o. 0. o.J. (um 1969) Berlin. – Tony Parker, Robert Allerton: The Courage of His Convictions. London 1962. In: Kritische Justiz 1969, 424–426. Und In: Vorgänge. Zeitschrift für Bürgerrechte und Gesellschaftspolitik 1969, 416–418 (erweiterte Version: Berichte aus dem Knast).

484. Heider, Ferdinand: Das Recht der Werbeagentur. Stuttgart 1964. In: UFITA 52, 1969, 362–365.

485. Hamm, Ludwig / Bücker, Joseph: Gesetz über die Werbung auf dem Gebiete des Heilwesens (Heilmittelwerbegesetz). In: UFITA 53, 1969, 379–380.

486. Kernd'l, Alfred/ Marcetus, Karl: Heilmittelwerbegesetz. Kommentar. Stuttgart 1965. In: UFITA 53, 1969, 381–384.

487. Will, Michael R.: Warentest und Werbung. Heidelberg 1968. In: UFITA 54, 1969, 377–381.

488. Bernhardt, Fritz: Gesetz über die Werbung auf dem Gebiete des Heilwesens. Berlin, Frankfurt a.M. 1967. In: UFITA 54, 1969, 381–384.

1970

489. Otto, Ulla: Die literarische Zensur als Problem der Soziologie der Politik. Stuttgart 1968. F. Enke (Bonner Beiträge zur Soziologie Bd. 3), VIII, 168 S. In: UFITA 57, 1970, 372–375.

490. Strunkmann-Meister, Karl Erhard: Gegenseitiges Verhältnis vom Geschmacks musterschutz- und Urheberschutz. Basel 1967. In: UFITA 55, 1970, 384–388.

491. Otto, Ulla: Die literarische Zensur als Problem der Soziologie der Politik. Stuttgart 1968. In: UFITA 57, 1970, 372–375. Und In: Vorgänge. Zeitschrift für Bürgerrechte und Gesellschaftspolitik 1971, 268–270 (veränderte Version).

492. Freiherr von Gamm, Otto-Friedrich: Geschmacksmustergesetz. Kommentar. München, Berlin 1966. In: UFITA 1970, 379–383.

493. Paul Sauer: Die Schicksale der jüdischen Bürger Baden-Württembergs während der nationalsozialistischen Verfolgung 1933–1945. Stuttgart: Kohlhammer 1968. In: Zeitschrift für württembergische Landesgeschichte 1970.

1971

494. Echterhölter, Rudolf: Das öffentliche Recht im nationalsozialistischen Staat. Stuttgart 1970. In: Militärgeschichtliche Mitteilungen 1971, 268–269.

495. Freiherr von Gamm, Otto-Friedrich: Wettbewerbsrecht. Köln u.a. 1964. In: UFITA 1971, 367–369.

496. Eichmann, Helmut: Die vergleichende Werbung in Theorie und Praxis. Köln u.a. 1967. In: UFITA 59, 1971, 370–374.

497. Katzenberger, Paul: Recht am Unternehmen und unlauterer Wettbewerb. Köln u.a. 1967. In: UFITA 59, 1971, 374–376.

498. Birrer, Franz: Das Verschulden im Immaterialgüter- und Wettbewerbsrecht. Freiburg/Schweiz 1970. In: UFITA 62, 1971, 378–380.

499. Calliess, Rolf-Peter: Strafvollzug. Institution im Wandel. Eine empirische Untersuchung zur Lage des Männer-Erwachsenen-Strafvollzugs. Stuttgart 1970. In: Vorgänge. Zeitschrift für Bürgerrechte und Gesellschaftspolitik 1971, 225–226.

500. Ort, Sieghart: Gesetz über Versammlungen und Aufzüge (Versammlungsgesetz). Stuttgart 1969. In: Vorgänge. Zeitschrift für Bürgerrechte und Gesellschaftspolitik 1971, 310.

501. Dietel, Alfred / Gintzel, Kurt: Demonstrations- und Versammlungsfreiheit. Kommentar zum Gesetz über Versammlungen und Aufzüge vom 24. Juli 1953. 2. erweiterte Auflage. Köln 1970. In: Vorgänge. Zeitschrift für Bürgerrechte und Gesellschaftspolitik 1971, 310.

502. Stein, Ekkehard: Das Recht des Kindes auf Selbstentfaltung in der Schule. Verfassungsrechtliche Überlegungen zur freiheitlichen Ordnung des Schulwesens. Neuwied. a. Rh., Berlin 1967. In: Vorgänge 1971, 310–311.

1972

503. Ulmer, Eugen / Beier, Friedrich-Karl: Das Recht des unlauteren Wettbewerbs in den Mitgliedstaaten der Europäischen Wirtschaftsgemeinschaft. Band I. München 1965. In: UFITA 63, 1972, 378–380.

504. Pastor, Wilhelm L.: Der Wettbewerbsprozess. Köln 1968. In: UFITA 63, 1972, 380–384.

505. Pastor, Wilhelm L.: Die Unterlassungsvollstreckung nach § 890 ZPO, Köln 1969. In: UFITA 64, 1972, 380–382.

1973

506. Martin, Wulf / Grützmacher, Rolf: Der Lizenzverkehr mit dem Ausland. Heidelberg 1972. In: UFITA 68, 1973, 384.

507. Ronneberger, Franz u.a. (Hrsg.): Sozialisation durch Massenkommunikation. Stuttgart 1971. In: UFITA 69, 1973, 374–376.

508. Widmann, Hans: Tübingen als Verlagsstadt. Tübingen 1971. In: UFITA 69, 1973, 368–371.

1974

509. Schoeck, Helmut: Die Lust am schlechten Gewissen. Freiburg i. Br. 1973. In: Das Argument 1974, 301–304.

510. Feest, Johannes/ Blankenburg, Erhard: Die Definitionsmacht der Polizei. Strategien der Strafverfolgung und soziale Selektion. Düsseldorf 1972. In: Das Argument 1974, 787–788.

511. Miller, Arthur R.: Der Einbruch in die Privatsphäre. Datenbanken und Dossiers. Neuwied, Berlin 1973. In: UFITA 71, 1974, 382–383.

1975

512. Reich, Norbert (Hrsg.): Marxistische und sozialistische Rechtstheorie. Frankfurt a. M. 1972. In: Das Argument 1975, 372–373.
513. Lautmann, Rüdiger: Justiz – die stille Gewalt. Teilnehmende Beobachtung und ent scheidungssoziolologische Analyse. Frankfurt a. M. 1972. In: Das Argument 1975, 761–762.

1976

514. Treue, Wilhelm: Wirtschaftsgeschichte der Neuzeit. 3. Aufl. Stuttgart 1973. In: UFITA 75/76, 1976, 383–384.
515. Fromm / Nordemann: Kommentar zum Urheberrechtsgesetz und zum Wahrneh-mungsgesetz. 3. Aufl. Stuttgart u. a. 1973. In: UFITA 77, 1976, 347–350.

1978

516. Ulmer, Eugen: Die Immaterialgüterrechte im internationalen Privatrecht. Köln 1975. In: UFITA 81, 1978, 376–378.

1979

517. Kolodkin, Anatolij L. / Molodcov, Stephan V.: Seefriedensrecht. Frankfurt a. M. 1973. – O'Connell, D. P.: The Influence of Law on Sea Power. Manchester 1975. In: Mili-tärgeschichtliche Mitteilungen 1979, 241–242.

1980

518. Roskothen, Ernst: Groß-Paris, Place de la Concorde 1941–1944. Ein Wehrmachts-richter erinnert sich. Bad Dürrheim 1977. In: Militärgeschichtliche Mitteilungen 1980, 219–221.

1981

519. Gumbel, Emil Julius: Verschwörer. Zur Geschichte der Soziologie der nationalisti-schen Geheimbünde 1918–1924. Heidelberg 1979. – Gumbel, Emil Julius: Vier Jahre politischer Mord und Denkschrift des Reichsjustizministers zu „Vier Jahre politi-scher Mord". Heidelberg 1980. In: Militärgeschichtliche Mitteilungen 1981, 233–235.

520. Kühler, Friedrich: Massenmedien und öffentliche Veranstaltungen. Frankfurt a. M. 1978. In: UFITA 90, 1981, 381–383.

521. Hoffmann-Riem, Wolfgang: Rundfunkfreiheit durch Rundfunkorganisation. Frankfurt a. M. 1979. In: UFITA 91, 1981, 369–373.

522. Gotzen, Frank: Das Recht der Interpreten in der europäischen Wirtschaftsgemeinschaft. Baden-Baden 1980. In: UFITA 92, 1981, 374–376.

523. Kilian, Wolfgang: Personalinformationssysteme in deutschen Großunternehmen. Ausbaustand und Rechtsprobleme. Heidelberg 1981. In: UFITA 91, 1981, 389–392.

1982

524. Helmut Hirsch: Sophie von Hatzfeldt – in Selbstzeugnissen, Zeit- und Bilddokumenten. Düsseldorf: Schwann 1981, 220 S. In: DIE ZEIT 2, 1982, 7.

525. McFarlane, Gavin: Copyright. The Development and Exercise of the Performing Right. Eastbourne 1980. In: UFITA 92, 1982, 373–374.

526. Studienkreis für Presserecht und Pressefreiheit (Hrsg.): Presserecht und Pressefreiheit. Festschrift für Martin Löffler zum 75. Geburtstag. München 1980. In: UFITA 92, 1982, 376–381.

527. Seitz, Walter/Schmidt, German/Schoener, Alexander: Der Gegendarstellungsanspruch in Presse, Film, Funk und Fernsehen. München 1980. In: UFITA 92, 1982, 384–386.

528. Reithmann: Internationales Vertragsrecht. Das internationale Privatrecht der Schuldverträge. 3. Aufl. Köln 1980. In: UFITA 92, 1982, 386–388.

529. Bosse, Heinrich: Autorschaft ist Werkherrschaft. Paderborn 1981. In: UFITA 93, 1982, 373–376.

530. Simon, Jürgen: Das allgemeine Persönlichkeitsrecht und seine gewerblichen Erscheinungsformen. Ein Entwicklungsprozeß. München 1981. In: UFITA 93, 1982, 384–386.

531. Hanau, Peter/ Müller, Gerhard/ Wiedemann, Herbert (Hrsg.): Festschrift für Wilhelm Herschel zum 85. Geburtstag. München 1982. In: UFITA 94, 1982, 381–384.

532. Doepner, Ulf: Heilmittelwerberecht. Kommentar. München 1980. In: UFITA 95, 1982, 370–373.

533. Lehmann, Michael: Vertragsanbahnung durch Werbung. München 1981. In: UFITA 96, 1982, 386–388.

534. Arbeitertübingen. Zur Geschichte der Arbeiterbewegung in einer Universitätsstadt. Hrsgg. von einer Autorengruppe. Tübingen 1980. – Verfolgung, Widerstand, Neubeginn in Freiburg 1933–1945 (Eine Dokumentation). Hrsgg. von einer Autorengruppe. Freiburg i. Br. 1980. In: Die Neue Gesellschaft 1982, 102–104.

535. Weihnacht, Paul-Ludwig / Mayer, Tilmann: Ursprung und Entfaltung christlicher Demokratie in Südbaden. Eine Chronik 1945–1981. Sigmaringen 1981. In: Badische Neueste Nachrichten, 24. 7. 1982.

1983

536. Knaak, Rolf: Das Recht der Gleichnamigen. Köln u. a. 1979. In: UFITA 95, 1983, 373–375.
537. Presserecht. Textausgabe mit Verweisungen und Sachverzeichnis. 5. Aufl. München 1981. In: UFITA 95, 1983, 376.
538. Lang, Siegfried G. (Bearb.): Generalregister des Film- und Fernsehrechts. Teil III. München 1982. In: UFITA 95, 1983, 382–383.
539. Dorndorf, Eberhard: Freie Arbeitsplatzwahl und Recht am Arbeitsergebnis. Zur rechtlichen Bedeutung des Konflikts zwischen Arbeitsmobilität und Aneignungsfähigkeit des Arbeitsprodukts. Frankfurt a. M. 1979. In: UFITA 95, 1983, 387–389.
540. Vom Rätsel zum neuen Mythos. Neuaufgelegte Bücher zum 150. Todestag von Kaspar Hauser. In: Badische Neueste Nachrichten, Beilage zum Sonntag, 31. 12. 1983.
541. Im Ersten Weltkrieg. Von der Weltmacht bis zum Zusammenbruch. In: Badische Neueste Nachrichten, Beilage zum Sonntag, 17. 12. 1983, Nr. 50.

1993

542. Klausch, Hans-Peter: Antifaschisten in SS-Uniform. Schicksal und Widerstand der deutschen politischen KZ-Häftlinge, Zuchthaus- und Wehrmachtstrafgefangenen in der SS-Sonderformation Dirlewanger. Mit Abbildungen und Dokumenten. Bremen: Edition.
543. Temmen 1993: 592 S. In: IWK. Internationale Wissenschaftliche Korrespondenz zur Geschichte der deutschen Arbeiterbewegung 1993, 556–557.
544. Preuss, Reinhard: Verlorene Söhne des Bürgertums. Linke Strömungen in der deutschen Jugendbewegung 1913–1919. Köln 1991. In: IWK. Internationale Wissenschaftliche Korrespondenz zur Geschichte der deutschen Arbeiterbewegung 29, 1993, 112–113.
545. Winnecken, Andreas: Ein Fall von Antisemitismus. Zur Geschichte und Pathogenese der deutschen Jugendbewegung vor dem Ersten Weltkrieg. Köln 1991. In: IWK. Internationale Wissenschaftliche Korrespondenz zur Geschichte der deutschen Arbeiterbewegung 29, 1993, 112–113.
546. Wüllner, Fritz: Die NS-Militärjustiz und das Elend der Geschichtsschreibung. Ein grundlegender Forschungsbericht. Baden-Baden 1991. In: IWK. Internationale Wissenschaftliche Korrespondenz zur Geschichte der deutschen Arbeiterbewegung 29, 1993, 72–73.

1994

547. Haase, Norbert: Das Reichskriegsgericht und der Widerstand gegen die nationalsozialistische Herrschaft. Katalog zur Sonderausstellung der Gedenkstätte Deutscher Widerstand in Zusammenarbeit mit der neuen Richtervereinigung. Hrsg. von der

Gedenkstätte Deutscher Widerstand mit Unterstützung der Senatsverwaltung für Justiz. Berlin 1993. In: IWK. Internationale Wissenschaftliche Korrespondenz zur Geschichte der deutschen Arbeiterbewegung 3, 1994.

548. Herbert Reiter: Politisches Asyl im 19. Jahrhundert. Die deutschen politischen Flüchtlinge des Vormärz und der Revolution von 1848/49 in Europa und den USA, Berlin: Duncker & Humblot 1992 (Historische Forschungen: Band 47). Zugleich: Florenz, Univ. Diss. 1988., 391 S. In: IWK. Internationale Wissenschaftliche Korrespondenz zur Geschichte der deutschen Arbeiterbewegung 1994.

1995

549. Bieber, Hans-Joachim: Bürgertum in der Revolution. Bürgerräte und Bürgerstreiks in Deutschland 1918–1920. (= Hamburger Beiträge zur Sozialgeschichte, Bd. 28). Hamburg: Christians Verlag 1992. 608 S. In: IWK. Internationale Wissenschaftliche Korrespondenz zur Geschichte der deutschen Arbeiterbewegung 1995, 115–116.

550. Godau-Schüttke, Klaus-Detlev: Ich habe nur dem Recht gedient. Die „Renazifizierung" der Schleswig-Holsteinischen Justiz nach 1945. Baden-Baden: Nomos 1993. In: IWK. Internationale Wissenschaftliche Korrespondenz zur Geschichte der deutschen Arbeiterbewegung 1995, 127–29.

1996

551. Stader, Heinrich: Kurze Einführung in den Juristenhumor. 2. Aufl. Lengwil a.B.: Libelle 1996. 214. (unveröffentlicht, vom Dt. Anwaltsblatt angenommen, nicht erschienen).

552. Brodersen, Momme: Walter Benjamin. Eine kommentierte Bibliographie. Morsum/ Sylt: Cicero Presse 1995. 311 S. In: IWK. Internationale Wissenschaftliche Korrespondenz zur Geschichte der deutschen Arbeiterbewegung 32, 1996, 567–568.

553. Brundiers, Andreas: Gegenrevolution in der Provinz. Die Haltung der SPD zu den Einwohnerwehren 1919/20 am Beispiel Celle. (= Hannoversche Schriften zur Regional- und Lokalgeschichte, Bd. 7). Bielefeld: Verlag für Regionalgeschichte 1994. 166 S. In: IWK. Internationale Wissenschaftliche Korrespondenz zur Geschichte der deutschen Arbeiterbewegung 32, 1996, 584–585.

554. Perels, Joachim: Wider die „Normalisierung" des Nationalsozialismus. Interventionen gegen die Verdrängung. Hannover: Offizin Verlag 1996. 118 S. In: IWK. Internationale Wissenschaftliche Korrespondenz zur Geschichte der deutschen Arbeiterbewegung 1996, 309.

555. Stolleis, Michael: Recht im Unrecht. Studien zur Rechtsgeschichte des Nationalsozialismus. (= Suhrkamp Taschenbuch Wissenschaft, Bd. 1155). Frankfurt a.M.: Suhrkamp Verlag 1994. 333 S. In: IWK. Internationale Wissenschaftliche Korrespondenz zur Geschichte der deutschen Arbeiterbewegung 1996, 286–288.

556. Maaßen. Wolfgang: Kunst oder Gewerbe? 2. Aufl. Heidelberg: C.F. Müller 1996, 245 S. In: NJW 1997, 1143.

1997

557. Frei, Norbert: Vergangenheitspolitik. Die Anfänge der Bundesrepublik und die NS Vergangenheit. München: C.H. Beck 1996. 464 S. In: IWK. Internationale Wissenschaftliche Korrespondenz zur Geschichte der deutschen Arbeiterbewegung 1997. 568–571.

558. Laske, Karl: Ein Leben zwischen Hitler und Carlos: Francois Genoud. Aus dem Französischen von Marie Hoffmann-Dartevelle. Zürich: Limmat 1996. 357 S. In: IWK. Internationale Wissenschaftliche Korrespondenz zur Geschichte der deutschen Arbeiterbewegung 1997, 147–148.

559. Mechler, Rolf-Dieter: Kriegsalltag an der „Heimatfront". Das Sondergericht Hannover im Einsatz gegen „Rundfunkverbrecher", „Schwarzschlachter", „Volksschädlinge" und andere „Straftäter" 1939 bis 1945 (= Hannoversche Studien, Schriftenreihe des Stadtarchivs Hannover, Bd. 4). Hannover: Hahnsche Buchhandlung 1997. 296 S. In: IWK. Internationale Wissenschaftliche Korrespondenz zur Geschichte der deutschen Arbeiterbewegung 1997, 564–566.

560. Mechterstädt – 25.03.1920. Skandal und Krise in der Frühphase der Weimarer Republik. Hrsg. von Peter Krüger und Anne C. Nagel (= Studien zur Geschichte der Weimarer Republik, Bd. 3). Münster: Lit Verlag 1997. 153 S. In: IWK. Internationale Wissenschaftliche Korrespondenz zur Geschichte der deutschen Arbeiterbewegung 1997, 554–555.

561. Petersen, Klaus: Zensur in der Weimarer Republik. Stuttgart und Weimar: J.B. Metzler 1995. VI, 346 S. In: IWK. Internationale Wissenschaftliche Korrespondenz zur Geschichte der deutschen Arbeiterbewegung 1997, 555–557.

1998

562. Handbuch zur „Völkischen Bewegung" 1871–1918, Hrsg. von Uwe Puschner, Walter Schmitz und Justus H. Ulbricht. München, New Providence, London und Paris: K.G. Saur 1996. 978 S. In: IWK. Internationale Wissenschaftliche Korrespondenz zur Geschichte der deutschen Arbeiterbewegung 1998, 251–252.

563. Wysocki, Gerhard: Die Geheime Staatspolizei im Land Braunschweig. Polizeirecht und Polizeipraxis im Nationalsozialismus. Frankfurt a.M. und New York: Campus Verlag 1997. 367 S. In: IWK. Internationale Wissenschaftliche Korrespondenz zur Geschichte der deutschen Arbeiterbewegung 1998, 275–276.

1999

564. Godau-Schüttke, Klaus-Detlev: Die Heyde/Sawade-Affäre. Wie Juristen und Mediziner den NS-Euthanasieprofessor Heyde nach 1945 deckten und straflos blieben. Baden-Baden: Nomos 1998. 337 S. In: IWK. Internationale Wissenschaftliche Korrespondenz zur Geschichte der deutschen Arbeiterbewegung 1999, 301–302.

2000

565. Arbogast, Christine: Herrschaftsinstanzen der württembergischen NSDAP. Funktion, Sozialprofil und Lebenswege einer regionalen NS-Elite 1920 bis 1960 (= Nationalsozialismus und Nachkriegszeit in Südwestdeutschland, Bd. 7). München: R. Oldenbourg Verlag 1998. 295 S. In: IWK. Internationale Wissenschaftliche Korrespondenz zur Geschichte der deutschen Arbeiterbewegung 2000, 134–135.
566. Haasis, Hellmut G.: „Den Hitler jag' ich in die Luft". Der Attentäter Georg Elser. Eine Biographie. 2. Aufl. Berlin: Rowohlt Berlin Verlag 1999. 271 S. In: IWK. Internationale Wissenschaftliche Korrespondenz zur Geschichte der deutschen Arbeiterbewegung 2000, 252–253.
567. Plumpe, Werner: Betriebliche Mitbestimmung in der Weimarer Republik. Fallstudien zum Ruhrbergbau und zur chemischen Industrie (= Quellen und Darstellungen zur Zeitgeschichte, Bd. 45). München: Oldenbourg Verlag 1999. VIII, 470 S. In: IWK. Internationale Wissenschaftliche Korrespondenz zur Geschichte der deutschen Arbeiterbewegung 2000, 418–421.

2001

568. Gugenberger, Eduard: Hitlers Visionäre. Die okkulten Wegbereiter des Dritten Reichs. Wien: Ueberreuter Verlag 2001. 278 S. In: IWK. Internationale Wissenschaftliche Korrespondenz zur Geschichte der deutschen Arbeiterbewegung 2001.
569. Ludewig, Hans-Ulrich, und Dietrich Kuessner: „Es sei also jeder gewarnt". Das Sondergericht Braunschweig 1933–1945 (= Quellen und Forschungen zur Braunschweigischen Landesgeschichte, Bd. 36). Braunschweig: Selbstverlag des Braunschweigischen Geschichtsvereins 2000. 319 S. In: IWK. Internationale Wissenschaftliche Korrespondenz Geschichte der deutschen Arbeiterbewegung 2001, 112–113.
570. Meinl, Susanne: Nationalsozialisten gegen Hitler. Die nationalrevolutionäre Opposition um Friedrich Wilhelm Heinz. Berlin: Siedler 2000. 447 S. In: IWK. Internationale Wissenschaftliche Korrespondenz zur Geschichte der deutschen Arbeiterbewegung 2001, 402–403.
571. Nerius, Claudia-Regine: Johannes Lehmann-Hohenberg (1851–1925). Eine Studie zur völkischen Rechts- und Justizkritik im Deutschen Kaiserreich (= Rechtshistorische Reihe, Bd. 217). Frankfurt a. M., Berlin, Bern, Bruxelles, New York, Oxford und Wien: Lang 2000. 278 S. In: IWK. Internationale Wissenschaftliche Korrespondenz zur Geschichte der deutschen Arbeiterbewegung 2001, 417–418 (mit Jens David Runge).

2002

572. Brehm, Wolfgang: Filmrecht. Handbuch für die Praxis. Produktionspraxis Bd. 8, Gerlingen: Bleicher 2001, 261 S. In: UFITA 2002, I, 270–272.

573. Gruppenbild: Zweimal Zettel's Traum mit Dame. In: Buchmarkt 11, 2002, 64–65.

574. Homann, Hans-Jürgen: Praxishandbuch Filmrecht. Ein Leitfaden für Film-, Fernseh und Medienschaffende. Berlin, Heidelberg, New York, Springer-Verlag 2001, XXIII, 288 S. In: UFITA 2002, I, 272–274.

575. Puschner, Uwe: Die völkische Bewegung im Wilhelminischen Kaiserreich. Sprache, Rasse, Religion. Darmstadt: Wissenschaftliche Buchgesellschaft 2001. 464 S. In: IWK. Internationale Wissenschaftliche Korrespondenz zur Geschichte der deutschen Arbeiterbewegung 2002, 101–103. (mit Jens David Runge).

576. Schick-Chen, Agnes: Urheberrecht an der Taiwan-Straße. Mitteilungen des Instituts für Asienkunde Hamburg Band 342, Hamburg 2001, 231 S. In: UFITA 2002, I, 285–287.

2003

577. Wandtke, Artur-Axel/Bullinger, Winfried: Praxiskommentar zum Urheberrecht. München: C.H. Beck 2002. XXV, 1597 S. In: GRUR 2003, 220.

578. Werner, Nils: Die Prozesse gegen die Landvolkbewegung in Schleswig-Holstein 1929–1932. Ein Beitrag zur Justizkritik in der späten Weimarer Republik (= Rechtshistorische Reihe, Bd. 249) In: IWK 2003, 251–253.

579. (Hrsg.) Manfred Rehbinder: Die psychologische Dimension des Urheberrechts. Schriftenreihe des Archivs für Urheber- und Medienrecht (UFITA) Bd. 211, Baden-Baden: Nomos 2003, 156 S. In: ZUM 2004, 591.

580. Peters, Butz: Fernseh- und Filmproduktion, Rechtshandbuch, Baden-Baden: Nomos 2003, 611 S. In: ZUM 2003, 708.

2004

581. Im dunklen Dschungel der Paragraphen. Interview. In: Blickpunkt 3, 2004, 24.

582. Zentek, Sabine: Designschutz. Fallsammlung zum Schutz kreativer Leistungen. Düsseldorf Pyramide: 2003, 701 S. In: UFITA 2004, II, 601–605.

583. Brauns, Nikolaus: Schafft Rote Hilfe! Geschichten und Aktivitäten der proletarischen Hilfsorganisation für politische Gefangene in Deutschland (1919–1938). – Bonn: Pahl Rugenstein 2003, 345 S (Hrsg.) Sabine Hering und Kurt Schilde. Die Rote Hilfe. Die Geschichte der internationalen kommunistischen „Wohlfahrtsorganisation" und ihrer sozialen Aktivitäten in Deutschland (1921–1941) mit einem Vorwort von Ralph Bauer. Opladen: Leske + Budrich 2003. 326 S. In: IWK 2004, 1, 119–122. (Sammelbesprechung).

584. Bochsler, Regula. Ich folgte meinem Stern. Das kämpferische Leben der Margarethe Hardegger. Zürich: Pendo 2004, 456 S.

585. Boesch, Ina: Gegenleben. Die Sozialistin Margarethe Hardegger und ihre politischen Bühnen. Zürich: Chronos 2003. 436 S. In: IWK 2004, 1, 105–108. (Sammel-Rez.).

586. Vieregge, Bianca: Die Gerichtsbarkeit einer „Elite". Nationalsozialistische Rechtsprechung am Beispiel der SS- und Polizei-Gerichtsbarkeit. Baden-Baden: Nomos 2002, 275 S. In: IWK 2004, 1, 126–128.

587. Jung, Christina Anz, Thomas: Der Fall Otto Grass. Marburg: Transmit 2002. 169 S. In: Archiv für Kriminologie 213, 2004, S. 57.

2005

588. Biene, Daniel: Starkult, Individuum und Persönlichkeitsgüterrecht. Überlegungen zur interessengerechten rechtlichen Gestaltung der wirtschaftlichen Nutzung von Persönlichkeitsaspekten. Schriften zum Medien- und Immaterialgüterrecht Bd. 75, StämpfliVerlag, Bern: Stämpfli 2004/ Baden-Baden: Nomos 2004, 185 S. In: UFITA 2005, I, 274–277.

589. Augenstein, Christof: Rechtliche Grundlagen des Verteilungsplans urheberrechtlicher Verwertungsgesellschaften. UFITA-Schriftenreihe Bd. 22. Baden-Baden: Nomos 2004, 181 S. In: ZUM 5, 2005, 422–425.

590. Schacht, Sascha T: Die Einschränkungen des Urheberpersönlichkeitsrechts im Arbeitsverhältnis. Schriften zum deutschen und internationalen Persönlichkeits- und Immaterialgüterrecht Bd. 7, Göttingen: V & R Unipress 2004, 232 S. In: UFITA 2005, III, 894–898.

591. Krüger, Tatjana: Die Freiheit des Zitats im Multimedia-Zeitalter. Eine Untersuchung zur Vereinbarkeit des deutschen, französischen und britischen Rechts mit der europäischen „Multimedia-Richtlinie" vom 22. Mai 2001. Rhombos-Verlag: Berlin: Rhombos 2004. In: UFITA 2005, III, 899–902.

592. Steden, Robin-Christian: Das Monopol der GEMA. Zur Frage der kollektiven Wahrnehmung von Musikverwertungsrechten im 21. Jahrhundert. UFITA-Schriftenreihe Bd. 212, Baden-Baden: Nomos 2003, 231 S. In: UFITA 2005, III, 908–915.

2006

593. Fuchs, Thomas: Arbeitnehmer-Urhebervertragsrecht. UFITA-Schriftenreihe Bd. 234, Baden-Baden: Nomos 2005. 251 S.

594. Kuckuck, Meike: Die Vergütungsansprüche der Arbeitnehmerurheber im Spannungsfeld zwischen Arbeitsrecht und neuem Urheberrecht. Europäische Hochschulschriften Bd. 4230, Frankfurt a. M.: Peter Lang u. a. 2005. In: UFITA 2006, I, 247–254. (Sammelbesprechung).

595. Löffler, Martin/Ricker, Reinhart: Handbuch des Presserechts, 5.A., München: C.H. Beck 2005, LVII, 735 S. In: UFITA 2006, I, 294–296.

596. Kreile, Reinhold/Becker, Jürgen/Riesenhuber, Karl (Hrsg.): Recht und Praxis der GEMA. Handbuch und Kommentar, Berlin: De Gruyter-Verlag 2005, 882 S. In: UFITA 2006, II, 588–592.

597. von Becker, Bernhard: Fiktion und Wirklichkeit im Roman. Der Schlüsselprozess um das Buch „Esra". Ein Essay. Würzburg: Königshausen & Neumann 2006, 196 S. In: UFITA 2006, II, 598–601.

598. Regula Bochsler: Ich folgte meinem Stern. Zürich: Pendo 2004. 456 S. Ina Boesch: Gegenleben. Zürich: Chronos 2003, 476 S. In: Mühsam-Magazin 11, 2006, 160–165.

599. Bodewig, Theo / Dreier, Thomas / Götting, Horst-Peter / Haedicke, Maximilian / Lehmann, Michael/ Ohly, Ansgar (Hrsg.): Perspektiven des Geistigen Eigentums und Wettbewerbsrechts. Festschrift für Gerhard Schricker zum 70. Geburtstag, München: C.H. Beck 2004, 944 S. In: UFITA 2006, II, 593–596.

600. Müller-Höll, Dorothea: Der Arbeitnehmerurheber in der Europäischen Gemeinschaft. Europäische Hochschulschriften Reihe II, Bd. 4192, Frankfurt am Main: Peter Lang 2005, 173 S. In: UFITA 2006, II, 631–633.

601. Weber, Rolf H. / Rossnagel, Alexander/ Osterwalder, Simon/ Scheuer, Alexander/ Wüst, Sonnia: Kulturquoten im Rundfunk. In: UFITA 2006, III, 937–940.

2007

602. Däubler, Wolfgang (Hg.): Tarifvertragsgesetz mit Arbeitnehmer-Entsendegesetz. 2.A., Baden-Baden: Nomos 2006, 1709 S. In: UFITA 2007, I, 265–268.

603. Mahlke, Alexander: Gestaltungsrahmen für das Gegendarstellungsrecht am Beispiel des Internets. Berlin: Tenea 2005, 225 S. In: UFITA 2007, II, 593–595.

604. Laos, Christiane M.: Das Urheberrecht des Arbeitnehmers an Computerprogrammen. Aachen: Shaker 2006, 218 S. In: UFITA 2007, II, 557–560.

605. Lenhard, Frank: Vertragstypologie von Softwareüberlassungsverträgen. Neues Urhebervertragsrecht und neues Schuldrecht unter Berücksichtigung der Open-Source Softwareüberlassung. München: Herbert Utz 2006, 488 S. In: UFITA 2007, II, 564–568.

606. Liepe, Andreas: Die Vervielfältigung zum privaten Gebrauch im deutschen und US amerikanischen Urheberrecht unter besonderer Berücksichtigung der privaten Vervielfältigung kopiergeschützter Audio-CDs. Schriften zum deutschen, europäischen und internationalen Recht des Geistigen Eigentums und Wettbewerbs, Jena: Jenaer Wissenschaftliche Verlagsges. 2006, 283 S. In: UFITA 2003, III, 874–877.

607. Hoecht, Julia: Die Urheberrechte im Arbeitsverhältnis. Ein Vergleich zwischen deutschem und amerikanischem Recht unter besonderer Berücksichtigung der internationalen Verwertung der Werke. Duisburg: WiKu, 274 S. In: UFITA 2007, III, 881–884.

608. Rassow, Reinhard: Staatliche Schutzfristen für geistiges Eigentum. Hamburg: Dr. Kovac 2006. 188 S. In: ZUM 2007, 86–88

609. Karl, Harald: Filmurheberrecht. Das Filmschaffen im österreichischen Urheberrecht. Wien: Medien & Recht 2005, 306 S. In: UFITA 2007, III, 884–886.

610. Siegert, Gabriele / Weber, Rolf H. / Lobigs, Frank / Spacek, Dirk: Der Schutz innovativer publizistischer Konzepte im Medienwettbewerb. Eine medienökonomische und medienrechtliche Untersuchung. Schriften zur Medienwirtschaft und zum Medienmanagement Bd. 15, Baden-Baden: Nomos 2006, 157 S. In: UFITA 2007, III, 898–903.

611. Schaffeld, Burkard / Hörle, Ulrich: Das Arbeitsrecht der Presse. 2. A., AfP Praxisreihe, Köln: Dr. Otto Schmidt 2007, 228 S. In: UFITA 2007, III, 906–908.

612. Schwab, Brent: Arbeitnehmererfinderrecht. Handkomm., Baden-Baden: Nomos 2006. In: NJW 2007, 3551.

2008

613. Thomas Mogg: Die Kodifikation von Verlagsrecht und Verlagsvertrag in Deutschland. Die Geschichte des Gesetzes über das Verlagsgesetz vom 19. Juni 1901 und seine Vorgeschichte. Aachen: Shaker 2006. 281 S. (zugl. Diss. FU Berlin 2006). In: ZUM 2008, 262–264.

614. Hochhuth, Martin: Die Meinungsfreiheit im System des Grundgesetzes. Tübingen: Mohr Siebeck 2007. 420 S. In: UFITA 2008, II, 285–289.

615. Pollaczek, Annina: Pressefreiheit und Persönlichkeitsrecht. Saarbrücken: VDM Verlag Dr. Müller 2007. 77 S. In: UFITA 2008, II, 289–290.

616. Roger Mann/Jörg F. Smid: Pressevertriebsrecht. AfP Praxisreihe, Köln: Otto Schmidt 2008. In: ZUM 2008, 456.

617. Karl May: Briefwechsel mit Friedrich Ernst Fehsenfeld. Erster Band. 1891–1906. Hrsg. von Dieter Sudhoff und Hans-Dieter Steinmetz. Bamberg, Radebeul: Karl May-Verlag 2007. In: Mitt.-KMG 158, 2008, 71–75.

618. Spindler, Gerald/Schuster, Fabian (Hg.): Recht der elektronischen Medien. Kommentar, München: C.H. Beck 2008, 1635 S. In: UFITA 2008, II, 618–623.

619. (Hrsg.) Voswinkel, Ulrike / Beringer, Frank: Exil am Mittelmeer. Deutsche Schriftsteller in Südfrankreich 1933–1941. München: Buch & Media 2005, 283 S. In: Archiv für die Geschichte des Widerstandes und der Arbeit, 2008, 18, 686–689.

620. „Unbekannter" Karl-May-Roman entdeckt. In: KMG-Nachrichten 157, 52–53.(Rez. Von Greser & Lenz: Wir sind eine Welt. Frankfurt a. M. 2007; dies.: Deutschland im Glück. Frankfurt a. M. 2006).

621. Klaus-Detlev Godau-Schüttke: Der Bundesgerichtshof – Justiz in Deutschland. Berlin: Tischler 2005, 480 S. In: Archiv für die Geschichte des Widerstandes und der Arbeit 2008, 18, 696–699.

622. Gaby Weber: Daimler Benz und die Argentinien-Connection. Von Rattenlinien und Nazigeldern. Hrsg.: Dachverband der kritischen Aktionärinnen und Aktionäre, Informationsstelle Lateinamerika (ila) Labour Net Germany, Berlin: Assoziation A 2004, 140 S. In: Archiv für die Geschichte des Widerstandes und der Arbeit 2008, 18, 699–701.

2009

623. Berger, Christian/Wündisch, Sebastian (Hrsg.): Urhebervertragsrecht. Handbuch. Baden-Baden: Nomos 2008, 99 S. In: UFITA 2009, I, 205–209.

624. Farokhmanesh, Judith: Der Schutz des Urhebers im internationalen Vertragsrecht. Unter Berücksichtigung der Funktion, Reichweite und Effektivität zwingender Be-

stimmungen im deutschen, französischen und englischen Recht. Internationale rechtliche Studien Bd. 48, Frankfurt am Main: Peter Lang 2007. In: UFITA 2009, I, 219–221.

625. Ulrici, Bernhard: Vermögensrechtliche Grundfragen des Arbeitnehmer-Urheberrechts. Geistiges Eigentum und Wettbewerbsrecht Bd. 20, Tübingen: Mohr Siebeck 2008, 450 S. In: UFITA 2009, I, 247–253.

626. Gergen, Thomas: Die Nachdruckprivilegienpraxis Württembergs im 19. Jahrhundert und ihre Bedeutung für das Urheberrecht im Deutschen Bund (= Schriften zur Rechtsgeschichte 137). Berlin: Duncker & Humblot 2007. 455 S. In: Savigny-Zeitschr. RG-Germ.Abt. 2008/9, 756–759. Auch in: „http://www.koeblergerhard.de/ZRG" www.koeblergerhard.de/ZRG126 Internetrezensionen 2009/.

627. Brandt, Birgit: Tendenzschutz in öffentlich-rechtlichen Rundfunkanstalten. Europäische Hochschulschriften Reihe II Bd. 4680, Frankfurt a. M.: Peter Lang 2008, 265 S. In: UFITA 2009, I, 301–306.

628. Gärtner, Sebastian: Was die Satire darf. Eine Gesamtbetrachtung der rechtlichen Grenzen einer Kunstform. Berlin: Duncker & Humblot 2009, 335 S. (Schriften zum Öffentlichen Recht Bd. 1119). Zugl. Diss. Johannes-Gutenberg-Universität Mainz. In: UFITA 2009, III, 902–906.

629. Baronikians, Patrick: Der Schutz des Werktitels. Köln, München: Carl Heymanns Verlag 2008, 218 S. In: UFITA 2009, III, 846–847.

630. Wiring, Roland: Pressefusionskontrolle im Rechtsvergleich. Eine Untersuchung zur Rechtslage in Deutschland, den Vereinigten Staaten von Amerika, dem Vereinigten Königreich, Frankreich und auf der Ebene der Europäischen Union. Zugl. Diss. Univ. Hamburg 2007, Baden-Baden: Nomos 2008, 708 S. In: UFITA 2009, III, 925–927.

631. Bott, Christina: Die Medienprivilegien im Strafprozess. Zeugnisverweigerungsrecht und Beschlagnahmeverbot zum Schutz der Medien im Strafverfahren. Frankfurt am Main: Peter Lang 2008, 326 S. In: Archiv für Kriminologie 2009, 66–68.

632. Rode, Irmtraud/Leipert, Matthias (Hrsg.). Das moderne Strafrecht in der Mediengesellschaft. Einfluss der Medien auf Gesetzgebung, Rechtsprechung und Forensik Schriftenreihe des Instituts für Konfliktforschung, Bd. 31 -Münster (LIT Verlag) 2009. 127 S.br. In: Archiv für Kriminologie 2009, 68–69.

633. Nina Knorre: Die Abwicklung des Arbeitsverhältnisses nach erfolgreicher Statusklage im Rundfunk. Zugl. Diss. Univ. Main 2007, Frankfurt am Main: Peter Lang 2008. 266 S. In: UFITA 2009, III, 933–937.

634. (Hrsg.) Walter, Robert, Clemens Jabloner und Klaus Zeleny (Hrsg.): Der Kreis um Hans Kelsen. Die Anfangsjahre der reinen Rechtslehre. Wien: Mainz 2008. 581 S. In: Savigny-Zeitschrift für Rechtsgeschichte. Germ. Abt. 2009.

635. 642. Dreyer, Gunda/Jost Kotthoff/Astrid Meckel/Hans-Joachim Zeisberg: Urheberrecht. Urheberrechtsgesetz, Urheberrechtswahrnehmungsgesetz, Kunsturheberrgesetz. Komm. 2. Aufl. Heidelberg: C.F. Müller 2009, 1843 S. In: UFITA 2009, III, 794–797.

636. Seul, Jürgen: Rudolf Lebius /. Karl May. Husum: Hansa-Verlag 2009, 190 S. In: Mitt.-KMG 160, 2009, 61–64.

637. Lange, Hans-Jürgen: Versandantiquariat. Katalog 2. Wietze 2009, 205 S. Besprechung unter dem Titel „Franz Sättler im Antiquariat". In: KMG-Nachrichten 160, 2009, 50.

638. Eichmann, Helmut/ Annette Kur (Hrsg.): Designrecht. Praxishandbuch. Baden-Baden: Nomos Verlagsgesellschaft, 517 S. In: ZUM 7/2009, 599.

639. Mächtel, Florian: Das Patentrecht im Krieg. Tübingen: Mohr Siebeck 2009, 413 S. (mit Irmtraud Götz von Olenhusen) In: Savigny-Zeitschrift für Rechtsgeschichte, Germ. Abt. 2009. Vorab im Internet: „http://www.koeblergerhard/ZRG" 126 Internetrezensionen 2011.

640. Wandtke, Artur-Axel (Hg.): Medienrecht. Praxishandbuch. Berlin: De Gruyter Recht 2008. XXIV u. 1932 S. In: MR 2009, 287–288.

641. Boehme-Neßler, Volker: Unscharfes Recht. Überlegungen zur Relativierung des Rechts in der digitalisierten Welt. Berlin: Duncker & Humblot 2008, 800 S., (Schriftenreihe zur Rechtssoziologie und Rechtstatsachenforschung, hg. v. Manfred Rehbinder und Andreas Vosskuhle, Bd. 89) In: UFITA 2009/II, 593–598.

642. Darnton, Robert: Die Wissenschaft des Raubdrucks. Ein zentrales Element im Verlagswesen des 18. Jahrhundert. München: Carl Friedrich von Siemens Stiftung. 2003, 82 S. (Mit einer Einleitung von Knut Borchardt (Reihe „Themen" Bd. 77). In: UFITA 2009/II, 629–630.

643. Lüken, Andreas: Der Arbeitnehmer als Schöpfer von Werken geistigen Eigentums. Studien zum Gewerblichen Rechtsschutz und zum Urheberrecht. Bd. 48, Hamburg 2008, 321 S. In: UFITA 2009, III, 820–823.

644. Hoff, Oliver van der: Die Vergütung angestellter Software-Entwickler. Rechtliche Beurteilung und Vertragspraxis. Schriften zum geistigen Eigentum und zum Wettbewerbsrecht Bd. 24. Baden-Baden: Nomos 2009, 241 S. In: UFITA 2009, III, 864–885.

645. Schaub, Renate: Sponsoring und andere Verträge zur Förderung überindividueller Zwecke. Jus Privatum – Beiträge zum Privatrecht Bd. 136, Tübingen. Mohr Siebeck 2008, 820 S. In: UFITA 2009/III, 882–885.

646. Wenmakers, Julia: Rechtliche Grenzen der neuen Formen von Satire im Fernsehen. Schriftenreihe zum Kommunikations- und Medienrecht. Bad. 10, Hamburg: Dr. Kovac 2009, 355 S. In: UFITA 2009/III, 907–909.

647. Heun, Sven-Erik (Hrsg.): Handbuch Telekommunikationsrecht. 2.A. Köln: Otto Schmidt-Verlag 2007, 1664 S. In: UFITA 2009/III, 943–945.

2010

648. Wallbaum, Klaus: Der Überläufer. Rudolf Diels (1900–1957) – der erste Gestapochef des Hitler – Regimes. Frankfurt a. M. Lang 2010. In: Savigny-Zeitschrift für Rechtsgeschichte, Germ. Abt. 2011, (Vorab im Internet 2010 sh. www.gerhardköbler R. 2011).

649. Kerbs, Diethart: Lebenslinien. Deutsche Biographien aus dem 20. Jahrhundert. Essen: Klartext 2007, 159 S. In: Werner Felber u. a. (Hrsg.), Psychoanalyse und Expressionismus. Marburg: Literaturwissenschaft.de 2010, 537.

650. Voswinckel, Ulrike. Freie Liebe und Anarchie. Schwabing-Monte Verita. Entwürfe gegen das etablierte Leben. München: allitera 2009. 184 S. In: Ebd. 2010, 536.

651. Heuer, Gottfried (ed.): Sacral revolutions: reflecting on the work of Andrew Samuels... London, New York: Routledge 2010. 323 S. In: Ebd. 2010, 538–539.

652. Zentek, Sabine: Designer im Dritten Reich. Dortmund: Lelesken 2009. 428 S. In: UFITA 2010, III, 895–897.

653. Bermig, Stephanie Dorothee: Die urheberrechtliche Bedeutung der prozessualen Verwertung von Gutachten zivilgerichtlicher Sachverständiger in Verfahren des Zivilprozesses. Hamburg: Dr. Kovac 2009. 416 S. In: UFITA 2010, II, 567–569.

654. Söhring, Jörg: Presserecht. 4. Aufl. Köln: Otto Schmidt 2010. 765 S. In: UFITA 2010, II, 596–598.

655. Branahl, Udo: Medienrecht. Eine Einführung. 6. Aufl. Wiesbaden: VS Verlag für Sozialwissenschaften 2010. 333 S. In: UFITA 2010, II, 598–600.

656. Zeilinger, Johannes: Auf brüchigem Eis. Frederick A. Cook und die Eroberung des Nordpols. Berlin: Matthes & Seitz 2010. 351 S. [nicht veröffentlicht]

657. Herzog, Winand: Keine Experimente. Untersuchungen zu Arno Schmidt: Die Gelehrtenrepublik. Mönchengladbach: Edition paroikia 2010. 422 S. In: Mitt-KMG 2010, 58–60.

658. Brunst, W. Philip: Anonymität im Internet – rechtliche und tatsächliche Rahmenbedingungen. Zum Spannungsverhältnis zwischen einem Recht auf Anonymität und den Möglichkeiten zur Identifizierung und Strafverfolgung. Berlin: Duncker & Humblot 2009. 619 S. (Schriftenreihe des Max-Planck-Instituts für ausländisches und internationales Strafrecht Strafrechtliche Forschungsberichte, Hrsg. von Ulrich Sieber. 117). Zugl. Diss. Jur. Univ. Erlangen-Nürnberg 2009. In: UFITA 2010, III, 949–953. Und In: Archiv für Kriminologie H. 5/6/2010. 214–215.

659. Böhnstedt, Stefanie: Die Konstitutionalisierung des Bildnisschutzes in Deutschland und in den USA, Baden-Baden: Nomos 2010, 380 S. Zugl. Göttingen, Univ.Diss. 2008/ 2009. (Studien und Materialien zur Verfassungsgerichtsbarkeit. 106). In: UFITA 2010, III, 911–915.

660. Walter, Robert/ Jabloner, Clemens/Zeleny, Klaus: Der Kreis um Hans Kelsen. Wien: Mainz 2008. 581 S. In: Savigny-Zeitschrift für Rechtsgeschichte, Germ. Abt. 127, 2010, 827–828.

661. Hahn, Caroline: Die Aufsicht des öffentlich-rechtlichen Rundfunks. Bestandsaufnahme und Zukunftsperspektiven. Frankfurt a. M.: Peter Lang 2010. 307 S. (Studien zum deutschen und europäischen Medienrecht. 42) Zugl. Mainz Univ. Diss. 2009. In: UFITA 2010, III, 930–935.

662. Wandtke, Artur-Axel (Hg.): Urheberrecht. (Bearb. von Claire Dietz u.a.), Berlin: DeGruyter 2009, 391 S. In: ZUM 2010, 1013–1015.

663. Wandtke, Artur-Axel/Winfried Bullinger/Marcus von Welse (Hg.): Fallsammlung zum Urheber- und Medienrecht. Für Studium, Fachanwaltsausbildung und Praxis. 3. Aufl., München C.H. Beck 2010. 304 S. In: ZUM 2010, 928.

664. Marberth-Kubicki, Annette: Computer- und Internetstrafrecht. 2. Aufl., München: C.H. Beck 2010. 313 S. In: Archiv für Kriminologie 225, 2010, 213.

665. Brent Schwab: Arbeitnehmererfindungsrecht. Arbeitnehmererfindungsgesetz – Arbeitnehmer-Urheberrecht – Betriebliches Vorschlagswesen. Handkommentar. 2. Aufl., Baden-Baden: Nomos 2009, 248 Seiten. In: ZUM 3/2010, 280f.

666. Hilty, Reto M./Drexl, Josef/Nordemann, Wilhelm (Hg.): Schutz von Kreativität. Festschrift für Ulrich Loewenheim zum 75. Geburtstag. München: C.H. Beck 2009. 625 S. In: UFITA 2010, I, 265–269.

667. Haupt, Stefan (Hg.): Urheberrecht für Filmschaffende. Einführung in die Urheber- und Verlagsfragen. Berliner Bibliothek zum Urheberrecht Bd. 6., München: Medien und Recht 2008, 333 S. In: UFITA 2010, I, 275–276.

668. Ennens, Michel: Persönlichkeitsrechtliche Grenzen der satirischen Bildbearbeitung. Hamburg: Igel Verlag 2009, 100 S. In: UFITA 2010, 1, 307–309.

2011

669. Dewenter, Ralf, Justus Haucap: Ökonomische Auswirkungen von öffentlich rechtlichen Online-Angeboten. Marktauswirkungen innerhalb von Drei-Stufen-Tests. Baden-Baden: Nomos 2009. 166 S. In: UFITA 2011, I, 294–297.

670. Schoenthal, Max: Von der Fernsehregulierung zur Inhaltsregulierung. Hamburg: Dr. Kovac 2009, 374 S. In: UFITA 2011, I, 262–264.

671. Löhr, Isabella: Die Globalisierung geistiger Eigentumsrechte – neue Strukturen internationaler Zusammenarbeit 1886–1952. Göttingen: Vandenhoeck & Ruprecht 2010. 235 S. (Kritische Studien zur Geschichtswissenschaft 195). In: UFITA 2011, I, 213–217.

672. Nadja Paul: Die Rundfunkbeteiligung politischer Parteien. Eine Untersuchung aus verfassungsrechtlicher Sicht. Baden-Baden: Nomos 2010. 173 S. Ci Cao: Parteien als Eigentümer von Medien. Am Beispiel ihrer Beteiligung an Presseunternehmen. Frankfurt a. M.: Peter Lang 2010. 138 S. zugleich Diss.jur. Universität Tübingen 2010. In: UFITA 2011, I, 260–262 [Sammelrez. Paul und Cao].)

673. Simone Naumann: Die arbeitnehmerähnlichen Personen in Fernsehunternehmen Frankfurt a. M.: Peter Lang 2007. 390 S. (Studien zum deutschen und europäischen Medienrecht, Hrsg. von Dieter Dörr und Udo Fink, Band 26). Zugleich: Mainz, Univ. Diss., 2006. In: UFITA 2011, I, 264–267.

674. Gietinger, Klaus: Der Konterrevolutionär – Waldemar Pabst – eine deutsche Karriere. Hamburg: Nautilus 2009. 535 S. 111. In: Savigny-Zeitschrift für Rechtsgeschichte, Germ. Abt. Bd. 128, 211, S. 821–824 (mit Irmtraud Götz von Olenhusen).

675. Wojak, Irmtrud: Fritz Bauer 1903–1968. Eine Biographie. München; Beck 2009. 638 S. In: Savigny-Zeitschrift für Rechtsgeschichte, Germ. Abt. Bd. 128, 2011 (vorab im Int. 2010, sh. „www.gerhardköbler", Rz. 2011), 946–947.

676. Roßnagel, Alexander. Kleist, Thomas. Scheuer, Alexander: Wettbewerb beim Netzbetrieb. Voraussetzung für eine lebendige Rundfunkentwicklung. Berlin: Vistas 2010, 250 S. (Schriftenreihe der Landesmedienanstalten. 42). In: UFITA 2011, I, 267–269.

677. Heinrich-Böll-Stiftung in Zusammenarbeit mit iRights.info (Hg.): Copy.Right.Now! Berlin; Heinrich-Böll-Stiftung, 2010. 136 S. (gratis) (Plädoyers für ein zukunftstaugliches Urheberrecht. Schriftenreihe zu Bildung und Kunst Bd. 4, Heinrich-Böll-Stiftung). In: UFITA 2011, I, 191–192.

678. Robert M. Reuß: Naturrecht oder positivistisches Konzept? Die Entscheidung des Urheberrechts im 18. Jahrhundert in England und den Vereinigten Staaten von Amerika. Baden-Baden: Nomos 2010. 516 S., (Schriften zum geistigen Eigentum und zum Wettbewerbsrecht BD. 37). In: UFITA 2011, I, 208–212.

679. Annette Smith: Das System der deutschen Rundfunkgebühr. Unzulässige Beihilfe oder berechtigte Unterstützung der Rundfunkfreiheit. Schriften zum Medienrecht Bd. 21, Hamburg: Dr. Kovac. 2010, 280 S. In: UFITA 2011, I, 255–256.

680. 687. Max Schoenthal: Von der Fernsehregulierung zur Inhalteregulierung. Die Konzeption der Einstufung von Mediendiensten im Recht der Europäischen Gemeinschaft und die „Medienkabel"-Rechtsprechung des Europäischen Gerichtshofes. Schriftenreihe zum Kommunikations- und Medienrecht Bd. 12, Hamburg: Dr. Kovac. 2009, 374 S. In: UFITA 2011, I, 262–264.

681. Nina Hofmann: Medienkonzentration und Meinungsvielfalt. Eine Analyse der Funktionsgrenzen der Fusionskontrolle auf dem Pressemarkt. (Schriftenreiche Institut für Energie- und Wettbewerbsrecht in der Kommunalen Wirtschaft e.V. (EWeRK) an der Humboldt-Universität zu Berlin BD. 39), Baden-Baden: Nomos 2010, 231 S. In: UFITA 2011, I, 270–273.

682. Oliver Wegner: Kommunikationsherrschaft des Hausherrn oder Freiheit der Massenmedien? Zum Spannungsverhältnis zwischen dem privaten Hausrecht und den Medienfreiheiten im öffentlich zugänglichen Raum. Schriften zum Medienrecht BD. 25. Hamburg: Dr. Kovac 2010, 329 S. In: UFITA 2011, I, 290–292.

683. Martin Gläser: Medienmanagement 2.A., Vahlen: München 2010, 974 S. In: UFITA 2011, I, 292–294.

684. ITM (Hg.): Vom Bau des digitalen Hauses. FS. für H. Schneider. Berlin: Vistas 2010. 290 S. In: UFITA 2011, II, 625–627.

685. Rani Mallick: Product-Placement in den Massenmedien. Rechtstatsachen und Rechtsgrundlagen. Materialien zur interdisziplinären Medienforschung Bd. 63. Baden Baden: Nomos 2009, 366 S. In: ZUM 4/2011, 366–367.

686. Sammer, Günther: Der Öffentlichkeitsbegriff im Urheberrecht. (Studien zum Gewerblichen Rechtsschutz und Urheberrecht Bd. 75). Hamburg: Dr. Kovac, 2011, 329 S. In: UFITA 2011, III, 847–848.

687. Neeser, Marco: Der Künstlervertrag in der Musikindustrie. Eine rechtsvergleichende Untersuchung (Schweiz, Deutschland, USA). Schriften zum Medien- und Immaterialgüterrecht Bd. 92. Bern 2011: Stämpfli, 184 S. In: UFITA 2011, III, 869–871.

688. Haug, Thomas: Bildberichterstattung über Prominente. Unter besonderer Berücksichtigung der Zulässigkeit der gerichtlichen Beurteilung des Informationswertes von Medienberichten. UFITA-Schriftenreihe Bd. 260. Baden-Baden: Nomos 2011, 236 S. In: UFITA 2011, III, 883–885.

689. Fechner, Frank: Medienrecht. Lehrbuch des gesamten Medienrechts unter besonderer Berücksichtigung von Presse, Rundfunk und Multimedia. 12. A (überarbeitet und ergänzt). Tübingen: Mohr Siebeck 2011, 467 S. In: UFITA 2011, III, 895–896.

690. Schlüter, Oliver: Verdachtsberichterstattung. Zwischen Unschuldsvermutung und Informationsinteresse. Schriftenreihe Information und Recht Bd. 78, München: C.H. Beck 2011, 282 S. In: UFITA 2011, III, 923–926.

691. Behrns, Ulrike: Pluralismussicherung durch die Beschränkung ausländischer Beteiligungen an deutschen Rundfunkunternehmen. Eine Untersuchung im Lichte des Unions- und Welthandelsrechts. Schriften zum Medienrecht Bd. 26. Hamburg: Dr. Kovac 2011. In: UFITA 2011, III, 930–931.

692. Müller-Terpitz, Ralf: Die Finanzautonomie der Bayerischen Landeszentrale für neue Medien im Lichte der aktuellen Förderung lokaler und regionaler Fernsehangebote.

Kurzgutachten. BLM-Schriftenreihe Bd. 94. Baden-Baden: Nomos 2010, 76 S. In: UFITA 2011, III, 932–933.

693. Lünenborg, Margreth/Martens, Dirk/Köhler, Tobias/Töpper, Claudia: Skandalisierung im Fernsehen. Strategien, Erscheinungsformen und Rezeption von Reality-TV-Formaten. Schriftenreihe Medienforschung der Landesanstalt für Medien Nordrhein-Westfalen Bd. 65. Berlin: Vistas 2011. In: UFITA 2011, III, 953–954.

694. Ludger Lütkehaus: Im Land des Mahdi. Karl Mays Zusammenprall der Kulturen. Rangsdorf: Basiliskenpresse 2009. 32 S. In: KMG-Nachrichten 169, 2011, 34–35.

695. Bloch Almanach 29/2010. Periodikum des Ernst-Bloch-Archivs der Stadt Ludwigshafen, Hrsg. Frank Degler, Klaus Kufeld, Mössingen-Talheim: Talheimer Verlag 2010. In: KMG-Nachrichten 169, 2011, 34–35.

696. Blut. Perspektiven in Medizin, Geschichte und Gesellschaften. Hrsg. Von Jiri Pesek und Falk Wiesemann. Essen: Klartext 2011. 279 S. In: KMG-Nachrichten 2011.

2012

697. Flick, Corinne Michaela Flick (Hrsg.): Wem gehört das Wissen der Welt? München, Frankfurt am Main: Convoco Edition (Frankfurter Verlagsanstalt) 2011. In: UFITA 2012, II, 516–519.

698. Ronja Maria Linßen; Informationsprobleme und Schutz von Unternehmensgeheimnissen im Telekommunikationsregulierungsrecht. Eine Untersuchung unter besonderer Berücksichtigung des In-Camera-Verfahrens. Baden-Baden: Nomos 2011. 325 S. Zugl. Diss. Osnabrück 2011. In: UFITA 2012, II, 611–612.

699. Sybille Hafer: Richter zwischen den Fronten. Die Urteile des Berner Prozesses um die „Protokolle der Weisen vom Zion" 1933–1937. Basel: Helbing & Lichtenhahn 2012. In: UFITA 2012, II, 528–531.

700. Nix, Christoph, Hegemann, Jan, Hemke, Rolf C. (Hg.): Normalvertrag Bühne. Handkommentar 2. Aufl. Baden-Baden: Nomos 2012, 461 S. In: ZUM 2012, 829–830.

701. Marian Paschke, Wolfgang Berlin, Claus Meyer (Hrsg.): Hamburger Kommentar Gesamtes Medienrecht. 2. Auflage. Baden-Baden: Nomos 2012, 1729 S. In: UFITA 2012, II, 586–588.

702. Claudia Deriu. Haftungsgrenzen im Urheberrecht. Täterproblem & Pflicht. Wien: LexisNexis 2011. 167 S. In: UFITA 2012, II, 644–645.

703. Boris Alexander Kühnle/Martin Gläser: Vielfalt – Identität – Wertschöpfung. Public Value privater regionaler TV-Veranstalter, Berlin: Vistas 2011, 170 S. In: UFITA 2012, II, 603–604.

704. Alexander Rossnagel (Hrsg.): Nutzerschutz. Rechtsrahmen, Technikpotentiale, Wirtschaftskonzepte. Baden-Baden: Nomos 2012, 170 S. In: UFITA 2012, II, 633–634.

705. Dorothee Szuba: Vorratsdatenspeicherung. Der europäische und deutsche Gesetzgeber im Spannungsfeld zwischen Sicherheit und Freiheit. Baden-Baden: Nomos 2011. 323 S. (Frankfurter Studien zum Datenschutz 37). Zugl. Univ. Diss. Frankfurt a. M. 2011. In: UFITA 2012, II, 624–628.

706. Torben Behrens: Die Liberalisierung des Fernsehwerberechts im Kontext der Rundfunkregulierung. Der Einfluss des Europarechts auf das deutsche Fernsehwerberecht. Hamburg: Dr. Kovac, 588 S. In: UFITA 2012, 956–958.

707. Artur-Axel Wandtke (Hg.): Medienrecht. Praxishandbuch. Bd. 1: Europäisches Medienrecht und Durchsetzung des geistigen Eigentums. Bd. 2: Schutz von Medienproduktion. Bd. 3: Wettbewerbs- und Werberecht. Bd. 4: Rundfunk- und Presserecht/ Veranstaltungsschutz/Schutz von Persönlichkeitsrechten. Bd. 5: IT-Recht und Medienrecht, 2.A., de Gruyter Verlag Berlin 2011, 2500 S. In UFITA 2012, II, 579–583.

708. Wolfgang Seufert/Hardy Gundlach: Medienregulierung in Deutschland. Ziele, Konzepte, Maßnahmen. Lehr- und Handbuch, Baden-Baden: Nomos 2012, 534 S. In: UFITA 2012, II, 583–585.

709. Tim Gorgass: Staatliche Abhörmaßnahmen bei Voice over IP. Eine rechtsvergleichende Untersuchung zwischen Deutschland und den USA. Unter besonderer Berücksichtigung der Ausleitung des Sprachkanals (RTP-Streams). Hannoveraner Schriften zum Medienrecht Bd. 7, Berlin: LIT 2012, 258 S. In: UFITA 2012, II, 614–615.

710. Mariam Siegle: Das Spannungsverhältnis von Kunstfreiheit und Persönlichkeitsrecht. Zur Problematik der Darstellung realer Personen in Kunstwerken. Schriften zum Kunst- und Kulturrecht Bd. 13, Baden-Baden: Nomos 2011, 228 S. In: UFITA 2012, II, 621–624.

711. „Nichts als die Welt". Karl Mays „Reportage" im monumentalen Sammelwerk von Georg Brunold. In: KMG-Nachrichten 173, 2012, 16–18.

712. Der Verlag Fehsenfeld – als Verlagsbibliographie und im Bild. In: KMG-Nachrichten 173, 2012, 20–21.

713. Faszination Indianer. Eine Ausstellung im Monam in Zürich. In: KMG-Nachrichten 173, 2012, 24.

714. Theodor Däubler „Nordlicht" bei Arno Schmidt – mit Seitenblicken auf Karl May und andere Zeitgenossen. Besprechung von Ulrich Klappstein. „Nordlichter" Theodor Däubler im Werk Carl Schmitts. Bielefeld: Aisthesis 2012. 140 S. In: Mitt.-KMG 174/2012, 52–54.

715. Dirk Smielick: Die Herausgabe des Verletzergewinns im gewerblichen Rechtsschutz und Urheberrecht unter Berücksichtigung der „Gemeinkostenanteil-Entscheidung des BGH". Hamburg: Dr. Kovac 2012. 320 S. In: UFITA 2012, III, 916–917.

2013

716. Wenzel Storch: ARNO & ALICE: Ein Bilderbuch für kleine und große Arno-Schmidt Fans. Hamburg: KVV konkret 2012 (Texte 59). In: KMG-Nachrichten 2013.

717. Clemens Appl: Technische Standardisierung und geistiges Eigentum. Wien, New York: Springer 2012. 588 S. In: UFITA 2013, 585–587.

718. Thomas Eichacker: Die rechtliche Behandlung des Büchernachdrucks im Nürnberg des 17. Jahrhunderts. Ein Beitrag zur Frühgeschichte des Urheberrechts in Deutschland. Berlin: Duncker & Humblot 2013. Zugl. Diss. Passau 2011. 489 S. In: UFITA 2013, 947–950.

719. Klaus Funke: Die Geistesbrüder. Roman einer Künstlerfreundschaft. Karl May und Sascha Schneider. Mit einem Nachw. von Albrecht Götz von Olenhusen. -Husum: Husum Verlag 2013. 428 S. In: KMG-Nachrichten Nr. 177/ 2013.

720. „Durch die Wüsten und Steppen des dunklen Erdteils." Peter Richter: Schatzsucher, Musketiere und Waldläufer. Ein Streifzug durch die Abenteuerliteratur. – Augsburg: Weltbild 2013. 144 S. In: KMG-Nachrichten Nr. 177/ 2013, 178.

721. Bärbel Reetz: Hesses Frauen. Berlin: Insel 2012. 426 S. In: KMG-Nachrichten Nr. 178, 2013, 42 ff.

722. Momme Brodersen. Klassenbild mit Walter Benjamin. Eine Spurensuche. München: Siedler 2012, 237 S. In: KMG-Nachrichten Nr. 178, 2013, 42 ff.

723. Karl May: Briefwechsel mit Joseph Kürschner. Mit Briefen von und an Wilhelm Spemann u. a., hrsg. von Hartmut Vollmer, Hans-Dieter Steinmetz und Wolfgang Hainsch. – Bamberg, Radebeul: Karl-May-Verlag 2013. 639 S. In: KMG-Nachrichten Nr. 178, 2013, 42 ff.

724. Constanze Ulmer-Eilfort, Eva Ines Obergfell: Verlagsrecht. Kommentar. München: C.H. Beck 2013, 1090 S. In: ZUM 2013, 994–995.

725. Höffner, Eckhard: Geschichte und Wesen des Urheberrechts. BD. 1, 2.A., München: Verlag Europäische Wirtschaft 2011, 518 S. In: UFITA 2013, I, 239–241.

726. Klabun, Katharina: Die Künstlersozialkasse: Ein zukunftsfähiges System? Europäische Hochschulschriften Bd. 5359. Frankfurt a. M.: Peter Lang 2012, 206 S. In: UFITA 2013, I, 284–286.

727. Johns, Adrian: Piracy. The Intellectual Property Wars from Gutenberg to Gates. The University of Chicago Press, Chicago Press. Chicago 2009, 626 S. In: UFITA 2013, III, 884–886.

728. Abedinpur, Reza-Nima: Digitale Gesellschaft und Urheberrecht. Leistungsschutzrechte und Verwertungsrecht im digitalen Raum. Rechte der Informationsgesellschaft. Bd. 24, Münster: LIT 2013, 320 S. In: UFITA, 2013, III, 895–899.

729. Dressel, Florian: Neue Strukturen für den Schutz Geistigen Eigentums im 19. Jahrhundert. Der Beitrag Rudolf Klostermanns. Köln: Böhlau 2013, 229 S. In: UFITA, III, 950–952.

730. Chen, Na: Das allgemeine Persönlichkeitsrecht im deutschen und chinesischen Recht. Ein rechtsdogmatischer und rechtshistorischer Vergleich. Schriften zum Persönlichkeitsrecht Bd. 10, Hamburg: Dr. Kovac 2013, 132 S. In: UFITA 2013, III, 954–955.

2014

731. Hoebel, Jan Nicolas u. a.: Kulturflatrate, Kulturwertmark oder Three strikes and you are out. Frankfurt a. M. 2013. 155 S. In: UFITA 2014, 947–948.

732. Seifert, Fedor: Kleine Geschichte(n) des Urheberrechts. München, Wien: MUR 2014. 307 S. In: UFITA 2014, II, 871–872.

733. Wikat, Anja: Bewertungsportale im Internet. Baden-Baden: Nomos 2013. 479 S. In: UFITA 2014, I, 267–268.

734. Dommann, Monika. Autoren und Apparate. Die Geschichte des Copyrights im Medienwandel. Frankfurt a. M.: S. Fischer 2014, 432 S. In: UFITA 2014, II, 534–536.

735. Hopf, Alexander: Der Missbrauch einer marktbeherrschenden Stellung von Internetmaschinen, dargestellt am Beispiel von Google. Recht der Neuen Medien Bd. 64, Hamburg: Dr. Kovac 2014, 260 S. In: UFITA 2014, II, 556–558.

736. Gersdorf, Hubertus/Paal, Boris P. (Hg.): Informations- und Medienrecht – GRC, EMRK, GG, RStV, BGB, IFG, VIG, GWB, TKG, TMG. Kommentar. München: C.H. Beck 2014, 1630 S. In: UFITA 2014, II, 604–606.

737. Röggla, Werner/Wittmann, Heinz/Zöchbauer, Peter: Medienrecht. Praxiskommentar zum österreichischen MedienG sowie zu Art. 8 und 10 EMK mit einer Einführung in das Medienstrafrecht und das Medientransparenzgesetz. Wien: Medien und Recht 2012, 258 S. In: UFITA 2014, II, 606–607.

738. Dittmayer, Matthias: Wahrheitspflicht der Presse. Baden-Baden: Nomos 2013. 307 S. In: ZUM 2014, 627–628.

2015

739. John, Antina: Verhaltensökonomik im Recht des Arbeitnehmerurhebers in Deutschland und der Schweiz. Berlin: Duncker und Humblot 2014, 251 S. (Schriftenreihe zur 747. Rechtssoziologie und Rechtstatsachenforschung. Hrgg. v. Manfred Rehbinder und Andreas Voßkuhle). Zugl. Diss. Univ. Zürich 2013. In: UFITA 2015, I, 255–257.

740. Kastell, Kirstin: Persönlichkeitsrechte von Prominenten im internationalen Vergleich. Juristische Argumentationslinien in Deutschland, Frankreich und vor dem EMGR aus medienwissenschaftlicher Perspektive, Berlin: BWV 2013. 530 S. In: UFITA 2015, 304–305.

741. Baldwin, Peter: The Copyright Wars. Princeton, Oxford: Princeton University Press 2014. 535 S. In: ZUM 2015, 528–529.

742. Klipsch, Uwe-Christian: Die Überprüfung des Dreistufentests durch Rechtsaufsicht und Gerichte. In: UFITA 2015, 569–570.

743. Süssmuth, Hans (Hg.): Arpad Göncz. Düsseldorf: Düsseldorf University Press 2014. In: ZIER 2015, Bd. 5.

744. Gilbhard, Hermann: Vorgeschichte rechtsextremen Terrors. Die Thule-Gesellschaft. 2. Aufl. München: Kiessling 2015. 234 S. In: Literaturkritik.de 06/2015.

745. Rothaar, Bernadette Fabienne: Urheberrechtliche Gleichstellung von Arbeitnehmern und arbeitnehmerähnlichen Personen. Baden-Baden: Nomos 2014. 198 S. In: UFITA 2015, II, 561–563.

746. Vogel/Pötters/Christensen: Richterrecht der Arbeit, Berlin 2015. 235 S. (Schriften zur Rechtstheorie 278). In: UFITA 2015, III, 931–933.

747. Bertschinger-Joos, Esther, Richard Butz: Ernst Frick 1881–1956. Zürich: Limmat 2014. 394 S; Bertschinger-Joos, Esther: Frieda Gross und ihre Briefe an Else Jaffe. Marburg: LiteraturWissenschaft.de 2014. 336 S. In: UFITA 2015, II, 607–611.

748. Edmund Kara Jendrewski: Der Karl-May-Verleger Friedrich Ernst Fehsenfeld Freiburg i. Br. Eine Biographie und Verlagsbibliografie. Berlin 2015. In: KMG-Nachrichten NR. 184, 2015, 27–29.

749. Florian Neymeyer: Die urheberrechtliche Schutzdauer. Hamburg: Kovac 2015. 202 S. In: UFITA 2015, III, 912–914.

750. Krodel, Eva: Öffentlich-rechtliche und privatrechtliche Rundfunkorganisation in Großbritannien. 2015. In: UFITA 2015, 632–634.

751. Verheijden, Josina: Rechtsverletzungen auf Youtube und Facebook. In: UFITA 2015, 638–640.

752. Grössl, Susanne Lilian: Internetspezifisches Kollisionsrecht. 2014. In: UFITA 2015, 590–592.

753. Weischenberg, Siegfried: Max Weber und die Entzauberung der Medienwelt. 2012. In: UFITA 2015, 599–602.

2016

754. Eva-Maria König: Der Werkbegriff in Europa. Tübingen: Mohr Siebeck 2015. 416 S. In: ZUM 2016, 687–688.

755. Wittmann, Gabriel: Die Übertragbarkeit des Verlagsrechts. Hamburg: Kovac 2014, 176 S. In: UFITA 2016, I, 283–285.

756. Rudolf Gerhardt/Erich Steffen/Lutz Tillmanns: Kleiner Knigge des Presserechts. 4. Aufl. Baden-Baden: Nomos 2015. 329 S. In: UFITA 2016, I, 315–316.

757. Kretschmer, Marc Alexander: Die Verwertung von Persönlichkeitsrechten 1Ill Profisport. Tübingen: Mohr Siebeck 2016. 351 S. In: UFITA 2016, II, 565–567.

758. Enchelmaier, Stefan: Übertragung und Belastung unkörperlicher Gegenstände im deutschen und englischen Privatrecht. Tübingen: Mohr Siebeck 2014. 709 S. In: ZUM 2016.

759. Eichmann/Kur: Designrecht. 2. Aufl. Baden-Baden: Nomos 2016, 516 S. In: MR-Int 1/2016, 39 (mit Sabine Zentek).

760. Claudia Summerer: „Illegale Fans". Die urheberechtliche Zulässigkeit von Fan Art. In: MR 2016, 280.

761. Neuerscheinungen zum Geistigen Eigentum und Medienrecht (Gergen, Pfeifer, Gerhardt, Steffen, Tillmanns) Sammelbesprechung. In: MR-Int. 1/2016, 40.

762. Gergen, Thomas: Mediation und Translation im Recht des geistigen Eigentums. In: ZUM 4/2016, 392.

2017

763. Paschke/Berlit/Meyer: Hamburger Komm. Gesamtes Medienrecht. In: MR-Int 2017, 43.

764. Arno Schmidt: Eine Bildbiographie. Hrsgg.v. Fanny Esterhazy. Frankfurt a. M. Suhrkamp 2016. 453 S.Abb. In: KMG-Nachrichten 193, 2017, 20–22.

765. Biografisches Handbuch des geistigen Eigentums Tübingen. In: ZIER Bd. 5, 2017.

766. Apel/Ohly/Wiessner (Hg.): Biografisches Handbuch des geistigen Eigentums. Tübingen 2017. In: MR 2017.

2018

767. Philipp Schwenke: Das Flimmern der Wahrheit über der Wüste. Köln: Kiepenheuer & Witsch. 2018. 607 S. In: KMG-Nachrichten 198, 2018, 23–27.
768. H. Goldstein: Die urheberrechtliche Betrachtung des audiovisuellen Streamings aus Nutzersicht. Hamburg: Kovac 2017. 144 S. In: MR 2018.
769. Rudi Schweikert: „Durch eegenes Ingenium gefertigt". Husum 2017. In: Mitt-KMG 2018.

2019

770. Adrian Kleinheyer: Schadensersatz im Immaterialgüterrecht: Die Bestimmung des Verletzergewinns. Baden-Baden: Nomos 2019. 213 S. In: MR 2019.
771. Helmut Schmiedt: Die Winnetou-Trilogie. Bamberg, Radebeul 2018. 300 S. In: KMG-Nachrichten 199, 2019, 19–20.
772. Erich Wulffen: Die Psychologie des Hochstaplers. Berlin: Regenbrecht 2018. 119 S. In: KMG-Nachrichten 1999, 21.

2020

773. Otto Jägersberg: Liebe auf den ersten Blick. Prosa. Zürich: Diogenes 2019. 274 S. In: KMG-Nachrichten 2020.
774. Ernst Blass: „in kino veritas". Essays und Kritiken zum Film. Berlin 1924–1933. Berlin: Elfenbein 2019. 285 S. In: KMG-Nachrichten 206, 2020, 25–27.
775. Jenas Jacobsen: Die urheberrechtliche relevante Parodie. Hamburg: Kovac 2020. 210 S. In: MR 2020.
776. Pfennig, Gerhard: Kunst, Markt und Recht. 4.Aufl. Passau: MUR 2019. 260 S. In: MR 2020.
777. Sorge, Christoph: Verpflichtungsfreier Vertrag als schuldrechtlicher Rechtsgrund. Das Rechtsgeschäft der condictio ob rem gem. § 812 Abs. 1 S.l Alt. 2 BGB jenseits von Erfüllungszwang und Markttausch. V & R unipress Göttingen 2017. 938 S. Beiträge zu Grundfragen des Rechts, hrsgg. v. Stephan Meder. In: Journal on European History of Law 2020 (zugleich im Netz).
778. Kaiser, Bettina: Notstandsverfassungsrecht. Tübingen: Mohr Siebeck 2020. In: Journal on European History of Law 2/2020, 193–196.
779. Schricker/Loewenheim: Urheberrecht. Komm. Hrsgg. v. Ulrich Loewenheim, Matthias Leistner, Ansgar Ohly. 6. Aufl. München: C.H.Beck 2020. 3343 S. In: Journal on European History of Law 2/2020, 196–197.

780. Karl May, Briefwechsel mit seinen „Kindern". Erster Band.1896–1909. Hg.v.Hartmut Vollmer, Hans-Dieter Steinmetz, Florian Schleburg, Wolfgang Hainsch.Bamberg, Radebeul: KMV 2020.608 S. Zweiter Band. 1910–1912. Hg.dies, Bamberg, Radebeul: KMV 2020. 619 S. In: KMG-Nachrichten 206, 2020, 17–21. Wieder abgedruckt in: Albrecht Götz von Olenhusen: Old Shatterhand unter Gangstern. Bamberg: KMV 2020.

781. Karl May: Die „UM ED DSCHAMAHL". Berlin: Ed. Dombrunnen 2020. 95. In: KM-Nachrichten 206, 2020, 28.

2021

782. Solms, Wilhelm: Die Familie in Grimms Märchen. Marburg: LiteraturWissenschaft.de 2021. 149 S. In: Mitt. KMG 208/2021, 2–6.

783. Wörner, Hartmut: Der Wegbereiter und der Lieblingsschriftsteller des ‚Führers'. Husum: Hansa 2020. 149 S. Abb. In: KM-Nachrichten 2021.

784. Meder, Stephan (Hrsg.): Geschichte und Zukunft des Urheberrechts II. Göttingen: V & R 2020. In: JEHL 12, 2021, Nr. 1, 211–212. <auch im Netz>.

785. Aßmann, Jaron: Zwischen Weltanschauung und Wissenschaft. Staats- und verwaltungsrechtliche Promotionen an der Berliner Fakultät von 1933 bis 1945 bei Reinhard Höhn, Carl Schmitt und Hans Peters. In: JEHL 12, 2021, Nr.l, 212–215. <auch im Netz>.

786. Andersch, Ulrike: Die Diskussion über der Büchernachdruck in Deutschland um 1700 bis 1815. Tübingen: Mohr Siebeck 2018. 5 82 S. Zugl. Diss. Bayreuth 2017. Dreyer, Julia: Die florentinischen Autoren- und Druckerprivilegien während der Herrschaft der Familie Medici. Baden-Baden: Nomos 2020. 1494 S. Zugl. Diss. Univ. Münster 2020. In: JEHL 2/2021, 211–216 (Sammelbesprechung).

787. Lowsky, Martin/Osterfeld, Georg: Der Gaukler und der Träumer. Biophilie und humanistische Religion bei Karl May und Erich Fromm. Würzburg: Königshausen & Neumann 2021. 175 S. In: KMG-Nachrichten 210, 2021, 17–18.

788. Beck, Susanne/Meder, Stephan (Hrsg.): Jenseits des Staates? Über das Zusammenwirken von staatlichem und nichtstaatlichem Recht. Göttingen: V & R unipress 2021. 230 S. In: JEHL 2021, 203f.

789. Lundberg, Jan, Der Fußball als Teil des Grundversorgungs- und Funktionsauftrags des öffentlich-rechtlichen Rundfunks. Hamburg: Kovac 2020. 229 S. In: JEHL 2/2021, 217–219.

2022

790. Paschwitz, Julia, Verantwortlichkeit von Online-Archiven bei überholter identifizierender Verdachtsberichterstattung. Hamburg: Kovac 2021. LXVI u. 256 S. Zugl.Diss.jur. Bonn 2021. (Schriften zum Medienrecht. 52). In: JEHL 2022.

791. Augustin, Christian/Gergen, Thomas: „von Natur im Besitze des Gedankens selbst". Elmar Wadles Auseinandersetzung mit dem gewerblichen Rechtsschutz und dem

Urheberrecht im Deutschen Bund. Homburg: Siebenpfeiffer-Stiftung 2022. 96 S. In: JEHL 2022 (online und print).

IV. Vorträge, Lehrveranstaltungen. Lehraufträge. Seminare. Manuskripte [Auswahl]

792. [...] – 950. [...].

V. Publikationen: Radio. Film. TV. Internet. Interviews

1974

951. Teilnahme am und im Film „Der Pflichtverteidiger", von Hannelore Kelling, SWF Baden-Baden, 10.5.1974. Kopie des Film, Arch. d. Verf.

2005

952. Fehsenfeld, Friedrich Ernst. In: Leo bw. (http://www.leo-bw.de/web/guest/Detail/de tails/PERSON/ ...)
953. Bappert, Walter. In: Leo bw. (http://www.leo-bw.de/web/guest/-/Detail/details/PER SON/...)

2007

954. Klagen vor dem Schnellgericht: Der Fall Peter Leuschner vs. Anna Maria Schenkel und Edition Nautilus. In: Buchmarkt 10.07.2007. (http://www.buchmarkt.de/conten t/27538-klagen-vor-dem-schnellgericht.).

2008

955. Millionen jährlich oder Schuldet die Bundesrepublik Deutschland den Sendern Schadensersatz wegen Nicht-Umsetzung einer EG-Richtlinie betr. die Geräteabgabe. In: Buchmarkt Online, 31. Juli 2008. [Internet-Veröffentlichung].
956. Tiefer blicken in die deutsche Seele. [Laudatio auf die Karikaturisten Greser & Lenz anlässlich ihrer Karikaturenausstellung in Salem] www.badische-heimat.de/neu/pro jekte/dossier/Bodensee/tiefer-blicken.pdf. [auch in: ders.: Satire – eine Ehrensache. München, Wien 2010.]

2009

957. Publikationsfreiheit und ihre Grenzen. Ein Gespräch über Open Access, Google, Raubdrucke und das Urheberrecht. Von Thomas Anz und Albrecht Götz von Olenhusen. In: Literaturlaitik.de Nr. 4.12. April 2009. Debatte: Google, Open Access und die Freiheit der Wissenschaft. Druckversion de/public/rezension.php?rez_id=12954. (Druck auch in KMG-Nachrichten Nr. 160, 2009, 42–49).

958. Campus-TV Baden-Württemberg – wichtige Zentren zur Fortentwicklung des Ausbildungs- und Wirtschaftsstandorts Baden-Württemberg, 3 S. Ms., auch In: LFK Stuttgart, Website: Aktuelles (Reden), 10/2009.

2010

959. Arbeitsrecht im Museum – Das Problem mit den Freien Mitarbeitern. In: „http://www.museumsv~rband-bw.de/Tagungen" www.museumsverbandbw.de/Tagungen, Tagung 2010 über Rechtsfragen im Museumsalltag.

960. „Der Bauzaun ist das Schwarzbrett des Widerstands". Interview mit Matthias Kolb. „Stuttgart 21: Kreativer Protest." In: Sueddeutsche.de. http://www.sueddeutsche.de /politik/2.200/stuttgar-Iaeativer protest.

2011

961. Das Sonntagsgespräch mit Ulrich Faure, Buchmarkt: Albrecht Götz von Olenhusen: Satire eine Ehrensache In: Buchmarkt Online, 30.1.2011 (http://buchmarkt.de/con tent/45431-albrecht.goetz.von.olenhusen).

962. Tatort: Der schöne Schein. In: (http://www.schulthess.com/portal/aktuell/tatort[On lineVeröffentlichung: Tatort-Experten rezensieren den Fernsehkrimi].

2012

963. „Im Schatten des Großherrn". Karl May und sein Verleger Friedrich Ernst Fehsenfeld. Essay. In: http://www.literaturkritik.de Nr. 4, 19.7.2012, Schwerpunkt: Zum 100. Todestag von Karl May. Leben und Werk. (http://www.literaturkritik.de/public/rezensi on.php?rez_id=16510).

964. Der unbekannte B. Traven. Über die Geheimnisse der Identitäten des Abenteuerschriftstellers – mit einem Seitenblick auf Karl May. In: http://www.literaturkritik.de Nr. 4, April 2012. Schwerpunkt: Zum 100. Todestag von Karl May. Karl May und sein literarisches Umfeld. (http://www.literaturkritik.de/public/rezension.php3?rez id=1 6535).

965. Götz von Olenhusen, Irmtraud und Albrecht: Siegfried Kracauer – Zur Entwicklung der professionellen Filmkritik in der Weimarer Republik. In: Themenportal Euro-

päische Geschichte (2012), http://www.europa.clio-online.de/2012/Article=578. (Auch in: FS für Hannes Siegrist, Leipzig, zum 65. Geb.).

966. „Eine kapitale Idee" Interview (Martin Küper) Badische Zeitung 24.3.2012, über den Freiburger Verleger Fehsenfeld von Karl May. In: http://www.badische-zeitung.de /Freiburg/eine-kapitale-idee-5736.

2013

967. Götz von Olenhusen, Irmtraud und Albrecht: „Nazisuppe" oder Pathologien der Erinnerung. Essay. In: literaturkritik.de, 30.07.2013.

968. Ein Kabinettstück ersten Ranges. In: http://www.literaturkritik.de/2013. [Zu dem Buch von Sybille Hofer betr. den Prozess über die „Protokolle der Weisen von Zion", Bern 1933].

2014

969. Die NSDAP als „Heimat". Zu: Dörte von Westernhagen: Von der Herrschaft zur Gefolgschaft. Die von Westernhagens im „Dritten Reich". Göttingen: V & R unipress 2012. 302 S. In: http://www.literaturkritik.de, 03.03.2014.

970. Fabelwelt aus Zauberweibern, Anmut, Tücke und Glücksbegier. Max Weber und die Anarchisten: eine Geschichte der Verachtung und Faszination. In: literaturkritik.de 5.4.2014.

971. Artur-Axel Wandtke (Hg.): Urheberrecht. Berlin: De Gruyter 2014; Brent Schwab: Arbeitnehmererfmderrecht. Baden-Baden: Nomos 2014. Sammel-Rez. In: ZIER, Hg. Von Gerhard Köhler, Bd. 4, 2014.

972. Retcliffe, John: Puebla oder der Schatz der Ynkas. 3 Bde. Hrsgg. v. Christoph F. Lorenz. Hildesheim: Olms 2012. In: ZIER, Hrsgg. von Gerhard Köhler, Bd. 4, 2014.

973. Der Rebell und die Patriarchen. Otto Gross zwischen Sigmund Freud, C.G. Jung und Max Weber. HHU Mediathek.de/playlist/145. Videoreihe: Sigmund Freuds widerständiges Erbe. Symposium zu Ehren von Bernd Nitzschke (Video, Vortrag v. 4.6. 2014 in Düsseldorf; gedruckte Fassung im Sammelband Festgabe für B. Nitzschke. Gießen: Psychosozial 2015).

974. Flechsig, Alexander Jürgen: Frühneuzeitlicher Erfindungsschutz. Eine Untersuchung unter besonderer Berücksichtigung der Stadt Augsburg. Münster: LIT 2013. 182 S. Zugl. Diss. jur. Augsburg 2013. (Augsburger Schriften zur Rechtsgeschichte 23). In: ZIER 2014, Bd. 4.

975. Öffentlicher Straßenraub. Interview zum Fall „Kabinenluft" (Ulli Schauen). In: http://www.verdi.de/Medienrecht 07/2014: öffentlicher Straßenraub.

2015

976. Süssmuth, Hans (Hrsg.): Arpad Göncz. Düsseldorf: dup 2014. In: ZIER Bd 5/2015.
977. Meyer, Winfried: Klatt. Hitler's jüdischer Meisteragent gegen Stalin: Berlin: Metropol 2015. In: ZIER Bd 5/2015.
978. Hinkfoth, Helmut: Johann Peter Eckermann. Biographie Winsen: Museums-Verlag 2014. In: ZIER Bd 5/2015.
979. Brauneder, Wilhelm: Österreichisches AGBGB. Berlin 2014. In: ZIER Bd 5/2015.
980. Satire, Parodie, das ewige Recht und andere Unglücksfälle. Essay. Literaturkritik.de 6.7.2015 (Schwerpunkt-Ausgabe: Literatur und Recht I und II).

2016

981. „Wir brauchten das für die Diskussion". Interview mit Astrid Merbold. In: Das Magazin, Berlin 2016, 17–19. Abb. (Druckfassung).
982. Sabine Zentek: Geschichte des Designschutzes. Dortmund: Lelesken 2016. 355 S. Abb. In: ZIER Bd. 6/2016.
983. Audaciter calumnare semper aliquid haeret. Festvortrag, zu Ehren von Dr. Klaus Neuenfeld, Weimar, anlässlich der Übergabe der Festschrift zum 80.Geb. am 27.2. 2016, Weimar, Frauenplan (ungedruckt; sh. I, 2016).
984. Der Herrscher über die Spinner. (Laudatio auf Cuno Götz von Olenhusen, jun.). In: Buchmarkt Online 2.2.2016.
985. „Von Freiburg aus ist Karl May berühmt geworden." Interview (Sebastian Krüger) in Badische Zeitung, 23.2.2016. In: http://badische-zeitung.de/experte-von-freiburg.
986. „Im Schatten des Grossherrn". Karl May und sein Verleger Friedrich Ernst Fehsenfeld. In: literaturkritik.de 21.11.19.

2017

987. Interview von Felix Passaport für SWR 2, 12.8.2017: Die 1960er Jahre.
988. VG WORT – und kein Ende. Essay. In: Literaturkritik.de, Marburg/Lahn, 25.8.2017.
989. Stefanie Hermann: Die Entwicklung des Urheberrechtsbewußtseins sowie das Aufkommen urheberrechtlicher Regelungen in Deutschland. Hamburg: Kovac 2017. 407 S. Diss. Köln 2016. In: ZIER Bd. 7/2017.
990. Wie man wird, wer man ist. Vortrag anlässlich der Übergabe von Festschrift und Festgabe für Martin Vogel, 6/2017, München, Schloss Blutenburg.
991. Rudi Schweikert: „Durch eigenes Ingenium zusammengesetzt." Studien zur Arbeitsweise Karl Mays aus 25 Jahren. Husum: Hansa 2017. 299 S. Mitt.KMG 12/2017.
992. Michael Hagemeister: Die Protokolle der Weisen von Zion vor Gericht. Zürich: Chronos 2017. 645 S.Abb. In: ZIER Bd. 7/2017.

993. Werner Schubert (Hrsg.): Ergänzungen und Nachträge 192–1942. Protokolle und Materialien der Ausschüsse für Filmrecht u. a. Frankfurt a. M.: Lang 2015. 777 S. In: ZIER Bd. 7/2017.

994. Juliane Scholz: Der Drehbuchautor. USA – Deutschland. Ein historischer Vergleich. Bielefeld: transcript 2016. 13 S. Zugl. Diss. Leipzig 2016. In: ZIER Bd. 7/2017.

995. Biographisches Handbuch des geistigen Eigentums. Hrsg. Von Simon Apel u. a. Tübingen: Mohr Siebeck 2017. 292 S. In: ZIER Bd. 7/2017.

996. Irmgard Becker/Clemens Rehm (Hrsg.): Archivrecht für die Praxis. München: MuR 2017. 246 S. In: ZIER 2017, kürzere Druck-Fassung in: MR 2018.

2018

997. Siegfried or The Gentle Art of Making Enemies – Revisited. Jörg Schröder zum 80. Geburtstag. In: Literaturkritik.de 7. 10. 2018. Mit Abb.

998. Die große Orientreise Karl Mays. Rez. des Romans von Philipp Schwenke. In: Literaturkritik.de 22. 11. 2018.

999. Kriminalwissenschaften um 1900 und die Lesbarkeit der Welt. Essay. In: Literaturkritik.de 15. 7. 2018 (mit Jürgen Seul).

1000. Jan Knopf: Bertolt Brechts Erfolgsmarke. Stuttgart: Metzler 2018. 128 S. In: ZIER Bd. 8/2018.

1001. Joachim Rückert: Unrecht durch Recht. Tübingen: Mohr Siebeck 2018. In: ZIER 1008. Bd. 8/2018.

1002. Helmut Schmiedt: Die Winnetou-Trilogie. Bamberg: KMV 2018. 300 S. In: ZIER Bd. 8/2018.

1003. Dana Ferchland: Fotografieschutz im Wandel. Hamburg: Kovac 2018. 278 S. In: ZIER Bd. 8/2018.

1004. Adrian Kleinheyer: Schadensersatz im Immaterialgüterrecht. Baden-Baden: Nomos 2017. In: ZIER Bd. 8/2018.

1005. Ulrich Fischer: Kurt Weill und das Urheberrecht. Berlin: LIT 2018. 91 S. In: ZIER Bd. 8/2018.

1006. Stephan Meder (Hrsg.): Geschichte und Zukunft des Urheberrechts. Göttingen: V & R 2018. 222 S. In: ZIER Bd. 8/2018.

1007. Stefanie Herrmann: Die Entwicklung von Urheberrechtsbewußtsein. Hamburg: Kovac 2017. 409 S. In: ZIER Bd. 8/2018.

1008. Rüdiger Pfaffendorf: Die Strafbarkeit grenzüberschreitender Verletzungen von Rechten am geistigen Eigentum innerhalb der EU. Berlin: BWV 2018. 284 S. In: ZIER Bd. 8/2018.

1009. Philipp Spiller: Personalpolitik am Berliner Kammergericht von 1933 bis 1945. Berlin: BWV 2016. 285 S. In: Journal on Contemporary History of Law 1. 9. 2018.

1010. Bodo Pieroth: Recht und amerikanische Literatur. In: ZIER Bd. 8/2018.

1011. Klaus-Peter Schröder: Sie haben kaum Chancen auf einen Lehrstuhl berufen zu werden. Die Heidelberger juristische Fakultät und ihre Mitglieder jüdischer Herkunft. Tübingen: Mohr Siebeck 2017. 372 S. In: ZIER Bd. 8/2018.

1012. Lisa Sommer: Die Geschichte des Werkbegriffs im deutschen Urheberrecht. Tübingen: Mohr Siebeck 2017.295 S. In: ZIER Bd. 8/ 2018.

1013. Dominik Thalman: Nutzung der Abbilder von Personen des öffentlichen Interesses zu Werbezwecken. Baden-Baden: Nomos 2016. In ZIER Bd. 8/ 2018.

1014. Michael Löffelsender: Kölner Rechtsanwälte im Nationalsozialismus. Tübingen: Mohr Siebeck 2015. 208 S. In: ZIER Bd. 8/ 2018.

1015. Christian Bachhiesl u. a.(Hrsg.): Intuition und Wissenschaft. Weilerswist: Velbrück 2018. 416 S. In: ZIER Bd. 8/2018.

1016. Vortrag und Workshop: UrhWissG und NetzDG. Informationsveranstaltung Univ. Freiburg für Angehörige der Universität und PH Freiburg, 28.02.2018. Medienportal der Albert-Ludwigs-Universität Freiburg. Videofilm im Netz.

2019

1017. Paul Schlesinger (Sling): Richter und Gerichtete. Berlin: Regenbrecht 2018. 352 S. In: ZIER Bd. 9/2019.

1018. Dieter Deiseroth, Hartmut Graßl (Hrsg.): Whistleblower-Enthüllungen. Berlin: BWV 2019. 227 S. In: ZIER, Bd. 9/2019.

1019. Stephan Meder (Hrsg.): Geschichte und Gegenwart des Urheberrechts. Göttingen: V & R 2018. 220 S. In: Journal on Contemporary History of Law 1, 2019.

1020. Caroline Charlotte Sohns: Lizenzen in der Rechtekette. Hamburg: Kovac 2018. 326 S. In: Wikiling 2.0.

2020

1021. Ezra Pounds Copyright Statut mit einem Seitenblick auf James Joyce. In: PhlN 89/ 2020, 28 S. Hrsg.v.Alexander Nebrig u. a.

1022. Erich Wulffen: Der Hochstapler. Oswald Bauer: Der ehrbare Kaufmann. Berlin: Das Kulturelle Gedächtnis 2017. 129 S., 125 S. Jeweils mit einem Nachwort von Thomas Böhm. In: Wikiling 2.0 = ZIER 10/2020. Erweiterte Fassung als Druck in: KM-Nachrichten 2020.

1023. Ernst Blass: „in kino veritas". Essays und Kritiken zum Film. Berlin 1924–1933. Ausgew.u. mit Nachwort ed. v. Angela Reinthal. Berlin: Elfenbein 2019. 285 S. In: Wikiling 2.0 = ZIER 10/2020.

1024. Jonas Jacobsen: Die urheberrechtlich relevante Parodie. Hamburg: Kovac 2020. 210 S. In: Wikiling 2.0 = ZIER 10/2020.

1025. Peter Haag (60). In. Buchmarkt. Leute: Runde Geburtstage. 27.03.2020. 00:01 Uhr. https://www-buchmarkt.de/menschen/peter-haag-60/.

1026. Ein Brückenbauer in Geschichte und Kultur. Nachruf auf den verdienstvollen Grazer Historiker und Ausstellungsmacher Gerhard Dienes (1953–2020). In: literaturkritik.de 13.05.2020.

1027. Mölders, Marc: Die Korrektur der Gesellschaft. Irritationsgestaltung am Beispiel des Investigativ-Journalismus. Bielefeld: transcript 2019. 251 S. In: Wikiling 2.0 = ZIER 10/2020.

1028. Kaiser, Bettina: Notstandsverfassungsrecht. Tübingen: Mohr Siebeck 2020. In: Wikiling 2.0 = ZIER 10/2020, erweiterte Fassung in: JEHL 2020.

1029. Schricker/Loewenheim: Urheberrecht. Komm.6. Aufl. Hrsgg. von Ulrich Loewenheim, Matthias Leistner, Angar Ohly. München: C.H.Beck 2020. 3443 S. In: Wikiling 2.0 = ZIER 10/2020.

1030. Meder, Stephan (Hg.): Geschichte und Zukunft des Urheberrechts II. Göttingen: V & R 2020. 262 S. In: Wikiling 2.0 = ZIER 10/2020 [erweitert in: JEHL 12, 2021, Nr. 1, 211–211; Print und Netz].

1031. (Nachwort) Zu Nina Gladitz: Leni Riefenstahl. Karriere einer Täterin. Zürich: Orell Füssli 2020. 425 S., S. 409–420. Unveränderte Publikation in: Literaturkritik.de mit einem redaktionellen Hinweis von Thomas Anz. Abb.

2021

1032. „Haben Sie Tagträume?" – Karl May und Wilhelm Stekel. In: Literaturkritik.de 05.02.2021. Mit einer Nachbemerkung, sonst unverändert aus: Albrecht Götz von Olenhusen, Old Shatterhand unter Gangstern. Ausgewählte Beiträge zu Karl May. Hrsgg. v. Jürgen Seul. Bamberg, Radebeul 2020. 228 S., 14–23.

1033. Wörner, Hartmut: Der Wegbereiter und der Lieblingsschriftsteller des Führers. In: Wikiling 2.0 = ZIER 11/2021.

1034. Bachhiesl, Christian u. a. (Hrsgg.): Schuld. Interdisziplinäre Perspektiven auf ein Konstitutivum des Menschseins. Weilerswist: Velbrück Wissenschaft 2020. 386 Abb. In: Wikiling 2.0 = ZIER 11/2021.

1035. Dachauer, Maximilian: Öffentlich-rechtlicher Rundfunk und dessen Finanzierung nach dem Grundgesetz. Hamburg: Dr. Kovac 2021.390 S. In: Wikiling 2.0 = ZIER 11/2021.

1036. Hohendorf, Thomas: Know-how-Schutz und Geistiges Eigentum. Tübingen: Mohr Siebeck 2020. 340 S. Zugl. Diss. HU Berlin 2019. In: Wikiling 2.0 = ZIER 11/2021.

1037. Vaitl, Dieter (Hrsg.): An den Grenzen unseres Wissens. Von der Faszination des Paranomalen. Freiburg: Herder 2020.544 S. Schellinger, Uwe, Nahm, Michael: Freiburgs Gespenster. Ein Text- und Quellenbuch Freiburg i. Br.: IGPP 2021.158 S. In: Wikiling 2.0 = ZIER 11/2021 (Sammelbesprechung).

1038. Der Kriminologe Erich Wulffen und „Karl Mays Inferno". Zum Verhältnis von Kriminologie, Kriminalpsychologie und Literatur. Hrsgg. v. Christian und Sonja Bachhiesl. In: Austria-Forum 3/2021.

1039. Niederprüm, Eric, Das Erfordernis einer Kommunikationsordnung für soziale Netzwerke. Hamburg: Dr. Kovac 2021. XXXVII, 373 S. In: Wikiling 2.0 = ZIER 11/2021.

1040. Reinhard, Steffen, Gegenstand und Prüfungsmaßstab der markenrechtlichen Verwechslungsgefahr, Tübingen: Mohr Siebeck 2020.290 S. In: Wikiling 2.0 = ZIER 11/2021.

1041. Lundberg, Jan, Der Fußball als Teil des Grundversorgungs- und Funktionsauftrags des öffentlich-rechtlichen Rundfunks.Hamburg:Dr.Kovac 2020. 229 S. In: Wikiling 2.0 = ZIER 11/2021.

1042. Burda, Max: Die Zweckbindung im Urhebervertragsrecht. Tübingen: Mohr Siebeck 2020. 337 S. In: Wikiling 2.0 = ZIER 11/2021.

1043. Vaitl, Dieter (Hrsg.), An den Grenzen unseres Wissens. Freiburg i. Br.: Herder 2020. 544 S. In: Wikiling 2.0 = ZIER 11/2021.

1044. Lowsky, Martin/ Osterfeld, Georg: Der Gaukler und der Träumer. Würzburg: Königshausen &_Neumann 2021.175 S. In: Wikiling 2.0 = ZIER 11/2021.

1045. Beck, Susanne/Meder, Stephan (Hrsg.): Jenseits des Staates? Über das Zusammenwirken von staatlichem und nichtstaatlichem Recht. Göttingen: V & R unipress 2021. 230 S. In: Wikiling 2.0 = ZIER 11/2021.

2022

1046. Paschwitz, Julia, Verantwortlichkeit von Online-Archiven bei überholter identifizierender Verdachtsberichterstattung. Hamburg: Kovac 2021. LXVI u. 256 S. Zugl-l.Diss.jur. Bonn (Schriften zum Medienrecht 52). In: Wikiling 2.0 = ZIER 12/2022.

1047. „Abenteurer im Geiste". Für den Karl-May-Verleger Bernhard Schmid zum 60. Geburtstag am 29. 3. 2022. ln: Buchmarkt 3/2022, 150 (Mit Jürgen Seul, Online-Fassung).

1048. Wagner, Wolf-Rüdiger, Die Entstehung der Mediengesellschaft.100 Mediengeschichte aus dem 19. Jahrhundert. Bielefeld: Transcript 2022. 405 S. Abb. In: Wikiling 2.0 = ZIER 12/2022.

1049. Ders.: Besprechung in literaturkritik.de 2022 (andere Fassung).

1050. Augustin, Christian/Gergen, Thomas: „von Natur im Besitze des Gedankens selbst". Elmar Wadles Auseinandersetzung mit dem gewerblichen Rechtsschutz und Urheberrecht im Deutschen Bund. Homburg: Siebenpfeiffer-Stiftung 2022. 96 S.

1051. Allein gegen Riefenstahl. Bericht über das Symposium in Freiburg am 26. 4. 2022, Medienzentrum. In: CulturMag 01. 06. 2022 (10 S., Abb.).

1052. Finke, Moritz, Werk und Veränderung. Verwertungsrechte an veränderten Gestaltungen im Urheberrecht. Tübingen: Mohr Siebeck 2022. 261 S. Zugl.Diss.jur. Halle-Wittenberg (Geistiges Eigentum und Wettbewerbsrecht 175). In: Wikiling 2.0 = ZIER 12/2022.

1053. Ehrlich, Eugen, Grundlegung der Soziologie des Rechts. 5. Aufl., hg. und neu bearb. v. Rehbinder, Manfred (Schriftenreihe zur Rechtssoziologie und Rechtstatsachenforschung 69). Duncker & Humblot, Berlin 2022. 599 S. In: Wikiling 2.0 = ZIER 12/ 2022.

1054. Helmut Kramer – Richter. Mahner. Streiter, hg. v. Hankel, Gerd/Böttcher, Ernst/ Kramer, Christian u. a. Ossietzky Verlag, Dähre 2022. 88 S., Abb. In: Wikiling 2.0 = ZIER 12/2022.

1055. Gietinger, Klaus/Kozicki, Norbert, Freikorps und Faschismus. Lexikon der Vernichtungskrieger. Schmetterling Verlag, Stuttgart 2022. 440 S., Abb. In: Wikiling 2.0 = ZIER 12/2022.

VI.   Desiderata

Nicht berücksichtigt: verstreute Veröffentlichungen in Tageszeitungen, Zeitungen und Zeitschriften seit 1958, diverse Rundfunk- und Fernsehbeiträge, Interviews, Beiträge zum Tagesgeschehen, Reportagen, Interviews, satirische und Kabarett-Texte, kurze Besprechungen, ephemere Artikel, etwa aus kommunal- und medienpolitischer Tätigkeit, als Redakteur von Zeitungen und Zeitschriften u. redaktioneller Mitarbeit; Artikel oder Beiträge im Auftrag oder als Ghostwriter als wiss. Assistent oder für andere Autoren oder unter div. Pseudonymen verfasst. Sie stehen z.T. in Bibliografien, dort unter dem Namen des jeweiligen Auftraggebers / Vertragspartners. Einige Titel: in der Deutschen Digitalen Bibliothek, hier nicht gesondert als Internetpublikationen. Betreuung akademischer Arbeiten nicht aufgeführt; Organisation wiss. Tagungen und Kongresse, sowie Tätigkeiten als Redakteur in Auswahl, Rezensionen zu eigenen Werken selten.

Artikel, Rezensionen und Kurzbeiträge u. a. in den Zeitschriften Film und Recht, UFITA, HFF, KM-Nachrichten und Mitt.KMG: nur in Auswahl. Sh. dazu z. B. Bibliografie der Karl May-Sekundär-Literatur: Sigbert Helle (https://www.karl-may-gesellschaft.de/kmg/seldit/aarchiv/www/sekl …).

Autorenverzeichnis

Renate Frohne, Dr. phil. Kantonsschulprofessorin i. R., Trogen (Schweiz)

Thomas Gergen, Dr. iur. Dr. phil., Maître en droit, Professor für Internationales und vergleichendes Zivil- und Wirtschaftsrecht mit Immaterialgüterrecht und Direktor des Forschungsbereiches „Geistiges Eigentum: Grundlagen und Anwendungen" der ISEC Université Luxembourg

Ulrich J. Grimm, LL.M., Dipl.-Wirtschaftsingenieur; seit 2021 Export Compliance Officer in der Rechtsabteilung der Lufthansa Technik AG, Hamburg. Doktorand mit Berufstätigkeit (DBA) bei Prof. Dr. Dr. Thomas Gergen, Maître en droit (Luxemburg), zum Thema Software-Lizenzverträge.

Alexander Ihlefeldt, LL.M. (Oslo/Hannover), RA Dr. iur., Syndikusrechtsanwalt bei der Volkswagen AG

Stephan Meder, Dr. iur., Professor für Zivilrecht und Rechtsgeschichte an der Leibniz Universität Hannover

Rainer Nomine, Dr. iur., Richter am Sozialgericht, Lübben (Spreewald)

Yael Prantl, Dipl. iur., wissenschaftliche Mitarbeiterin am Lehrstuhl für Zivilrecht und Rechtsgeschichte bei Prof. Dr. Stephan Meder, Leibniz Universität Hannover

Thomas Rüfner, Dr. iur., M.A., Professor für Bürgerliches Recht, Römisches Recht, Neuere Privatrechtsgeschichte sowie Deutsches und Internationales Zivilverfahrensrecht an der Universität Trier

Christoph Sorge, PD Dr. iur. habil., wissenschaftlicher Assistent am Lehrstuhl für Zivilrecht und Rechtsgeschichte an der Leibniz Universität Hannover; derzeit beurlaubt wegen Vertretung einer Universitätsprofessur an der Universität Osnabrück.

Bastiaan van der Velden, Dr. iur., Lehrbeauftragter für Privatrecht an der Open Universiteit Nederland (Niederlande)

Personenregister

Baensch, Robert   57, 65–67, 71f.
Bergmann, Jean   189f.
Budé, Guillaume (1468–1540)   9, 12, 17, 28, 39f., 43, 49–52

Cicero   45, 48, 51

Danh Võ (geb. 1975)   7, 167–186

Egenolff, Christian (1502–1555)   9–11, 52
Elster, Alexander   88, 99, 107, 109, 112f., 119, 124, 126, 137, 153f.

Fiedler, Herbert   187, 195
Friedrich Wilhelm I. von Preußen   59, 62

Gladitz, Nina   224, 226f., 251, 301
Goebbels, Joseph   124, 130, 133–136, 152f., 156, 159f., 162f., 165
Grelling, Richard (1853–1929)   95

Hauptmann, Gerhart (1862–1946)   7, 75–81, 83, 85–87, 91–93, 95f.
Heller, Johann Heinrich   62, 66f., 69

Kopsch, Julius   117f., 121–128, 130, 135, 137, 141, 151f., 154f., 159
Kracauer, Siegfried   219–222, 247, 265, 296

Lindenmann, Fritz   166

May, Karl   219–222, 225, 241, 244f., 248–252, 257, 259, 260–269, 282f., 288–290, 292, 294, 296–299, 301–303
Mylius, Gottlieb August   64

Pätsch, Werner   202
Pieper, Werner   231f., 244
Pütter, Johann Stephan   68

Rehbinder, Manfred   107, 123f., 126f., 133, 143f., 221f., 236f., 244, 248, 264, 279, 284, 291, 302
Roeber, Georg   225, 228f., 236f., 250, 253, 258
Rösch, Friedrich   7, 99–107, 110–115

Savigny, Friedrich Carl von (1779–1861)   17, 30, 38, 43, 53, 120, 125, 137, 139, 147, 155, 229
Schmitt, Carl   225, 228, 242, 250, 268, 289, 294
Smoschewer, Fritz   112f.
Sommer, Hans   100–103, 106, 115
Strauss, Richard   7, 100–103, 106, 115

Thieme, Hans   228

Weinkauff, Hermann   149, 166
Wessel, Horst   130, 134–136, 139, 156–158, 160, 165f.
Wulffen, Erich   222, 224f., 244f., 248, 250, 293, 300f.

Zasius, Ulrich (1461–1535)   9, 12f., 15, 17, 22, 39–41, 43, 45f., 49–52

Zuckmayer, Carl (1896–1977)   76
Zuse, Konrad   189

Sachregister

Algorithmen 204f.
assignment 180
Aufführungsverbot 7, 75, 77, 92
Ausplünderung 48

B2B 209f., 213f.
Bedienungsfehler 196
Bellagio-Deklaration 230–232, 239

Computerrecht 187f., 206

Datenbankhersteller 192
Dialekt vs. Hochsprache 80–86
Dienstvertrag 199f.
Die Weber 7, 75–86, 88, 92, 94–96
divinitus 36, 41
Droit moral 99, 108, 110–115, 119, 127, 221, 250
Druckprivileg 7, 55–59, 64, 70
Dualistische Theorie 106f.

Entartete Kunst 153f.
Entführung 15f., 31, 46
Ermessen der Vernunft (*rectae rationis arbitrium*) 50

Fernsprechbuch 188f.

Gemeinnutz vor Eigennutz 117, 121, 126, 131, 142, 151, 163f.
Genossenschaft Deutscher Komponisten 99, 101–104, 110

Genossenschaft Deutscher Tonsetzer 99–102, 110, 118

Jurisprudenz, humanistische 17, 44, 47

Kamera-Realität 220
Klage eines Kameramanns 229, 257
KUG (Gesetz betreffend das Urheberrecht an Werken der bildenden Künste und der Photographie) 106, 109f., 119f., 122f., 129, 131, 140, 147, 150f., 154, 160f., 166
Kulturgüterschutz 230
Kunst 56, 74, 91f., 94, 97, 100–102, 104, 106, 109, 111, 114, 122–127, 129, 150, 152–156, 164, 178, 181, 185, 219, 225, 241f., 244, 248, 254f., 257, 262, 264f., 276, 286, 293

Lex Cornelia 18, 29, 31
licensing 209–212, 214
Literarische Erzeugnisse 66f.
LUG (Gesetz betreffend das Urheberrecht an Werken der Literatur und der Tonkunst) 106, 109f., 119, 122f., 129, 131, 140, 147, 150f., 166

Magnettrommelrechner 7, 193, 195
Monistische Theorie 106f.
Münzfälschung 18, 23–26, 32, 34

Nachdruck   7f., 52, 55–58, 60, 64–68, 70–
   74, 87, 94, 104–106, 124, 223, 230, 232,
   253
Normalverträge   231, 288
NSDAP   130–132, 134, 149–152, 155–157,
   163f., 278, 297

Patentierbarkeit von Software   206
platforms   209–211
Preßfreiheit   87, 267
Preußisches Allgemeines Landrecht   56,
   58, 67–70, 72, 89
Preußisches OVG   92f., 95
Preußisches Urheberrechtsgesetz von
   1837   56, 65, 67

Raubdruck   222–224, 231f., 236, 239, 241–
   246, 250, 253, 256, 260f., 284, 296
Reichsgericht   7, 107, 109f., 112f., 118f.,
   127, 129–136, 138f., 147–152, 155–160,
   162–166, 188–192, 201

Schallplatten-Urteil   130, 134, 136, 139,
   156, 159, 162, 164–166

Schutzdauer   105, 292
Software   7, 116, 201, 203–206, 209f., 212–
   216, 284, 305
Sozialgebundenes Urheberrecht   7, 117,
   121f., 135, 139, 152
specific performance   167, 172f., 177
Spurensuche   226, 258, 290
Südseehäuptling   232

Textproduktion   198
Theaterzensur   87–90
Traditio   9–12, 15, 17, 28, 35, 42, 45f., 48f.,
   51f.
transfer of property   172, 217
translatio   39, 46

Universal-Rechner   188–190
Urheberpersönlichkeitsrecht   7, 99, 106–
   113, 115–121, 124–129, 140, 143, 146–
   150, 153, 159, 280

works of an artistic nature   172

Beiträge zu Grundfragen des Rechts

Herausgegeben von Stephan Meder

Die drei Grundfragen des Rechts, die vor gut zweihundert Jahren der Rechtsgelehrte Gustav Hugo formulierte – »Was ist Rechtens?«, »Wie ist es Rechtens geworden?« und »Ist es vernünftig, daß es so sey?« – stellen sich bis heute. Die Frage nach dem geltenden Recht zielt heute nicht nur auf dessen Prinzipien und Regeln, sondern auch auf das Verhältnis von Gesetz und Recht, juristischer Geltung und sozialer Wirklichkeit. Die Frage nach der Geschichte des Rechts betrifft auch das sich wandelnde Verhältnis zwischen den Rechtsquellen sowie das Verhältnis von Tradition und Gegenwartsbezug der Rechtsinhalte. Die Frage nach den richtigen Inhalten des Rechts bezieht sich heute vor allem auf das rechtliche Verhältnis zwischen der größtmöglichen Freiheit des Einzelnen und dem notwendigen Mindestmaß sozialer Gleichheit und Gemeinwohlbindung des Rechts. So sind die Grundfragen des Rechts niemals von lediglich theoretischer Bedeutung, sondern haben einen unmittelbar praktischen Bezug zur Rechtsentstehung, Rechtsauslegung und Rechtsanwendung. Antworten auf diese Fragen versuchen aus unterschiedlichen Perspektiven die Beiträge dieser Reihe zu geben.

Weitere Bände dieser Reihe:

Die Geschichte des Urheberrechts modern betrachtet

Band 40: Stephan Meder (Hg.)
Geschichte und Zukunft des Urheberrechts III
2022, 278 Seiten, gebunden, ISBN 978-3-8471-1453-6

Urheberrecht im Fokus der Geschichte

Band 34: Stephan Meder (Hg.)
Geschichte und Zukunft des Urheberrechts II
2020, 262 Seiten, gebunden, ISBN 978-3-8471-1176-4

Wandlungen des Urheberrechts im Brennpunkt der Geschichte

Band 26: Stephan Meder (Hg.)
Geschichte und Zukunft des Urheberrechts
2018, 222 Seiten, gebunden, ISBN 978-3-8471-0872-6

Vandenhoeck & Ruprecht Verlage

unipress

Unsere allgemeinen Geschäftsbedingungen, Preise sowie weitere Informationen finden Sie unter www.vandenhoeck-ruprecht-verlage.com.